現代中国法の発展と変容

西村幸次郎先生古稀記念論文集

［編集委員］
北川秀樹
石塚　迅
三村光弘
廣江倫子

成文堂

西 村 幸 次 郎 先 生

古稀を祝し
謹んで 西村幸次郎先生に捧げます

はしがき

　私たちの敬愛してやまない西村幸次郎先生は、2012（平成24）年5月1日、めでたく古稀をお迎えになられた。本書は、西村先生のご指導の下で研究者として育った者、あるいは先生とともに現代中国法を論じ親しく交流を重ねてきた者が、先生の古稀をお祝いし捧げる論文集である。

　西村先生は、1942（昭和17）年に秋田でお生まれになり、幼少期を秋田ですごされた。その後、早稲田大学第一法学部に進学され、同大学をご卒業の後、同大学大学院法学研究科にて学究への道の第一歩を踏み出された。有倉遼吉教授の憲法専修のゼミに所属しつつ、福島正夫教授の下で社会主義法、中国法の研究を開始されたのである。1970年に早稲田大学比較法研究所に就職され、同研究所の助手・専任講師・助教授・教授として精力的な研究・教育活動を展開された。1990年には、大阪大学法学部教授に、1999年には、一橋大学大学院法学研究科教授にそれぞれ転任され、研究・教育をいっそう深化・拡充された。2006年3月に一橋大学を定年退職された後は、山梨に居を構えられ、山梨学院大学法学部・同大学大学院法務研究科（法科大学院）において研究・教育を続けられている。

　先生のご研究は、法の継承性、企業の国有化といった社会主義法原理の核心に迫る論点の探究からスタートした。1970年代後半には、それら社会主義法の研究を基礎に、研究の対象を中国憲法の諸論点に拡充され、多くの研究成果を公刊された。とりわけ、1989年に成文堂より刊行された『中国憲法の基本問題』は、現在においても中国憲法研究の分野において必読文献の一つに数えられている。興味深いのは、大阪大学に移られた1990年頃から、先生が、社会主義法、中国憲法の研究を同時並行で続けられつつ、研究の関心を民族法の分野にも拡げられたことである。中国少数民族に対する法政策はどのようになっているか、中国少数民族の法慣習にはどのような特徴がありそれは近代法との間にどのような摩擦を生じさせているか、等々の問題については、従来、日本の学界においてその重要性が意識されつつも、法学からの研究アプローチはほぼ皆無であった。『現代中国の法と社会』（単著、法律文

化社、1995年)、『中国民族法概論』(呉宗金編著／西村幸次郎監訳、成文堂、1998年)、『中国少数民族の自治と慣習法』(編著、成文堂、2007年) 等は、この研究分野についての日本におけるパイオニア的研究成果である。

　こうした従来の先行研究をふまえた手堅さ(社会主義法分野、憲法分野)と未知の研究分野を切り開いたユニークさ(民族法分野)を併せもつ先生のご研究は、日本・中国の学術界においても高く評価された。このことは、日本現代中国学会や「社会体制と法」研究会(旧社会主義法研究会)等の学会・研究会で要職を歴任されたこと、大学生・大学院生が現代中国法を学習・研究するためのテキストとして先生が編集された『現代中国法講義』(法律文化社)、『グローバル化のなかの現代中国法』(成文堂)が好評を博し版を重ねていること等からもうかがえる。

　先生のご研究の手堅さ・ユニークさは、その内容面とともに、その方法面にも表れている。1972年の日中交正常化以前においては、文献資料の収集および実証分析に相当の困難を伴ったことが予想される。そうした研究環境の中で、先生は社会主義法、中国憲法のご研究を着実に進められてきた。その後、中国への渡航・調査、中国学術界との研究交流が徐々に自由になるにつれて、先生は、精力的に中国に足を運ばれた。各都市・少数民族地域を訪問・視察し、大学等研究機関や政府機関において交流・懇談された。まさに、その研究方法は、「調査なくして発言権なし」という毛沢東の言葉を見事に実践されたものだったのである。また、西村先生は中国各地に実に多くのご学友をおもちであるが、これも地道な交流・懇談のたまものであろう。なお、こうした視察・交流の詳細については、本書末の「西村幸次郎先生略歴」において紹介させていただいた。

　先生は、大阪大学大学院法学研究科、一橋大学大学院法学研究科で多くの後進を育てられてきた。先生は、自由闊達な雰囲気のもと門下生の個性を最大限に尊重されてきた。先生から多大な学恩・支援を受けた門下生たちは、それぞれが多様な研究テーマを選択し、現在、各方面で研究・教育に従事している。また、門下生にとどまらず、先生の研究と学風に魅せられた日本・中国の研究者は少なくない。

　そうした先生の学恩に少しでも報いるべく、先生の門下生とご学友が本書

に12本の論文を寄稿した。いずれも力作ぞろいであるが、とりわけ、本書刊行の趣旨に賛同し、ご多忙の中、論文をお寄せ下さったご学友の先生方に謝意を表したい。もちろん、寄稿者以外にも、先生の学恩を受けた方々は少なくないが、諸般の事情からご寄稿の依頼を断念せざるをえなかった。本書は、「第1部　社会主義法」、「第2部　憲法」、「第3部　民族法、環境資源法」という3つの部を立て、12本の論文をそれぞれの部に配列・整理した。この3部構成は、先生のご研究の軌跡を意識しそれに重ねあわせたものである。同時に、各部の冒頭に「西村幸次郎先生の研究の歩み」を付し、各分野における先生のご研究の意義を再確認し、各部収録論文の概要を紹介した。

　西村先生は、2013年3月をもって山梨学院大学大学院法務研究科を定年退職されるが、引き続き、同大学大学院の客員教授として、研究・教育を続けられるとのことである。執筆者一同、ここに、先生の計り知れない学恩に深甚なる感謝を表すとともに、今日まで先生を支えてこられた典子令夫人ともども先生がますますご健勝で、現代中国法研究のいっそう発展のためにご活躍されるよう、心からご祈念申し上げたい。

　最後に、本書の出版を快くお引き受けくださった成文堂の阿部耕一社長、本書の企画から出版に至るまで並々ならぬご尽力をたまわった編集部の土子三男氏、飯村晃弘氏にも厚くお礼申し上げたい。西村先生は、成文堂から多くの良書を世に送り出してこられた。その成文堂から、先生の古稀をお祝いし捧げる論文集を公刊できることは、執筆者一同にとってこの上ない光栄であり、先生もきっと喜んで下さるにちがいない。

2013（平成25）年3月1日

北川　秀樹
石塚　　迅
三村　光弘
廣江　倫子

目　次

はしがき

第 1 部　社会主義法

西村幸次郎先生の研究の歩み 1（社会主義法）……………………… 3

第 1 章　「中国共産党の指導の下」における中国公民の権利状況についての一考察 …西島和彦　9

　はじめに（9）
　第 1 節　自由権　―居住・移転の自由について―（9）
　第 2 節　財産権　―農地収用を中心として―（22）
　おわりに（29）

第 2 章　中国的国家所有制の実現モデルの変容――企業国有資産法を素材として――…………周　劍龍　37

　はじめに（37）
　第 1 節　企業国有資産法成立の背景と経緯（38）
　第 2 節　企業国有資産法の構造（42）
　おわりに（58）

第 3 章　死刑改革から見る中国法の「変」と「不変」………………………………………………王　雲海　65

　第 1 節　問題の提起（65）
　第 2 節　現代中国法と死刑多用（70）
　第 3 節　規範的死刑改革（74）
　第 4 節　実用的死刑改革（77）

第5節　死刑改革における現代中国法の「変」と「不変」(*83*)

第4章　朝鮮民主主義人民共和国における経済政策実現手段
　　　としての法とその整備過程 ……………三村光弘　*89*
　はじめに (*89*)
　第1節　朝鮮の立法動向と特徴 (*91*)
　第2節　1972年憲法期における法制定とその執行に関する理論 (*99*)
　おわりに (*114*)

第2部　憲　　法

西村幸次郎先生の研究の歩み2（憲法） ………………………*123*

第5章　建国初期中国憲法制定史についての覚書
　　　　………………………………………通山昭治　*129*
　第1節　問題の所在—いわゆる「20世紀中国史観」をめぐって (*129*)
　第2節　「共同綱領」の起草過程とその制定 (*137*)
　第3節　「共同綱領」の「憲法化」から社会主義型憲法の制定へ (*148*)
　第4節　1982年中国現行憲法について
　　　　　―その施行30周年によせて (*157*)

第6章　中国憲法の改正、解釈、変遷 ……………石塚　迅　*163*
　はじめに (*163*)
　第1節　憲法改正から憲法解釈へ (*166*)
　第2節　憲法解釈の具体的展開 (*171*)
　第3節　憲法変遷の可能性 (*178*)
　おわりに (*183*)

第7章　香港基本法の解釈基準としての国際人権法
　　　　――ヨーロッパ人権裁判所における法概念を中心に――
　　　　………………………………………廣江倫子　*191*

はじめに（191）
第1節　法概念の援用（1）—「評価の余地」理論—（192）
第2節　法概念の援用（2）—比例テスト—（198）
おわりに（205）

第3部　民族法、環境資源法

西村幸次郎先生の研究の歩み3（民族法、環境資源法）……………213

第8章　中国における民族自治について
——「民族」の定義と「自治」の経緯をめぐる考察——
………………………………………………格日楽　219

はじめに（219）
第1節　民族問題をめぐる理論的枠組（220）
第2節　民族区域自治制度について（225）
おわりに（239）

第9章　伝統文化の保護と文化財産権の課題………小林正典　243

はじめに（243）
第1節　中国の文化保護法制（244）
第2節　中国の少数民族文化と法制度（254）
第3節　文化財産権の課題（261）
おわりに（267）

第10章　現代中国の南北問題に関する一考察……佐々木信彰　271

はじめに（271）
第1節　新疆騒乱とその南北問題的背景（271）
第2節　チベット騒乱とその背景（283）
第3節　内モンゴル騒乱の南北問題的背景（288）
おわりに（291）

第11章　草原保護法政策の変遷と環境負荷…………奥田進一　293
　　はじめに（293）
　　第1節　旧草原法制定前の動向（295）
　　第2節　旧草原法における草原をめぐる権利関係（297）
　　第3節　新草原法と草地流動化（299）
　　第4節　荒地開発と草原保護（307）
　　第5節　草原利用の新たな方策（310）
　　おわりに（312）

第12章　中国環境法30年の成果と課題
　　　　――環境保護法改正と紛争解決制度を中心に――
　　　　……………………………………………………北川秀樹　319
　　はじめに（319）
　　第1節　基本法制定と法体系整備（320）
　　第2節　環境保護法の改正（324）
　　第3節　環境紛争の解決（336）
　　おわりに（344）

西村幸次郎先生　　略歴 ……………………………………………351
西村幸次郎先生　　主要研究業績 …………………………………355

第1部

社会主義法

西村幸次郎先生の研究の歩み1（社会主義法）

　西村幸次郎先生は1965年、早稲田大学大学院法学研究科において、本格的な研究を開始された。博士課程に進学した67年、その年に早稲田大学に移ってきた福島正夫氏の指導下で、社会主義法研究を始められた。社会主義法研究の最初の論文は、1969年に『法研論集』に公表された「中国における旧法不継承の原則」（Ⅱ論文-①[(1)]）であった。この論文のテーマである「法の継承性」は、「法の階級性」と並び、当時の社会主義法研究の核心的論点であった。西村先生の社会主義法研究は、その時期において最も中心的かつ重要な内容であったということができる。

　1969年当時、西村先生は法の継承性について、旧法を批判的に継承できないという立場で論を進められた。これは反右派闘争期の中国における法学界主流派の見解、すなわち「体制派」の立場であった。文化大革命が終了し、改革・開放政策がとられた1980年代には旧法を批判的に継受することができるという論攷が中国で多数発表された。西村先生ご自身も分担者として参加された翻訳「最近の中国における法の継承性論争」（Ⅲその他-ⅰ-⑤）でも、法の継承性を限定的ながら認めるものが過半数を占めている。このことについて、西村先生ご自身が後に認めていらっしゃる（Ⅰ著書-ⅰ-③、3頁）。

　法の継承性については、1983年に編訳書として『中国における法の継承性論争』（Ⅰ著書-ⅲ-①）を出版されている。その中で1956年12月に「法律の階級性と継承性」『華東政法学院学報』を発表し、「右派」として批判され、その後凄惨な晩年を過ごした楊兆龍氏を批判したことについて、西村先生は気にかけておられた（Ⅰ著書-ⅰ-③、156頁、188頁等）。また、『グローバル化のなかの現代中国法』において、最近の「法の継承性」について言及されている（Ⅰ著書-ⅱ-④、5～11頁（法の継承性論の変容））。

　「法の継承性」は、今日市場経済化を進める中国にとって、重要な論点として再浮上しつつあり、西村先生の社会主義法研究としてのこれまでの研究は、市場経済を採用した中国の法学研究という新たな展開の中で評価がなさ

れていくと思われる。西村先生が当初、法の継承性を認めない立場をとられたことについて筆者は、東西冷戦のさなか、社会主義陣営に大きな期待がかけられていた日本社会、特に進歩派が多かった知識人の中で、それに対抗する思想を持ち、そのような言論を維持することが現在よりもはるかに困難であったことを考えると無理もないことであったと考える。とはいえ、筆者は外国法、比較法を研究する後進の一人として、これを対岸の火事ととらえることなく、さらに精進していく必要性を見いだすのである。

西村幸次郎先生が続いて研究に取り組まれたのは、企業の国有化についてであった。研究の成果としては1970年の「官僚資本の没収法令について」（II論文-②）が最初のものである。その後、1984年には成文堂から『中国における企業の国有化―政策と法―』（I著書-ⅰ-①）を上梓された。中華人民共和国建国当初は、経済の社会主義化改造の中で私営企業を国有化することが必要とされ、その正当性についての議論が行われていた。その意味で、企業の国営化問題は、生産手段の私的所有を廃止し、社会化を行うことにより、人民民主主義から社会主義への移行の問題に関連する重要な論点であった。

企業の所有について、改革・開放政策がとられてから、多くの国営企業が私有化あるいは国家以外の所有者を含んだ株式化で国有企業に転化し、どのように国営企業を私有化するのかが関心事となった。現在、中国では市場経済化が進展しているにもかかわらず、国有企業が台頭して民営企業を圧迫しているとの主張がなされ、再び資本の自由化や国有企業の民営化の議論が白熱化している。企業の所有の問題は、その意味で古くて新しい問題であり、西村先生が社会主義法研究としてこの問題を選ばれたことは、ある意味社会主義法研究の王道であったと言えるかもしれない。

西村幸次郎先生のこれまでの社会主義法研究を概観すると、開始時期である1960年代中盤から1970年代の後半までは現在と全く異なる社会状況のなかでの研究であった。1960年代にはキューバ危機やベトナム戦争など東西冷戦が実際の戦争に結びつき、資本主義の限界を認識し、社会主義に対する期待と希望を持つ勢力が日本社会において有力な時期であった。1960年代の終わりから1970年代には中ソ論争や文化大革命など社会主義国が理想的でない状

態にあるということが以前よりは明らかになってきたが、それでもいわゆる革新勢力は知識人を中心に健在であった。その時期における社会主義法研究が、社会主義の完全勝利に期待を見いだし、過渡期におけるプロレタリア独裁の強化が正義であると考えたことは、日本社会の現実とは距離があったとしてもその時代的背景を考えれば無理もないことであった。西村先生の研究は社会主義法研究として始まったものであり、よりよい社会主義社会を作るためのツールとしての法学研究という当時の大勢から自由であったとは言えない。したがって、社会主義体制下でのさまざまな現象や問題に対しての批判よりも、社会主義革命を完成させるという視点が特に初期の研究には濃厚である。しかし、文化大革命下での中国の状況に対する批判的な視線や、前述した楊兆龍氏への批判へのためらいなど、相対的に人間的な心の暖かみを持たれた方であったと言えるのではないかと思う。筆者は、朝鮮民主主義人民共和国の社会主義法を研究する者として、西村先生が経験された社会主義法研究における労苦と葛藤を今日的現実として経験している。したがって、反右派闘争や大躍進、文化大革命期の中国の悲惨な状況を指摘し、それを痛烈に批判しなかったという一事をもって、それを教条主義と断じることは決してできないのである。われわれ後進は、西村先生の足跡から、大勢に付くことをよしとせず、自らの良心にしたがって研究を進めることの大切さを学んだように思う。このことは筆者が西村先生から受けた薫陶のなかでも最大のものである。

　次いで、第1部に収めた4編の論文について紹介する。
　第1章・西島和彦氏執筆の「『中国共産党の指導の下』における中国公民の権利状況についての一考察」は、中国憲法の前文にもある「中国共産党の指導の下」という統治の原則に関連して、公民の権利がどのように影響（あるいは制限）を受けるのかという問題関心から書かれたものである。ここではまず、農業人口と非農業人口ないしは都市人口を区別し、前者から後者への移動を制限するいわゆる「戸籍制度」について、その移動に関する手続に注目して分析を行っている。つぎに、財産権の問題について、農地の収容に注目して、「三峡ダム」の建設時に、土地収用に対する補償を手厚くする法

規定ができたのにもかかわらず、ダム建設プロジェクトにはそれを適用しないと規定する制度の正当性を中心に分析を行っている。これらの分析からは、「法治」を重要な政策目標に掲げながらも、実際の問題解決においては党や政府の政策を実行することに重点が置かれ、「『法治』を基本原則とする国家の法体系」の秩序維持にはあまり熱心ではない現状があぶり出されている。そして農村と都市の格差が拡大する中で「格差の根底に在る制度的条件の変革や、権力の分散化、監督メカニズムの強化など、制度面における喫緊の課題が、こうした見解の下で抜本的な見直しがなされることが必要であると思われる」と結んでいる。中国に限らず、多くの社会主義国で見られる「法ニヒリズム」の問題にもつながる重要な指摘である。

第2章・周劍龍氏執筆の「中国的国家所有制の実現モデルの変容―企業国有資産法を素材として―」は、中国における改革・開放政策の結果、国家が行政命令または指令性計画をもって掌握していた国営企業が、所有と経営を分離した国有企業へと変化し、1993年の会社法により最終的に株式制度の導入にたどり着いたが、その後の現場での実践を踏まえた上で、それを明示的かつ具体的に規定したのが2008年10月に成立した「中華人民共和国国有資産法」中国的国家所有制度であるとする。同法では、国家が持ち分を有する企業を「国家出資企業」と規定し、「出資者代表制度を設けて国有資産監督管理機構が政府の代表として国家出資企業に対し出資者の職責を履行することを法認した」とする。同法が制定された遠因としては、「物権法」の制定があったとしている。そして、企業国有資産法の内容の吟味から、「条文内容から明らかなように、多くの条文が具体的ではなく、原則的な規定にすぎない」、「立法不備を補うためには関連法規の整備が待たれる」と指摘している。

中国における国有企業の所有の問題は、改革・開放政策が本格化する中で、特に国有企業の経営自主権の問題や私有化をめぐり、不正、腐敗や権力の濫用が大きな社会、政治問題となってきた。この問題を正面から規定する立法が行われたことは、今後の関連法規の整備や実践の積み重ね中国の「法治」の質の向上に寄与するのであろう。

第3章・王雲海氏執筆の「死刑改革から見る中国法の「変」と「不変」」

は、中国で現在試みられている死刑制度改革の動向を通じて、中国法が改革・開放政策によって変容した部分とそうでない部分を見いだそうとする論攷である。

この論文の「具体的にいえば、現代中国法は、個人、国家、社会という三者関係のなかから、どこの側面が歴史的連続・「不変」としての「慣習法」、「共同体法」、「国内的地域法」に属し、国家または社会の利益を最優先しているのか、また、どの側面が歴史的不連続・「変」としての「法の支配」や「法治主義」という近代市民法上の一般原則、「人権保障」という普遍的法価値に属し、個人の利益を最優先しているのかを見る必要があるのである。」

王雲海氏は中国の死刑改革の内容を手法、性格などに着目して「規範的死刑改革」と「実用的死刑改革」に分類している。前者には死刑罪名の減少や死刑適用基準の厳格化、死刑手続の整備による死刑適用制限を、後者には被害者側への金銭的賠償による死刑免除をあげている。事例分析から、被害者側への金銭的賠償を積極的に行っている場合には、即時執行死刑から2年の執行猶予付き死刑に量刑の変更が行われる場合が大きいことが明らかにされている。と同時に、被害者側が金銭的賠償を拒否し、あくまでも即時執行死刑を求める例の紹介も行われている。

中国の死刑制度改革から見られる変化については、死刑多用への批判・反省の結果として、「存置、制限、廃止」という段階的な死刑廃止への動きが見られるようになった点を、世界的潮流である死刑廃止への収斂であるとし、「変化」であるとし、金銭的賠償や和解による死刑の免除などの「実用的死刑改革」は、貧富の格差により量刑が左右されるという点で法の下の平等に反するが、「封建中国法時代、民国期中国法などでも見られたやり方」で、「不変」に属するとしている。また中国政治においては「民意」がますます重要になってきているところ、権力の民意への迎合が「人権保障・法治主義・死刑制限を脅かす最大で最強」の理由となっていると指摘する。

第4章・筆者（三村光弘）執筆の「朝鮮民主主義人民共和国における経済政策実現手段としての法とその整備過程」は、旧ソ連・東欧諸国の社会主義政権崩壊にともなう社会主義世界市場の喪失によってその生存環境に大きな変化が生まれた朝鮮民主主義人民共和国（北朝鮮）において、新たな環境に

適合すべく進められてきた政府機構の再編や経済改革が進められるなか、多くの法律が立法されさらにそれらが外国にも公開されるようになってきた状況を紹介し、北朝鮮における経済法を「経済政策を実現する手段」ととらえた上で、その整備状況と法理論の移り変わりを論じたものである。

三村光弘

（1） 各部冒頭に付した「西村幸次郎先生の研究の歩み」の中で引用されている西村先生の研究業績の番号は、本書末に掲載されている「西村幸次郎先生 主要研究業績」（355～360頁）の番号と対応させている。適宜ご参照願いたい。

第1章 「中国共産党の指導の下」における中国公民の権利状況についての一考察

西島和彦
Kazuhiko NISHIJIMA

はじめに
第1節　自由権　―居住・移転の自由について―
第2節　財産権　―農地収用を中心として―
おわりに

はじめに

　目覚ましい経済成長を遂げ、国際社会において大きなプレゼンスをもつに至った中華人民共和国。経済面・社会面など多くの側面において、いわゆる西側諸国との関係性は深まる一方ではあるが、しかしながら、中国国内においては、特殊中国的な事情による少なからずの問題点の指摘がなされ続けているのも事実である。

　本稿においては、現行の中華人民共和国憲法の前文にある「中国の各民族人民は、引き続き中国共産党の指導の下にマルクス・レーニン主義、毛沢東思想、鄧小平理論および「三つの代表」の重要な思想に導かれて」、という中国国家体制の大前提となる基本原則を前提とした、とりわけ「中国共産党の指導の下」における統治機構を前提とした中での幾つかの法律問題、特に中国公民の権利状況に関する問題を取り上げることにより、現代中国における国家と公民との関係についての考察を行いたいと考えている。

第1節　自由権　―居住・移転の自由について―

　中華人民共和国成立以降、社会主義国家建設の過程における様々な状況の

中、とりわけ社会的・経済的必要に応じる形で、1958年『戸口登記条例』を法的根拠とする人口管理システム、いわゆる「中華人民共和国の戸籍制度」の整備が進められた。当該制度は、「準身分制」「二元的」などの表現が与えられてきたように、人民を「農業戸口者」「非農業戸口者」あるいは「農村戸籍者」「都市戸籍者」という類型に分類し固定化することにより、政府にとっての合理性を担保する内容での管理を可能とするものであった。またそれは、多くの人民の「居住・移転の自由」を阻害する方向で機能するものでもあり、1954年憲法以降の憲法においては、当該自由の規定を見出すことはできない。

一方、改革・開放政策の導入および進展により、「社会主義市場経済」と称される、実質的には限りなく資本主義経済に近いレベルでの市場ルールに基づく経済システムの導入が進められることにより、その必然として「ヒト・モノ・カネ」の流動化も同時に進むこととなった。「ヒト」の流動化については、特に農村余剰労働力の非農業セクションへの就業に伴う人口移動が大規模なものとなり、労働集約的な産業構造を維持するためにも、こうした移動を一定程度合法化するための制度上の整備がなされてきた。

現実として、現在の中国の都市部におけるサービス産業や製造業などは、農村からの出稼ぎ者がいなければ成立し得ない状況であり、現地の都市戸口者は、当該都市に合法的に居住・就労している無数の出稼ぎ者と、日常的に接している訳である。そうした中、一部の地方における戸籍制度改革の報道に触れることなどにより、「現在の中国では戸籍制度はなくなった」「人の移動は自由化された」との見解を示す都市戸口者が少なからず現れている。

確かに、改革・開放以降の戸籍制度に関する多くの改革的措置により、戸籍制度の二元性や制限性が一定程度緩和・希釈されたのは事実ではあるが、しかし、現在にしてもなお、戸籍制度の本質的な二元性・制限性は揺るぎなく存在しており、当該制度に対する全国レベルおける評価として、前記の見解は適切なものではないと思われる。

常住戸口の移転を伴う人の移動については、一般に「移動の要件」面についての言及が多いといえる。ここでは、今なお続く移動の制限性についての内容・特色を知るため、「移動の手続」面に注目したい。

1 戸口移転政策の基本原則

戸口移転に関する現行の政策は、1977年『戸口移転の処理に関する公安部の規定に対する国務院回覧審査の通知』を基礎とするものである[1]。全国の市、鎮に相当な数の無戸口者が存在するという状況の中、市、鎮の人口増加を厳格に抑制することを目的として策定された1977年『通知』は、具体的には次のような原則を示している。

ⅰ厳格に制限すべき移転：①農村から市鎮（鉱山区、森林区を含む）への移転、②農村人口から非農業人口への移転、③その他の市から北京、上海、天津の三市への移転。

ⅱ適当に制限すべき移転：①鎮から市、小さな市から大きな市への移転、②一般の農村から市郊外、鎮郊外の農村あるいは国営農場、野菜生産隊、経済作物区への移転。

ⅲ制限を行わない移転：①市鎮から農村、市から鎮、大きな市から小さな市への移転、②同等の市の間、鎮の間、農村の間の移転で、正当な理由があるもの、③農村人口間の結婚で男児のない場合に男性が女性の家に落戸する移転[2]。

また、1977年『通知』は、そうした原則の下、国家によって正当と見なされる戸口移転の具体的内容として、次のように列挙している[3]。

・市鎮の職工、居民と結婚した農村人口（下放青年を含む）で、長期療養により自活が困難で、農村にも面倒を見る家族のいない者。

・市鎮の職工の農村の父母で頼れる親族がなく、自活が困難で、市鎮に来て子に頼らなければならない者。

・国家の規定にそって転勤する職工とその職工について生活する（市鎮居民戸口を有する）家族、および国家の規定に基づき採用・分配された職工、学生。

・国家の規定に基づき定年退職・中途退職が承認された職工で、市鎮の家に戻る必要のある者。

・退学・休学が承認され、国家の規定にそって市鎮の家に帰る者。

・下放青年で、病気・身体障害あるいは家庭に特別の事情があるために、国家の規定にそって、市鎮の家に戻る必要のある者。

・青蔵高原地区で活動する職工、その家族で、気候に適応できないあるいは手元で扶養し得ないために市鎮、農村の家に帰る必要のある、あるいは未成年の子を親族の所に預ける場合。地質調査等の野外を移動する活動に従事する女性職工で、子供を産んだが手元で扶養できず、市鎮あるいは農村の家に送る必要のある場合。

・その他、特殊な事情がある者[4]。

その後、改革開放政策の展開の中で、夫婦の別居問題の解決や科学技術人員の合理的移動の奨励などといった特別の目的のための政策が一連の規定により打ち出されていき[5]、1984年には、食糧は自弁で集鎮にのみという制限の中での農村から都市への自発的な落戸が広く認められるようになった[6]。さらに1997年4月、国務院は『小城鎮戸籍管理制度改革方案』を原則採択し[7]、小城鎮に合法的な固定した住所と安定した就業条件を有する農民の小城鎮への落戸を認め、試行点での慎重かつ着実なる経験の蓄積を求める方針を確認した[8]。

2 戸口移転の際の証明書類

戸口移転の申請手続とは、実質的には、戸口移転に必要とされる証明書類の申請・取得過程として表現されるものである。そうした証明書類として特に重要なものに、戸口移転証および戸口移転証控からなる「戸口移転証」［資料1］、ならびに二連の転入許可証明および転入許可証明控からなる「戸口転入許可証」［資料2］を挙げることができる[9]。

「戸口移転証」[10]：法的根拠たる『戸口登記条例』第10条第1項には、公民がその戸口管轄区から転出する場合には移転証明書を受領する旨の規定があるが、1986年に編まれた公安教材においては、現住所のある市（市轄県は含まず）の外に移転する場合には移転証を発給するが、その市（市轄県は含まず）の範囲内での移転の場合は、市内戸口移動手続を行うだけで、移転証の発給は行わない、との補充説明がなされている[11]。

しかしながら、1994年『新たな戸口移転証、戸口転入許可証の使用に関する公安部の通知』においては、書式の改変を受けると同時に、その使用範囲についても、その戸口管轄区から転出する常住人口はすべて「戸口移転証」

第1章 「中国共産党の指導の下」における
中国公民の権利状況についての一考察（西島）　　13

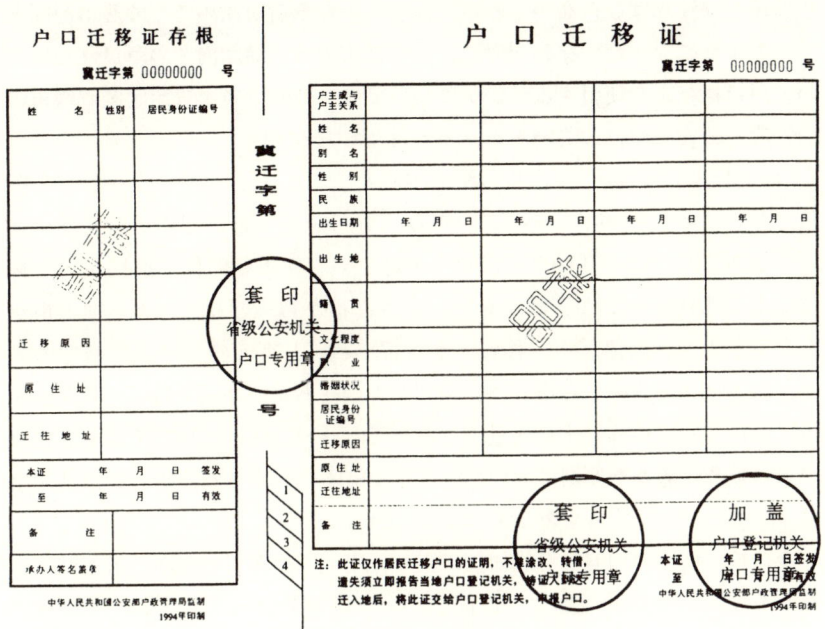

資料1：「戸口移転証」

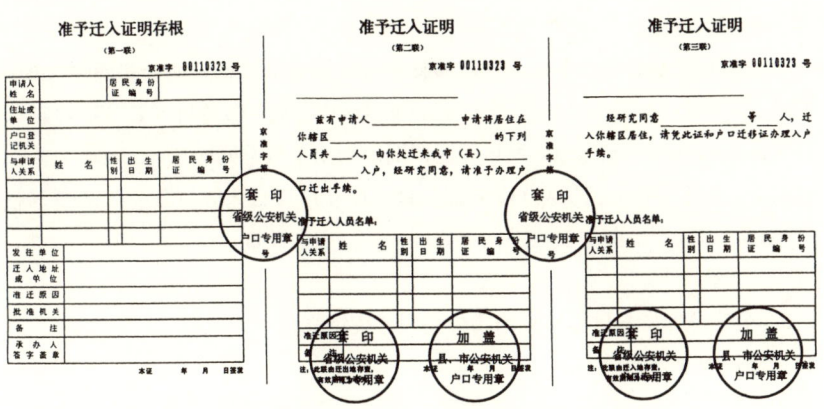

資料2：「戸口転入許可証」

を使用しなければならない、とされ、全ての移転者が改めてその適用範囲とされるようになった。なお同時に、大中都市の市区範囲内での戸口移転について戸口移転証を使用するか否かについては、暫時各省・自治区・直轄市の公安庁・公安局が自ら決定する、との言及もある[12]。

「戸口転入許可証」[13]：直接の法的根拠としては、『戸口登記条例』第10条第2項のほか、1980年『統一の戸口転入許可証の実行に関する公安部の通知』がある[14]。この1980年『通知』が規定する使用範囲は、農村から市鎮（鉱山区、森林区を含む）、鎮から市、小さな市から大きな市、その他の市から北京、上海、天津三市へ移転する幹部、職工、軍人の家族とその他の人員、および一般農村から市郊外、鎮郊外の農村あるいは国営農場、野菜生産隊、経済作物区へ移転する人員、とされており、これは、1977年に示された戸口移転政策の基本原則において制限を受けるべきとされた場合とほぼ完全にオーバーラップするものであった[15]。

その後、前出の1994年『通知』により使用範囲は変更を受け、市、県にまたがる全ての移転[16]、および、同一の市、県の範囲内ではあるが、一般の地区から国務院あるいは省級人民政府が設立を承認した経済特別区・経済技術開発区・ハイテク産業区等の特定地域、農村から城鎮、大中都市の郊外区から市区への移転については、一律に「戸口転入許可証」を使用する旨が規定されている[17]。

この許可証が必要とされる戸口移転を行う場合は、転入地公安機関（県公安局、区を設けない市公安局あるいは市轄区公安分局）の発行する「戸口転入許可証」に基づき転出地の戸口登記機関が転出手続を処理し（この時、「戸口移転証」を発行する）、「戸口移転証」および「戸口転入許可証」に基づき転入地の戸口登記機関が転入手続を処理する段取となる。

3　公安機関における移転申請の受理と実情調査[18]
(1) 移転申請の受付

居民が移転事項の提出を行なう時、戸政管理員は情況を明らかにするべく熱意をもって対応し、無視したりたらい回しにしてはならず、受理できない場合にも即座に拒絶することなく、懇切丁寧に説明しなければならない。情

況については、主に、移転（その戸口管轄区以外の場所での定住）なのか住所変更（その戸口管轄区内での移動）なのか、転出か転入か、どの戸口に属する者の移転なのか、どの程度の制限がなされる地区への移転なのか、移転者・受入側およびその他の関連する人員の身分・戸口および現在の生活情況、等々について明らかにしなければならない。

(2) 移転申請の受理と指導

「戸口転入許可証」を必要としない移転については直接受理を行い、関連する証明書類に基づいて相応の転出・転入手続を行う。

「戸口転入許可証」を必要とする移転については、申請者の具体的な情況に合わせて関連する移転政策、転入落戸の申請に必要な証明書類およびその取得方法を紹介し、転入審査の手順および転入承認の情況を説明し承認されない可能性もあることを周知させ、転出・転入の基本的な手続と関連書類の記入方法について説明を行う。なお、この段階では手続上の説明に止まらなければならず、承認するか否かについて勝手に判断を下すことは許されない。

(3) 戸口移転申請の実情調査

「戸口転入許可証」を必要とする戸口移転の申請（具体的には「入戸申請書」［資料3］として表現される）に対しては[19]、戸籍民警によりその実情が十分に調査されなければならない。実情調査においては、①申請者の意見や調査者の先入観に左右されることなく客観的に調査を行なうこと、②審査に影響を及ぼす可能性のあるあらゆる情況について全面的に調査を行なうこと、③関連人員の戸口情況、親族関係、年齢、病状など、承認の可否に直接関連する重要事項については逐一調査を行うこと、④熱意を持って、辛抱強く、速やかに対応し、守秘に努めること、に留意することが求められている。

実情調査の結果は、「入戸申請調査報告」［資料4］として文書によって表現され[20]、それは、「入戸審査表」を作成するにあたっての直接的な根拠となると同時に、派出所および分局、市局各級が審査・指示を行う際の重要な参考資料とされる。なお、入戸申請理由が入戸条件に合致すると派出所により判断された時点で、申請者は「入戸申請表」［資料5］の作成が許され

```
　　　　　　　入　戸　申　请　书

×××派出所：
　　我叫郭××．现年61岁，原系煤炭部××矿务局机修厂职工．
根据国家规定．已于去年8月份办理了退休手续。因我年事已高．
单独生活确实有困难，又加上我妻子宋××(现住旧鼓楼大街××
巷一号)长期患有十二指肠溃疡和哮喘病等，故为了我们生活上能
互相照顾，安度晚年，特请求贵所准予把我的户口从××省××市
迁入北京落户。这是我们全家的希望。
　　此致
敬礼
　　　　　　　　　　　　　　　　　　申请人：郭××
　　　　　　　　　　　　　　　　　　19××年×月×日

　　　　　　　入　戸　申　请　书

×××派出所：
　　我叫宋××．现年58岁，住旧鼓楼大街××巷一号．我丈夫郭
××于1951年调往××省××工作，现已退休。因我长期患有十
二指肠溃疡又有哮喘病，生活需要照顾．为此特申请郭××在我住
处落户，以共度晚年，请予办理。
　　此致
敬礼
　　　　　　　　　　　　　　　　　　申请人：宋××
　　　　　　　　　　　　　　　　　　19××年×月×日
```

資料3：「入戸申請書」

る[21]。

4 「大衆評議」の組織・実施[22]

　1980年代の半ばより、鞍山、安達など一部の地方の公安機関では移転審査制度の大胆な改革が行われ、「大衆評議」という方式が取り入れられた。この方式においては、まず、予め全市におけるその年度の「農転非」指標を発表し各戸口管轄区に割り当てる。公民が申請を行なった後、派出所は実情調査を行うと同時に、全面的な評議を行う大衆代表を組織する。関連規定、大衆評議および実情調査に基づき、派出所は審査意見を提出し、分局に報告しその承認を求めた後、市局に報告し再調査を受け記録に載せてもらう。こうした過程においては、大衆が監督できるように、その地の指標、転入条件、処理手続、申請者の実情、評議結果および承認結果などについての情況を随時公開しなければならず、大衆評議を公安機関の審査と結合させるというこ

第1章 「中国共産党の指導の下」における
中国公民の権利状況についての一考察（西島）

```
         申请入户调查报告

××分局户籍处：
    兹有我管界旧鼓楼大街××巷一号居民宋××（女，58岁，家
庭妇女）的丈夫郭××（原系××省矿务局机电修配厂财务科科
长，已于19××年×月按国家规定退休），申请将其本人户口迁回
北京，与其妻共同生活。现将调查的有关情况介绍如下：
    郭××，男，1926年12月21日出生，原籍河北××县。户口
在××省××市矿区虎尾沟口村。郭于1951年到××务局工
作，去年8月办理了退休手续。现年事已高，要求回京与妻子团聚。
郭之妻宋××，长期患有十二指肠溃疡和哮喘病，需要照顾，一直
与女儿郭××共同生活在北京。
    现郭××申请将户口迁回北京其妻处，互相照顾，共度晚年。
鉴于上述情况，我同意该人入户，报你处审批。
                          ×××派出所（公章）
                          户籍民警：卢×（章）
                              19××年×月×日

       关于郭××申请入户情况
          的补充材料
    郭××之女郭××，现年31岁，未婚，××针织总厂工程师。
户口与母亲宋××在一起，一直与母亲共同生活，并负责照顾母亲
的生活（宋××身边再无其它子女）。今年10月份，××针织总厂
决定派郭××出国学习，学习时间暂定两年。在此期间宋××生活
无人料理。
                          ×××派出所（公章）
                          户籍民警：卢××（章）
                              19××年×月×日
```

資料4：「入戸申請調査報告」

のような方法は、管理の効率性・透明性の確保および私利を計る不正行為の防止という効果を有するものであり、公安部は、各地にその土地の事情に適したやり方でこの方策を積極的に推進することを奨励している[23]。

　こうした「大衆評議」の具体的な方式の一つとして、「「農転非」戸口評議表」[資料6]を用いる例を挙げることができる[24]。この方式においては、農業戸口から非農業戸口への移転を希望する者がいる場合について、申請が行われた後、申請者（資料6の例では受入側の都市住民）の単位あるいは戸口所在地の居民委員会が評議を行ない、申請者に対する評議意見を「「農転非」戸口評議表」という書式に記入する[25]。表内で特に重要なのは「入戸申請者の基本情況および主な理由」および「評議紀要」の欄であり、前者には評

入户申请表

户　　别：居民
迁移原因：投靠外祖母　　　　住地所属××分(县)局××派出所

申请人姓名	潘××	性别	女	出生年月	19××年×月	籍贯	××省××县
现户口所在地详细地址	××省××县白山林业局琵河林场			何时由何地来京	19××年×月		
持有何种证件				申请入户地址	××市××区右安门外关厢大街41号		

随 迁 人 口

与申请入户人关系	姓名	性别	出生年月	与申请入户人关系	姓名	性别	出生年月

在京亲属	与申请入户人关系	姓名	年龄	籍贯	单位名称及职务	户口所在地址	参加工作时间	来京时间
	外祖父	张××	69	天津	××市印染厂	××右外关厢大街41号	1956年	1945年
	外祖母	石××	69	山东	家务	××右外关厢大街41号		1945年

外地亲属	与申请入户人关系	姓　名	年龄	籍贯	单位名称及职务	住　　址
	姐姐	潘××	25	吉林	白山林业局琵河林场工人	白山林业局琵河林场

申请入户理由	我叫潘××，女，1965年9月6日生人。出生后20天左右，就由母亲张××把我送往北京外祖母家，我一直由外祖母抚养。现我已23岁，我的父母都于文革间相继去世，就剩下一个姐姐，已于1982年结婚。其他的亲人就再没有了。因我从小由外祖父、外祖母抚养，现在二老又都年岁大了。而且外祖父又因患有瘫痪症需要照顾，而身边再无子女，所以申请把户口由吉林迁入北京，以便照顾外祖父、外祖母的晚年生活。

填表日期：19××年×月×日

資料 5：「入戶申請表」

第1章 「中国共産党の指導の下」における
中国公民の権利状況についての一考察（西島）

"农转非"户口评议表

申报入户人基本情况及主要理由	申请人姓名	易××	性别	男	年龄	25	住址	建湘中路××号
	迁入人姓名	周××	性别	女	年龄	25	何地迁入	涟源市××乡××村
	易××从小患有血友病，系绝症，现四肢关节已变形，需每天用药治疗。其本人已无法从事体力劳动，以其名义办理的自行车修理部，只能由提前退休的父母代劳，生活确实困难。1988年9月易与农村姑娘周××结婚，周愿终身照顾易。周××自身患有慢性肝炎，仍坚持做缝纫，填补家庭生活收入，并于1989年生育一女孩易××。 群众评议认为，易××的困难属实，政府应解决周××母女户口问题，以体现党和政府对残疾人的关怀。								

	姓名	性别	年龄	政治面貌	职务	工作单位或家庭住址
评议成员	杨××	男	38	群众	居民	建湘中路××号
	陈××	女	73	群众	居民	建湘中路××号
	唐××	女	64	群众	居民	建湘中路××号
	唐××	男	56	群众	居民组长	建湘中路××号崇兴里居委会第×居民组
	屈××	女	46	中共党员	居委会主任	崇兴里居委会

评议纪要	杨××：我们看街坊×长大。他患有血友病多年了，行走不便，治病的药钱一部分是国家出的，还要时常换血，什么事都不能做，全靠父母养活。多亏找了个农村姑娘，又生了小孩。现在他妻子周××一边照顾他的生活，一连做缝纫接济生活。对这种情况政府应该照顾，解决周××母女的户口问题，以解决他们的困难。 唐××：我是这个组的组长，易××的困难我最了解，易××有病，每年都要换血，换一次就得花很多钱，什么事都不能劳动，全靠父母养活。周××这个女孩不嫌弃易××，生活上照顾易，她还会做裁缝活，又生了个女孩。如果没有这样一个人照顾易，易××的父母不在了，政府也要养他啊。希望政府解决周××的户口，安定他们的生活。 屈××：我同意将周××的户口转到××市来，易××的病是事实，政府应照顾这样的人。

评议小组意见	易××的情况属实，请求公安机关照顾解决周××及女儿户口"农转非"的问题。 杨×× 陈×× 唐×× 宋×× 屈×× 19××年12月20日（公章）

資料6：「「農転非」戸口評議表」

議人の参考となるよう実際の情況に即して理由を記入し[26]、後者には判断理由について正確かつ十分な内容をもつ個々の評議メンバーの発言を分かりやすい言葉で簡潔に記入する。最後に、「評議グループの意見」の欄内に評議グループによる最終的な評議結果を記すことにより、公安機関が当該「農転非」申請の実情を知り判断を下す上での基礎的な資料とすることができる[27]。

なお、公安派出所の治安管理面の機能強化を指示した1988年公安部『都市公安派出所工作の改革の若干の問題に関する意見』においては、「市公安局

が戸口移転の審査を行なう現行の制度には弊害が多い。現在、若干の都市が戸口審査権を徐々に派出所に移譲している。派出所が国家の規定する戸口移転政策および都市の「農転非」指標に基づき、各種情報を公開し大衆評議に依拠して承認審査を行い結果を公表することは、手続を簡略化し大衆の便宜をはかるものであり、工作にも有利である。一部の地方では、派出所が審査を行ない、公安分局に報告しその承認を求める方法がとられている」とあり、実情調査および大衆評議に基づく派出所による審査意見が実質的には承認の可否を左右しているものと思われる[28]。

5　入戸審査と移転証明書の配布[29]

　公安派出所は、「入戸申請書」・「入戸申請表」による戸口移転の申請を受け、実情調査と大衆評議を経た後、条件を満たし申告し得るものに対しては、「入戸審査表」[資料7]を同内容のものを二部（地区によっては三部）作成し[30]、処理意見を書き込んで署名を行ない、「入戸申請表」および「入戸申請調査報告」などの関連証明資料と一緒に市・県の公安局あるいは大都市の区公安分局に報告し審査・指示を仰ぐ。

　審査の責任を負う戸政管理機関は、情実にとらわれた不正行為をすることなく国家およびその地の政府が制定した戸口移転政策に基づいて速やかに審査を行なわなければならず、その際には、食糧・労働・人事・民政等の機関と互いに連絡を取り合い歩調を合わせることも必要とされる。承認するものに対しては、「入戸通知書」および「戸口転入許可証」を発行し、関連資料と共に派出所に通知し、それを受けた派出所は速やかに戸移転手続の処理を行う。承認を見送るものに対しては、審査機関は「入戸審査表」を保管し、再度の申請・申告での使用に備えてその他の資料を派出所に送付する[31]。なお、移転審査にかかわる全ての戸政管理員には、公正かつ客観的な態度が求められ、署名・捺印により責任を明示すると共に秘密保持に留意することが要求される。

　常住戸口の移転を伴う自発的な人の移動について、「移動の要件」面においては、1984年10月国務院『農民の集鎮への落戸に関する通知』以降、1997

×公丰户字	入户审批表	×公户控分字号
19×年×月×日		19×年×月×日

派出所名称：××× 编号：13 户别：
居民迁移原因：投靠外祖父、母

| 申请人姓名 | 潘×× | 申请入户地址 | ××区右外厢大街41号 |

派出所意见	承办人	潘××出生后，一直随外祖父、母生活，其生父母已死亡，其母又系外祖父、母独生女儿。为照顾双方生活，同意潘××投靠外祖父、母生活 张××（章） 19××年×月×日
	所长	同意投靠 姚××（章） 19××年×月×日
分（县）局意见	承办人	已来京二十多年，同意在京入户照顾外祖父、母 陶×（章） 19××年×月×日
	科长	同意入户 安××（章） 19××年×月×日
	分（县）局长	同意入户 方××（章） 19××年×月×日
市局批示		同意入户 李××（章） 19××年×月×日

<u>19××年×月×日</u>

資料7：「入戸審査表」

年10月「公安部『小城鎮戸籍管理制度改革試点および農村戸籍管理制度整備の関連問題に関する回答』印刷配布の通知」など、全国レベルでの制度整備が進んできたが、その受け入れ地区はあくまで小都市レベルに止まるものであり、そもそも1984年10月国務院通知は食糧の自弁を前提としているように、都市地区居民としての社会サービスと完全に連動しているものとは言い難い。一方、1990年代には厦門市、上海市、深圳市など、規模の大きな都市部における常住戸口の弾力的な受け入れを可能とする施策が打ち出されたが、そうした戸籍は基本的には当地でのみ有効であるものであり、全国レベ

ルでの戸口移転の弾力化とは言い得ないものであり、要件の点においても、主に経済面を中心に非常に厳しいハードルが設定されている。

　近年の動きとしては、例えば上海市は、ハイレベルな人材のフレキシブルな流動を促進するために2002年6月より大卒以上の学歴の外来就業者に対して「上海市居住証」を通じての管理および権益保護を始めており、2009年2月からは、「居住証所持満7年以上」「同証所持期間の社会保険加入満7年以上」「同証所持期間に所得税納付済み」「中級以上の専門技術職として就業、あるいは技師以上の職業資格に基づく就業」「国家・本市の計画出産規定を遵守し、違法犯罪・不良行為歴がない」といった要件を満たした場合に戸籍を付与する、との施策を展開している。

　現状追認・場当たり的な印象を拭えない要件緩和の流れの一方で、手続面においては、重層的な審査システムにより移転の制限性が強力に担保されており、特に「「農転非」戸口評議」の制度からもわかるように、既得益を有する先住民の意向が反映されるシステムは、要件レベルとは別の次元における制限性を含むものと思われる。

　「2009年9月に国家統計局が「戸籍制度の廃止は時代の必然だ」という同局幹部の発言について、個人的な見方に過ぎないとのコメントを公式サイトに掲載」した、との情報もあるように、「居住・移転の自由」における戸籍制度の制限性については、その合理性は一定程度希釈されつつありながらも、現実には今なお存在し続けているという認識が正しいものと思われる。

第2節　財産権　―農地収用を中心として―

　中国の中央政府はもちろん、地方政府、地元当局などを名宛人とした、中国人民からの抗議や反抗が、西側のメディアにおいて広く報道される機会は、必ずしも多いものではない。しかしながら、2004年の下半期には、日本の多くのメディアにおいて、「中国　広がる農民騒乱」などの見出しで、農民と地元当局との大規模な衝突事件が報道された。全国の農地をめぐるトラブルを調査した政府系研究機関によると、2004年1月から6月末の期間で全

国で130件の抗議行動などの事件が起きており、うち87件は、農地立ち退きをめぐるトラブルが原因で衝突に発展したケースであった。87件の衝突で農民3人が死亡、数百人が負傷し、160人余りが拘束を受けたと報告されている。失地農民は全国で4000万人以上にのぼり、毎年200万人以上のペースで増加しているともされている。

例えば四川省漢源県では2004年、水力発電所建設のため農地や自宅を強制的に立ち退かされた農民が、ただ同然だった補償額の上増しを地元政府に要求するために数万人規模のデモを行い武装警察と衝突する事件が起きており、また重慶市万州区では、三峡ダム建設で移転を迫られ生活が苦しくなった住民が、ダム建設などに乗じ不当な利益を得た役人への不満を爆発させて大規模な暴動を起こすなど、強制立ち退きに係る事件が大きな問題となっている[32]。

土地開発をめぐる利益分配においては、地方政府の役人による不正行為が問題とされることも多いが、ここでは、大規模な農地収用、およびそれに伴う大規模な住民移転の際に適用される法的規範に内包されてきた、収用規定における問題点について考察を行いたい。

1 土地収用に関する基本法制

1978年の11期三中全会を契機とする改革・開放路線の展開の中、道路、鉄道、橋梁、港湾、空港などの建設プロジェクトが増大し、それに伴い、土地紛争が頻発した。そのような事態に対処するため、1986年、土地管理法が制定された（1988年に小改正）[33]。この法律では、憲法規定の線に沿って、国家の土地収用権を全面に押し出して、「国家は、公共の利益の必要のために、法律に基づいて、集団的所有の土地の収用を行なうことができる」（2条）と定めている[34]。一方、同法では、土地所有権・使用権関係の明確化のため、登記制度、協議制度、不服申し立て制度などの新制度が導入されている。登記制度については、集団的所有の土地は、県級人民政府に登記することにより所有権が確認されるとされ、国有地を利用する単位または個人は、県級以上の地方人民政府に登記することにより使用権が確認されると定められた（9条）。また協議・不服申し立て制度については、土地所有権・使用

権をめぐる紛争は、まず最初に当事者間の協議により解決を図り、それが不調の場合には、人民政府により処理すると定められ、さらに関係人民政府の決定に不服の場合には、人民法院に提訴することができると規定された（13条）。これらの新制度は、個人間ないし個人・企業間の小規模な土地紛争の場合には、有効な法的解決手段となり得るが、しかし国家建設プロジェクトに関する定めの存する4章においては、同様の内容の規定は見られない。

4章21条では、国家の土地収用権について、次のように規定している。

「国家は、経済、文化、国防建設および社会的公共事業を実施するにあたって、集団所有の土地を収用するか、ないしは国有の土地を使用する必要がある場合には、本章の規定に照らして処理する。」

この土地収用にあたって土地所有権者・使用権者に担保されている権利は、立ち退き補償を得る権利であり、異議申し立てを行なう権利は含まれてはいない。前者につき、27条では次のように定められている。

「国家建設のために土地を収用するにあたっては、当該土地を利用する単位により土地補償費が支払われる。耕地の収用の補償費は、当該耕地の収用の以前の3年間の平均年生産額の3〜6倍とする。その他の土地の収用の補償費基準は、省、自治区、直轄市により、耕地の収用の補償費基準の規定に照らして定められる。」

また、土地収用補償費に加えて、再定住補助費も支払われる。この点につき、28条は次のように定めている。

「国家建設のために土地を収用するにあたっては、当該土地を利用する単位により、土地補償費に加えて、再定住補助費が支払われなければならない。耕地収用の再定住補助費は、再定住を必要とする農業人口数に照らして計算する。再定住を必要とする農業人口数は、収用される土地数量を土地収用前の被収用単位の平均1人あたり占有耕地数量で割って算出する。再定住を必要とする各農業人口の再定住補助費の基準は、当該耕地が収用される前3年間の1畝あたり平均年生産額の2〜3倍とする。ただし、収用耕地の1畝あたりの再定住補助費は、最高でも収用前の3年間の平均年生産額の10倍を超えてはならない。」

なお、次条では補償費・補助費増額の特例措置について、27・28条に基づ

く補償・補助を受けてもなお、再定住を必要とする農民が既存の生活水準を維持することができない場合には、省、自治区、直轄市の承認を経て、再定住補助費の増額が可能であるとしているが、「土地補償費と再定住補助費の総額は、当該土地の収用前の3年間の平均年生産額の20倍を超えてはならない」との上限を同時に定めている。

　以上のような立ち退き補償に関する具体的な規定も、しかしながら、比較的規模の大きなダム貯水池プロジェクトの場合には、その適用が除外されるという留保規定が同法には存在している。32条において「大型・中型水利および水力発電工事建設による土地収用の補償費基準および移転住民の再定住の方法については、国務院が別にこれを定める」と規定することにより、特別規定による対応を宣言する内容となっている。

　その後、同法は、1990年代における地球規模での環境保護意識の高まりや98年6月からの長江流域を中心とする大洪水の発生などの社会状況の下、1998年8月に土地の更なる保全を主要目的とする内容での大きな改正を行なった[35]。従来、全6章57条であった同法は、改正により全7章86条と大幅に加条され、1999年1月から施行されている（新法）。なお、2004年8月に三回目の改正がなされたが、本稿に関わる内容についての変更はみられなかった[36]。

　「土地の利用と保護」につき、「土地利用総体規画」とともに「耕地の保護」の章を新たに設け、耕地の保護、および土地の汚染、砂漠化、塩化、水土流出などの防止について定めている。また「監督検査」の章も新設されており、監督検査の担当義務を県級以上の人民政府の土地行政主管部門に設定し、土地管理関連法規に違反する行為の防止を図っている。新法は立ち退き補償の内容に関する変更も行なっており、新たな基準（47条）は次のようになっている[37]。

　「土地を収用する場合は、被収用土地の原用途にしたがい補償を与える。耕地収用の補償費用には、土地補償費、再定住補償費ならびに土地付着物および青苗の補償費が含まれる。耕地収用の土地補償費は、当該耕地が収用される前3年間の平均年生産額の6～10倍とする。耕地収用の再定住補助費は、再定住を必要とする農業人口数にしたがい計算する。再定住を必要とす

る農業人口数は、収用される耕地数量を土地収用前の被収用単位の平均1人あたり占有耕地数量で割って算出する。再定住を必要とする各農業人口の再定住補助費の基準は、当該耕地が収用される前3年間の平均年生産額の4～6倍とする。ただし、1ヘクタール毎の被収用耕地の再定住補助費は、最高で収用される前3年間の平均年生産額の15倍を超えてはならない。その他の土地収用の土地補償費および再定住補助費の基準については、省、自治区、直轄市が耕地収用の土地補償費および再定住補助費の基準を参照して定める。被収用土地上の付着物および青苗の補償基準については、省、自治区、直轄市が定める。…土地補償費および再定住補助費を支払い、なお再定住を必要とする農民に既存の生活水準を保持させることのできない場合は、省、自治区、直轄市の人民政府の認可を経て、再定住補助費を増加させることができる。ただし、土地補償費および再定住補助費の総和は、土地が収用される前3年間の平均年生産額の30倍を超えてはならない。」

　このように、新土地管理法では、土地収用補償費と再定住補助費の大幅な引き上げ、すなわち土地補償費は収用前3年間の平均年生産額の3～6倍から6～10倍、再定住補助費は収用前3年間の平均年生産額2～3倍から4～6倍、また両者の総額の上限は20倍から30倍への引き上げが行なわれた。しかしながら、この改訂規定も、ダム建設プロジェクトには適用されない。ダム建設プロジェクトについては、依然として旧法32条の適用除外規定が維持され、新法51条としてまったく同一の文言が挿入されているのである。

2　ダム建設における収用補償および住民再定住

　そうした適用除外規定、直接には旧法32条の規定にしたがい、1991年1月、国務院により「大中型水利水電工程建設征地補償和移民安置条例」（大中型水利・水力発電プロジェクト建設の土地収用補償と移住者の再定住に関する条例）が制定された[38]。

　この条例では、「開発性移民」という新たな概念が導入されており、3条にて次のように規定されている。

　「国家は、前期に補償と補助を提供し、後期に生活支援を行うという方法での開発型移住を唱導し、かつ支持する。」

また、移住者の生活水準については、「移住者の再定住、ダム貯水池の建設、資源開発、経済発展のそれぞれを結び合わせて、移住者の従前の生活水準を漸進的達成するかないしは凌駕するようにする」（4条）としており、一時的な金銭補償ではなく移転後の生産・生活を保障し生活レベルを向上させることが謳われてはいるが、移転時における「従前の生活水準の維持」を確約・保証する内容とはなってはいない。さらに、17条においては「国家は、大中型水利・水力発電プロジェクトの貯水池地域での移住者の生産の発展を擁護し、かつ支援する目的のために、ダム貯水池地域建設基金を設立する。新たに設立される水利・水力発電プロジェクト貯水池地域建設基金の徴収、管理および使用の方法については、水利部とエネルギー部が、財政部と協働して定めるものとする」としており、移住者の再定住をバックアップする目的の専項基金の設立を定めている。

　立ち退き補償の内容については、本条例では2章において次のように定めている。

　「大型水利・水力発電プロジェクト建設での土地収用では、建設単位が下記の基準にしたがって土地補償費および再定住補助費を支払う。

　（一）耕地の収用補償費は、当該耕地の収用前3年間の平均年生産額の3～4倍とする。再定住が必要な各農業人口の再定住補助費の基準は、当該耕地の収用前3年間の1畝あたり平均年生産額の2～3倍とする。大型の洪水防止・灌漑・排水プロジェクト建設での土地収用について、その土地補償費基準は前記の土地補償費基準よりも減額することができ、具体的な基準は水利部が関連部門と制定する。…。」（5条）

　「本条例5条の規定により土地補償費・再定住補助費を支給しても、なお再定住移住者に困難が存する場合には、再定住補助費を増加することができる。しかしながら、土地補償費と再定住補助費の総和は、貯水区域（ダムサイトを含む）の1人あたり占有耕地面積の多少に基づき、土地収用前の3年間の平均年生産額の下記の倍数を超えることはできない。（一）1畝以上の場合は、8倍を超えてはならない。（二）0.5～1畝の場合は、12倍を超えてはならない。（三）0.5畝以下の場合は、20倍を超えてはならない。」（6条）

　なお、中型の水利・水力発電プロジェクト建設での土地収用における土地

補償費および再定住補助費の基準については、土地管理法および本条例の5・6条の規定を参照して省、自治区、直轄市の人民政府が別に規定を設けるものとされている（7条）。

　土地管理法につき、新法では51条で旧法32条の方針を踏襲した一方で、補償費・補助日の引き上げを行った。これは、道路・鉄道・工業団地などの建設の場合の立ち退き補償とダム建設による立ち退き補償との間の格差のさらなる拡大を指向するものである。また、2001年改正「長江三峡工程建設移民条例」においても、新法に歩調を合わせる内容での補償額に関する見直し条項の付加がなされなかったのみならず、新たに34条の規定が設けられている。1991年「大中型水利水電工程建設征地補償和移民安置条例」が今なお効力を有する以上、ダム建設により移住を余儀なくされる人々に対する補償額が他の目的による被収用者に対するそれよりも低い水準に抑えられうるという条件は、現場レベルでの行政判断に基づく実質的な処置である以上に、制度的な固定化により担保されているのが現状である。

　確かに、2000年立法法は83条において特別規定優先および新規定優先の原則についての定めをなしている[39]。しかしながら、一般に権利保障を害する内容の規定や、比較衡量に依る合理的目的を有しない規定について、特別規定を優先させることは適切な判断ではなかろう。そもそも、異なる国法形式、すなわち、たとえば狭義の法律（全国人民代表大会および全国人民代表大会常務委員会の立法権の行使に依るもの）とその他の下位の法規範との間には、それぞれ専属的な規定事項が予め与えられていなければならない[40]。よって、ある事項が特定の形式の法規範の専属的な規定事項であるとされる場合には、その同じ事項を定める他の法規範は無効となる。しかし、この場合に、いかなる事項を専属的な規定事項とするかには、決定的・絶対的な基準はない。したがって、事項によっては、二つ以上の形式の法規範の競合的規定事項となることがある。このような場合の抵触・競合を防ぐためには、一つの法形式がつねに他の法形式に優先するということを定めておくことが必要となる。それがすなわち、法規範の形式的効力の優劣または上下の段階関係である。

そして、この原則は、「法治」を基本原則とする国家の法体系においては、いわゆる「法律上位の原則」として現れる。すなわち、国民の代表の意思に依り制定された法律に、憲法を除く他のすべての法形式よりも上位の効力を与えるのである。これは、社会生活を規律する法規範の体系の上で最も優位の地位を与えられるは、国民の代表機関により制定されたものであるべきであるとされるからである。この考え方はさらに、特に国民の権利・自由・義務に関する事項は、法律の専属的規定事項とすべきであるとの原則、すなわち、法律よりも下位の法規範が、国民の権利を制限したり、国民に義務を課したりすることは許されないという原則へと発展するものである。実際に、立法法には8条において「以下に定める事項について制定できるのは法律のみである。…非国有財産に対する収用。…」との規定が存している。したがって、旧土地管理法32条（新法51条）に依る1991年条例は、憲法13条および立法法78・79・80条に基づき改正もしくは取り消しがなされなければならないものであったと言わざるをえない(41)。さらには、立法法8条を厳密にとらまえるならば、ダム建設プロジェクトを適用除外とする定めを有する土地管理法そのものが立法法に抵触している可能性もあり、適用除外規定を排した内容での新規立法、もしくは特別条例の立法化という作業の必要性さえ指摘し得るであろう。

おわりに

　2011年3月5日より開催された全国人民代表大会での「第12次5カ年計画」（2011～15年）においては、投資と輸出に頼る「発展方式」から、消費の活力も取り込む成長への転換が掲げられた。2010年までの10年間で、GDPは約4倍に膨らんだが、都市と農村住民の収入差は2.8倍から3.2倍に広がった。温家宝首相も「社会的生産力、総合国力が著しく向上したにもかかわらず、その恩恵が行き渡らずにいる。政権は所得格差の拡大の是正を急がなければ、社会の安定も損ないかねない」との認識を示しており、これは本稿において扱った問題点とも直接に関連する問題認識である。
　たとえば、出稼ぎ労働者の大供給地であった重慶市は2010年までに台湾系

ITメーカーや米ヒューレット・パッカードの輸出用パソコン工場を誘致。教育や年金などで差別されていた農民を都市戸籍に移し、平等な社会保障を提供したり、公団住宅を建設したりしており、給与も、上海や広東省など沿岸部より2割程度まだ安いが、最低賃金は5年で倍となっている。

また、前記全国人民代表大会において、温家宝首相は、教育や医療の格差、物価の上昇圧力、住宅価格の急騰、深刻な官僚の腐敗、など様々な問題を挙げる中で、土地収用に伴う違法な強制立ち退きが相次いでいることにも言及した。立ち退き問題をめぐっては、人々の不満が強く、各地で暴動が相次ぐ原因となっている。中国の土地は原則的に国有であるため、地方政府が開発業者に相場より安く土地を売却し、手数料を得るなどの腐敗行為が横行しており、立ち退きの際には地元の警察や暴力団が直接関与する場合もあり、当局側に対する強い反感を呼んでいる。

こうした状況に対して、法制面、とりわけ「人民の権利」にかかわる認識として、温家宝首相は「大衆の利益を擁護する法規の整備を強化し、法律に基づく行政を推進する。腐敗を取り締まり、社会の公平や正義を守る」との見解を示している。格差の根底に在る制度的条件の変革や、権力の分散化、監督メカニズムの強化など、制度面における喫緊の課題が、こうした見解の下で抜本的な見直しがなされることが必要であると思われる。

---

(1) 張慶五『戸口遷移与流動人口論叢』公安大学学報編集部出版、1994年、pp. 243〜247。
(2) 「落戸」とは、戸口の移転を伴う移動を意味する。なお、鄭立言・鍾恵民編『農村政策法規解答八〇〇題』(法律出版社、1992年、pp. 188・189) においては、農業戸口の者と非農業戸口の者との結婚の際、非農業戸口から農業戸口への変換は公安等関連部門の承認の下で可能とされるが、農業戸口を非農業戸口へと変換することはできない、との説明がなされている。
(3) 1997年『通知』を実際に実行するにあたっての問題点については、1998年公安部『「戸口移転に関する問題解答」印刷配布の通知』により、各々の問題点に対して公安部の解釈・見解・指示を示している (卓文同編著『戸籍管理概論』中国統計出版社、1994年、pp. 93〜97)。
(4) 張慶五編『戸口登記常識』法律出版社、1983年、p. 66。および、公安教材編審委員会《戸

籍管理学》編写組『公安高等院校統編試用教材　戸籍管理学』中国人民公安大学出版社、1986年、p. 131。なお、前者のp. 67、後者のp. 132にはそれぞれ農村の妻子が都市の夫を頼って戸口を移そうとする場合に対する審査についての解説がなされており、「本人の身体状態、自活可能かどうかについて、…本人と面談し、証明書が真に信頼できるかどうかを検証する…。原籍の状況如何…、本人の家族員と親族関係、故郷に居住条件があるか、親族は頼れるかなどをはっきりさせる…。身を寄せられる人の状況が家族が都市に来るのを受け入れる条件があるかどうか、面倒を見なければならない特殊な条件があるかどうかなど、各方面の状況を検討し明らかにして初めて政策に従って分析検討し、処理意見を出すことができる」との厳しい指針が示されている（座間紘一「中国における農村過剰人口の流出と戸籍管理」『山口経済学雑誌』1988年、第37巻第5・6号、p. 60）。

（5）　1983年国務院『科学技術人員の合理的移動の若干の問題に関する規定』（公安部政治部編『人民警察中級培訓統編教材　戸政管理教程』中国人民公安大学出版社、1996年、p. 141）、1980年『職工夫婦の長期別居問題を逐次解決することに関する中央組織部、民政部、公安部、国家労働総局の通知』、1989年『幹部夫婦の別居問題をさらに解決することに関する国務院の通知』（張慶五、前出、pp. 248〜253）、など。なお戸口移転の形態については、前田比呂子『中国における戸籍移転政策―農村戸籍から都市戸籍へ―』（『アジア経済』、1996年5月号）において詳しい説明がなされている。

（6）　1984年『農民が集鎮へ入り落戸する問題に関する国務院の通知』、1984年『《農民が集鎮へ入り落戸する問題に関する国務院の通知》の貫徹実施に関する公安部の通知』など（最高人民検察院中国検察理論研究所査定『社会治安総合治理実務全書』中国人民公安大学出版社、1997年、pp. 949〜951・968〜969）。一般的な手続としては、集鎮において商・工・サービス業を申請する農民で、集鎮に固定の住所を有し、経営能力があるかもしくは郷鎮の企業事業単位で長期間就労している者は、村民委員会の証明（よその郷鎮に属している場合は、原住所の郷鎮人民政府の証明）および商工管理部門発給の営業許可書あるいは雇用単位による証明により、集鎮の公安派出所（あるいは郷鎮人民政府）において入戸申請を行ない、審査の後、戸口移動の手続をとる。よその郷鎮に属している者は、食糧自弁の「転入許可証明」の発給を受け、原住所で転出手続をとらなければならない。その後、1991年『食糧自弁戸口人員の「農転非」と戸口食糧関係の取扱の関連問題に関する商業部、公安部の通知』においては、食糧自弁戸口から食糧配給を受けることのできる市鎮非農業戸口への移転に関して、「農転非」承認後の戸口登記および戸口食糧関係の処理についての明確な手順が示されている。なお、ここでの「農転非」とは、農業戸口から非農業戸口への移転を指す。

（7）　『法制日報』1997年4月24日。1993年14期三中全会『社会主義市場経済体制確立についての若干の問題に関する決定』、1995年『小城鎮総合改革試点指導意見』等により小城鎮戸籍制度改革が進められており、後者の段階では57の鎮が総合改革の試行点として選ばれた（国家体改委農村司編『全国小城鎮試点改革経験文集』改革出版社、1996年、pp. 13〜44）。

（8）　1997年10月24日付『人民日報』紙上の公安部戸政管理局局長王景山のコメントによると、試行点となる小城鎮の範囲は県（県級市）城区の建成区および建制鎮の建成区に制限され、経済・社会の発展水準が比較的高く、財政的に余裕があり、インフラ等が整備されており、当地において代表的な立場にある、といった基本的な条件を満たしていなければならない。またそうした試

行点で常住戸口を獲得するには、①小城鎮において合法的な安定した非農業職業あるいは安定した生活源を有する、②合法的な固定した住所を有する、③現居住地に2年以上連続して居住している、の3つの条件が求められている。現在、この改革は全国的に展開され、500程の小城鎮で戸籍改革が行われており、比較的早い時期に改革に着手した浙江省では、既に20数万人の小城鎮戸口の処理が行われたという（1998年12月3日『法制日報』）。また江蘇省では、『江蘇省の県以下の地区の戸籍管理規定』によりこの改革に対して具体的な規定を行っている（1998年11月24日『法制日報』）。

（9）「戸口移転証」［資料1］・「戸口転入許可証」［資料2］の出所は共に、1994年『新たな戸口移転証、戸口転入許可証の使用に関する公安部の通知』（時慶本・孟昭陽主編『中華人民共和国公安法律法規規章釈義大全（上冊）』中国人民公安大学出版社、1997年、pp. 1139～1146）。この『通知』においては、当時、両戸口移転証明書類の偽造が深刻化しており、戸籍管理の厳密性を高める必要があったとの背景が述べられている。なお、「戸口転入許可証」の原語は、「戸口準遷証」となっている。

(10)　記入項目は、戸口移転証控では、姓名、性別、居民身分証番号、移転原因、原住所、転入地住所、有効期限、付注、引受人の署名捺印、戸口移転証では、戸主あるいは戸主との関係、姓名、別名、性別、民族、出生日、出生地、籍貫、学歴、職業、婚姻状況、居民身分証番号、移転原因、原住所、転入地住所、付注、となっている。記入内容は「常住人口登記表」に依るものであり、省級公安機関による二カ所の戸口専用印とともに、発行戸口登記機関の印を戸口移転証右下の有効期限（30日以内で設定）上に押印しなければならない。なお、戸口移転証控は転出地の戸口登記機関が保有し、戸口移転証は移転後転入地の戸口登記機関が保有する。

(11)　『公安高等院校統編試用教材　戸籍管理学』（前出）p. 89。

(12)　これは、大中都市内での人口移動に対する戸口管理上の負担を軽減するための弾力的な措置を容認するものとも解することができよう。

(13)　「戸口転入許可証」における申請者とは、入戸当事者たる親族のために入戸申請を行う、受入側の戸口管轄区内に常住戸口を有する公民、あるいは自ら転入を申請する入戸当事者本人をいう。転入許可証明控の記入項目は、申請者姓名、居民身分証番号、住所あるいは単位、常住戸口所在地の戸口登記機関、転入許可人員名簿（申請者との関係、姓名、性別、出生日、居民身分証番号）［申請者自身が移転対象である場合にはここにも記入する。この部分および入戸承認理由・付注は、転入許可証明においても同様に記入］、転入許可人員の常住戸口所在地の戸口登記機関、転入地住所あるいは単位、入戸承認理由、承認機関、付注、引受人の署名捺印、となっている。中央の転入許可証明は、転入地の公安機関が転出地の戸口登記機関に対して転出手続を要請する文面となっており、転出地の戸口登記機関名、申請者姓名、転入許可人員の常住戸口所在地、転入者数、転入地住所、の順で記入する。もう片方の転入許可証明は、転入地の公安機関が転入地の戸口登記機関に対して本票および戸口移転証に依る転入手続を要請する文面になっており、転入地の戸口登記機関名、申請者姓名（文面上は転入者代表として表現されている）、転入者数を記入する。省級公安機関による4カ所の戸口専用印とともに、発行戸口登記機関印を転入許可証明右下の発行日（有効期限は発行日から40日以内）上に押印する。また転入許可証明控は発行機関が、中央の転入許可証明は転出地の戸口登記機関が、端の転入許可証明は転入地の戸口登記機関が、それぞれ保存する。

(14) 張慶五、前出、pp. 259～260。
(15) なお、新規採用の職工、合格学生、異動する幹部・職工、復員・転業する軍人、釈放人員は、それぞれ採用証明、合格証明、異動証明、配置証明、釈放証明、に依るものであり、「戸口転入許可証」は使用しない、としている。
(16) 転出入地の人口・都市規模の相対性に関係なく使用を義務づけたことからは、証明書類を通じての管理の徹底化と同時に、転入者受入に対する各地方の裁量権を重視する方向を読み取ることが可能であり、具体的には、郷鎮企業等の発展により裕福となった地方が従来では制限がなされていなかったレベルの場所からの転入者に対して慎重な承認審査を行うなどのケースが考えられる。なお、1994年『通知』および「戸口転入許可証」の承認を行う公安機関についてのテキストの説明からは、市轄区にまたがる移転に対しても使用が必要とされるものと解される。
(17) 大学生の入学と分配、軍人の復員と転業、出国者の帰国、労働改造からの釈放あるいは労働矯正からの解除、については「戸口移転許可証」を使用せず、従来の規定に依り手続を行う。労働矯正の原語は「労働教養」。刑事責任を追及されるほどには重くない違法行為に対して適用される行政処分（中国研究所『中国基本法令集』日本評論社、1988年、pp. 522～523）。
(18) 『人民警察中級培訓統編教材　戸政管理教程』（前出）pp. 145・146。戸口移転手続を行う際には、基層公安機関たる公安派出所が窓口となる（朱景哲主編『法学知識図解（行政法部分）』群衆出版社、1985年、p. 118）。
(19) 「入戸申請書」［資料3］の出所は、陳普憲等主編『公安応用写作例文選評』（中国人民公安大学出版社、1996年、pp. 298～299）。この資料の例は、病を患う妻の住む北京への夫の落戸の申請であり、夫と妻の双方がそれぞれ派出所に対して申請を行なっている。なお、「入戸申請書」の書式・記入内容等に関する説明は、未だ入手し得ていない。
(20) 「入戸申請調査報告」［資料4］の出所は、『公安応用写作例文選評』（前出、pp. 297～298）。この資料の例は、［資料3］の内容に対応するものであり、調査結果と共に入戸に同意するとの判断を分局に報告している。また、母と生活する未婚の一人娘が渡航するという状況の変化を受けて、補充資料を作成することにより、報告の内容を十分なものとしている。甄岳剛・管曙光主編『公安内勤工作手冊』（警官教育出版社、1994年、pp. 250・251）においては、調査報告が含むべき内容として、①申請者の基本情況、②随伴人口の情況、③頼っていく家族親族の情況、④他の土地の家族親族の情況、⑤民警による調査情況とその意見、⑥関連証明資料・署名捺印、が列挙されている。なお、⑤に関連して、例えば妻子が夫を頼っていく場合には、病を患っており、労働能力を喪失しており、自活が不可能で、他の地にも頼る人がいない、等の条件を満たしていなければならない、としている。
(21) 「入戸申請表」［資料5］の出所は、『公安応用写作例文選評』（前出、pp. 301～302）。この資料の例は、幼少時より外祖父母に育てられた女性が、両親が他界し唯一の身内である姉も結婚した現在、年老いて病を患い身辺に身内のいない外祖父母と共に生活するために戸口の移転を申請したものである。記入項目は、申請者姓名、性別、出生日、籍貫、現戸口所在地、来京時期、所持証明書類、入戸希望住所、随伴人口、在京親族、他の地の親族、入戸申請理由、などとなっている。なお、「入戸申請書」との関係・相違点について、文献資料から十分に明らかにすることは困難であるが、「入戸申請書」の名宛人はあくまで公安派出所であり、その提出により「入戸申請調査報告」の作成が行われるのに対し、「入戸申請表」の行先は派出所に限定されるもの

ではなく、審査に係わるより上位の公安機関までにも必ず提出されるものである。したがって、「入戸申請書」は戸口移転申請の開始となる、第一の申請書類であり、「入戸申請表」は公安派出所の指導の下で作成される、より定式化した申請書式である、と言うことが可能であろう。

(22) 『人民警察中級培訓統編教材　戸政管理教程』（前出）pp. 146～153。
(23) 1989年『「農転非」の速すぎる増加を厳格に抑制することに関する国務院の通知』（張慶五、前出、pp. 256～258）においては、「「農転非」工作の透明度を高め、「農転非」に対する大衆監督制度を打ち立てなければならない」との通知がなされている。
(24) 「「農転非」評議表」［資料6］の出所は、艾方白主編『公安文書写作与訓練』（中国人民公安大学出版社、1997年、p. 459）。
(25) 『公安文書写作与訓練』（前出）p. 452。
(26) ［資料6］の例においては、この欄にて既に大衆評議としての見解が示されている。しかしながら、評議メンバーがこの欄に記入し大衆評議として見解を示しているとは考え難く、したがって、ここでの大衆評議とは単位あるいは居民委員会のより広範な大衆による評議であり、この方式は、それを参考に評議グループが評議意見をまとめるという「大衆評議」形式である、と言うことができよう。
(27) ［資料6］の例は、転入当事者と申請者とが同一人ではなく、病気を患う都市住民の夫が、農村に住む妻と子の「農転非」を申請するものであり、夫の実情をよく知るメンバーが評議を行なっている。評議紀要の中にある、夫の面倒を見るべき妻が移転できなければ、最終的には政府が彼の面倒を見なければならなくなってしまう、との意見は、社会保障コストを抑えたい都市政府に対しては大きな説得力を有するものであり、最終審査機関の承認過程に強い影響を与えるものと思われる。
(28) 時慶本・孟昭陽主編『中華人民共和国公安法律法規規章釈義大全（上冊）』中国人民公安大学出版社、1997年、pp. 70～72。
(29) 『人民警察中級培訓統編教材　戸政管理教程』（前出）pp.146・147。『公安応用写作例文選評』（前出）p. 302。
(30) 「入戸審査表」［資料7］の出所は、『公安応用写作例文選評』（前出、p. 300）。この資料の例は、［資料5］の内容に対応するものであり、申請者姓名、入戸申請住所と共に、派出所における引受人・所長の意見、分（県）局における引受人・課長・分（県）局長の意見および市局による指示の欄にそれぞれ入戸に同意する旨の判断が記されている。なお、派出所の意見の欄には、実情調査に基づく入戸理由および入戸申請に対する初歩的意見、の二つの内容の記入が求められる（『公安内勤工作手冊』前出、p. 251）。
(31) 山東省済南市公安局では、戸口の承認を見送る場合は「不承認通知書」を記入・持参の上、申請者に対して理由を説明するという（『法制日報』1998年9月2日）。
(32) 『朝日新聞』2004年11月7日・11日、『日本経済新聞』2004年11月12日。なお、四川省のケースでは、胡錦涛国家主席により騒動の原因となった水力発電所のダム建設工事を延期する旨の指示が出されている。
(33) 中国法制出版社編『土地案件』中国法制出版社、2005年。
(34) 鷲見一夫・胡瞳婷『三峡ダムと住民移転問題』明窓出版、2003年、pp. 149～150。
(35) 地球環境保護については、1992年にリオデジャネイロで開催された「環境と開発に関する国

際会議」およびそこで採択された「リオ宣言」以降の一連の動き。また1998年の中国で発生した大洪水による大規模災害につき、中国政府の発表によれば、同年8月22日の時点までにおいて、長江流域を含めて、中国全土において3億1800畝の土地が冠水し、2億2300万人が被災し、死者は3004人にのぼり、経済損失は1666億元にも達している。死亡者数は、長江流域が最も多く、1320人にものぼった(『人民日報』1998年8月27日)。
(36) 『中国経済六法 2007年版』日本国際貿易促進協会、2007年。
(37) 紀明編『中華人民共和国土地管理法編注』中国法制出版社、2004年、pp.1〜260。
(38) 『中華人民共和国土地管理法編注』(前出) pp.151〜154。
(39) 『中華人民共和国立法法』法律出版社、2000年、pp.3〜30。
(40) 佐藤功『日本国憲法概説』学陽書房、1985年、pp.467〜468。なお、同一の国法形式をとる二つの法の間で内容が重なる場合には、「後法上位の原則」あるいは「特別法優位の原則」が採用される。
(41) 立法法78条「憲法は、最高の法的効力を有する。法律、行政法規、地方性法規、自治条例、単行条例、規章のいずれも、憲法に抵触してはならない」79条1項「法律は、行政法規、地方性法規、規章よりも高い効力を有する」87条「…下位法が上位法の規定に違反する場合には、…改正あるいは取り消しを行う」

本稿は、拙稿「中国における戸口移転手続」(『阪大法学』第49号第1号 (1999年))、「三峡ダム地区における住民移転と農地収用―2000年代半ばまでの補償問題を中心として―」(角田猛之編『中国の人権と市場経済をめぐる諸問題』関西大学出版部、2010年)、「「中国共産党の指導の下」における中国公民の権利状況についての一考察」(関西大学法学研究所『研究叢書』第44冊、2011年)を基に、加筆修正しました。

第2章 中国的国家所有制の実現モデルの変容
―― 企業国有資産法を素材として ――

周　劍　龍
Jianlong Zhou

はじめに
第1節　企業国有資産法成立の背景と経緯
第2節　企業国有資産法の構造
おわりに

はじめに

　社会主義市場経済体制の構築に向けて邁進する中国では、国民経済において勤労大衆個人所有経済、私有経済、外資系企業の比重が著しく増大したのに対して、国有経済の比重がかなり減少した[1]。それにもかかわらず、中国憲法の枠組みでは、いまの中国が社会主義初級段階にあると位置付けたうえで、公有制経済を主体し、多種の所有制経済がともに発展するという基本的な経済制度を堅持すること（憲法6条2項）、国有経済、すなわち社会主義全人民所有制経済が国民経済における主導的な力であり、国家が国有経済の維持および発展を保障すること（憲法7条）が定められている。中国憲法にいう公有制とは、いわゆる生産手段の社会主義公有制、すなわち全人民所有制と勤労大衆集団所有制を指す（憲法6条1項）。全人民所有制とは、国家が全人民を代表して生産手段の所有権を享有すると解されており[2]、そのため、通常国家所有制とも称される。国家所有制（物権法では「国家所有権」と表現される）の客体たる生産手段は、伝統的な中央集権型計画経済体制のもとでは主として国有企業（以前、「国営企業」と表現された）そのもの、また国有企業内部にある施設等という形で表れ、国有資産の主要な部分を占めていた[3]。それは従来型の国有所有制度の実現モデルであった。このような実現

モデルのもとでは、国有企業は単なる政府行政機関の附属物にすぎないため、全く経営自主権が認められておらず、政府行政機関の指示命令に従うだけで動くとされていた。

1980年代の所有権と経営権との分離（両権分離）という理論に基づいた国有企業の改革を経て、法人財産権という概念の確立によって、国有企業の改革がようやく辿り着いたのは株式制度の導入である[4]。株式制度の導入を法的に根拠付けたのは1993年に成立した会社法である。会社法のもとでは、国家と株式会社または有限責任会社に転換された国有企業との関わり方が従来とは質的に変化し、すなわち国家は会社の出資者たる株主として株式制度が導入された国有企業と関わることとなった[5]。このことから会社法の中に中国的国家所有制の実現モデルの変容は内包されていると捉えることができよう。会社法よりさらに進んで、この変容した国家所有制の実現モデルを明示的かつ具体的に規定したのは、2008年10月に成立した「中華人民共和国企業国有資産法」（以下、「企業国有資産法」または「本法」という）である。本法では、新たに「国家出資企業」の概念を導入し、企業における国有資産について、「国家は企業に対して各種の形式により出資して形成された権益」という定義を明文化し、出資者代理人制度を設けて国有資産監督管理機構が政府の代表として国家出資企業に対し出資者の職責を履行することを法認した。本稿では、このような重要な意味を有する企業国有資産法の構造を考察し、ならびにその成立意義を述べることとする。

第1節　企業国有資産法成立の背景と経緯

1　成立の背景

1949年に中華人民共和国が成立した以降、とりわけ1979年に経済改革の政策が実行されてから、中国経済が大きく発展し、経済規模が著しく増大したことにともない、巨大な国有資産が築き上げられた。国務院国有資産監督管理委員会の統計データによれば、2007年末現在、中国における国有企業および国家が支配株主である会社（金融業を除く）の総資産および純資産は、それぞれ35.48兆元および14.8兆元に増加したという[6]。こうして巨大化した

国有資産は、中国人民の共同の富であり、社会主義制度を強固にし、強国富民を実現し、中国人民の日増しに増大する物質文化的なニーズに応えるための経済的な礎であると位置づけられている。

中央集権型計画経済体制が実行されていた時期には、中国は主として行政命令や指令的計画等の手段を通じて国有資産を管理、運用していたため、国有資産法制定の必要性はまったくなかった。経済改革政策の実行以降、従来の中央集権型計画経済体制が打破され、いわゆる社会主義市場経済体制が導入されつつある状況下では、従来型の行政的な手段による国有資産の管理・運用はもはや現実的な要請に応えられなくなった。そこで、1990年代初め頃から、全国人大財経委員会などの関連機関や、一部の全国人大代表、学者などから国有資産法または国有資産管理法を制定すべきであるとの考えをすでに示していた[7]。

中国における経済改革が実行されてから、国有企業の改革は常に経済改革の中心に位置付けられてきたといっても過言ではない。国有企業改革の深化にともない、国有資産管理体制自体も改革が行われ、次第に整備されてきた。国有資産管理体制の整備はまた国有企業の改革が混乱なく押し進められることを保障する意味をも持つ。1993年に中国会社法が成立した後、株式制度の導入を中心内容とした国有企業の改革が全面的に展開されるようになり、しかも注目すべき成果を得ることができた。しかし、国有企業改革の全面展開の過程において、国有資産を意図的に低く評価して株式や持分に転換し、譲渡し、または無償にて個人に配分することなどといった違法な手段が用いられ、国有資産が侵害される現象が生じ、それにより国有資産が大量に流失する結果が招かれたといわれる。こうした結果がまた人々の不満を招き、社会の各方面の重大な関心事となった。そこで、国有資産の流失を食い止め、国有資産に関わる権益を保護し、国有資産の安全を保障するための制度の再構築はもはや先送りすることができないと強く認識され、国有資産法制定の必要性は一段と強調されるようになった。

そうした中で、もう一つ留意しなければならないのは、2007年物権法の成立であろう[8]。物権法は、いわゆる中国的特色のある物権制度を確立し、国家、集団および個人の物権に対して平等に保護する原則を堅持したうえで、

国有資産の範囲、国有所有権の行使および国家所有権の保護強化を明文化した。物権法の制定に際して、物権法の国家所有権や国有資産に関連する規定を具体化し、国有資産に関わる権益を確実に保護するためにも、国有資産法を急いで制定しなければならないとの要請が示された。その意味において、物権法の制定後、国有資産法の立法作業の開始がより切実なこととなったといえよう。

2　成立の経緯

1993年に、第8期（1993年3月―1998年3月）全国人大常務委は、当期の立法計画を作成する際に国有資産法の立法を当該計画に組み込んで、全国人大財経委員会が具体的な草案の作成作業に当たることを決めた。それに続いて、第9期（1998年3月―2003年3月）全国人大常務委も国有資産法の立法をその立法計画に組み込んだ。結局のところ、2期に亘る全国人大の期間中、国有資産法の立法は実現できなかったが、その間に国有資産法立法のために、相当の調査研究が行われていた。そのことは、ある意味でそれ以降の国有資産法立法の基礎を固めたといえよう。

第10期（2003年3月―2008年3月）全国人大常務委も引き続き国有資産法を立法計画に組み込んだ。第10期全国人大の期間になると、それまでの状況とは異なって、国有資産法の立法条件が相当整ってきたのである。すなわち、1992年に中国政府は、内外に向けて経済改革の目標は社会主義市場経済体制の構築であると明確に宣言した。そのため、1980年代初頭から始められてきた国有企業改革の方向性が株式制度の導入による現代的な企業制度の構築にあることは明確に示された。それを受けて、1993年に会社法が成立し、会社法に基づいた国有企業の改革が急ピッチに推し進められた。それにともない、国有資産監督管理システムに対して改革が行われ、しかも相当深化した。そうした中で、国務院や地方政府および国有資産監督管理機関、ならびにその他の政府関係部門、機関は、企業国有資産出資者の代理人制度の確立およびその健全化、企業国有資産の管理強化、国有資産の権益の保護、国有資産の価値保全および増加促進のため、数多くの法規を設けた。たとえば、国務院は、2003年に「企業国有資産監督管理暫定条例」[9]を頒布したほか、

国務院国有資産監督管理委員会[10]は、それ以降の5年間に100件以上の関連規定および規範性文書を制定したといわれる。

　全国人大常務委の立法計画および年度立法計画の要請に基づいて、全国人大の財経委員会と法制工作委員会ならびに国務院の関係部門は継続的にかつ広汎に調査研究をし、何度も検討を重ねた結果、国有資産法の草案を完成した。当該草案は、2007年12月に開催された第10期全国人大常務委第31回会議に上程され、初の審議が行われた[11]。その後、全国人大常務委法制工作委員会は、意見徴集のため、当該草案を地方と中央政府の関連部門、一部の企業および研究機関に送付した。そのほか、全国人大法律委員会、全国人大常務委法制工作委員会は、座談会、地方や企業での調査研究などの形を通して、より一層状況を把握することができ、さらなら意見徴集を行なった。募った意見を踏まえて、草案が修正され、草案修正稿ができあがった。そして、2008年6月と10月に開催された第11期（2008年3月—2013年3月）全国人大常務委第3回会議と第5回会議において、草案修正稿に対して第2回審議と第3回審議がそれぞれ行われた[12]。全国人大法律委員会は、それらの審議において常務委委員が提出した意見に基づき草案に対してさらなる修正を施した。同年10月28日に開催された第11期全国人大常務委第5回会議の全体会議において、賛成票が150票で、棄権票が4票であるという採決の結果、企業国有資産法が可決され、成立した[13]。なお、同法の施行日は2009年5月1日とされた。

　上述のように、当初の予定は国有資産全般を対象にする国有資産法を立法することであったが、最終的に立法されたのは企業国有資産法である。こうした変更は以下のような理由によったものである。すなわち、1993年に国有資産法の立法計画が立てられてから、2008年に企業国有資産法の成立までは実に15年の歳月がかかった。立法されるまでの間に、数多くの意見が寄せられたが、最も多かったのはやはり企業国有資産の管理、監督、経営、保護などに関する意見であった。そうした意見から、いかにして企業にある国有資産の権益を保護し、国有資産の安全を保障し、国有資産の流失を阻止し、国有経済を確固たるものにし、ならびにその発展を促進するかが国有資産の管理に関して立法によって解決すべき問題点であるという結論は得られた。そ

こで、こうした問題の解決を図るためには、最も切実に必要とされるのは比較的整備された、かつ有効な法律制度を構築することであると強く認識されるようになった[14]。言い換えれば、現段階における国有資産法の立法趣旨が企業にある国有資産の運営・管理・保護を内容とし、かつ比較的健全であり、実効性のある法律制度を整備するという点に絞られた。なお、企業国資産法の立法は、具体的に次のような原則に従い行うべきであるとされた[15]。すなわち、それは、①改革過程において模索中であり、なおかつ実践の経験が浅いことに対して本法が規定することを先送りし、または原則的な規定のみを設けること、②もとより国家のマクロ的な政策により調整されるべきとされる国有経済の戦略的配置や構造などについて本法が規定を設けないこと、③会社法などの法律や行政法規には既に明文化された企業経営自主権の保障、現代的な企業制度の構築、コーポレート・ガバナンスの改善などのことについて本法が関連法規の規定を準用する規定を設けるにとどめること、である。

第2節　企業国有資産法の構造

　企業国有資産法は、総則（第一章）、出資者の職責の履行機構（第二章）、国家出資企業（第三章）、国家出資企業の管理者の選任および審査（第四章）、国有資産出資者の権益に関係する重要事項（第五章）、国有資産経営の予算（第六章）、国有資産の監督（第七章）、法律責任（第八章）および附則（第九章）からなり、全部で77か条を有する。以下では、企業国有資産法の構造を考察する。

1　総則

　まずは、企業国有資産法は、本法制定の目的について、国家の基本的な経済制度を維持し、国有経済を強固なものにし、ならびに発展させ、国有資産の保護を強化し、国民経済における国有経済の主導的な役割を発揮させ、社会主義市場経済の発展を促進することを明文化している（企業国有資産法1条、以下、法令名を省略する）。そして、同法は、企業国有資産について、国

家は企業に対して各種の形式により出資して形成された権益を指すという定義規定を設けている（2条）。こうした定義規定は、長年にわたって行われていた国有企業の改革の帰結として確立された「法人財産権」の法的概念がすでに定着したことを意味する[16]。国有資産の属性について、国有資産は国家の所有、すなわち全人民所有に属し、中国政府である国務院は国家を代表して、国有資産の所有権を行使すると明記される（3条）。ただ、前述のように、本法にいう企業国有資産とは国家が企業に対し各種の形式により出資して形成された権益をいうため、実際に国務院および地方政府は、法律および行政法規の規定により、それぞれ国家を代表して国家出資企業に対して出資者の職責を履行し、出資者の権益を有するとされる（4条1項）。また、国務院が確定し、かつ国民経済の根幹および国家の安全に関わる国家の出資する大型企業、ならびに重要なインフラ施設および重要な自然資源等の分野における国家出資企業に対しては、国務院は国家を代表して出資者の職責を履行するのに対して、国家が出資するその他の企業については、地方政府は国家を代表して出資者の職責を履行するとされる（同条2項）。国務院および地方政府は、出資者の職責を履行するにあたって、行政と企業との分離（政企分開）、社会公共管理の機能と国有資産出資者の機能との分離、ならびに企業の合法的な経営活動への不干渉といった原則に従い、出資者の職責を履行することが義務付けられる（6条）。なお、本法にいう「国家出資企業」に対して定義規定が置かれており、それは、国家が出資する国有単独出資企業（国有独資企業）、国有単独出資会社（国有独資公司）、および国有資本支配会社（国有資本控股公司）ならびに国有資本投資会社（国有資本参股公司、すなわち国有資本が支配的な地位には至っていない会社）をいう（5条）[17]。「国家出資企業」という概念は、いままではなかった概念であり、企業国有資産法の制定を機に初めて法的概念として導入されたものと思われる。

　そのほか、総則では、国家は国民経済の根幹や国家安全に関わる重要な業界および分野への国家資本の集中を促進し、国有経済の配置および構造を健全化し、国有企業の改革および発展を推し進め、国有経済全体の質を高め、国有経済の支配力および影響力を強化するために、相応の措置を採らなければならないという政策規定（7条）や、国家は社会主義市場経済の発展要請

に見合った国有資産管理と監督体制を構築し、その健全化を図り、国有資産の価値保全および増加に関する審査および問責制度を構築し、その健全化を図り、それをもって国有資産の価値保全および増加に対する責任追及を確実にしなければならないという目標規定（8条）なども置かれている。

2 出資者の職責の履行機構

企業国有資産法は、国家が企業に対して出資した場合に、いわゆる出資者の職責を具体的に履行する機構等について、次のような明文規定を設けている。

まずは、出資者の職責の履行機構についてである。本法によれば、国務院国有資産監督管理機構および地方政府が国務院の規定に従い設立した国有資産監督管理機構は、同クラスの政府の授権に基づき同クラスの政府を代表して、国家出資企業に対し出資者の職責を履行する（11条1項）。この条文から、特設機関として設けられた国有資産監督管理機構は、行政と企業との分離、社会公共管理の機能と国有資産出資者の機能との分離、企業の法による自主経営への不干渉といった原則に従い、法により出資者の職責を履行するという立法意図を読み取ることができる[18]。ここにいう国有資産監督管理機構とは、通常国務院国有資産監督管理委員会および各クラス地方政府の国有資産監督委員会を指すが、国務院および地方政府は、必要に応じその他の部門や機構に授権して、同クラスの政府を代表して国家出資企業に対し出資者の職責を履行させることもできる（同条2項）。たとえば、中央政府の場合には、財政部は、国務院の授権に基づいて、金融業の国有資産、中国対外文化グループ会社、中国出版グループ会社、中国タバコ会社などの企業に対し出資者の職責を履行している。このような取扱いは、中国の現状に見合っており、今後の国有資産監督管理体制のさらなる改善には余地を残したと指摘されている[19]。

次に、出資者の職責を履行する機構は、法に基づいて、同クラスの政府を代表して、国家出資企業に対し資産からの収益享受、重大な事項の意思決定への参加、ならびに管理者の選・解任などの権利を有する。いうまでもなく、会社企業に対して国家や地方政府は会社法の枠組みの中で株主として株

主権を行使することが要求される[20]。またこうした権利行使に関して、定款の重要性を考慮したと思われるが、本法は出資者の職責を履行する機構は、法律や行政法規に従い、国家出資企業の定款を作成し、または定款の作成に参加することをも規定する。ただ、出資者の職責を履行する機構は、法律や行政法規ならびに同クラスの政府の規定により同クラスの政府の認可が必要とされる重大な事項に対して出資者の職責を履行する際に、同クラスの政府の認可を得なければならない（12条）。

さらにまた、出資者の職責を履行する機構は、実際に職責を履行する際にその所属職員などを派遣することとなるが、株主代表として派遣される者は、国有資本支配会社、国有資本出資会社の開催する株主会、株主総会に参加する場合に、派遣機構の指図に従い、提案し、意見を表明し、議決権を行使し、ならびにその職責を履行した状況および結果を遅滞なく派遣機構に報告する義務を負うとされる（13条）。

なお、出資者の職責を履行する機構は、次のような義務を負うとされる（14条、15条）。すなわち、それは、①法律や行政法規ならびに定款に基づき出資者の職責を履行し、出資者の権益を保障し、国有資産の流失を防止する義務、②市場の主体としての企業が法により有する権利を守り、企業の経営活動に干渉しない義務、③同クラスの政府に職責履行の状況を報告し、同クラスの政府の監督および審査を受け、国有資産の価値保全および増加に対し責任を負担する義務、④国家の関連規定に従い、定期的に同クラスの政府に対し国有資産の総額、構造、変動、収益などの状況を報告する義務、である。

3　国家出資企業

企業国有資産法は、国家出資企業の権利や義務に対して次のような包括的な規定を設けている。

まずは、国家出資企業の権利については、本法は、国家出資企業は法律や行政法規ならびに定款に基づきその動産、不動産およびその他の財産に対して占有、使用、収益および処分の権利を有し、法により享有する経営自主権およびその他の合法的な権益は法律によって保護されるといった明文規定を

置いている（16条）。国家出資企業は法人格を有する以上、こうした権利を有するのは極めて当然のことであろう。同趣旨の規定は物権法などの法律においても置かれており、その意味において、本法における国家出資企業の権利に関する規定は物権法やその他の法律における同様な規定を再確認したといえる[21]。

次に、義務と責任については、まず、国家出資企業は、経営活動に従事する際に、法律や行政法規を順守し、経営管理を強化し、経済的効率性を高め、政府および関係部門や機構が法に基づいて実施した管理や監督を受け、社会公衆の監督を受け、社会的責任を負担し、出資者に対し責任を負わなければならないとされる（17条）。そして、国家出資企業は、法律や行政法規および国務院財政部門の規定により、財務および会計制度を確立、整備し、会計帳簿を設け、会計計算を行い、ならびに法律や行政法規および定款の規定に従い、出資者に真実かつ完全な財務および会計情報を提供し、かつ利益を分配することを要する（18条）。

さらにまた、国有単独出資会社、国有資本支配会社および国有資本出資会社は、会社法の規定により、監査役会を設置するほか、国有単独出資企業は、出資者の職責を履行する機構から任命派遣された監査役をもって監査役会をも設置しなければならない[22]。国家出資企業の監査役会は、法律や行政法規および定款の規定により、取締役および上級管理職の職務執行に対して監督を実施し、企業財務に対して監督検査を実施する（19条）。なお、国家出資企業は、法律の規定により、従業員代表大会またはその他の形式を通して、民主的管理を実行することをも要求される（20条）

国家出資企業の出資先企業に対する権利および義務についても、国有資産法は、規定を設けている。本法によれば、国家出資企業は、法律により、その出資先企業に対して資産の収益、重要な意思決定への参加および管理者の選任等に関わる出資者としての権利を有するほか、法律や行政法規の規定により、出資先企業の定款作成またはその作成への参加を通じて、権利および責任が明確とされ、制御均衡システムが有効に機能する企業内部監督管理およびリスク管理制度を確立し、出資者の権益を守らなければならない（21条）。

4 国家出資企業の管理者の選任と審査
(1) 国家出資企業の管理者の選任と義務

まずは、国家出資企業の管理者の選任についてである。企業国有資産法によれば、出資者の職責を履行する機構は、法律や行政法規および定款により、次のような者を国家出資企業の管理者として任免し、または任免を提案することができるとされる（22条）。それは、①国有単独出資企業の執行役（経理）、副執行役（副経理）、財務責任者およびその他の上級管理職（高級管理人員）を任免すること、②国有単独出資会社の取締役会会長（董事長）、取締役会副会長（副董事長）、取締役（董事）、監査役会会長（監事会主席）および監査役（監事）を任免すること、③国有資本支配会社、国有資本出資会社の株主会（股東会）[23]、株主総会（股東大会）に取締役、監査役の任免を提案すること、である。それと関連して、従業員代表の取締役、監査役への就任が義務付けとされる国家出資企業は、関連法律や行政法規の規定に従い、従業員から民主的な選挙によってそうした取締役、監査役を選任しなければならない。出資者の職責を履行する機構によって任命され、または任命を提案される管理者は、下記のような条件を備えることが要求される（23条）。すなわち、①良好な品行を有すること、②当該職位に見合うような専門知識および業務能力を有すること、③職責を正常に履行できる健康な体を持つこと、④法律や行政法規の規定するその他の条件、である。取締役、監査役、上級管理職が在任期間中に上記の条件を具備することができなくなり、または会社法の規定する欠格事由が生じた場合に[24]、出資者の職責を履行する機構は、法により該当者を免職し、または該当者の免職を提案することができる。なお、本法は、出資者の職責を履行する機構は任免または任免提案とされる国家出資企業の管理者の人選について所定の条件および手続に従い考査を行い、考査に合格した者だけを所定の権限および手続に従い任命し、または任命提案を行い得ることを明文化している（24条）。

そして、国家出資企業の管理者の義務について次のように規定される。第1に、兼任禁止義務である（25条）。すなわち、国有単独出資企業、国有単独出資会社の取締役、上級管理職は、出資者の職責を履行する機構の承認を得ることなく、その他の企業において兼職することができない。国有資本支

配会社、国有資本出資会社の取締役、上級管理職は、株主会または株主総会の承認を得ることなく、同じ業務を営む他の企業において兼職することができない。国有単独出資会社の取締役会会長は、出資者の職責を履行する機構の承認を得ることなく、執行役を兼任することができない。国有資本支配会社の取締役会会長は、株主会または株主総会の承認を得ることなく、執行役を兼任することができない。なお、取締役、上級管理職による監査役の兼任は一切禁止される。

第2に、忠実義務と注意義務（勤勉義務）である（26条）。すなわち、国家出資企業の取締役、監査役および上級管理職は、法律や行政法規および定款を遵守し、企業に対して忠実義務および注意義務（勤勉義務）を負担しなければならず、職権を利用して、賄賂を収受し、またはその他の不法収入や不当利益を取得し、企業の資産を不法に占有し、職権を踰越してまたは手続に反して企業の重要事項を決定し、ならびに国有資産出資者のその他の権益を侵害する行為を行ってはならない[25]。

(2) 国家出資企業の管理者の審査

本法において、国家は国家出資企業の管理者の営業業績審査制度を確立することが明文化されている。そうした制度のもとで、出資者の職責を履行する機構は、その任命した企業管理者に対し年度および任期審査を行い、ならびに審査結果をみて企業管理者に対する賞罰を決めるほか、国家の関連規定に基づいてその任命した国家出資企業の管理者の報酬基準をも整備することを要する（27条）[26]。

国有単独出資企業、国有単独出資会社、および国有資本支配会社の主たる責任者（取締役会会長、代表執行役など）は、法により行われた任期経済責任監査をも受けなければならない（28条）[27]。

5 国有資産出資者の権益に関係する重要事項

企業国有資産法においては、国有資産出資者の権益に関係する重要事項とは、企業の合併・分割、企業の改組（企業改制）、株式上場、登録資本の増加・減少、債券の発行、重要な投資、第三者のための高額担保の提供、重要

財産の譲渡、高額寄付、利益の分配、および企業の解散、破産の申立てなどのことを指す（30条）。本法は、これらの重要事項の決定について、一般規定を置いているほか、企業の改組、関連者との取引、資産評価、国有資産の譲渡についても個別的な規定を盛込んでいる。

(1) 一般規定

　国家出資企業は、重要事項を決定する際に法律や行政法規および定款を遵守すべきであり、出資者および債権者の権益を損なってはならないという原則が明文化される。こうした原則的な規定を踏まえて、重要事項の決定について、本法は次のような一般規定を設けている。

　まずは、国有単独出資企業および国有単独出資会社についてである。国有単独出資企業および国有単独出資会社の合併・分割、登録資本の増加・減少、債券の発行、利益の分配および解散、破産の申立てが行われる場合に、出資者の職責を履行する機構は決定する（31条）。そしてまた、国有単独出資企業または国有単独出資会社が前述の30条に規定する重要事項に関することを行う場合に、この31条のほか、法律や行政法規および定款の規定により、出資者の職責を履行する機構が決定する事項を除いた事項については、国有単独出資企業の場合には、企業の責任者が集団的議論（集体討論）を通して決定し、国有単独出資会社の場合には取締役会が決定する（32条）。

　次に、国有資本支配会社および国有資本出資会社についてである。国有資本支配会社または国有資本出資会社が前述の重要事項を決定する場合に、法律や行政法規および定款の規定により、会社の株主会、株主総会、または取締役会は決定する[28]。会社の株主会、または株主総会がそれらの重要事項を決定する場合に、出資者の職責を履行する機構が任命派遣する株主代表は、当該機構の指図に従い、株主として有する権利を行使し、義務を負う（33条）。

　さらにまた、重要な国有単独出資企業、国有単独出資会社、または国有資本支配会社の合併・分割、解散、破産の申立て、ならびに法律や行政法規および同クラスの政府の規定により出資者の職責を履行する機構が同クラスの政府の認可を求めるべきであるとされる重要事項については、出資者の職責

を履行する機構は、当該決定をする前に、または国有資本支配会社の株主会、もしくは株主総会への参加を任命派遣される株主代表に指図をする前に、同クラスの政府の認可を得なければならない（34条1項）。ただ、いわゆる重要な国有単独出資企業、国有単独出資会社、または国有資本支配会社については、企業国有資産法は直接明文化しておらず、国務院が規定することに委ねることとした（同条2項）。

なお、国家出資企業の債券の発行、投資等の事項について、関連法律や行政法規の規定により、政府または政府関係部門もしくは機構による認可、審査確認（審核）、または届出が必要とされる場合には、そうした規定に従うことを要する（35条）。

そのほか、国家出資企業は、投資する場合に、国家の産業政策に合致し、かつ国家の規定に従いフィージビリティ・スタディを行い、また取引を行う場合に、公平・有償・合理的な対価による取得という原則に従わなければならない（36条）。企業の従業員の利益と直接関っていることに鑑みて、本法は、国家出資企業の合併・分割、改組、解散、破産の申立等の重要事項については、企業の労働組合の意見を聴取し、かつ従業員代表大会またはその他の形式により従業員の意見および提案を聴取することを要求する（37条）。国有単独出資企業、国有単独出資会社および国有資本支配会社の投資先企業の重要事項について、本法は、出資者の職責を履行する機構が上述の規定を参照してその職責を履行し、具体的なルールについて国務院が定めると規定するにとどめる（38条）。

(2) 企業の改組

企業の改組の意味内容について、企業国有資産法は、①国有単独出資企業から国有単独出資会社への変更、②国有単独出資企業、国有単独出資会社から国有資本支配会社、または非国有資本支配会社への変更、および③国有資本支配会社から非国有資本支配会社への変更を指すと規定する（39条）。いうまでもなく、②と③の場合には、企業から国有資本の完全撤退、すなわち国有企業の完全民営化が含まれると解することができる。そして、本法は、企業の改組に関する手続について次のような原則的な規定を設けている。

第1に、企業の改組は、法定手続に基づいて、出資者の職責を履行する機構、または会社の株主会もしくは株主総会の決定を経ることが義務付けられる（40条1項）。ただし、重要な国有単独出資企業、国有単独出資会社、国有資本支配会社の改組については、出資者の職責を履行する機構が自ら決定する前、または国有資本支配会社の株主会もしくは株主総会への参加を任命派遣される株主代表に対し指図をする前に、当該企業の改組案は同クラスの政府の認可を経ることを要する（40条2項）。

第2に、企業の改組の場合においては、企業は、改組案を作成しなければならない。改組案には、①改組後の企業の組織形態、②企業の資産および債権・債務処理案、③株式変動案、④改組手続の流れ、⑤資産評価と財務監査などの仲介機構の選定、などの事項が記載されることを要する（41条1項）。また、企業は、企業の改組が従業員の再就職と関わる場合には、従業員の再就職案を作成し、ならびに当該案は従業員代表大会または従業員大会において審議可決されなければならない（同条2項）。

第3に、企業の改組の場合において、関連規定に従い、企業資産を正確に確認、評価し、企業財務を監査し、ならびに企業資産の価値を客観的にかつ公正に確定しなければならない（42条1項）。企業の改組の場合に、企業の現物、知的財産権、土地使用権など金銭以外の財産をもって国有資本または株式に転換するとき、関連規定に従い、転換財産に対し評価を行い、評価価額をもって国有資本の出資額または株式数の確定根拠としなければならず、不法に財産の価額を低く評価し、株式に転換するなどといったような出資者の権益を害する行為をしてはならない（同条2項）。

(3) 関連者との取引

関連者との取引とは、中国では通常「関連取引（関連交易）」と称され、いわゆる利益相反が生ずるおそれのある取引である。企業国有資産法は、関連者との取引により国家出資企業が不利益を被ることを防止するために、関連者との取引について規制している。本法にいう関連者とは、国家出資企業の取締役、監査役、上級管理職およびそれらの者の近い親族、ならびにそれらの者が所有し、または実際に支配する企業であると定義される（43条2

項)(29)。関連者との取引に関する規制内容は次のようなものである。

まずは、国有単独出資企業、国有単独出資会社および国有支配会社は関連者に無償で資金、商品、サービスまたはその他の資産を提供し、不公平な価額で関連者と取引を行うことが禁止される（44条）。そして、出資者の職責を履行する機構の承認を得ることなく、国有単独出資企業または国有単独出資会社は、次に掲げるような行為を行うことができないとされる（45条）。それは、①関連者と財産譲渡または金銭借入の契約を締結すること、②関連者のために担保を提供すること、③関連者と共同出資して企業を設立し、または取締役、監査役、上級管理職もしくはその近い親族が所有し、もしくは実際に支配する企業に投資すること、である。

さらにまた、国有資本支配会社または国有資本出資会社と関連者との取引について、本法は、会社法および関連行政法規および定款の規定により、会社の株主会、株主総会または取締役会が決定するとしたうえで、株主会または株主総会が決定する場合には、出資者の職責を履行する機構により任命派遣される株主代表が前述の本法13条に従い議決権を行使することを要求する（46条1項・本論文第2節の2を参照）。なお、会社の取締役会が会社と関連者との取引について決議する場合に、当該取引に関わる取締役は議決権を行使し、またはその他の取締役の議決権を代理行使することができないとされる（同条2項）。

(4) 資産評価

企業国有資産法において資産評価が必要とされる企業および行為は、国有単独出資企業、国有単独出資会社および国有資本支配会社の合併・分割、改組、重要財産の譲渡、金銭以外の財産による対外投資、清算、または法律や行政法規および定款の規定により資産評価を行うべきであるとされるその他の事項をいう（47条）。

資産評価が必要される行為を行う企業は、資産評価の法定条件を満たして設立された資産評価機構に委託することが義務付けられるほか、出資者の職責を履行する機構の決定を経るべきであるとされる事項に関わる場合においては、資産評価機構への委託の状況を当該機構に報告をもしなければならな

い（48条）。

　資産評価が必要される行為を行う企業とその取締役、監査役および上級管理職は、真実に則して資産評価機構に関連状況および資料を提供しなければならず、資産評価機構と共謀して価値評価を不正に行ってはならない（49条）。それと同時に、資産評価機構およびその職員は、委託を受けて関連資産の評価をする際に、法律や行政法規および評価業務執行準則に則って、評価を委託された資産に対し独立して、客観的に、かつ公正に評価を行い、資産評価機構は、その発行した評価報告に対し責任を負わなければならない（50条）。

(5) 国有資産の譲渡

　企業国有資産法によれば、国有資産の譲渡とは、国家の企業に対する出資によって形成された権益を法により別の組織（単位）または個人に移転することをいう。ただし、国家の規定に従い国有資産を無償で移転する場合は除外される（51条）。国有資産の譲渡は、国有経済の配置および構造の戦略的調整に資すること、国有資産の損失を防止すること、取引当事者の合法的な権益を損なってはならないこと、同価有償および公開・公平・公正の原則といった規定に従うほか（52条、54条1項）、具体的に次のような手続に則って行わなければならない。

　出資者の職責を履行する機構は、国有資産の譲渡についての決定権を有するが、国有資産の全部を譲渡する場合、または国有資産の一部の譲渡により国家が当該企業に対して支配的地位を失うこととなる場合には、同クラスの政府による承認を得ることが要求される（53条）。そして、国有資産の譲渡は、原則的に法により設立された財産権取引所（産権交易所）において行われるものとされる[30]。その場合には、譲渡人は、真実たる関連情報を開示し、譲受人を募集し、募集に応じた譲受人が2人以上のとき、公開入札の方式により取引することが義務付けられる。ただ、国家の規定により相対取引（直接協議交易）が可能な場合は除かれるほか、証券取引所に上場される株式の譲渡は、証券法の規定に従い行われることを要求する（54条2項）。

　さらにまた、国有資産譲渡の場合における譲渡価格について、法により評

価し、出資者の職責を履行する機構が承認し、または当該機構から報告を受けた同クラスの人民政府が審査確認（審核）した価格を根拠に、合理的に最低譲渡価格が決められなければならない（55条）。なお、いわゆる関連者による譲受について、国有資産取引の公正さを担保するために、企業国有資産法は次のような規定を盛り込んでいる。それによれば、法律や行政法規または国務院国有資産監督管理機構の規定により当該企業の取締役、監査役、上級管理職もしくはその近い親族またはこれらの者が所有し、もしくは実際に支配する企業に譲渡可能な国有資産を譲渡する場合に、これらの者または企業が譲受けに参加するとき、すべての取引参加者を平等に取り扱い、競売にて当該国有資産を譲渡し、譲渡人が国家の関連規定に従い、真実たる関連情報を開示することが義務付けられると同時に、関連者たる取締役、監査役および上級管理職の当該譲渡案の作成および実施への関与が禁止される（56条）。そのほか、外国投資者に対する国有資産の譲渡も認められるが、国家の関連規定を遵守すること、国家の安全および社会公共の利益を脅かさないことが要件とされる（57条）[31]。

6　国有資本の経営予算

　国有資本の経営予算とは、国家が出資者として法により資本収益を取得し、ならびにその取得した資本収益に対し分配を行うことにより発生した各項目の収支予算をいい、政府予算の重要な構成部分であると位置づけられる。国有資本の経営収入およびその支出を予算管理に組み入れることは、国有資本の経営予算制度を確立し、政府のマクロ的なコントロールの能力を強化し、国有企業の収入分配制度を改善し、国有経済の配置および構造の戦略的調整を推進するなどのことに資し、重要な意義を有するものと強調される[32]。2003年以降、上海、北京、吉林、深圳などの地方において、国有資本の経営予算制度の確立、運営の試みがなされ、2007年9月に国務院は、「国有資本の経営予算を試行する意見」を頒布した[33]。これを受けて、2008年より中央から地方へとこうした試みが順次展開されるようになった。それに続いて、企業国有資産法は、国家は国有資本の経営予算制度を確立、健全化し、取得した国有資本による収入およびその支出に対し予算管理を行うこ

とを明文化したうえで (58条)、次のような原則的な規定をも盛り込んでいる。

まずは、国有資本の経営予算に組み入れられる国有資本の収入と支出の範囲について、本法は、①国家出資企業から分配される利潤、②国有資産を譲渡して得た収入、③国家出資企業の清算から得た収入、④その他の国有資本収入であると明記する (59条)。そして、国有資本の経営予算は年度ごとに単独で編成され、同クラスの政府の予算に組み入れられ、同クラスの人民代表大会の承認を得ることを要し、国有資本の経営予算支出はその年の予算収入規模に照し合せて決められなければならず、赤字支出を計上してはならない (60条)。

さらにまた、予算案の編成について、国務院および関係する地方政府の財政部門は国有資本の経営予算案の編成作業を担当し、出資者の職責を履行する機構は自ら出資者の職責を履行する対象たる国有資本の経営予算の草案を財政部門に提出するとされる (61条)[34]。なお、国有資本の経営予算管理の具体的な規則および実施手順について、国務院は定め、全国人代常務委に届け出るとされる (62条)。

7　国有資産の監督

国有資産の全人民的所有という属性から、国有資産の監督に関して、企業国有資産法は原則的な規定しか置いていないが、一応重層的な制度設計を行っている。

第1に、各クラスの人民代表大会による監督についてである。本法によれば、各クラス人民代表大会常務委は、同クラスの政府が出資者の職責を履行する状況、および国有資産監督管理状況についての特定項目の業務報告を審議、聴取し、ならびに本法の実施状況に対する法の執行検査等を組織することによって、法により監督職権を行使する (63条)。

第2に、国務院および地方政府による監督についてである。国務院および地方政府による監督対象は、出資者の職責の履行を授権された機構である。すなわち、国務院および地方政府は、その授権した出資者の職責を履行する機構の職責履行状況について監督しなければならない (64条)。それに関連

して、国務院および地方政府の会計監査機関は、会計監査法の規定に則って、国有資本の経営予算の執行状況および監査対象に当たる国家出資企業について監査を行う（65条）。

第3に、社会大衆による監督についてである。国務院および地方政府は、国有資産の状況および国有資産監督管理業務の状況を法により社会に公表し、社会大衆の監督を受けることを要する。いかなる組織や個人も、国有資産の損失をもたらす行為について告発および告訴をする権利を有する（66条）。

なお、出資者の職責を履行する機構は、必要に応じて、会計士事務所に委託して国有単独出資企業および国有単独会社の年度財務会計報告について監査を行わせ、または国有資本支配会社の株主会もしくは株主総会の決議により、国有資本支配会社から会計士事務所に依頼して会社の年度財務会計報告について監査を行わせることによって、出資者の権益を守ることができる（67条）。

8 法律責任

企業国有資産法は、本法に違反した者の法的責任についても規定を設けている。法的責任は、行政処分、民事責任および刑事責任に分けられる。

(1) 出資者の職責を履行する機構およびその関係者の責任

出資者の職責を履行する機構が次に掲げる行為のいずれかを行った場合に、責任を直接負う主管者およびその他の直接の責任者に対し処分を行わなければならない。すなわち、①法定の任用条件に反して、国家出資企業の管理者を任命、またはその任命を提案すること、②国家出資企業の資金または上納すべき国有資本の収入を不法に占有し、滞留させ、または流用すること、③法定の権限、手続に反して、国家出資企業の重要事項を決定し、それによって国有資産の重大な損失を招いたこと、④その他、法に基づいて出資者の職責を履行することをしないことによって国有資産の損失を招いたこと、である（68条）。

出資者の職責を履行する機構の職員は、職務執行を懈怠し、職権を濫用

し、私利私欲のために不正行為をしたが、犯罪を構成するに至らない場合に、法により処分される（69条）。出資者の職責を履行する機構が任命派遣した株主代表は、当該機構の指図に従い職責を履行することをしないで国有資産に損失を招いた場合に、法により、損害賠償責任を負担し、当該株主代表が国家公務員である場合には、法により処分される（70条）。

　国家出資企業の取締役、監査役、上級管理職は、次に掲げる行為のいずれかをして、国有資産に損失を招いた場合に、法により損害賠償責任を負い、その者が国家公務員である場合には法により処分される（71条）。すなわち、①職権を利用して、賄賂を収受し、またはその他の不法収入および不当利益を取得すること、②企業資産を不法に占有し、流用すること、③企業の改組、財産の譲渡等の場合において、法律や行政法規および公正取引の原則に反して、企業の財産を低額で譲渡し、または株式に転換すること、④本法の規定に反して、務める企業と取引を行うこと、⑤資産評価機構もしくは会計士事務所に真実たる関連状況および資料を提供せず、または資産評価機構もしくは会計事務所と共謀して、虚偽の資産評価報告書もしくは監査報告書を発行すること、⑥法律や行政法規および定款に規定する意思決定手続に従わず、企業の重要事項を決定すること、⑦その他の、法律や行政法規および定款に反して職務執行をすること、である。こうした行為をした者が当該行為により得た利益は、法により返納させ、または国家出資企業に帰属させる。そしてまた、出資者の職責を履行する機構が任命し、または任命提案した取締役、監査役または上級管理職が前述の行為のいずれかをして、国有資産に重大な損失を招いた場合に、出資者の職責を履行する機構は、法により該当者を免職し、またはその免職を提案することができる。

　国有単独出資企業、国有単独出資会社または国有資本支配会社の取締役、監査役または上級管理職は、企業国有資産法の規定に反して、国有資産に重大な損失をもたらして、免職処分に処された場合に、免職の日から5年以内は、これらの企業や会社の取締役、監査役および上級管理職に就任することができず、国有資産に特別重大な損失をもたらし、または汚職、賄賂、財産横領、財産不法流用などによって実刑判決を受けた場合に、一生これらの企業や会社の取締役、監査役または上級管理職に再び就任することができない

(73条)。

(2) 関連者取引行為の無効

関連取引や国有資産の譲渡等の取引について、当事者が共謀して国有資産の権益に損害を被らせた場合に、当該取引は無効とされる（72条）。

(3) 資産評価機構等の責任

国家出資企業の資産評価、財務監査の委託を受けた資産評価機構、会計士事務所は、法律や行政法規の規定および業務規則に反して、虚偽の資産評価報告または監査報告を発行する場合に、法や行政法規の規定により法的責任を追及される（74条）。

なお、企業国有資産法に違反し犯罪を構成する者は、法により刑事責任を追及される（75条）。

おわりに

以上、企業国有資産法の構造を中心に考察した。本法の性格について中国には異なる見解が見られるが、学説の多くは、経済法の範疇に属すると位置づけている[35]。ただ、それの内容をみる限り、企業国有資産法が民法、会社法、行政法とも密接に関係しているのは明らかであろう。とくに、これから中国の会社法を理解するためには、本法の内容を理解することも必要不可欠であると思われる。また、前述のように、国有資産法の立法は最終的な目標であり、企業国有資産法の立法は国有資産法立法に向けての現段階での立法成果であると解され、その成立意義が次のように強調される[36]。それは、①中国の基本的な経済制度を堅持し、国有経済を強固たるものにし、ならびに発展させ、中国の総合国力を増強するニーズに応えたこと、②改革の方向性を堅持し、改革の成果を強固たるものにし、さらなる改革が順調進むことを保障するニーズに応えたこと、および③法により国を治める（依法治国）という基本方針を貫徹し、中国の特色のある社会主義法律体系を整備するニーズに応えたこと、である。ただ、企業国有資産法の条文内容から明らかな

ように、多くの条文が具体的ではなく、原則的な規定にすぎない[37]。そうした立法不備を補うためには、関連法規の整備が待たれる[38]。

　何はともあれ、従来実践的に試行されてきた帰結として、出資者代理人制度が全国人大の立法という形によって法認され、中国的国家所有制の実現モデルの変容が明文化されたことは極めて重要な意味を有し、注目に値する。

(1)　国民経済における国有経済の比重が減少傾向にある統計データについて、小口彦太「中国における国家的所有権の行方―企業国有資産法11条の目指すもの」奥島孝康先生古稀記念論文集第一巻《下篇》『現代企業法学の理論と動態』（成文堂、2011年）856頁参照。
(2)　董和平『憲法学』（法律出版社、2004年）273頁。
(3)　現在の中国では、国有資産が経営性国有資産（企業に投下された国有資本、本法では「企業国有資産」と呼ばれる。物権法55条）、行政事業性国有資産（国家機関や国家が設立した事業組織（学校、病院など）が直接支配できる不動産および動産、物権法53、54条）と資源性国有資産（①都市部、ならびに法律規定により国家に属するとされる農村と都市郊外部の土地、鉱物、河川、森林、山、草原などの自然資源など、物権法46条以下）という3種類に大別される。そのほか、無線放送周波数帯域資源、法律規定により国家に属するとされる文化財、国防資産などがあるとされる（物権法50条以下）。いまでも、経営性国有資産が国有資産の主要な部分を占めている。
(4)　国有企業の改革過程については、周剣龍『中国における会社・証券取引法制の形成』（「法人財産権の概念をめぐる論争」第3章）（中央経済社、2005年）31頁以下参照。
(5)　企業国有資産法が成立以前の状況について論じたものとして、周剣龍・前掲注（ 4 ）（「国家の社員・株主としての地位構築の意義」第2章）17頁以下がある。
(6)　安建主編『中華人民共和国企業国有資産法釈義』（法律出版社、2008年）2頁。なお、本稿における企業国有資産法成立の背景と経緯についての記述は、主にこの文献（1 - 8 頁）によった。
(7)　たとえば、比較的早期の文献としては、「国有資産法」起草工作組編『国有資産立法研究』（経済科学出版社、1995年）がある。本書は、全国人大財経委員会が組織して開催された「国有資産法」の立法に関するシンポジウムに提出された論文をもとにして出版された論文集で、当時の「国有資産法」立法に対する中国各界の考えを知るには重要な文献であるに違いない。また、経済学および法学的視点から国有資産を論じた文献として王子林『国有資産論』（中国財政経済出版社、1988年）のほかには、屈茂輝『中国国有資産法研究』（人民法院出版社、2002年）などがある。なお、企業国有資産法の成立後、国有資産法を総合的に研究したものとして、顧功耘

など『国有資産法』(北京大学出版社、2010年) などがある。
(8)　中国物権法に対する逐条解説について、胡康生主編『中華人民共和国物権法釈義』(法律出版社、2007年) がある。なお、中国物権法を多角的に考察した邦文文献としては、星野英一＝梁慧星監修、田中信行＝渠涛編集『中国物権法を考える』(商事法務、2008年) がある。
(9)　「企業国有資産監督管理暫定条例」は、総則 (第 1 章)、国有資産監督管理機構 (第 2 章)、企業責任者の管理 (第 3 章)、企業の重大事項の管理 (第 4 章)、企業国有資産の管理 (第 5 章)、企業国有資産の監督 (第 6 章)、法律責任 (第 7 章) および附則 (第 8 章) からなり、計47か条を有する。企業国有資産法の立法が当該暫定条例をもとになされたのは確かである。
(10)　従来国有資産の監督管理を主として司っていたのは、財務部の国有資産管理局であった。2002年11月に開催された中国共産党第16期大会において打ち立てられた「国家が法律や法規を制定し、中央政府と地方政府がそれぞれ国家を代表し、出資者の職責を履行する国有資産管理体制を構築する」という方針に基づいて、国務院は国務院国有資産監督管理委員会を設置することを目的する国務院機構改革案を作成した。当該改革案は、2003年 3 月に開かれた第10期全国人大第 1 回会議において可決された。それで、同年に中央政府では、国務院国有資産監督管理委員会、地方政府では省クラス (たとえば湖南省など) や区を持つ市クラスにおいて地方政府の国有資産監督管理委員会を設けるに至った。国有資産監督管理委員会の設置は、中国における国有資産管理体制の改革において極めて重要な意味を持つことであると考えられる。ちなみに、国務院国有資産監督管理委員会の英文表記は、State-0wned Assets Supervision and Administration commission of the State Council である。
(11)　第 1 回目審議の際に行われた企業国有資産法 (草案) 内容の説明および審議状況については、石広生「関於『中華人民共和国国有資産法 (草案)』的説明」安建主編・前掲注 (6) 231頁以下、「10届全国人大常委会第31次会議分組審議国有資産法 (草案) 的意見」安建主編・前掲注(6) 249頁以下参照。当該説明のタイトルから明らかなように、当時では法令名は「企業国有資産法」ではなく、「国有資産法」とされていた。ただ、このような法令名に対して、立法される法律の内容とは必ずしも合致していないとの批判があった。
(12)　第 2 回目および第 3 回目の審議状況については、安建主編・前掲注 (6) 239頁以下参照。ただ、第 2 回目の審議を経て、法律草案名は「国有資産法」から「企業国有資産法」へと変更された。
(13)　安建主編・前掲注 (6) 7 頁。
(14)　安建主編・前掲注 (6) 7 頁。
(15)　安建主編・前掲注 (6) 8 頁。
(16)　企業に投下された国有資産 (不動産、動産など) の属性をめぐる規定について想起されるのは2005年改正前会社法 4 条 3 項に置かれた「会社における国有資産の所有権は国家に属する」という規定であろう。2005年改正前会社法 4 条 2 項は、会社は株主の出資によって形成された法人財産権をすべて有し、法に基づいて民事上の権利を有し、民事上の責任を負担すると規定する一方、同法 4 条 3 項のような規定を設けた。これに対して、会社法成立の直後から法人財産権の概念を正確にとらえていないなどといった批判が多かった。こうした批判を受けて、立法者は、2005年に会社法を改正する際に、 4 条 3 項を削除した。こうした立法者の認識変化を確認する意味において、2007年に成立した物権法は、国家がその所有する不動産または動産を企業に投下し

た場合に、出資者は約定に基づいてまたは出資比率に応じて資産からの収益を受け、重大な事項を決定し、管理者を選任するなどの権利を享有するという社員権を明記するほか（67条1項）、企業法人はその不動産や動産に対して法律や行政法規および定款に基づいて占有、使用、収益および処分の権利を有するといった法人財産権をも規定した（68条1項）。企業国有資産法の国有資産の定義規定はこうした立法の流れに沿ったものである。中国における法人財産権をめぐる論争状況について、周劍龍・前掲注（4）31頁以下参照。

(17) ここにいう国有単独出資企業とは、全人民所有制工業企業法により設立された企業をいい、こうした企業に投下された資本はすべて国有資本である。国有企業の改革目標は、こうした伝統的な国有企業を株式制企業（会社法上の有限責任会社または株式会社）へ変えていくことであるが、かかる改革はなお未完である。国有単独出資公司とは、会社法上の会社であって、会社形態が有限責任会社に限定される。会社法は、かかる会社に対して特別規定を設けている（会社法65-71条）。国有資本支配会社および国有資本投資会社は、いずれも会社法上の有限責任会社または株式会社である。

(18) 国有資産監督管理暫定条例12条では、国務院国有資産監督管理機構は国務院を代表して出資者の職責を履行し、企業国有資産の監督管理の責めを負う直属の特設機関であると規定された。この規定と較べて、本法11条1項では「企業国有資産の監督管理の責めを負う直属の特設機関である」という規定内容は盛り込まれていないことが明らかである。このことは本法11条1項の立法意図を明確にしている。ただ、こうした立法意図が果たして実現されうるか、すなわち国有資産監督管理機構が純然たる商事主体に変身できるかについて疑問視する見解がある（小口彦太・前掲注（1）863頁）。ただ、取引主体となるのは国家出資企業そのものであって、国有資産監督管理機構は出資者代表としてのみ国家出資企業に関わると要求される。

(19) 安建主編・前掲注（6）47頁。ちなみに、国有資産監督管理暫定条例は、企業国有資産が比較的少ない市や自治州は、省、自治区、直轄市の人民政府の承認を経た場合に、単独して国有資産監督管理機構を設置しないことができると規定した（6条2項）。

(20) ただ、それが現実に守られているとは言い難い。たとえば、取締役などの人選について、会社が会社法の規定する手続に基づいて取締役を選任する前に、関係行政機関は取締役として会社に送り込むと予定される者を公表することがあった。このことは明らかに会社法に違反し、資本市場に悪影響を与えるものであると批判される（呉敬璉『当代中国経済改革教程』（上海遠東出版社、2010年）141頁）。

(21) 物権法67条、会社法3条1項など。なお、1988年に制定された「全人民所有制工業企業法」は、「企業は国家よりその経営管理を授権された財産に対して、占有、使用および法による処分の権利を有する」と規定するが、収益の権利を規定していない。それは、工業企業法の制定当時において法人財産権の概念が確立されていなかったからである。

(22) 「全人民所有制工業企業法」は、1980年代に制定された時代的背景があるため、監査役会の設置に関する規定を当然設けていないが、国務院が2000年2月に制定した「国有企業監事会暫定条例」では、重点大型国有企業において監査役会を設けることを要求し、監査役が国務院より派遣されることを規定する。

(23) 股東会は、従来日本における有限会社の社員総会に相当する訳語であるが、中国では、有限責任会社の出資者を株主（股東）とするため、本稿では、股東会の日本語訳として「株主会」を

用いることとする。ちなみに、日本では2005年会社法が成立したことを機に有限会社制度が廃止された（「会社法の施行に伴う関係法律の整備等に関する法律」）1条3号）。
(24) 会社法上の取締役、監査役および上級管理職の欠格事由について、会社法147条参照。
(25) これと同様な旨を定める会社法上の規定について、会社法148条、149条参照。
(26) 国務院国有資産監督管理委員会は、国家出資企業の管理者の報酬基準について、「中央企業責任者報酬管理暫定弁法」（2004年）およびその実施細則を制定した。その特徴は経営者の報酬と経営業績とを結び付けたことである。
(27) 国務院国有資産監督管理委員会がその所管する中央企業の経営者の任期中・任期末の業績に対して定めた細かな評価指標について、「中央企業責任者経営業績評価暫定弁法」（2009年）参照。
(28) 会社法上の関連規定は、38条、50条、100条および109条4項である。
(29) 会社法では、関連者について特に定義規定を設けていないが、関連関係について、会社の支配株主、実質支配者、取締役、監査役および上級管理職とそれらの者が直接または間接に支配する企業との関係、ならびに会社の利益移転を招き得るその他の関係という定義規定を置いている（217条4号）。こうした定義規定から、関連者とは会社の支配株主（会社法217条2号）、実質支配者（会社法217条3号）、取締役、監査役および上級管理職、ならびにそれらの者が直接または間接に支配する企業、会社の利益の移転を招き得るその他の関係を有する者を指すと解しうる。かかる関連者は会社との関連関係を利用して会社に損害を被らせることが禁止される（会社法21条1項）。会社法上の関連者の範囲と較べると、本法における関連者の範囲は若干狭いように思われる。
(30) 中国では近年各地においていわゆる財産権取引所が設立されている。財産権取引所において取引とされるのは、国有企業そのもの、非上場株式、有限責任会社の持分（股権）、債権などである。財産権取引所の状況については、たとえば、代表的なものとして上海聯合産権交易所（Shanghai United Asset and Equity Exchange, http://www.suaee.com）参照。
(31) 外国投資者による中国国内企業の買収に関する法規制について、「外国投資者による国内企業買収に関する規定」（商務部、国務院国有資産監督管理委員会など、2006年制定、2009年改正）と「外資利用による国有企業改組の暫定規定」参照。
(32) 安建主編・前掲注（6）117頁。
(33) この意見は、一、国有資本経営予算を試行する指導的な考え方および原則、二、国有資本経営予算の収支範囲、三、国有資本経営予算の編成および審査承認、四、国有資本経営予算の執行、五、国有資本経営予算の職責分担、六、国有資本経営予算の試行に関する組織的実施という6つの部分からなり、単なる政策的な文書ではなく、法的効力を有する行政法規として位置づけられる。
(34) 国有資産監督管理機構が国有資本経営予算について果たすべき職責に関する企業国有資産法の規定不備を指摘し、この場合における当該機構の果たすべき機能をより明確にすべきであるのを論じたものとして、徐暁松「論国有資産監督管理機構在国有資本経営予算中的職責」書報資料彙編、経済法学・労働法学（中国人民大学書報資料中心）2009年7期47頁以下がある。
(35) 国有資産法の性格についてであるが、詳細な議論について、屈茂輝・前掲注（7）16頁以下参照。

(36) 安建主編・前掲注（6）3頁以下。
(37) 同様な指摘としては、李曙光「『企業国有資産法』的創新与突破」経済法学・労働法学（中国人民大学書報資料中心）2009年1期6頁がある。
(38) 文中においても述べたように、国務院国有資産監督管理委員会は国家出資企業の運営・監督管理に関して比較的細かな規定を整備したが、十分ではないことは否めない。

第3章 死刑改革から見る中国法の「変」と「不変」

王　雲　海
Yunhai WANG

第1節　問題の提起
第2節　現代中国法と死刑多用
第3節　規範的死刑改革
第4節　実用的死刑改革
第5節　死刑改革における現代中国法の「変」と「不変」

第1節　問題の提起

　周知のように、中国は、1978年末から「改革開放」政策に転じたことにより巨大な社会的変化を成し遂げつつある。なかでは、特に1995年ごろから、「社会主義法治国家の建設」も正式な目標として掲げられるようになり、現代中国法も巨大な変化を見せつつある。では、このような中国、特にその法は、一体どのような状態にあって、その将来は一体どこまで変化し、どの方向へたどりつくのであろうか。本論文では、現在の中国で展開されている死刑制度改革を手がかりにして、これらの課題を探ろうとする。まずはどんな視点が必要かから考える[1]。

1　歴史と現代のなかの現代中国法

　現代中国法及びその将来を見るにまず必要なのは、現代中国法を中国法の歴史のなかに置いて、歴史上の中国法を対比の軸としてそれらと対比して見る、ということであろう。中国はその歴史の変遷に応じて、その法もおよそ次のような時期を体験してきた。つまり、清末までは独自の「封建中国法」、清末特に辛亥革命から1949年の中華人民共和国成立までは「民国期中国法」、中華人民共和国成立後から1970年末までの「社会主義中国法」、そして、「改

革開放」政策を実施し始めた1978年末から今日までの「現代中国法」である。その中では、「封建中国法」と「社会主義中国法」は、いずれも西欧法とは全く異質なものであった。しかも、その両者の関係おいては、後者は、外見上、社会主義イデオロギーそしてソ連法から形成されたものであるように見えるが、実質上、前者の温存を秘めた部分が少なかった。そのために、「封建中国法」と「社会主義中国法」とは共に実質的に中国法の歴史的連続性を代表するものであって、その「不変」の側面を表している。これに対して、「民国期中国法」は、西欧法をモデルまたは目標として展開された、または、されているものであって、伝統に対する否定・西欧法への接近をはかっている。そのために、それはいわば中国法の歴史的非連続性を示すものであって、中国法の「変」の側面を反映している。ただし、「民国期中国法」が伝統中国法から脱皮して西欧法へ接近しようとするのはいずれも「法制度レベル」にとどまるところが多い。「結果としての法レベル」においては、当時の立法・条文に多くの西欧法を書き入れたことは、民国期における中国法の事情をよりよいものにし、「封建中国法」を実質的に多く変えたかというと、全く違ったのである。西欧法の美辞麗句のもとで、「封建中国法」と西欧法のマイナス面が一体化して、法の至上理念である人権保障や中国歴史上の人文精神を実際の法のレベルでは貫くことがほとんどなかった。こうなったのは、西欧法にはもとより人権保障上の限界があることや、為政者が本当に西欧法を望んでおらず、やむをえず法律にそれを書き入れたことのほかに、当時の中国は、外国侵略、内戦内乱にあり、西欧法の成立に必要な社会的文化を有しないなどの、西欧法にとって「前提的条件」ともいうべきものの欠落があったからである。こういう意味で言えば、「民国中国法」は、外見上、中国法の「変」を示す側面があるものの、実質上、まだ中国法の「不変」を現す側面をも有していたのである。

　以上のような歴史を経験したことのある現代中国法はこれからどのような方向へ行くかは、何よりもまずこの歴史との関係のなかで、そして、「封建期中国法」「民国期中国法」「社会主義期中国法」との関連のなかで見られるべきであろう。

2 「個別法」と「普遍法」のなかの現代中国法

これまでは、西欧法以外の法をも取り入れて世界の様々の法を解明しようとする研究は多く試みされており、そのなかですでに多くの有用な概念・発想が提示されている。

例えば、アンガー（R. M. Unger）は、世界における法は次の三つの類型に分けられるとしている。すなわち、慣習的または相互関係的法（customary or interactionary law）、官僚的または規制的法（bureaucratic or regulatory law）、法秩序または法体制（legal order or legal system）としての法である[2]。

また、安田信之は、特にアジア法（ないし発展途上国々の法）を「固有法」、「移入法」、「開発法」という三つの類型に分類し、それぞれの特質として「共同法理」、「市場法理」、「指令法理」をあげて、次のような定義を提示している[3]。つまり、「共同法理」とは、人間と人間の直接的・無媒介的な関係を軸とするものであり、家族内の親子、兄弟姉妹の間に典型的に見られるような他者との一体化を前提とする親密な感情に根差している。それは、人間社会が有している原始的な関係規律原理である。「市場法理」とは、平等な個人間のヨコの関係を軸とするものである。それは、近代社会における商品交換に典型的にみられるような、人間と人間の間の等価性を前提とする交換関係である。その中心たる概念は「権利」、「義務」、「自由な個人」である。「指令法理」とは、人間と人間または人間と国家ないし集団の間の威嚇を背景とする強制とそれに対する服従を軸とする法理である。

さらに、千葉正士は、西欧法が「人権」と「国家法」を特徴としていると指摘したうえで、それと違ったアジア法または国家法を動かす非国家法をも研究する必要性を強調して、法の「三元構造」を唱えている[4]。つまり、法は、「単に国家法と国内諸法との関係だけでなく国家法と超国家法との間にもあり、その意味では、国家法と国内法との二元だけでなく、国際諸法をも含めた三元構造」である。

このように、世界における様々の法をすべて一つの共通現象として捉えようとするための視点がすでに存在しているのである。このような視点の裏に共通してあるのは、個人、国家、社会という三者の関係を、法律はどのよう

に見て、どのように対処するか、ということである。言い換えれば、法における個人、国家、社会の価値・比重の違いはその裏にあって、その価値・比重の違いが法の違いを生み出しているのである。現代中国法の内実を見て、その将来を予測するときには、それは既成の概念や方法との関係、または、そのような文脈のなかでそれを行うことも必要があるのである。具体的にいえば、現代中国法は、個人、国家、社会という三者関係のなかから、どこの側面が歴史的連続・「不変」としての「慣習法」、「共同体法」、「国内的地域法」に属し、国家または社会の利益を最優先しているのか、また、どの側面が歴史的不連続・「変」としての「法の支配」や「法治主義」という近代市民法上の一般原則、「人権保障」という普遍的法価値に属し、個人の利益を最優先しているのかを見る必要があるのである。

3 形式的規範と実質的原理のなかの現代中国法

形式的にいえば、「法」というものは少なくとも次の諸特徴を有するであろう。

第一に、それは一種の規範・規則・ルールでなければならない。つまり、人々に「すべきこと、してもよいこと」または「しなくてはならないこと、しなくてもよいこと」を示すことのできるようなものである。第二に、それは、一種の社会的規範・規則・ルールでなければならない。つまり、そのような規範・規則・ルールは、ある個人や家庭などの「私」的領域をはるかに超えた広い「公」的領域にわたっての社会的なものでなければならない。国民国家が基本である近代社会においては、それが「国家」範囲でのものであるのは普通である。第三に、それは、「公」的強制力、近代国家以来は国家による強制力を常に伴うものである。つまり、法に対する遵守は強制的な性格を有しており、それに違反した場合、その結果として「公」的強制力特に国家による強制力が登場してくるのである。ここには法と道徳、慣習法とただの習慣との違いがある。

しかし、「形式的」な視点を超えて、実質的に「法」を見るならば、特に「法治主義」または「法の支配」の時代でいう「法」を念頭に置くならば、「法」とは次のような特徴を有するものというべきであろう。つまり、「法」

はあくまでも個々の人間を主体（単位）とした人権保障をその至上原理とする一種の理念・理性・正義である。「民主主義」と「法治主義」が近代国家の基本原理をなしており、いわば近代国家の二本柱であるが、しかし、この両者は本質的には異なっている。民主主義の基本原則は「国民主権」と「多数決」であって、物事が常に多数で決められる。その理由としてやはり「多数」の方は人数が多いからということがあげられる。従って、民主主義はその本質が究極にいえば「力の支配」である。それに対して、法治主義の基本規則は人権主義と自由主義であって、物事が「多数」か「少数」かではなく、あくまでも人権上の合理性があるかどうかで決められる。従って、法治主義はその本質が究極にいえば「理性の支配」である[5]。

このように、現代中国法の実質を考え、その将来を見るにあたって、形式的規範としての法と実質的原理としての法の両方から視点が必要不可欠である。

4 事実究明と価値判断のなかの現代中国法

法学研究を含めて社会科学の研究は、概ねでいえば、常に「事実究明」と「価値判断」という二つの作業の往来のなかで展開されているということができる。「事実究明」はいわば実在的なもので、「価値判断」の根拠になる。これに対して、「価値判断」はいわば当為的なもので、「事実究明」の指針そしてその事実のよしあしをはかるための指標になる。「法」の概念との関係でいうと、ただ「事実究明」として法を研究しようとする場合は、上述した法の形式的な特徴だけを根拠にして「何が法か」を判断すればよい。そのような形式的な特徴を備えているあらゆる規範・規則・ルールは「法」になり、「悪法」も「法」であることになる。しかし、「事実究明」だけでなく、そのうえで、「価値判断」としてでも法を研究しようとする場合は、上述した法の形式的な特徴だけを根拠にして「何が法か」を判断しては十分ではない。そのような形式的な特徴のほかに、あるいは、それ以上に、「人権主義」と「自由主義」という法の実質的特長をも念頭に置くことが必要である。たとえ上述した形式的な特徴だけを備えている規範・規則・ルールを「法」として捉えようとしても、そのよしあしを論じて、「悪法」は「法」でないま

たは将来は「法」でなくなることを意識しなければならないのである。

現代中国法の現状そしてその将来を見るにあたって、以上のように形式を超えた実質的価値観も必要不可欠であろう。

第2節　現代中国法と死刑多用

中国では、死刑判決の件数も死刑執行の人数も世界で最も多いであろう。死刑執行の人数に関して、アムネスティ・インターナショナルが最近の数年間その数字を年毎に推測して発表している。それによると、最も少ない年では470人（2007年）で、最も多い年は3400人（2004年）であるという。これに対して、そのような数字は実際に執行された人数のわずか一部でしかなく、本当の執行人数は2000人から1万5000人の間ではないかという指摘もあれば[6]、次のような指摘もある。つまり、2000年代の初期は8000人から10000万人までで、2007年から2010年までは3000人から6000人までである、という[7]。では、実際はどうであろうか。これに関して、中国政府はその数字を公表しないだけでなく、それを最高の国家秘密の一つとしてその漏洩を厳しく処罰している。この直接かつ最大の理由は、死刑判決もその執行も人々を驚かすほどあまりにも多いことで、それを公表したら大きな批判を引き起こすからであろう。公表しないこと自体は死刑が公表できないほど多いことを物語っているといえよう。

なぜ中国では死刑がこれほど多くて、中国の法律がいかにしてそれを可能にしているのであろうか。

1　刑法上死刑罪名が多いこと[8]。

従来の刑法が定めていた死刑罪名は極めて多くて、広範囲に及んだものであった。中国の刑法は総則と各則に分けられており、その各則には10の章があり、1つの章は1つの犯罪類型として、その下で具体的罪名が定められている。2011年5月1日までは、この10の章のうち、第9章の「瀆職罪」を除けば、すべての章には死刑罪名が含まれており、死刑罪名は合わせて68個もあった。死刑罪名の多い順、罪名数、全死刑罪名に占めるパーセンテージ、

具体的死刑罪名は次の通りである。第3章の「社会主義経済秩序破壊罪」は死刑罪名の最も多い章であって、16個の死刑罪名があり、死刑罪名全体の約25％にあたる。16個の罪名は、偽薬品生産販売罪、有毒有害食品生産販売罪、武器弾薬密輸罪、核材料密輸罪、偽貨幣密輸罪、文化財密輸罪、貴重金属密輸罪、貴重動物及び製品密輸罪、普通貨物物品密輸罪、通貨偽造罪、集資詐欺罪、手形詐欺罪、金融証書詐欺罪、信用証書詐欺罪、付加価値税納税証書不正作成及び使用罪、付加価値税納税証書不正製造及び販売罪である。第2章の「公共安全危害罪」は二番目で、14個の死刑罪名があり、全体の約22％にあたる。14個の罪名は、放火罪、溢水罪、爆発罪、毒物投与罪、危険方法による公共安全危害罪、交通道具破壊罪、交通設備破壊罪、易燃易爆設備破壊罪、電力設備破壊罪、航空機ハイジャック罪、銃弾薬爆発物の違法製造売買運輸郵送貯蓄罪、核材料違法売買運輸罪、銃弾薬爆発物窃盗略奪罪、銃弾薬爆発物強盗罪である。第10章の「軍人職責違反罪」は三番目で、12個の死刑罪名があり、全体の約18％にあたる。12個の罪名は、戦時命令違反拒否罪、軍事情報隠匿虚偽報告罪、軍事命令伝達拒否及び虚偽伝達罪、投降罪、戦時離脱逃走罪、軍事職務執行妨害罪、軍人逃走反逆罪、軍事秘密違法収集買収提供罪、戦時風説伝播罪、軍用物質武器装備窃盗強盗罪、武器違法売買譲渡罪、戦時住民残害及び財産略奪罪である。第6章の「社会秩序管理妨害罪」は四番目で、8個の死刑罪名があり、全体の約13％にあたる。8個の罪名は、犯罪方法伝播罪、暴動脱獄罪、集団暴力監獄ハイジャック罪、古文化遺跡古墳盗掘罪、古人類化石盗掘罪、麻薬密輸販売運輸製造罪、売春組織罪、売春強制罪である。第1章の「国家安全危害罪」は五番目で、7個の死刑罪名があり、全体の約10％にあたる。7個の罪名は、祖国反逆罪、国家分裂罪、武装反乱暴乱罪、敵投降罪、スパイ罪、境外のために国家秘密情報の違法窃取探索買収提供罪、敵援助罪である。第4章の「公民人身民主権利侵害罪」は六番目で、5個の死刑罪名があり、全体の約8％にあたる。6個の罪名は、故意殺人罪、故意傷害罪、強姦罪、誘拐致死罪、婦女児童誘拐売買罪である。第8章の「横領賄賂罪」は七番目で、2個の死刑罪名があり、全体の約3％にあたる。2個の罪名は、横領罪と収賄罪である。第7章の「国防利益危害罪」は同じく七番目で、2個の死刑罪名があり、全体の約3

％にあたる。2個の罪名は、武器装備軍事施設軍事通信破壊罪と欠陥武器装備軍事施設故意提供罪である。第5章の「財産侵害罪」は同じく七番目で、2個の死刑罪名があり、全体の約3％にあたる。2個の罪名は、強盗罪と窃盗罪である。

2 刑事手続が死刑を容易にしていること(9)。

　従来の刑事訴訟法の定めていた刑事手続は死刑を相対的に容易にしていたものである。中国では、死刑事件に関して、その第一審は中級人民法院レベル以上の人民法院で行われること（中国の裁判所は県の基層人民法院、市の中級人民法院、省・直轄市・自治区の高級人民法院、全国の最高人民法院という四級に分けられている）。被告人は弁護人をつけていないときには人民法院が被告人のためにつけなければならないこと。「二審終審制」が実施されているが、死刑事件の場合、通常の審判手続きが終了した後に、新たに「確認許可手続」に付すること以外には、証拠則、訴追手続、審判構造などの面において通常の刑事事件とは全く同じである。通常、刑事事件についてその手続の時間的上限が設けられている。2013年1月1日までは、被疑者・被告人は身柄が拘束されてから計算し始めて、捜査は2ヶ月以内、起訴は1ヶ月以内、第一審は1ヶ月以内、終審たる第二審は1ヶ月以内においてそれぞれ完了しなければならない。死刑事件であっても、通常の場合、長くとも5ヶ月以内に判決が確定されなければならず（例外的に一定の手続を経て処理期間を延長することもありうる）、極めて早く判決が確定されるのである。しかも、第二審は法廷を開く必要がなく、書面審理だけで判決などが言い渡される。死刑事件の第二審も同じである。また、死刑事件の場合は、判決が確定された後に、「確認許可手続」が予定されているが、この手続を行うのは刑事訴訟法上最高人民法院であると規定されていたにもかかわらず、1983年9月から司法解釈により、殺人罪などの凶悪犯罪について高級人民法院にその権限が授与されてしまった。それにより、死刑判決に対する確認許可が大変容易になり、時間的にもかなり早くなった。さらに、中国の死刑には「即時執行死刑」と「2年執行猶予つき死刑」との二種類がある。前者は基本的であって、後者は例外的である。前者の場合、確認許可手続を経て許可されれば、

すぐ死刑執行命令が出されて、一週間以内に死刑囚を実際に死なせなければならず、死刑判決が確定しながら長い間執行されない状況は存在しない。後者の場合だけは2年間の猶予期間を与えて、その間、死刑囚は刑務所で強制労働して、2年後に、故意犯罪がなければ無期刑に、さらに重大な立功の状があれば15年以上20年までの有期懲役刑に減軽される。実際上も、約99％の2年執行猶予つき死刑の死刑囚は最終的に減軽されている。

3　刑事法の適用様式が死刑多用を認めていること。

　従来の刑事法の適用は死刑をより多く生み出すようなものであった。死刑の適用基準に関して、刑法の規定そのものと人民法院の死刑選択との間で相反する二つのパターンがある。一つは、刑法が死刑の適用基準自体をはっきりと定めて、人民法院に裁量の余地を与えないもの（いわば「絶対的死刑」）であって、人民法院は被告人の行為が当該死刑罪名に該当すると判断すれば、ほぼ例外なく死刑を言い渡す。もう一つは、刑法自体が法定刑として死刑だけでなく、死刑を含む複数の法定刑を設けて、実際に死刑を言い渡すか否かは完全に人民法院の裁量に任せるもの（いわば「相対的死刑」）である。この二つのパターンのいずれも中国での死刑多用に寄与している。というのは、中国での刑事法適用に当たっては、判例制度はまだないので、「絶対的死刑」のように、法律の規定自体が死刑の適用を排他的に要求していれば、人民法院の判決はほぼ例外なく死刑を言い渡す。逆に、法律の規定自体は死刑適用の基準を具体的に定めておらず、人民法院の裁量に委ねていれば、それは本当に各人民法院と各裁判官の日ごろの裁量にかかるようになる。そこで、このような「日ごろの裁量」を実際上強く左右するのは、「厳打キャンペーン」と呼ばれる刑事法適用様式と、「殺人償命（人を殺した者は命で償え）」と言ったような民間的報復感情である。前者は、政治指導者が治安などに対する自分達の判断に基づいて、犯罪者をより重くより早く（中国語では「従重従快」）懲罰するために、司法機関ないし全社会を動員して展開する政治運動的な法適用である。このようなキャンペーンに際して、人民法院とその裁判官はその裁量権を、犯罪者をより重くより早く懲罰できるように行使し、通常の法適用では死刑にならない事件でも死刑を言い渡すようにな

る。後者は、規範としての法にはまだ合理化されていない一般民衆の生の感情または常識である。これらも長い間不文の基準として生きており、人民法院とその裁判官は、法律上の基準もなく政治からの干渉もなく、完全に自由裁量できるときには、それに従って「裁量」を行う場合が多い。これも中国刑罰全体の厳格さ、特に死刑適用の多さを引き起こしている。

第3節　規範的死刑改革

　死刑を極めて多用していることに対して、中国内外からの批判はかつてから強かった。国際的には、1980年代に入ってから、国連を中心に死刑の廃止やその執行の停止を求める動きが活発になった。これは国連の常任理事国としての中国にとってかなり大きなプレッシャーになった。また、同じ時期に、近辺のアジア諸国を含む多くの国々が死刑の廃止や執行停止に踏み切って、死刑廃止の国際的潮流ができたことも、中国にとって無形の圧力となった。国内的には、中国政府は1997年10月に「経済的、社会的及び文化的権利に関する国際規約（社会権規約・A規約）」、1998年10月に「市民的及び政治的権利に関する国際規約（自由権規約・B規約）」にそれぞれ署名し、2001年2月にA規約を批准したことなどにより、国内での死刑多用に対する疑問や批判は、国際社会での批判と同調することができて、従来少数の法律家による非公式的なものから社会全体を巻き込む公式的なものにまで発展した。また、その時期は政治指導者の新旧交代にあたって、新たに政治指導者になった人々の多くは、法律を直接勉強したことがある者か、法治主義の意識をもった者であるために、死刑多用に対する政治一辺倒という従来の発想とは違って、その問題性を認めるようになった。このような背景の下で展開された死刑多用への批判・反省の結果として、「存置、制限、廃止」という公式とも言えるような「三段論」的死刑方針が1990年代後半から事実上形成された。つまり、いまの中国では、死刑をすぐに廃止することは無理ではあるが、その適用を徐々に制限すべきで、最終的に廃止を目指すという。実際上、1990年代後半から、中国はまさにこのような方針のもとで死刑制限をはかろうとして、死刑制度を変更し始めたのである。これまでの死刑改革は、

その手法、性格などに着目すると、「規範的死刑改革」と「実用的死刑改革」という二つの類型に分けて見ることができるように思われる。ここで、まず「規範的死刑改革」をまとめてみる[10]。

1 死刑罪名の減少

中華人民共和国は1949年の成立から今日まで二つの刑法典があった。1979年に制定された最初の刑法典のなかには死刑罪名は28個であったが、1997年に制定された現行刑法典には68個がある。このように、約20年間40個の死刑罪名も増やされたが、そのすべては、全国人民代表大会が、一時的な治安情勢、政治雰囲気、特に経済政策の実施状況との関連で、それらに対する直接的な政治反応として、「特別刑法」という形で導入されたものであって、一種の「政策立法」または「ムード立法」による死刑罪名の新設である。現行刑法典の68個の死刑罪名は制定時の1997年までに随時に制定された特別刑法の中ですでにあった死刑罪名をただそのまま継承しただけである。このように、死刑罪名の新設を含む特別刑法が制定されるかどうかは死刑罪名の動向を大いに左右するのである。従来とは違って、1997年現行刑法典が制定されてからは、死刑を制限しようとして、死刑罪名の新設を含むような特別立法は一切採択されなくなったのである。

特に、2010年2月に、刑法に対する改正が行われて、死刑について次のような重要な改正内容があった。つまり、刑法上の68の死刑罪名から次の13の罪名から死刑を外して、死刑罪名を55個に減らした。つまり、文化財密輸罪、貴重金属密輸罪、貴重動物及び製品密輸罪、普通貨物物品密輸罪、手形詐欺罪、金融証書詐欺罪、信用証書詐欺罪、付加価値税納税証書不正作成及び使用罪、付加価値税納税証書不正製造及び販売罪、犯罪方法伝播罪、古文化遺跡古墳盗掘罪、古人類化石盗掘罪、窃盗罪である。

また、中国には「矜老恤幼」（高齢者に配慮を配り、子供を思いやる）伝統文化があるし、高齢者の被告人には再犯の危険性が少ないといった理由で、一部の論者は、かねてから、18歳未満の少年に対して死刑を適用しないと同様に、一定の高齢者に対しても死刑を適用しないようにすべきであると主張していた。今回の改正はこのような主張に一定の配慮をし、75歳以上の高齢

者被告人に対して、特に残忍な手段で殺人を犯した場合を除いて、死刑を適用しないことを決定した。

2 死刑適用基準の厳格化

公務員横領収賄犯罪、麻薬犯罪、経済犯罪などに対して、中国刑法自体は死刑を設けているだけでなく、死刑適用の金額的または量的要件をも定めている。例えば、刑法規定自体からすると、公務員横領収賄犯罪の場合、横領、収受した金額が10万元であると、死刑になりうる。また、麻薬犯罪の場合、密輸、販売、運搬、製造したヘロインが50グラム以上であると、死刑になりうる。しかし、これらの犯罪はあまりにも多いので、本当にこのような法定死刑要件を適用すると、年間数万人ないし10数万人の被告人を死刑にせざるをえない。このような極端な局面を避けて、死刑の適用を制限しようとして、最高人民法院は、2000年以後、随時に「通達」という形での司法解釈を地方の人民法院に公布し、死刑適用の法定要件を絶えずに引き上げている。そして、各地方の人民法院は最高人民法院の適用要件をさらに引き上げたうえで死刑を実際に適用している。2013年現在、地方によりばらつきがあるものの、公務員横領収賄犯罪の死刑適用要件はほぼ法定金額の10万元の約150倍に、麻薬犯罪のそれは法定量の約12倍以上にそれぞれなっている。また、即時執行死刑と2年執行猶予つき死刑の実際的適用状況に対して、2002年以来、最高人民法院は、「即時執行死刑が原則で、2年執行猶予つき死刑が例外である」という従来の主従関係を徐々に転換させて、死刑判決のなかでの即時執行死刑判決の比例を適用基準の厳格化を通じて抑制し、代わりにその分を2年執行猶予つき死刑判決に回すような死刑運用を図ってきている。その結果、2010年7月の時点で、2年執行猶予つき死刑の件数は即時執行死刑の件数をはじめて上回り、この逆転により実際上の死刑適用がかなり制限されたそうである。

3 死刑手続の整備による死刑適用制限

先にも述べたように、中国での死刑多用を可能にしている要素の一つはその手続の容易さと迅速さである。そこで、2000年代に入ってから、死刑事件

の「質」を確保し、その適用を制限しようとして、最高人民法院を中心に手続面からの工夫がされるようになった。①従来、「二審終審制」が実施されたものの、死刑事件を含むすべての事件の二審（控訴審）は書面審理だけであるのを改めて、2006年9月から、死刑事件（即時執行死刑事件のすべて、新しい証拠が提出された2年執行猶予つき死刑事件）はその二審が第一審と同じように法廷公開審理に切り替えられて、死刑事件に対するより充実した審理が可能になった。②判決が確定された後の「確認許可手続」について、1983年9月に殺人罪などの凶悪犯罪についてその権限が地方の各高級人民法院に委ねられていたが、2007年1月からその委任が改められて、すべて刑事訟法の規定したとおりに最高人民法院はこれを遂行、行使するようになった。従来、最高人民法院による「確認許可手続」を行った場合の死刑不許可率が約15％であったので、この許可権の最高人民法院への取り戻しにより、死刑事件が約15％の減少が見込まれると言われている。③最高人民法院などは2010年6月に「死刑事件における証拠審査判断に関する若干規定」を公布し、同年7月1日から実施するようにした。それにより、従来は死刑事件の証拠則、挙証責任、証明程度は一般刑事事件のそれと全く同じであることが改められて、死刑事件における証拠則が一層の規範化を図られて、特に構成要件事実についての、及び、死刑量刑事由についての厳格証明責任などが要求されるようになった。これも死刑適用の制限につながると期待されている。

第4節　実用的死刑改革

　上記のような「規範的改革」とは異なって、「実用的死刑改革」ともいうもう一種類のものもある。その代表的なものは、被害者側への金銭的賠償による死刑免除というやり方である。実は、中国では、1990年代後半から、最高人民法院は、死刑適用についての司法解釈を通じて被告人側が被害者側に積極的に金銭的賠償を行い、それにより被害者側の許しを得ていれば、実際の死を意味する即時執行死刑を回避し、2年猶予つき死刑か無期懲役刑に処する、という新たな死刑基準を形成させている。
　まず、あらゆる刑罰の量刑に関して、1990年代後半から、中国の最高人民

法院は、すでに複数の司法解釈を通じて、被害者への金銭的賠償を、量刑に当たっての酌量的減軽事由として認定するように各地方人民法院に指示していた。例えば、1999年10月に公布した「農村の安定を維持するための刑事審判工作会議紀要」のなかで、最高人民法院は、「人民法院が受理した農民に経済的損失を与えた事件について、速やかに処理し、犯罪者に刑罰を言い渡すときには、できるだけ農民達の損失を挽回できるように注意を払うべきで、被告人が積極的に経済賠償を行ったときには、適切に軽く処罰するように考慮すべきである」という。

次に、死刑の量刑に関して、特に2000年以後になってから、最高人民法院は多くの司法解釈を出して、金銭的賠償と死刑の量刑と直接にリンクさせるようにしている。例えば、2000年12月に、最高人民法院は「刑事事件に付随する民事訴訟の範囲についての決定」を公布して、そのなかで、被害者への積極的金銭的賠償が死刑事件の量刑事由として認めて、それを根拠に即時執行死刑の回避をすることができるようにした。また、2007年1月に、最高人民法院は「社会主義和解社会建設に司法的保障を提供することについての若干の意見」を公布して、そのなかで、恋愛、婚姻、家庭内紛争、近隣紛争による殺人事件、傷害事件、強姦事件について、加害者およびその家族が積極的に被害者へ金銭的賠償を行った場合、死刑を特に慎重に適用すべく、賠償したことを理由に即時執行死刑の適用を2年猶予つき死刑へ変えることができると、明白に指示した。さらに、2010年2月に、最高人民法院は、「寛厳相済の刑事政策を貫くための若干の意見」を出して、そのなかで、すべての殺人事件、傷害事件、強姦事件、強盗事件について、加害者およびその家族が積極的に被害者へ金銭的賠償を行った場合、即時執行死刑から2年執行猶予つき死刑へ変更することが望ましいと、定めていた。

ところが、現実においては、金銭的賠償による死刑免除がどこまで展開されているのか、その適用状況がどのようなものになっているのか。これを統計数字と具体的適用事例の両面から見ることにしよう。

1 統計上の状況

2009年8月に中国の最高人民検察院の雑誌である『人民検察』に現役の検

察官による調査研究の論文が発表されたことがある。その論文によると、2007年から2008年にかけて、重慶市人民検察院が関係した死刑の控訴事件のなかで、被告人が被害者へ金銭的賠償を行ったことを理由に、控訴審を担当した重慶市高級人民法院などにより、第一審の判決が変更されたのは、全変更事件の中の約58％を占めており、そのうち、即時執行死刑から2年執行猶予つき死刑に変更されたのは全体の約64％である。このように量刑が変更された事件のうち、故意殺人事件は全体の45％、故意傷害事件は45％、強盗事件は9％とそれぞれなっている。被告人側による金銭的賠償の金額は最も少ないのが3.5万元で、最も多いのが30数万元である。また、即時執行死刑から2年執行猶予つき死刑へ変更されたこれらのケースのいずれにおいても、重慶市高級人民法院などは、その判決の中で、被告人側が積極的に金銭的賠償を行ったこと、および、それにより被害者側が被告人に対して許しを表明し、より軽い刑罰を望むことを、変更の主な理由としてあげている(11)。

ある学者は、中国のある地方で審理された84件の故意殺人事件に対する分析を通じて、こう指摘している。つまり、被告人側が被害者への金銭的賠償を行った場合、即時執行死刑のかわりに2年執行猶予つき死刑を言い渡される確率が88％であるのに対して、被告人側は金銭的賠償を拒否した場合は、それは14％へと低下する、という(12)。

また、ある学者は、ある人民法院で審理を終えて2年執行猶予つき死刑を言い渡された440個の事件のなかでの507人の被告人について、即時執行死刑より2年執行猶予つき死刑が言い渡された「執行猶予つき」にする理由を調査したところ、少なくとも24の事件の場合、その理由は、明らかに、「民事賠償についてすでに和解している、または、被告人側が積極的に金銭的賠償を行った」ということである(13)。

2 いくつかの具体的適用例

①第1審で即時執行死刑であったが、賠償により、第2審で2年執行猶予つき死刑へ変更されたケース。

2006年5月28日昼ごろ、被告人方某の恋人である女性が浙江省永康市の路上で章某の引いている三輪車とぶつかって、喧嘩となった。方某の恋人はす

ぐ方某とその友人を携帯電話で呼び出した。方某と友人はナイフで章某の胸、頭部などを繰り返して刺し、死亡させた。第一審の浙江省金華市中級人民法院は、方某を故意殺人罪で即時執行死刑を言い渡すと同時に、被害者に約30万人民元の損害賠償をも命じた。方某の家族は損害賠償を速やかに行った後に、方某は自分の家族が積極的に被害者の家族に金銭的賠償をして、被害者側の許しを得たことなどの理由で、即時執行死刑が重過ぎるとして、控訴した。これに対して、浙江省高級人民法院は被告人の控訴を認めて、量刑を即時執行死刑から２年執行猶予つき死刑に変更した。中国では「二審終審制」が実施されているので、２年執行猶予つき死刑の判決がそれで確定した。浙江省高級人民法院は、このように判決を改めたことの理由として、被告人は故意殺人罪を犯して、犯罪情状が大変厳重であって、社会危害性もきわめて大きくて、しかも累犯でもある。本来ならば即時執行死刑を適用すべきである。しかし、被告人は本当に反省しており、その家族が積極的に彼のかわりに被害者家族に金銭的賠償を行い、被害者家族の悲しみを慰めることにした。それらを通じて、被害者家族の許しが得られて、和解の合意もできた、という。

　②第１審で賠償により即時執行死刑から２年執行猶予つき死刑へ変更されたケース。

　北京大学医学部生安某は同じ医学部男性学生の崔某と入学してから友達となり、いつも一緒に行動していた。同じ医学部には劉という女性がいて、安某は彼女に好意を抱いて、恋人になるようにしつこく彼女に迫ったが、拒否された。ある日、劉某と崔某とが一緒に歓談しているのが見つかって、劉某に問い質したところ、劉某から、自分が好きなのが安某ではなく、その友達の崔某であると告げられた。安某は怒って崔某を殺すように計画した。そして、2005年６月25日に宿舎から密かに持ち出したナイフで崔某に80回以上刺し死亡させた。

　安某は故意殺人罪で起訴されて裁判にかけられた。安某の母親は法廷で息子の弁護人を務めていた。被害者の崔某の両親も法廷に出席して、加害者の安某に死刑を求刑すると同時に、安某の家族と北京大学に合わせて40万人民元の損害賠償を民事訴訟として提起した。法廷は北京大学に対する損害賠償

を棄却したが、安某側の賠償金額などについて、両家が話し合うように指示した。そこで、安某の母親は、自分の家族だけで崔某の家族が要求する40万人民元を払う。その引き換えに、崔某の家族は、法廷で安某に対して即時執行死刑ではなく、2年執行猶予つき死刑を言い渡すように意見を述べてもらう、という提案をして、両者が合意した。法廷でその旨が伝えられた。法廷は加害者の家族が積極的に賠償しており、被害者家族も許しの態度を示して、即時執行死刑ではなく、2年猶予つき死刑を希望している、という理由で2年執行猶予つきの死刑判決を言い渡した。

③第1審で賠償により即時執行死刑から無期懲役刑へ変更されたケース。

2011年11月30日夜、姜某は二人の売春婦を乗せて、高級車を運転し、広東省佛山市の郊外に行った。そこで、車の中で淫行を始めた。ちょうどそのときに車の横に6人の農民工が通りかかって、面白いと思っていて、中を覗いた。気がついた姜某は怒って、車を急発進して、6人の中の2人にぶつけ、1人を死亡させ、もう一人に重傷を負わせた。姜某は故意殺人罪で起訴されて、裁判にかけられたが、法廷が開かれる前に、その家族は死者の家族に33万人民元、負傷者に18万人民元をそれぞれ賠償した。法廷で賠償を受けた被害者の家族は量刑について意見を述べ、加害者の家族から積極的に賠償をしてもらって、許す気持ちになったので、軽く処罰してほしいと要請した。法廷も、積極的に賠償したこと、および、被害者の許しがあったことを理由にして、無期懲役刑を言い渡した。

④第2審で、賠償の約束により、第1審の即時執行死刑が2年執行猶予つき死刑に変更されたが、実際に賠償が行わなかったことなどで、再び即時執行死刑が言い渡されたケース。

2009年5月16日に、雲南省昭通市の李某は、同じ村に住むある女性に結婚しようと頼んだが、拒否された。それに腹立って、女性を強姦したうえで殺害し、隣で泣いている被害者の3歳の弟をも殺害した。李某は強姦罪と殺人罪で起訴されて、第一審の昭通市中級人民法院が李某に対して即時執行死刑の判決を言い渡した。李某は不服として雲南省高級人民法院へ控訴した。主な控訴理由として、事件が恋愛関係に絡んだものであること、李某及びその家族が被害者側に金銭的賠償をする用意があること、李某は反省しているこ

とであった。それを受けて、第二審の雲南省高級人民法院は第一審の即時執行死刑判決を破棄して、2年執行猶予つきの死刑判決に改めた。しかし、このような第二審判決が出てから2年余り経っていても、李某及びその家族は被害者側に全く金銭的賠償を行わなかった。それに立腹した被害者側は事件をインターネットに投稿して、李某を即時執行死刑から2年執行猶予つき死刑に変更した第二審の判決は不当で、受け入れられないと主張した。インターネットを通じてこの事件を知り得た多くの民衆は第二審の雲南省高級人民法院及び当該事件を担当した裁判官を名指して激しく批判し、政治指導者も判決を改めるように指示した。結局、雲南省高級人民法院は再審という特別な手続に則って事件を再審理して、最終的に李某を再び即時執行死刑の判決を言い渡し、2011年9月29日に李某に対する死刑執行を行った。

⑤被害者側は最初に金銭的賠償を一切拒否し、あくまでも即時執行死刑を求め続けて、裁判所も公衆・メディアの反発によって抑えられて、即時執行死刑を言い渡し、実際に死刑執行に踏み込んだ後に、被害者側から新たに金銭的賠償を要求されたケース。

2010年10月20日夕方ごろ、西安音楽大学3年生である薬某は車を運転している間、不注意で路上にいる26歳の女性の張某を轢いてしまった。本来ならば救急車を呼んで救助すべきなのに、車から降りて、被害者を持っているナイフで6回刺し死なせた。動機は被害者が自分の車を目撃したので、死なせれば、逃げ切れるということであった。実は、現在の中国社会では、交通事故に関して、「轢いて怪我させるよりも、轢いて死なせた方が得である」という言い方がある。つまり、医療費などが高騰しており、交通事故を引き起こしたとき、被害者に怪我だけを負わせた場合、一生に渡ってその怪我の治療などの費用を負担しなければならず、金銭的負担が膨大になるだけでなく、一生につきまとわれる。これに対して、いきなり死亡させた場合、一度の賠償金で済むわけで、得であるという。このような背景の所為か、薬某は女性を不注意で引いて、さらにわざと殺害したのである。

薬某は起訴されて、裁判にかけられた。裁判中、薬某の両親は、被害者側に対して、残された被害者の2歳の子供の養育費を含めて、全力で最大限の賠償をする。その代わりに、被害者側から法廷に対して息子を即時執行死刑

ではなく、2年執行猶予つき死刑にするように意見を陳述してもらう、という提案をした。しかし、被害者側は「金銭的賠償」は「血で汚れた金で一切要らない」として、断固として即時執行死刑を要求し続けた。また、事件を報道したメディアの論調も事件が残酷で、即時執行死刑しかないという一点ばりになっていた。加害者はまだ若いし、かつ優秀な学生であったし、反省も深くしているなどのことをあげて、即時執行死刑ではなく、2年執行猶予つき死刑にすべきである、とした一部の学者・法律専門家の主張もインターネット上で攻撃・罵倒の対象となってしまった。結局、「加害者に即時執行死刑を」という民衆運動までに発展していた。このような異常な雰囲気のなかで、薬某は第一審でも第二審でも即時執行死刑を言い渡され、事件が発生してから約8ヶ月後の2011年6月7日に死刑を執行された。しかも、その執行直前の映像までがインターネット上で放映されていた。

　ところが、薬某が死刑を執行されてから半年以上も経った2012年2月27日に、「血で汚れた金は要らない。断固として即時執行死刑を求める」と言い張っていた被害者側は、突然、薬某の両親に対して高額の損害賠償を払うように要求し、訴訟まで起こした。このような行動に対して、中国社会には賛否両論があり、ネット上互いに激しく論争を繰り返していたが、2012年7月26日に、原告側は突然裁判所に対して訴訟を取り下げることにした。

第5節　死刑改革における現代中国法の「変」と「不変」

　先に述べたように、中国での死刑改革は、ある意味では、外部との関連で、世界の他の国々や国際社会からの影響・圧力を受けたうえで、または、国内での法学者・法律専門家の専門性によって促されたうえでのものであって、すでに世界的潮流・世界的共通価値となっている死刑の制限ないし廃止を現代中国法のなかにも取り入れるようなものである。このような死刑改革は、すでに民国期で行われた中国法の伝統から脱皮・西欧法への接近と似たものであって、国家や社会よりも個人の価値・比重を一層法のなかに取り入れるような普遍法としての中国法の生成・拡大を意味しており、実質的に民主主義よりも法治主義をより重要視し、理性の支配をより多く容認し、「悪

法」を徐々に排除し、「良法」だけを「法」にする、というような動きである。これは、いわば、中国法の「変」を示すものであって、大いに注目し、実質的に大いに評価してもよかろう。しかも、死刑改革は、多くの場合、一時的政策的なものよりも、立法そして司法解釈といった規範的で安定的規範の策定を通じて行われているものであって、改革の手法としても規範としての法の本来の姿に合っているものであって、従来、法を単純な政治道具としてみて、政策的にそれを変えたりして、常に政治・政策への従属を前提とする従来の法改革とは違っており、それを超えたようなやり方でもある。これは、形式的にも大いに評価されるべきであろう。

　しかし、他方では、今まで展開されている死刑改革は、いくつかの中国法の「不変」をも帯びており、なかでは、伝統的「不変」と「グロバール化・情報化・大衆化」ともいうべきいまの新しい時代の歪みと結合して、変化した新しい「不変」さえ形成されつつある。まず、これまでの死刑改革は、どちらかというと、中国が主体的に行おうとして展開されたものではなく、むしろ、外国や国際社会からの「外圧」によるものが多くて、中国の法学者・法律専門家が大きな役割を果たしてはいるものの、中国全体としての主体性・主導性が足りない。それをどこまで克服できるか、自らどこまで法の人権性・合理性・普遍価値性を認識し、それを実施する意識を持てるかは、中国での死刑改革、ひいては、中国の法治改革全体がどこまで徹底的になれるかを意味する。次に、これまでの死刑改革のなかでは、金銭的賠償による死刑免除や和解による死刑免除といった「実用的」なものも多く含まれているが、このようなやり方は、外見上、死刑の減少につながっており、人権的なもので、法の本来の精神に合うように見えるものの、実際上、規範としての法、そして、経済的貧富によらない人権保障という法の本来の理念のいずれにとっても有害的なものであって、法の精神には合っていないのである。これは、また、封建中国法時代、民国期中国法などでも見られたやり方である。このようなやり方に関して、中国国内の学者の間でも論争があり、死刑の減少という目の前の効果に注目して、それを賛成する学者がいれば[14]、貧富の差が死刑適用まで認めてしまうことや[15]、法が規範としての意義を無視されてしまうことなどをあげて[16]、それを問題視する学者もいる。中

国での死刑改革、ひいては、中国の法治改革は、このような実用的やり方の問題性、その裏に潜んでいる法の精神への否定性を意識して、それを避けることができるかどうかも中国法の将来にとって重要である。最後に、いまの時代は「グロバール化・情報化・大衆化」であるがゆえに、いわゆる「民意」・「世論」がかつてないほど速く形成されることが常となっている。しかし、「民意」・「世論」の形成が速ければ速いほど歪みを伴うこともよくある。しかも、民主主義はただの多数決原理であって、人権性・合理性を原理とする法治主義にとって異質的側面をも有している。欧米を含む従来の法理論・法体制のなかでは、この点が十分に意識されておらず、民主主義と法治主義（立憲主義）とが混同されて、「民主主義＝法治主義」という無知な前提で物事が議論されてきているし、民主主義の主体である民衆・市民社会にはそれぞれの素質の問題があることが全く無視されており、それを指摘することでさえタブー視されてきている。しかし、いまは法治主義より優位とされて、法治主義を抜きにした民主主義の問題点・人権侵害性がいまの「グロバール化・情報化・大衆化」時代ではもはや不問にすることができなくなっている。実は、いままでの中国の死刑改革のなかでも、「民意」・「世論」が大きな要素となっており、「民意」・「世論」をいかに対処するかが重要であった。いまの中国の「民意」・「世論」は、人権保障の視点から死刑の減少ないし廃止に寄与したことがあるものの、多くの場合は、その逆の役割を果たしている。特に問題となるのは、「民意」・「世論」と「官意」・「権意」との相互結合・相互助長による死刑多用を正当化することである。「民意」・「世論」と「官意」・「権意」とのこのような相互結合・相互助長こそが、多くの場合、人権保障・法治主義・死刑制限を脅かす最大で最強の情勢になるのである。実は、封建中国法時代、民国中国法時代、社会主義中国法時代のいずれにおいても、「官意」・「権意」は「民意」・「世論」の要求として、そして、そのような要求へ答える形として死刑多用を正当化しようとされたのである。いまの死刑改革のなかでも、同じようなやり方が時々に見られるのである。人権保障・法治主義に合致した「民意」・「世論」に従うが、人権保障・法治主義に反した「民意」・「世論」に断固として抵抗する、という姿勢がいまの時代こそ必要となっているにもかかわらず、いままでの中国の死刑改革ないし

法治改革全体では、それはあまり意識されていないのである。

このように、死刑改革から中国法の「変」も「不変」も同時に見られる。これからの中国法は、一体どこで、どこまで「変」するのか、どこでどこまで「不変」するのかが、現時点では、確たる結論がないが、ただ一つだけ言えるのは、「変」する絶好の時代にある現代中国法にとって、その「変」を本当に人権保障・法治主義への方へ持ち込むためには、「民主主義」という伝統的でオーソドックス的枠組みを意識しながらも、それを乗り越えて、「民主主義と法治主義」または「法治主義のもとでの民主主義」という、「グロバール化・情報化・大衆化」という新しい時代に相応しい新たなパラダイムへ転換することができるかどうかが鍵である、ということである。

（1） この部分の論述はすでに以下の文献のなかで展開した。王雲海「中国少数民族地域における罪と罰・法と習慣」、西村幸次郎編著『中国少数民族の自治と慣習法』、成文堂、2007年、87頁。
（2） R. M. Unger, *Law in Modern Society-Toward a Criticism of Social Theory-*, The Free Press, 1976, p. 44.
（3） 安田信之『アジアの法と社会』、三省堂、1990年、46頁以下。
（4） 千葉正士『アジア法の多元的構造』、成文堂、1998年、32頁。
（5） 王雲海『日本の刑罰は重いか軽いか』、集英社新書、2008年、222頁。
（6） David T. Johnson & Franklin E. Zimring, *The Next Frontier : National Development, Political Change, and the Death Penalty in Asia*, Oxford University Press, 2009, p. 225.
（7） Susan Trevaskes, *The Death Penalty in Contemporary China*, Palgrave Macmillan, 2012, p. 2.
（8） 王雲海『死刑の比較研究―中国、米国、日本―』、成文堂、2005年、8頁以下を参照。
（9） 王雲海「中国はどのようにその死刑制度を改善しているのか」、龍谷大学矯正・保護課程委員会編『矯正講座』第32号（成文堂、2012年）、63頁以下を参照。
（10） 王雲海「中国の刑法改正と死刑制度の変更」、『法律時報』第83巻4号（日本評論社、2011年）、120頁以下を参照。
（11） 于天敏、湯茜茜、李星「因被告人方賠償而従軽処罰的死刑案件状況分析」、『人民検察』、2009年第8期、第12頁。
（12） 欧陽玉静「死刑緩期執行和死刑立即執行的量刑依拠―以故意殺人罪為例的実証分析」、『刑事

法評論』、北京大学出版社、2007年、第21巻、79頁。
(13)　陳興良主編『寛厳相済刑事政策研究』、中国人民大学出版社、2006年、53頁。
(14)　趙秉志、彭新林「論民事賠償与死刑的限制適用」、『中国法学』、2010年第 5 期、52頁。
(15)　孫万懐「死刑案件可以並需要和解嗎？」、『中国法学』、2010年第 1 期、180頁。
(16)　馮春萍「浅析我国死刑量刑体系中経済賠償的合理性与局限性」、『法学雑誌』、2012年第 5 期、98頁。

※本章は、日本学術振興会学術研究助成基金助成金（基盤研究（C））「中国死刑制度改革の追跡的総合的国際研究」に基づく研究成果の一部である。

第4章 朝鮮民主主義人民共和国における経済政策実現手段としての法とその整備過程

三 村 光 弘
Mitsuhiro MIMURA

はじめに
第1節 朝鮮の立法動向と特徴
第2節 1972年憲法期における法制定とその執行に関する理論
おわりに

はじめに

　朝鮮民主主義人民共和国(以下、朝鮮とする)では、旧ソ連・東欧の社会主義政権が崩壊した1990年代に入り、対外貿易の大きな部分を占めていた社会主義市場が失われた。このような国際情勢の変動に対応して、朝鮮は1992年に憲法改正を行い、その対外活動原則を「マルクス・レーニン主義及びプロレタリア国際主義原則で社会主義国と団結」から「自主、平和、親善」に変更した。この改正に前後して、それまで否定していた経済特区である「羅津・先鋒自由経済貿易地帯」の開設が行われ、国内経済政策も伝統的な重工業の重視から一時、農業、軽工業、貿易を中心とする政策に転換された。
　しかし、この程度の政策の転換では、社会主義市場の崩壊の衝撃を回避することができず、1990年代中盤には朝鮮経済は最悪の状況となり、大混乱に陥り、餓死者の発生も報じられるほどであった。このような最悪の時期は1997年を底にして徐々に改善が見られるようになっていった。国内経済政策は、混乱期の教訓から再び1998年には再度重工業重視に変更された。同時に経済政策全般において、大きな路線変更が行われた。1998年には憲法改正が行われ、朝鮮労働党の支配と社会主義計画経済、自力更生路線を堅持する内容ながら、「わが国の機関、企業所、団体及び外国の法人又は個人との企業

合弁及び合作、特殊経済地帯における様々な企業創設運営を奨励」（第37条）など、対外経済交流の強化を示唆する条文が追加された。その後、2000年代に入り、実質的な利益を意味する「実利」が重要視されるようになるとともに[1]、貿易や海外直接投資の振興が強調されるようになった[2]。経済開発のための科学技術の積極的利用が強調されるようになり[3]、「自力更生」の内容も効率性や実質的な利益を重視したものになった[4]。

　前述した経済政策の変更は、中国の「改革・開放」政策のように国内経済の全面的な市場化と輸出志向型産業構造への転換を指向したものではないが、社会主義計画経済の枠内ではあるものの、プロレタリア国際主義の存在を前提としないという点で、かなり大胆な戦略の変更であるといえる。

　経済政策にこのような大変化が生じる中、社会主義法である朝鮮法はどのように変化してきたのだろうか。これまで朝鮮は憲法や刑法、民法、刑事訴訟法、民事訴訟法といった重要な法律と海外直接投資に関連する対外経済関係法以外は、対外的に公開されないことが多かった。しかし、2004年に『朝鮮民主主義人民共和国法典（大衆用）』という法規集が出版され、これまで公開されていた法律も含めて一挙に112の法律が正式に対外公表された。その後、2006年には『朝鮮民主主義人民共和国法典（大衆用）充補版』が出版され、2004年の法典の出版後に新たに制定された15の法律と改正された32の法律が収録されている。2008年にも同様の充補版が出版された。2012年には、この間の立法および改正を網羅した『朝鮮民主主義人民共和国法典』が出版された。

　これらの資料から得られる朝鮮法の姿は次のようにまとめられる。①1972年の憲法改正後、数は少ないが民法や民事訴訟法などの国民生活に関連性の高い法律が制定されるようになっていった。②1992年の憲法改正後には、多くの対外経済関係法が立法されるようになるとともに、経済的困難が極度に達していたまさにその時期に、国内経済や国内行政に関連する「行政法」と呼べる分野の法整備がはじまった。③1998年の憲法改正の少し前からはこの「行政法」の整備が、対外経済関係法の整備を数的に凌駕し、2000年代後半に至り、国内経済政策を実行する上で重要な規範となりうるだけの蓄積が行われ、朝鮮では講学上、「行政法」という名称を使用するようになった[5]。

第4章　朝鮮民主主義人民共和国における
　　　　経済政策実現手段としての法とその整備過程（三村）　　91

　本稿では、まず最近の資料から判明した朝鮮の立法動向を紹介し、その特徴について分析を行う。次に、2000年代に入って本格化してきた「行政法」体系の整備の源流、すなわち経済政策を実現するための政府の行為や国営企業の運営を単なる行政命令ではなく、「行政法」とそれに関連した行政法規[6]を柱とする法制度に根拠を求めたそれにするという、朝鮮における経済と法の関係の大変化が1980年代に行われたことを明らかにする[7]。

第1節　朝鮮の立法動向と特徴

　朝鮮にはどのような法があるのだろうか。その立法動向の把握は、これまで朝鮮が多くの法律を対外公表していなかったため[8]、大変困難な仕事であった。2004年の『朝鮮民主主義人民共和国法典（大衆用）』と06年の『朝鮮民主主義人民共和国法典（大衆用）充補版2004.7-2005.12』、08年の『朝鮮民主主義人民共和国法典（大衆用）充補版2006.1-2007.12』、2012年に再び『朝鮮民主主義人民共和国法典』が発行され、対外公開されたことで、時系列の変化の過程も含めて、条文に関しては外国における朝鮮法研究の資料的制約は以前より大幅に緩和されたといえる。

表1　現在、対外公開されている朝鮮の法律

番号	法律名	現行	制定
1	社会主義憲法	2012/ 4 /13	1972/12/27
2	国章法	2009/ 3 /31	1993/10/20
3	国旗法	2012/ 4 / 3	1992/10/22
4	各級人民会議代議員選挙法	2010/ 5 /11	1992/10/ 7
5	地方主権機関法	2012/ 4 /24	1975/12/19
6	国籍法	1999/ 2 /26	1963/10/ 9
7	平壌市管理法	2010/ 3 /30	1998/11/26
8	公務員資格判定法	2011/12/21	2005/11/23
9	行政区域法	2008/10/ 2	2008/10/ 2
10	申訴請願法	2010/ 2 /23	1998/ 6 /17

11	刑法	2012/ 5 /14	1990/12/15
12	刑事訴訟法	2012/ 5 /14	1992/ 1 /15
13	民法	2007/ 3 /20	1990/ 9 / 5
14	民事訴訟法	2009/12/15	1976/ 1 /10
15	海事訴訟関係法	2011/ 1 /19	2011/ 1 /19
16	家族法	2009/12/15	1990/10/24
17	相続法	2002/ 3 /13	2002/ 3 /13
18	損害補償法	2005/ 4 /19	2001/ 8 /22
19	対外民事関係法	1998/12/10	1995/ 9 / 6
20	裁判所構成法	2011/12/21	1976/ 1 /10
21	公証法	2004/12/ 7	1995/ 2 / 2
22	弁護士法	1993/12/23	1993/12/23
23	公民登録法	2010/ 5 /11	1997/11/26
24	道路交通法	2010/ 8 /10	2004/10/ 6
25	銃器類管理法	2009/11/11	2009/11/11
26	火薬類取扱法	2005/11/ 9	2005/11/ 9
27	爆発物処理法	2006/10/25	2006/10/25
28	消防法	2011/ 1 /25	2005/ 2 /24
29	人民経済計画法	2010/ 4 / 6	1999/ 4 / 9
30	国土計画法	2004/10/26	2002/ 3 /27
31	都市計画法	2009/ 5 / 5	2003/ 3 / 5
32	社会主義労働法	1999/ 6 /16	1978/ 4 /18
33	労働定量法	2009/12/10	2009/12/10
34	労働保護法	2010/ 7 / 8	2010/ 7 / 8
35	企業所法	2010/11/11	2010/11/11
36	資材管理法	2010/11/25	2010/11/25
37	設備管理法	2010/11/ 9	2008/ 3 /19
38	物資消費基準法	2009/11/11	2009/11/11
39	不動産管理法	2011/12/21	2009/11/11
40	エネルギー管理法	1998/12/ 3	1998/ 2 / 4

41	電力法	2008/ 9 /30	1995/12/20
42	原子力法	1999/ 3 /18	1992/ 2 /12
43	中小型発電所法	2007/ 4 /11	2007/ 4 /11
44	燃油法	2007/ 1 /10	2007/ 1 /10
45	黒色金属法	2012/ 1 /10	2009/ 1 / 7
46	有色金属法	2009/ 7 /28	2006/ 8 / 9
47	鋳物品協同生産法	2006/ 8 / 9	2006/ 8 / 9
48	地下資源法	2009/ 7 /28	1993/ 4 / 8
49	石炭法	2011/12/21	2009/ 1 / 7
50	鉄道法	2011/ 8 /23	1987/10/22
51	鉄道車両法	2010/12/22	2010/12/22
52	自動車運輸法	1999/ 1 /14	1997/ 2 /12
53	地下鉄道法	2007/ 1 /24	2007/ 1 /24
54	民用航空法	2008/ 4 /22	2000/ 3 /23
55	海運法	2004/ 9 /27	1980/ 8 /10
56	海上貨物輸送法	2006/ 1 /12	2006/ 1 /12
57	航路標識法	2004/ 3 /17	2004/ 3 /17
58	水路法	2004/ 3 /10	2004/ 3 /10
59	港湾法	1999/ 3 /11	1986/ 9 / 4
60	船舶登録法	2011/12/21	2007/12/19
61	船舶安全法	2009/ 1 /21	2009/ 1 /21
62	船員法	2009/12/10	2009/12/10
63	海事監督法	2011/12/21	1997/ 9 /24
64	農業法	2009/11/ 3	1998/12/18
65	農産物種子管理法	2011/12/14	2011/12/14
66	農場法	2009/12/10	2009/12/10
67	畜産法	2011/12/21	2006/ 1 /12
68	獣医防疫法	1998/12/13	1997/12/17
69	獣医薬品管理法	1998/12/ 3	1998/ 6 /24
70	果樹法	2010/ 5 /18	2002/12/ 4

71	農薬法	2006/ 8 /23	2006/ 8 /23
72	水産法	2007/ 5 / 8	1995/ 1 /18
73	養魚法	2001/ 4 /12	1998/12/18
74	計量法	2010/ 9 / 1	1993/ 2 / 3
75	規格法	2005/ 9 /13	1997/ 7 /23
76	品質監督法	2011/12/21	1997/ 7 / 2
77	製品生産許可法	2006/11/ 7	2002/ 7 / 3
78	商品符号法	2008/ 1 / 9	2008/ 1 / 9
79	熱及び耐圧設備監督法	2007/ 1 /24	2007/ 1 /24
80	輸出入商品検査法	2011/ 1 /25	1996/ 1 /10
81	国境動植物検疫法	2008/ 4 / 1	1997/ 7 /16
82	国境衛生検疫法	2007/ 9 /26	1996/ 1 /24
83	社会主義商業法	2010/ 5 /18	1992/ 1 /29
84	糧政法	2009/11/ 3	1997/ 2 /19
85	住民燃料法	1998/12/18	1998/12/18
86	建設法	2011/10/25	1993/12/10
87	都市経営法	2006/ 9 /19	1992/ 1 /29
88	アパート法	2011/10/25	2009/ 1 /21
89	上水道法	2009/11/25	2009/11/25
90	下水道法	2009/12/10	2009/12/10
91	園林法	2010/11/25	2010/11/25
92	火葬法	2006/ 8 / 8	1998/ 5 /20
93	土地法	1999/ 6 /16	1977/ 4 /29
94	山林法	2012/ 3 /13	1992/12/11
95	干拓地法	2005/ 7 /20	2005/ 7 /20
96	河川法	2004/ 6 /24	2002/11/27
97	閘門法	2001/ 3 /21	2001/ 3 /21
98	水資源法	1999/ 1 /14	1997/ 6 /18
99	道路法	2011/ 4 /19	1997/ 9 /17
100	環境保護法	2011/ 8 /23	1986/ 4 / 9

第4章　朝鮮民主主義人民共和国における
　　　経済政策実現手段としての法とその整備過程（三村）　　95

101	環境影響評価法	2007/ 3 /27	2005/11/ 9
102	海洋汚染防止法	1999/ 1 /14	1997/10/22
103	大同江汚染防止法	2008/ 9 /23	2005/ 2 /10
104	放射性汚染防止法	2011/ 8 /29	2011/ 8 /29
105	地震、火山被害防止及び救助法	2011/12/21	2011/ 8 /29
106	廃棄廃屑物取扱法	2007/ 4 /26	2007/ 4 /26
107	自然保護区法	2009/11/25	2009/11/25
108	有用動物保護法	2006/ 2 / 1	1998/11/26
109	国土環境保護取締法	2005/12/13	1998/ 5 /27
110	財政法	2011/12/21	1995/ 8 /30
111	国家予算収入法	2011/11/8	2005/ 7 / 6
112	会計法	2008/ 9 /16	2003/ 3 / 5
113	会計検証法	2008/ 3 /19	2008/ 3 /19
114	中央銀行法	2004/ 9 /29	2004/ 9 /29
115	貨幣流通法	2009/11/ 3	1998/11/26
116	商業銀行法	2006/ 1 /25	2006/ 1 /25
117	外貨管理法	2004/11/16	1993/ 1 /31
118	資金洗浄防止法	2006/10/25	2006/10/25
119	保険法	2008/12/16	1995/ 4 / 6
120	科学技術法	2011/12/21	1988/12/15
121	遺伝子転移生物安全法	2011/12/21	2004/12/22
122	ソフトウェア産業法	2004/ 6 /30	2004/ 6 /30
123	有機産業法	2005/11/23	2005/11/23
124	気象法	2005/11/ 9	2005/11/ 9
125	著作権法	2006/ 2 / 1	2001/ 3 /21
126	発明法	2011/12/21	1998/ 5 /13
127	商標法	2011/12/21	1998/ 1 /14
128	工業図案法	2011/12/21	1998/ 6 / 3
129	原産地名法	2003/ 8 /27	2003/ 8 /27
130	コンピューターソフトウェア保護法	2003/ 6 /11	2003/ 6 /11

131	通信法	2001/ 9 /27	1997/ 2 / 5
132	電気通信法	2011/12/14	2011/12/14
133	コンピューター網管理法	2011/12/14	2011/12/14
134	電子認証法	2011/12/14	2011/12/14
135	電波管理法	2011/12/21	2006/ 8 /23
136	教育法	2007/12/11	1999/ 7 /14
137	高等教育法	2011/12/14	2011/12/14
138	普通教育法	2011/ 1 /19	2011/ 1 /19
139	子供保育教育法	1999/ 3 / 4	1976/ 4 /29
140	図書館法	1999/ 1 /14	1998/ 1 /21
141	文化遺物保護法	2011/12/21	1994/ 3 /24
142	名勝地、自然記念物保護法	2011/12/21	1995/12/13
143	体育法	1998/12/10	1997/ 3 /12
144	人民保健法	2012/ 4 / 3	1980/ 4 / 3
145	医療法	2000/ 8 /10	1997/12/ 3
146	伝染病予防法	2005/12/13	1997/11/ 5
147	医薬品管理法	1998/12/10	1997/11/12
148	薬草法	2009/ 6 /30	2004/12/29
149	麻薬管理法	2005/ 5 /17	2003/ 8 /13
150	食料品衛生法	2011/12/21	1998/ 7 /22
151	公衆衛生法	1998/12/10	1998/ 7 /15
152	タバコ統制法	2009/12/22	2005/ 7 /20
153	赤十字会法	2007/ 1 /10	2007/ 1 /10
154	社会保障法	2012/ 4 / 3	2008/ 1 / 9
155	年老者保護法	2012/ 4 / 3	2007/ 4 /26
156	障害者保護法	2003/ 6 /18	2003/ 6 /18
157	児童権利保障法	2010/12/22	2010/12/22
158	女性権利保障法	2011/ 7 / 5	2010/12/22
159	北南経済協力法	2005/ 7 / 6	2005/ 7 / 6
160	開城工業地区法	2003/ 4 /24	2002/11/20

161	条約法	2012/ 4 /24	1998/12/18
162	出入国法	2012/ 4 /10	1996/ 1 /19
163	貿易法	2012/ 4 / 3	1997/12/10
164	対外経済契約法	2008/ 8 /19	1995/ 2 /22
165	加工貿易法	2000/12/26	2000/12/26
166	技術輸出入法	1999/ 3 /11	1998/ 6 /10
167	総合設備輸入法	2009/11/11	2009/11/11
168	輸出品原産地法	2009/11/25	2009/11/25
169	商業会議所法	2010/ 7 / 8	2010/ 7 / 8
170	国際鉄道貨物輸送法	2011/12/14	2011/12/14
171	外国人投資法	2011/11/29	1992/10/ 5
172	合弁法	2011/11/29	1984/ 9 / 8
173	合作法	2011/11/29	1992/10/ 5
174	外国人企業法	2011/11/29	1992/10/ 5
175	外国投資銀行法	2011/12/21	1993/11/24
176	外国投資企業登録法	2011/12/21	2006/ 1 /25
177	外国投資企業及び外国人税金法	2011/12/21	1993/ 1 /31
178	外国人投資企業財政管理法	2011/12/21	2008/10/ 2
179	外国投資企業会計法	2011/12/21	2006/10/25
180	外国人投資企業労働法	2011/12/21	2009/ 1 /21
181	外国人投資企業破産法	2011/12/21	2000/ 4 /19
182	対外経済仲裁法	2008/ 7 /29	1999/ 7 /21
183	土地賃貸法	2011/11/29	1993/10/27
184	税関法	2012/ 4 / 3	1983/10/14
185	金剛山国際観光特区法	2011/ 5 /31	2011/ 5 /31
186	羅先経済貿易地帯法	2011/12/ 3	1993/ 1 /31
187	黄金坪・威化島経済地帯法	2011/12/ 3	2011/12/ 3

(出所)『朝鮮民主主義人民共和国法典（大衆用）』（法律出版社、2004）、『朝鮮民主主義人民共和国（大衆用）充補版』（法律出版社、2006）、『朝鮮民主主義人民共和国（大衆用）充補版』（法律出版社、2008）、『朝鮮民主主義人民共和国法典』（法律出版社、2012）

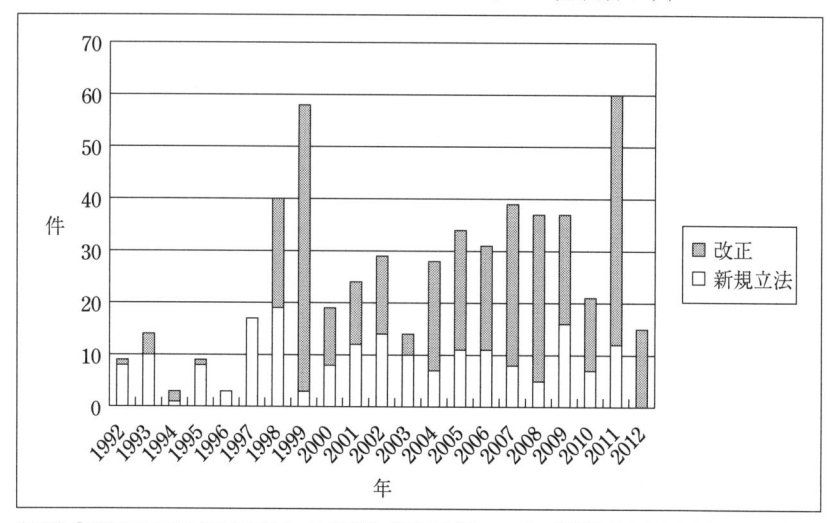

図1　法律の新設および改正数の変遷（憲法含まず）

(出所)『朝鮮民主主義人民共和国法典（大衆用）』(法律出版社、2004)、『朝鮮民主主義人民共和国法典（大衆用）充補版2004.7-2005.12』(法律出版社、2006)、『朝鮮民主主義人民共和国法典（大衆用）充補版2006.1-2007.12』(法律出版社、2008)、『朝鮮民主主義人民共和国法典』(法律出版社、2012)から筆者作成

(注)　2009年の新規立法および同年に改正された法律のうち、それぞれ5つは憲法改正前に立法され、2つは改正された。

　表1に紹介した憲法を除く186の法律の中で、1948年憲法期（1948～72年）に制定されたものは1つ、1972年憲法期（1972～92年）に制定されたものが20、1992年憲法期（1992～98年）に制定されたものは59、1998年憲法期（1998～2009年）に制定されたものは113、2009年の憲法改正後に制定されたものが30である。制定された時期から見ると、絶対多数が1972年憲法期以降、特に1998年憲法期以降であることがわかる。

　また、近年の立法のピークは憲法が改正された1998年と2009年、改正のピークは、憲法改正の翌年である1999年と朝鮮が経済に力を入れた2011年にある。特に2011年に改正された法律は、直接投資や貿易、国際取引や海事関係の法律が多く、この時期の改正は、対外経済関係を促進するために必要な改正が行われたと考えられる。

　2012年に出版された『朝鮮民主主義人民共和国法典』では、憲法以外の法

律を、①主権部門、②行政部門、③刑民事部門、④裁判、人民保安部門、⑤計画、労働財産管理部門、⑥エネルギー、金属、地下資源部門、⑦交通運輸部門、⑧農業、水産部門、⑨計画、規格、品質監督部門、⑩人民奉仕、建設、都市経営部門、⑪国土、環境保護部門、⑫財政、金融、保健部門、⑬科学技術、知的所有権、逓信部門、⑭教育、文化、体育部門、⑮保健部門、⑯社会福利部門、⑰南北経済協力部門、⑱外交、対外経済部門の18のカテゴリーに分類されている。これらは、その法律の担当（主務）官庁の違いであると思われる。また、このカテゴリーごとに最高人民会議常任委員会の政令番号が割り振られている（同じカテゴリーのものは、同じ番号で改正されたりすることが多い）ことからもそのことがわかる。講学上の「行政法」は②だけでなく、社会主義計画経済を実行し、政府の経済への関与の程度が大きい朝鮮では、経済関連の部門の多くの部分が行政作用法に近い機能を有すると考えられる。

　ところで、朝鮮の立法の多くは、1998年憲法期以降に行われていると入っても、朝鮮の法制度の根幹をなす民法、刑法、民事訴訟法、労働法、土地法などはその多くが1972年憲法期に制定されており、この時期の法制定がどのような理論の下に行われたのかを明らかにすることは、朝鮮の現行法体系を理解する上で欠かせない。次章では朝鮮の現行法体系の理論的基礎を知るうえで欠かせないこの時期の法理論について検討することとする。

第2節　1972年憲法期における法制定とその執行に関する理論

　日本における1972年憲法期の朝鮮法に関する研究としては、大内憲昭『朝鮮社会主義法の研究』（八千代出版、1994）の第3章（63～89頁）「1972年朝鮮民主主義人民朝鮮社会主義憲法」、第4章（91～150頁）「朝鮮社会主義憲法と適法性」、第5章（151～182頁）「朝鮮社会主義法とプロレタリア独裁」があげられる。大内は、第3章において、朝鮮の1972年憲法について、1948年憲法および1992年憲法との比較内容の解説を行い、第4章において、社会主義諸国の遵法性理論の系譜の中で、朝鮮における遵法性理論の発展の過程について概説し、1972年憲法の規定する遵法性規定が他の社会主義憲法との関

係においてどのように位置づけられるかを分析している。同時に朝鮮において、法の遵守が社会的要請となった経緯について分析を行うとともに、朝鮮の遵法性に関する理論である社会主義法務生活について、概括的な解説を行っている。第5章においては、朝鮮における法の機能およびプロレタリア独裁と法に関する議論を整理し、刑法を例に、その特徴を紹介している。

先行研究では、1972年憲法下で繰り広げられた法遵守運動である社会主義法務生活がなぜ必要とされるようになったかの解明は行っているが、この社会主義法務生活の展開と、実定法の制定の関連については、明らかにしてはいない。

1972年12月に社会主義憲法が制定された後、1970年代には民事訴訟法、裁判所構成法、子供保育教養法、土地法、労働法、など、社会主義社会の枠組みを規定する法律が相次いで制定された。このほか、朝鮮から公開されたものではないが、韓国での研究により、経済建設を中心としたさまざまな部門において行政法規など規範性のある文書が多数規定されていることがわかっている。

以下、朝鮮の1972年憲法下での実定法制定の理由について、同時期に朝鮮で行われた法遵守運動である社会主義法務生活の出発点と展開課程の解明を通じて明らかにしていく。

1 法の遵守の必要性とその理論
(1) 法遵守の必要性の提起

1977年12月15日に金日成は最高人民会議第6期第1回会議で行った「人民政権をいっそう強化しよう」と題する演説で、指導的幹部による法遵守の必要性について、「社会主義遵法生活」という用語を用いて、国家・経済機関における社会主義遵法性の要求、すなわち政権内での恣意的な権力行使に対する抑制としての法の機能の重要性について言及している[9]。ここで金日成は社会主義遵法生活の実現の条件として、法律と行政法規の立法、法制定事業の強化の必要性をあげており、統制手段としては、遵法生活指導委員会の機能強化について指摘している。この演説における社会主義遵法生活の名宛

人は、紛れもなく国家・経済機関の指導的幹部であり、彼らの恣意的な権力行使を防止するための枠組みとして、社会主義遵法生活が提唱されたといえる。

1978年4月20日に金日成は地方政権機関における遵法運動についてふれた「法務生活指導を正しく行うことについて」で、法務生活という言葉を使っている。ここで法務生活とは「すべての人民が国家の法規範と規定を熟知し、それを自覚的に守る」[10]ことを意味している。この法務生活という言葉は、遵法生活が政権内の幹部の法遵守を中心にしているのに対して、法遵守の対象が全人民へと拡大されているところに特徴がある。なお、この社会主義遵法生活という用語は、この後、1980年の第6回党大会における中央委員会の活動報告において「今日、人民政権機関の重要な課題は、社会主義遵法生活を強めることであります。人民政権機関は人民の遵法意識を高めて、かれら法律規範と規定を自覚的に遵守し、国家の法律的秩序に反する行動と強くたたかうようにすべきであります。とくに国家・経済機関の幹部はすべての活動を法律規範と規定にもとづいておこない、国家の法律的秩序の遵守で大衆の模範とならなければなりません。」[11]のように使われているところから、遵法生活と法務生活はその内容に類似点があるものの、異なったものとして認識されている。

このように、朝鮮では国家機関幹部の中で、職権濫用、汚職などの現象が見られ、それに対する対策として法遵守の必要性が提起されたものと考えられる。そこでは、法の順守に関して、名宛人が国家機関幹部である場合に「遵法性」という言葉が使われ、それが全国民宛である場合には「法務生活」という言葉が使われている。

1982年12月15日、金正日は「社会主義法務生活を強化することについて」[12]という論文を発表した。この論文は、1972年憲法公布10周年を記念して発表された論文であり、この時点においても、朝鮮において法遵守が焦眉の急となっていることを示唆している。この論文では、朝鮮における法遵守運動は、社会主義法務生活を中心として行われていくことが提起されており、その後は社会主義遵法性という概念は一般的ではなくなり、社会主義法務生活が中心となっていく。

(2) 社会主義遵法性

　社会主義遵法性は、前述したとおり、国家、経済機関の幹部を主な名宛人として、その恣意的な権力行使を禁止する要求といえる。朝鮮で出版された法理論の教科書では、社会主義遵法性の背景を「社会主義下において国家は、領袖の革命的思想とその具現である党の政策に基づき、法を作った後、そこにとどまらず、それが徹底して実現されるための組織的な対策を打ち立てるようになる。」[13]と説明し、遵法性を「社会主義下において国家は、法の強力な執行力を付与するための対策のひとつとして無条件に遵守執行することに対する要求を一般原則として打ち出す。まさにこれを社会主義遵法性という。言い換えれば、社会主義遵法性とは、すべての国家機関、企業所、社会協同団体、および公民が法規範と規定を無条件に正確に遵守執行することに対する国家的な要求を意味する。」[14]と定義している。

　この教科書では、社会主義遵法性には3つの側面があるとしている。その第1の側面は「すべての幹部と勤労者が国家の法規範と規定を尊敬の念を持って対することに対する要求」[15]であり、法規範と規定に対する尊敬心、尊重を要求している[16]。また、第2の側面は、「すべての公民が国家の法規範と規定を徹底的に守るようにし、国家機関のすべての活動が法規範を正確に無条件に執行する基礎の上で遂行されるようにする要求である。」[17]、第3の側面は、「社会主義遵法性の内容は第3に、法違反に対して断固とした法的闘争を繰り広げることに対する要求である。」[18]とした法違反に対する闘争、取り締まりの強化である。

　この教科書では、社会主義遵法性と法の解釈適用、社会主義法務生活との差異についても触れている。社会主義遵法性と法の解釈適用、社会主義法務生活は、そのどれもが法を実現する事業の構成要素としてとらえられている[19]。「社会主義遵法性は、まさに制定された法規範と規定を実生活に具現する法執行分野に属するものであり、法の解釈適用や法務生活と共通性を持つ。しかし、社会主義遵法性は法の解釈適用や法務生活と区別され、それらの実現を規制し推進する作用を果たす。」「法の解釈適用とは、権限ある国家機関が具体的な事件を処理する過程に法を実現する権力的な活動であり、法務生活はすべての社会成員が法規範の要求どおりに働き、生活する活動それ

自体だとすれば、遵法性は、法が実現される過程全体を統一的に導いていくために打ち出す憲法的な原則を意味する。言い換えれば、法の解釈適用や法務生活は、法が適用される個別の形態と経路を意味するが、社会主義遵法性は、その全般に貫通している基本原則を意味する。」[20]とし、法の解釈適用や社会主義法務生活に内在する価値として「制定された法規範と規定の執行力を保証する基礎的な原則」[21]としての社会主義遵法性を位置づけている。

　社会主義遵法性の特徴について、この教科書では「社会主義遵法性の基本的な特徴は、何よりもまず法の遵守執行において、どのような例外や特権も許容せず、それに対する無条件の具無性を付与していることである。」[22]とし、国家機関の指導的幹部であっても、社会主義遵法性の要求は一般の国民と同じく適用されることを打ち出している。指導的幹部であっても、その地位は「みな人民全体のための国家事業の分担に過ぎないことであり、国家の法を施行するための活動に過ぎない」[23]としている[24]。

　このように国家機関での職責に関係なく、社会主義遵法性の要求を満たさなければならないことと合わせて、「社会主義遵法性の基本的な特徴は次に、国家法規に対して些少な違反も許容しない厳格性を付与していることである。」[25]と法規に対する完全な遵守を求めている。

　この厳格性が提起される理由としては、社会主義計画経済体制をとっている朝鮮において、経済計画の遵守、達成が国家の経済政策の実現に不可欠であることから、経済計画そのものを法規としてとらえ、次のように経済計画の遂行を法的義務としてとらえる考え方が示されている。「社会主義社会では、すべての部門、すべての単位そして一人一人の勤労者の事業と生活がお互いに密接に関連しており、国家社会事業全般が総体的に党と国家の唯一的で統一的な指導の下にひとつの有機体と同じく動く。」「法により規制されている制度化されているすべての国家事業と社会生活において、法令遵守執行に対する厳格な要求が貫徹され得ず、少しの違反であれ生まれるようになれば、社会の正常な秩序を破壊し、すべての否定的要素がしみ出てくる隙を作るのみならず、直接的には歯車のように噛み合わさっている当該部門と単位の事業をおかしくし、ひとつの歯車が飛んで、連関した他の部門、他の歯車に否定的影響を与え、国家社会事業全般の均衡ある発展に支障を与えるよう

になる。さらに、社会主義社会が速く発展するのにあわせて各単位と歯車の相互依存度と組織か水準が高まる条件で制定された国家の法規と法秩序に対して些少な違反もそれが与える悪い結果はより大きくなり、社会主義建設に重大な損失を与えるようになる。」[26] また、法令が全国的範囲で同一に適用されていない事実に鑑み、「社会主義下において、法規範と規定はその効力が及ぶすべての地域、すべての単位において同一に履行され、同一に適用執行されなければならない。」[27] と指摘している[28]。

　社会主義遵法性のメカニズムを実質的に機能させるためには、依拠すべき社会主義法が存在する必要がある。しかし、当時の朝鮮ではそこまで立法作業が進んでいなかった[29]。本来的には、経済計画の策定やその実行の基礎となるべき法律が存在しているべきなのだが、そうではなかったため、法の遵守の対象である社会主義法という概念の中に、国家の経済計画そのものやそれに基づく契約も含まれることとなった。そのため、主要な社会関係において立法を行うか、それに至らないにしても行政法規の制定が行われる必要が生まれてくることとなった。

(3) 社会主義法務生活

　社会主義法務生活とは、「国家と社会の主人となった勤労人民大衆が自己の主人となった権利と義務を全うするために国家の法と規定を徹底して守り、その要求通りに活動する規範生活を意味する。すなわち、法務生活とは簡単にいえば、法規範と規定に基づき行われる社会生活である。」[30] と定義されている。そして、その特徴として以下の4つがあげられている。まず、「社会の成員全体を包括する社会的生活である」[31]、すなわち「一階級や階層に限定されるものではなく、すべての社会成員をすべてもれなく網羅し、彼らの生活と活動を全社会的範囲で統一的に導く」[32] こと、第2に「社会生活の全般分野を包括している」[33]、つまり「社会主義社会では、国家が人民全体の政治的権利の代表者、擁護者として彼らの物質文化生活の責任を担う戸主として、国家的、社会的事業と個人生活にいたる全般分野を直接掌握し、管理運営するので、すべての社会生活は法により規制され、法によりすべての社会生活秩序が整然と維持されている。」[34]、第3に「権力的性格を

帯びた規範生活である」[35] つまり「法務生活は純粋な志願性の要求に基づくものではなく、国家の権力的な要求である遵法性の要求に基づき、無条件の義務性を持って行われ、万一それからはずれたときには、社会政治的な非難だけではなく、国家の権力的な統制が伴うようになっている」こと、第4に、「勤労人民大衆が主人となった権利と義務を実現する社会的生活である」[36] とともに、「社会主義社会に存在する一連の他の社会生活と区別される固有の特徴を持っており、まさにこれにより、法務生活は社会生活の特殊な独自の分野のひとつとなる。」[37] ことである。このような社会主義法務生活は、朝鮮の法学教科書では「これまで労働階級の法理論は、社会主義社会において勤労者の法遵守活動が法務生活へ組織化される合法則性を発見することができず、したがって法務生活問題を重要な独自的な理論として打ち出すことができなかった。」「チュチェの法理論は、偉大なチュチェ思想に基づき、社会主義法権摂理論において法務生活問題を新たに提起し、全面的に解明し、全一的に体系化した。これはチュチェの法理論が成し遂げた重要な業績のひとつである」[38] と、社会主義法務生活が朝鮮独自のものであるとしている。

　朝鮮独自の法遵守活動とされている社会主義法務生活は、その成立のためにいくつかの要件を必要としている。まず、社会主義社会の存在が必要とされている[39]。法的には、「社会主義法務生活は、まさに社会主義法を具現するための活動の主な領域であり、法の革命的で創造的な役割を実現させる基本的な通路である。」[40] と社会主義法の存在が条件となる[41]。社会主義法務生活は、「政治、経済、文化等、社会生活のすべての分野と部門、単位が国家と社会の唯一的な管理の下に組織され、動く、社会のすべての成員が集団主義原則に基づいた社会主義的生活規範と行動準則に従って生活し活動しなければならない」[42] ものであるため、国民生活全般を網羅する社会主義法が存在しなければ、社会主義法務生活は機能しないことになる。

　社会主義法務生活の実現方法としては、「国家政権は党と革命の利益、勤労人民大衆の自覚的で創造的な生活を擁護保障する見地から必要な法規範と規定を作り、組織的な活動の規範的基礎を準備すると同時に、すべての人がそれを誠実に遵守執行するように自覚的な教育事業と統制事業を行う。」[43]、

「もちろん、社会主義社会において勤労者の遵法活動、法務生活の強化は、いろいろな統制的刺激を通じても解決することができる。しかし、統制的刺激は、法務生活を強化することにおいて主な、先着的な方法となり得ず、それはひとえに勤労者の自覚的な遵法意識を高める条件でのみ意義を持ち得る。」[44]と依拠すべき法律や規定の制定と、国民の自覚的な法遵守への自覚性を涵養するための教育が強調されている。同時に、「チュチェの法理論は、社会主義法務生活を強化するための重要な方途として、思想闘争と群衆的闘争を力強く繰り広げることに対する問題を新たに明らかにした。」[45]として、思想闘争と群衆的闘争を主要な実現手段としてあげている。では、思想闘争とは、どのように行うのか。教科書では、「思想闘争の基本方法、主な形式は批判である。批判を通じた思想闘争は、思想鍛錬の溶鉱炉として人々を政治的に大きく覚醒させる。違法現象との思想闘争は、激しい批判の過程を通じて違法行為の本質と害毒性、根元をしっかりと認識させ、それに対する冷酷な否定的評価を与えることにより、人々をして自身が持っている古い思想を直し、再び法に反する現象がないようにしなければならないと言う覚醒を高めていくようにする。」[46]と批判を中心とした手法が思想闘争であるとしている。

このほか、社会主義社会の過渡的性格と関連して[47]、「統制、法的義務等の過渡的要素が法務生活の編成と実現過程において基本を構成するのではない。」[48]との前提を持ちつつも、法的統制をも重要な方法としている[49]。法的統制とは、「法遵守執行状況を了解掌握し、違法現象に対して制裁を加える国家機関の活動である。」[50]と定義されており、その中には、「法遵守執行状況を常に了解掌握する事業」[51]と、法的制裁[52]をあげている。

社会主義法務生活を強化する目的は、「人々をして法規範と規定の要求通りに働き、生活する過程を通じて、集団主義精神をはじめとする高尚な共産主義的風貌をより良く担うようにし、不健全な思想要素と生活因習を成果的に克服していくようにし、すべての幹部と勤労者が強力な国家的規律の中でひとつになって動くようにすることにより、経済文化建設のすべての要素を歯車のようにかみ合わせて、生産と建設において高い成果と速い発展を成し遂げられるようにする。」[53]と同時に、「国家、経済機関指導幹部のすべての

活動が法によって付与された限界内で行われるようにし、幹部の中で現れる越権行為をはじめとするすべての誤った現象が適時に露出し、徹底して克服されるようにすることにより、官僚主義を法的に阻止し、人民の民主主義的自由と権利をより円満に保証することができるようにする。」[54]とされており、社会主義遵法性の議論においては、幹部の職権濫用等に重心が置かれているのに対して、社会主義法務生活では、全国民の法規の遵守による社会の円滑な運営が中心課題とされている。

以上述べたように、朝鮮の1972年憲法体制下において法遵守が必要とされた背景は、直接的には国家指導幹部の職権濫用等「官僚主義」と表現される数々の問題を契機としている。このような問題に対応して、社会主義遵法性が提起された。遵法性という言葉が使われる場合には、主として、国家機関やその幹部を名宛人とした法遵守が中心的に考えられているようである。しかし、社会主義経済体制を円滑に運営するために、官僚主義の克服をも含んだ、全国民範囲での法令の遵守を内容とする概念である社会主義法務生活が提起され、1982年の金正日の社会主義法務生活に関する論文発表によっても、その強化が指摘されている。

ここで指摘しておくべきことは、社会主義法務生活を有効な社会規制手段とするためには、社会主義法が存在する、すなわち各分野において法が存在しなければならない、ということである。これは前項でふれた社会主義遵法性とも共通する特徴である。1972年憲法期には、法律だけでなく各種行政法規も多く制定されたが、それは社会主義法務生活を有効に機能させるためであった、と言えるだろう。

2 法の遵守の定式化とその普及
(1) 社会主義法務生活の議論開始（1977年）

金日成が1977年12月に行った演説[55]で使われた社会主義遵法生活とは異なり、同じ月の党機関誌『勤労者』に掲載された論文に、社会主義法務生活[56]という用語が用いられている。社会主義遵法と同じく、社会主義法務生活においても、法規範と規定の制定、完成については、「法規範と規定を新たに制定完成させることは、チュチェの憲法を具現する上で非常に重要な

意義をもつ。」「部門法⁽⁵⁷⁾規範と規定を制定完成することは、社会主義憲法を国家社会生活のすべての分野に具現するための基本的な方法の一つである。」「社会主義憲法は基本法として、個別の部門法規範、規定とは異なり、国家社会生活の基本的で原則的な問題だけを規定しており、したがって、憲法の徹底した具現は、それを具体化した部門法規範と規定の存在を必須的要求とする。」「部門法規範と規定は、憲法に規定された基本行動準則を具体的に規定するものであるから、部門法規範と規定を制定完成させる事業を離れて、社会主義憲法の徹底した具現に対して考えることはできない。」[58]と社会主義憲法の精神を具体化、細部化する方途としての法典編纂に対しては、必須的なものとしている。

その後、1978年4月20日には、金日成は「法務生活指導を正しくおこなうことについて」の中で、人民政権機関での法務生活指導が正しく指導されていないことに不満を表明している。この論文から見て取れるのは、政権機関における社会主義法務生活の実施が場当たり的で、処罰主義に傾いていることを指摘している[59]。法務生活の名宛人が、国家の指導的幹部から、全国民へと転嫁されている状況が見て取れる。この論文が出された1978年の段階で、主として教育を手段とする、社会主義法の遵守を主要な内容とする社会主義法務生活をいう概念が確立したと考えることができる。この後発表される論文は、1980年の金日成による朝鮮労働党第6回大会での活動報告以外、すべて社会主義法務生活という表現が使われていくことになる。

(2) 社会主義法務生活の基礎としての法規の制定・改正に関する議論（1977〜1981年）

1970年代後半から始まった朝鮮における社会主義法務生活に関する議論のうち、初期（1981年まで）における議論では、社会主義法務生活の基礎となる法律や規定の制定の必要性を唱えるものが多い。

ある論文では、1972年憲法の具体化のために「社会主義憲法に基づいてすべての部門、すべての単位で法規範と規定を新たに制定完成させることは、チュチェの憲法を具現する上で非常に重要な意義をもつ。」[60]と主張している。また、別の論文では、「社会生活のさまざまな分野にわたって部門法を

より完成し、部門法の規範と規定を発展する現実の要求に合わせて改善してこそ、社会生活のすべての分野で社会主義法務生活が確固として支配するようにすることができる。」(61)という主張がなされている。

　この時期の議論で特徴的なのは、「社会主義憲法は基本法として、個別の部門法規範、規定とは異なり、国家社会生活の基本的で原則的な問題だけを規定しており、したがって、憲法の徹底した具現は、それを具体化した部門法規範と規定の存在を必須的要求とする。」と具体的な立法や行政法規の制定の必要性について説明を行う論文が多いことである。これは、「部門法規範と規定を制定完成することは、社会主義憲法を国家社会生活のすべての分野に具現するための基本的な方法の一つ」であり、「部門法規範と規定は、憲法に規定された基本行動準則を具体的に規定するものであるから、部門法規範と規定を制定完成させる事業を離れて、社会主義憲法の徹底した具現に対して考えることはできない」(62)ということが、当時の朝鮮において社会全体のコンセンサスではなかったということではないだろうか。「社会主義法務生活を強化するためには、社会主義憲法に基づいてさまざまな部門の法規範と規定を制定することが先決条件となる。さまざまな部門の法規範と規定は、必ず社会主義憲法に基づいて制定されなければならない。」(63)という、日本では至極当然に思われる事項が複数の論文で強調されていることを考えると、朝鮮の1970年代において、社会主義法務生活の基礎となる、新たに制定された社会主義憲法に適合する法制度の整備が必要とされていたことがわかる。

　この時期に必要とされていたのは、新たな法規の制定だけではない。社会主義憲法が制定され、政治と経済の現状を反映することができるようになった状況の下で、1948年から続いた人民民主主義憲法下で作られた法規の見直し、改正の必要性についても議論が行われている。

　「特に革命と建設の深化発展は、それに会わせて法規範と規定を絶えることなく完成することを要求している。発展する現実的要求を反映した法規範と規定であってはじめて、社会生活においてもっとも革命的で積極的な作用をすることができる。そのため、社会主義法務生活の強化において、法規範と規定を新たな要求に合わせて改善完成することは、最も重要な問題として

提起される。」(64)、「しかし、革命闘争と建設事業をより力強く速め、全社会のチュチェ思想化を促進し、勤労大衆の自主性をより徹底的にかつ全面的に保証し、国家社会制度をよりいっそう強化発展させなければならない我が革命発展の新たな高い段階の要求は、それに合わせて部門法体系をより完備し、絶えず改善完成することにより社会主義法務生活の法的基礎をより一層しっかりと準備する課業を提起している。これに合わせて人民政権機関は社会主義法務生活の要求を敏感に捕捉し、それに合わせて部門法と細則である規範と規定を作り、古い法規範と規定を適時に廃止し、法務生活の社会主義的性格を確固として保証しなければならない。」(65) など、人民民主主義憲法の時代やそれ以前の法規の改正問題についての主張が行われている。

　この時期は朝鮮においてさまざまな法律や行政法規が立法、あるいは改正されている時期である。1980年代に入ると、法規の制定のペースは緩やかになっていく。それとともに、法律制定に関する議論は下火となり、今度は制定した法規を基礎にして、社会主義国家建設をいかに行っていくかという議論が主流になっていく。

3　経済建設における社会主義法の機能（1980年～）

　1980年に入ったころから、社会主義法務生活に関する議論の中に経済建設における社会主義法の機能について論じるものが目につくようになる。1980年に発表されたある論文には、「社会主義法は、社会主義経済建設を促進するための事業において重要な役割を果たす。」(66) と、社会主義法が経済建設促進に寄与することを主張している。このころ、さまざまな分野の法規が制定されていたことと関連して、「党の路線と政策を法的に具体化している法規範は、人民経済のすべての部門、すべての単位で守らなければならない明確な行為準則を明らかにする。社会主義的法規範と規定は、全般的人民経済部門だけでなく、国家経済機関、企業所相互間の生産と消費、分配と流通関係を規制しており、個別の企業所の経済管理運営、秩序から始まって、資材と原料を取り扱う方法に至るまで一人一人の幹部と生産者大衆が守らなければならない原則と義務を具体的に規範化している。国家の法規範はまた、社会主義経済法則と党の政策的要求に基づき、経済機関、企業所の計画課題と

国家運営をしっかりと行うことに対する義務的な要求を提示し、経済機関、企業所の経営活動が正しく運営されるように、国家の組織的及び統制的手段として服務する。」「整った規律と整然とした秩序が守られている経済機関、企業所の経営活動においてのみ、いつでも優秀な事業成果が成し遂げられる。」[67]、「我々が経済管理事業と労働生活、財産管理をはじめとするすべての分野において、法規範と規定をしっかり守れば、現在ある経済的潜在力を最大限に発揮し、人民経済をより速い速度で発展させていくことができ、第2次7カ年計画の膨大な課業も十分に前倒して遂行することができる。」[68]など、さまざまな経済関連の法規、特に国家財産管理、経済管理に、労働生活に関する法規が多数制定され、それが運用されていることを示唆している。

　また、人民経済計画についても、「人民経済計画は、党の指令であり、国家の法である。」「すべての幹部と勤労者は、人民経済計画に対する高い法的義務感を自覚し、それを徹底して遂行しなければならない。」[69]など、経済改革のノルマ達成を法的拘束力を持つものとしてあげている。また、労働生活においても、「これ（人民経済計画に対する高い法的義務感を自覚し、それを徹底して遂行しなければならない）とともに、社会主義労働法と労働規律規定が要求するとおりに働き、生活しなければならない。そして、国と人民の財産を制定された規定どおりにしっかりとねばり強く取り扱い、それが少しでも失われないように財産権利秩序を正しく打ち立てなければならない。」[70]「財産管理法規範と規定には、国家社会財産を登録することから、その保管取り扱い、利用、処分に至るまで、管理運営において提起される重要な手続と方法が規制されており、国家社会財産を保護管理することと関連した、機関、企業所とその成員の任務と行動準則が詳細に規制されている。」[71]と労働法の他に労働規律規定や、労働者が守るべき財産管理秩序が法制化されているということを示している。

　社会主義法務生活の強化が、経済建設に与える利点として、ある論文では「社会主義法務生活の強化は、経済、文化生活の主人である人民大衆を、経済文化建設に力強く組織動員し、経済管理活動が法規範と規定の要求通りに秩序整然と進行することにより、社会主義経済文化建設の速い発展を確固と

して保証する。」[72]と法の組織動員的機能を指摘している。

　1980年代中盤になると、経済建設と社会主義法務生活の関連に対する記述はより具体的になってくる。「人民経済のすべての部門とすべての単位が一つの目的と利害関係の共同性として、全社会的な規模でお互いに有機的に連関した統一体となりつつあり、一元化、細部化された経済計画にかみ合わせて行動する。これは経済生活領域においても、高い組織性と規律性を要求する。経済管理において、厳格な規律と秩序を打ち立てなくては、すべての部門と単位相互間の緊密な連携を保証することはできず、人民経済の速い発展を保証することもできない。それだけではなく、人民経済のさまざまな部門において連合企業所が新たに多く組織され、大安の事業体系の要求を発展させる現実に合わせてよりよく貫徹させ、その優越性を高く発揚させなければならない課業が重要な問題として提起されている現実は、経済管理において制定された規範をより徹底して守ることを要求している。万一、幹部と勤労者が制定された規範と規定に対する正しい観点と態度を持つことがなく、計画規律規範と共同生産規律規範、企業所相互間の契約規律規範等を徹底して守らなければ、他の部門、他の単位の企業活動と生産活動に直接的影響を与えることになり、結局それは連鎖反応を起こし、全般的経済発展に少なくない影響を与えるようになる。」[73]と、経済計画の達成、計画に基づいた企業所同士の契約などを含む法規の遵守が、各企業間の連携のもとで成立している朝鮮の社会を円滑に運営する上で不可欠であるとの認識を示している。

　この時期、存在した経済関連法規は「人民経済計画法令をはじめとする国家の経済文化関係の法規範には、生産と建設、分配と流通、消費等すべての経済活動においてと、科学、教育、保健、文化芸術等、文化建設事業において幹部と勤労者が執行しなければならない具体的な課業と行動準則が詳細に規定されている。また、社会主義法には、経済文化建設において、厳格な規律と秩序を打ち立て、国家管理体系を徹底して打ち立てることに対する要求も規定されている。」[74]とあるように、生産、建設、分配、流通、消費など多くの分野で行われていることが推測できる。これらの種類に属すると思われる法規は、これまで外部で知られたものの他にも多数あると考えられる。

　1980年代後半には、社会主義法務生活、法典編纂が経済建設と関連づけら

れたのが特徴であった。この時期、1987年には刑法が改正され、1990年には民法と家族法が立法され（民法は民事規定から法典化）ている。刑法がこの時期になぜ改正されたのかは、本稿の段階ではまだ明らかにできなかったが、民法の制定は、その規定の中に経済計画遂行に関連した契約についての条項が含まれていることからも、民法立法後の社会主義法務生活に関する議論において、「社会主義経済文化分野の法規範と規定は、生産と建設、分配と流通、消費等、すべての経済分野と教育、保健等、文化建設に必要な活動原則と行動準則を詳細に含んでいる。このような法規範と規定は、経済業務活動、生産活動を組織化、規範化し、経済文化管理事業を正常化させ、ひいては計画課題をつつがなく遂行させる上で役立つ。それらはまた、経済活動のすべての分野において厳格な制度と秩序を確立することにより、部門間、工場間の生産的連携を強化し、計画規律、労働行政規律、契約規律が徹底して保証されるようにする。」(75) と規定されていることからも、経済建設を推進するための準則を制定する必要から、制定されたと推定できる。

　これまで見てきたように、朝鮮の社会主義法務生活の議論は、1980年を境にして、その前が社会主義法務生活自体の解説と法典編纂、行政法規の制定を主張する流れから、成立した法規を利用して、どのように国家建設、特に経済建設を推進していくのかという議論へと変わってきている。社会主義法務生活自体の定義はほとんど変わっていないが、社会主義法務生活を使って何をしていくべきかという目的論については、かなりの変遷があった。朝鮮において、1972年憲法が制定されてから1980年までの間は、土地法、社会主義労働法など社会主義憲法の精神を具体化する法律と、経済建設を中心とする社会のさまざまな分野での社会主義経済体制と社会主義憲法に適合的な行政法規を中心とする細則の制定により、法による社会規制を行うことができる基礎を作ることが重要視された。1980年以降は、法規の制定が初歩的に完成したため、それを実生活の中で生かしていくことが重要視されるようになった。

おわりに

　以上、朝鮮の1972年憲法下での実定法制定の理由について、同時期に朝鮮で行われた法遵守運動である社会主義法務生活の出発点と展開課程の中から、1972年憲法が制定されてから1980年までの間は、土地法、社会主義労働法など社会主義憲法の精神を具体化する法律と、経済建設を中心とする社会のさまざまな分野での社会主義経済体制と社会主義憲法に適合的な行政法規を中心とする細則の制定により、法による社会規制を行うことができる基礎を作ることが重要視されたためであり、1980年以降は、法規の制定が初歩的に完成したのをうけて、経済建設においても行政的手法だけではなく、法を媒介としたコントロールを効率的に行うために、民法など大規模な法典が準備されていったということが明らかになった。

　今後の課題としては、1990年代以降、特に2000年代に入ってから活発化した経済改革における法の役割を、この時期の法規の改正の過程を解明することから明らかにし、朝鮮における経済建設と法の関係により迫りたいと思う。

（1）　金動識「現在の朝鮮民主主義人民共和国における社会主義経済強国建設の基本方針と原則」『ERINA REPORT』83号（2008.9）15頁。
（2）　前掲、15頁。
（3）　張進宇「経済強国建設において科学技術の発展を重視している朝鮮」『ERINA REPORT』78号（2007.11）18～21頁。
（4）　石哲元「朝鮮民主主義人民共和国における軽工業の現代化と人民消費品の生産」『ERINA REPORT』83号（2008.9）20頁。
（5）　朝鮮では、出版されている書籍の多くが対外公開されていない。2009年4月、筆者が日本の国会図書館にあたる朝鮮の人民大学習堂を見学した際、準開架式の閲覧方法の説明実演を受け、その時に「法律書を持ってきてほしい」とリクエストし、実務者向けに法制度を解説した書物を

手にする機会を得た。その書籍には「行政法」という法分野の説明がなされていた。前述した制約のため、書名や著者、出版年のデータについては収集することができなかった。
(6)　ここでいう行政法規とは、最高人民会議で採択された法律以外の、日本でいう法規命令や行政規則にあたるものを主に想定している。ただし、社会制度が異なるため、経済計画も法的性格を帯びたものとして取り扱われるなど、日本の用語をそのまま使用するのが難しいため、このような表現となっている。
(7)　そしてこの動きは、中国の1982年憲法に見られるように、形式的であったとしても、朝鮮において政府や朝鮮労働党を含むすべての政党、社会団体が憲法とその下に成立した法律に従うという原則をたてる上でも必要なことであるといえる。
(8)　現在でもこれら法規集に収録されていない複数の立法が存在することは、筆者の朝鮮の複数の法律専門家への聴き取りによって明らかになっている。すべての法律を対外公表するという原則は朝鮮にはなく、大量の法律が制定されているため、一部しか対外公開しなくてもこれまでより多くのものが外国人の目にも触れるようになった、という方が正しいだろう。
(9)　金日成「人民政権をいっそう強化しよう―朝鮮民主主義人民共和国最高人民会議第6期第1回会議でおこなった演説の抜粋―」金日成、金正日『社会主義法務生活について』(白峰文庫、1985) 102～103頁。
(10)　金日成「法務生活を正しく行うことについて―「人民政権機関の働き手の役割をさらに高めるために」の第四体系―」金日成、金正日　前掲書、106頁。
(11)　金日成、金正日　前掲書　113頁。
(12)　金正日「社会主義法務生活を強化することについて」、金日成、金正日　前掲書、115～145頁。
(13)　シム・ヒョンイル『チュチェの法理論』(社会科学出版社、1987) 302頁。
(14)　シム・ヒョンイル　前掲書　302頁。
(15)　シム・ヒョンイル　前掲書　302頁。
(16)　これは、政治が法に優先する朝鮮の現実の中で、法に対する軽視が発生していたことを示唆する内容である。
(17)　シム・ヒョンイル　前掲書　303頁。
(18)　シム・ヒョンイル　前掲書　304頁。
(19)　シム・ヒョンイル　前掲書　305頁。
(20)　シム・ヒョンイル　前掲書　305頁。
(21)　シム・ヒョンイル　前掲書　305頁。
(22)　シム・ヒョンイル　前掲書　310頁。
(23)　シム・ヒョンイル　前掲書　312頁。
(24)　この教科書では、また高い地位を持つ指導的幹部が特権を持つ現象について「万一、誰かに国家の法を守らない、またはその適用から例外となる特権的地位を許容するとすれば、それは高い公民と低い公民を認めることになり、勤労者自身が作り、また誰にも例外なく共通して遵守するために作られた社会主義法の人民的本質に根本的に反することになる。」と、このような特権思想自体が反社会的な行動であることを指摘している。
(25)　シム・ヒョンイル　前掲書　313頁。

(26) シム・ヒョンイル　前掲書　315頁。
(27) シム・ヒョンイル　前掲書　316頁。
(28) 朝鮮においても、法の執行について、地域や各部門毎で基準がまちまちであったことが「法適用執行においての唯一性はまた、各地域、各部門と単位での法執行活動の散漫性を克服し、具体的な事件処理と実務事業の統一性を保障することにおいて重要な意義をもつ。」や「具体的な事件処理を統一することは、厳格な中央集権的規律を確立する実践的な過程のひとつであり、全一的な国家的規律と秩序を要求する社会主義下においては、法規範に対してどのような条件であれそれを作るとき、党と国家が打ち出した基本的な目的と意図に反して解釈適用してはならず、特に同じ事件と現象に対する法規適用において全国的に統一的な歩調を成し遂げなければならない。」などの記述からわかる。
(29) 例えば、経済計画の策定や実行に関する法律が制定されるのは1999年になってからである。それ以前は、行政法規で計画の策定や実行に関しての規定を行っていたものと推測される。
(30) シム・ヒョンイル　前掲書　339頁。
(31) シム・ヒョンイル　前掲書　340頁。
(32) シム・ヒョンイル　前掲書　340頁。
(33) シム・ヒョンイル　前掲書　340頁。
(34) シム・ヒョンイル　前掲書　341頁。
(35) シム・ヒョンイル　前掲書　341頁。
(36) シム・ヒョンイル　前掲書　342頁。
(37) シム・ヒョンイル　前掲書　343頁。
(38) シム・ヒョンイル　前掲書　338頁。
(39) 「社会主義的生産関係が唯一的に支配する以前の時期においても、国家の法を自覚的に遵守執行するようにするための闘争が繰り広げられたが、古い思想と貧困の経済的根元が残っている条件で法秩序に従う自覚的な規律生活が全面的に確立することができなくした。しかし、社会主義制度が建設された後の時期には、確立された先着的な社会経済条件を土台として、すべての勤労者の主人としての自覚と物資文化生活水準が高くなることによって彼らの国家の法を自ら守る法務生活が実現しうるようになった。」シム・ヒョンイル　前掲書　354頁。
(40) シム・ヒョンイル　前掲書　356頁。
(41) 「民主主義革命と社会主義革命の時期には、いろいろな性格の法規があり、法体系の全般的な面貌が単一であり得ない。この時期には、たとえ少ないとしても資本主義的管理法と規定が存在するので、全社会的範囲でひとつの基準に従う規範生活を組織することができず、法秩序を打ち建てることにおいて、高い要求を提起することができない。しかし、社会主義制度が建設された移行の時期には、社会関係構造の根本的な変化に従い、少ないとしても残っていた資本主義的管理法と規定が新たな社会環境に合わないものとなり、順次なくなって、法体系全般において集団主義的面貌が唯一的に支配するようになる。そうして社会主義制度が建設された以降になり、はじめて新たな規範手引きその上にすべての社会成員の行動の統一性と高い組織性を保障する真の法務生活が全面的に成し遂げるようになる。」シム・ヒョンイル　前掲書　354頁。
(42) シム・ヒョンイル　前掲書　350頁。
(43) シム・ヒョンイル　前掲書　347頁。

(44) シム・ヒョンイル　前掲書　366頁。
(45) シム・ヒョンイル　前掲書　374頁。
(46) シム・ヒョンイル　前掲書　375頁。
(47) シム・ヒョンイル　前掲書　350頁。
(48) シム・ヒョンイル　前掲書　351頁。
(49) 「社会主義法務生活を強化する上で提起されるもう一つの重要な方法は、法的統制である。」シム・ヒョンイル　前掲書　380頁。
(50) シム・ヒョンイル　前掲書　380頁。
(51) シム・ヒョンイル　前掲書　380頁。
(52) シム・ヒョンイル　前掲書　381頁。
(53) シム・ヒョンイル　前掲書　356〜357頁。
(54) シム・ヒョンイル　前掲書　357頁。
(55) 「法務生活を正しく行うことについて―「人民政権機関の働き手の役割をさらに高めるために」の第四体系―」金日成、金正日　前掲書、106頁。
(56) リ・キソプ「わが国の社会主義憲法は永世不滅のチュチェ思想を具現したもっとも革命的な大法典」『勤労者』1977-12号、19〜25頁。
(57) 朝鮮において、「部門法」とは、民法や刑法、訴訟法などの法典のことを指す。
(58) リ・キソプ　前掲、25頁。
(59) 金日成　前掲書、106〜109頁。
(60) リ・キソプ　前掲（注53）、25頁
(61) ホン・クックピョ「社会主義法務生活を強化することは人民政権機関の重要な課業」『社会科学』1981年3号20〜21頁
(62) リ・キソプ　前掲（注53）25頁。
(63) キム・オクラク「社会主義法務生活を強化することは全社会に革命的生活気風を打ち立てるための重要な要求」『勤労者』1978-7号27頁。
(64) キム・オクラク　前掲、27頁。
(65) ホン・クックピョ「社会主義法務生活を強化することは人民政権機関の重要な課業」『社会科学』1981年3号21頁
(66) リム・グァンソン「社会主義法規範をよく守ることは勤労者の神聖な義務」『勤労者』1980年3号44頁。
(67) リム・グァンソン　前掲、44頁。
(68) リム・グァンソン　前掲、45頁
(69) リム・グァンソン　前掲、46頁
(70) リム・グァンソン　前掲、46頁
(71) チョン・ヨンス「法秩序を確立することは国家社会財産保護管理をしっかりと行うための必須的要求」『社会科学』1983年1号60頁。
(72) リ・キソプ「社会主義法務生活と革命的違法気風」『勤労者』1983年3号52頁
(73) リ・キソプ「遵法意識を高めることは社会共同生活規範を徹底して守るための必須的要求」『勤労者』1986年5号29頁

(74) アン・チョンフン「社会主義法は人々が義務的に守らなければならない行動準則であり生活規範」『勤労者』1989年11号33頁。
(75) アン・チョンフン「社会主義法務生活を強化することは、社会主義制度を強化発展させるための重要な保証」『勤労者』1991年3号29頁。

【参考文献】
〈日本語文献〉
大内憲昭『朝鮮社会主義法の研究』(八千代出版、1994)
金日成「人民政権をいっそう強化しよう―朝鮮民主主義人民共和国最高人民会議第6期第1回会議でおこなった演説の抜粋―」金日成、金正日『社会主義法務生活について』(白峰文庫、1985)
金日成「法務生活を正しく行うことについて―「人民政権機関の働き手の役割をさらに高めるために」の第四体系―」金日成、金正日『社会主義法務生活について』(白峰文庫、1985)
金正日「社会主義法務生活を強化することについて」金日成、金正日『社会主義法務生活について』(白峰文庫、1985)
金動識「現在の朝鮮民主主義人民共和国における社会主義経済強国建設の基本方針と原則」『ERINA REPORT』83号（2008.9）
張進宇「経済強国建設において科学技術の発展を重視している朝鮮」『ERINA REPORT』78号（2007.11）
石哲元「朝鮮民主主義人民共和国における軽工業の現代化と人民消費品の生産」『ERINA REPORT』83号（2008.9）
中川雅彦『朝鮮社会主義経済の理想と現実―朝鮮民主主義人民共和国における産業構造と経済管理』(アジア経済研究所、2011)
――――「経済現状と経済改革」中川雅彦編『金正日の経済改革』(アジア経済研究所、2005) 1～14頁。
朴在勲「朝鮮における経済再建の動き」、小牧輝夫・財団法人環日本海経済研究所編『経済から見た北朝鮮』(明石書店、2010) 53～69頁。
――――「工業部門と国家予算に見る経済再建の動き」中川雅彦編『金正日の経済改革』(アジア経済研究所、2005) 29～52頁。
文浩一「貨幣交換とマクロ動向」中川雅彦編『朝鮮労働党の権力後継』(アジア経済研究所、2011)
――――「食糧の需給状況と人々の健康状態」、中川雅彦編『金正日の経済改革』(アジア経済研究所、2005) 15～28頁。
――――「朝鮮民主主義人民共和国の経済改革―実利主義への転換と経済管理方法の改善―」『アジア経済』第45巻7号、45～62頁。
三村光弘「北朝鮮の新政権の経済政策と今後の北朝鮮」小此木政夫・西野純也編著『朝鮮半島の秩序再編』(慶應義塾大学出版会、2013)
――――「朝鮮における鉱工業の発展」、小牧輝夫・財団法人環日本海経済研究所編『経済から見た北朝鮮』(明石書店、2010) 53～69頁。
――――「朝鮮経済を映す鏡としての朝鮮法」、小牧輝夫・財団法人環日本海経済研究所編『経済から見た北朝鮮』(明石書店、2010) 185～203頁。

―――――「経済改革と経済実態の変化」小此木政夫・礒﨑敦仁編『北朝鮮と人間の安全保障』（慶應大学出版社、2009）89～111頁。

〈朝鮮語文献〉
シム・ヒョンイル『チュチェの法理論』（社会科学出版社、1987）
リ・キソプ「わが国の社会主義憲法は永世不滅のチュチェ思想を具現したもっとも革命的な大法典」『勤労者』1977年12号、19～25頁。
リム・グァンソン「社会主義法規範をよく守ることは勤労者の神聖な義務」『勤労者』1980年3号
ホン・クックピョ「社会主義法務生活を強化することは人民政権機関の重要な課業」『社会科学』1981年3号
キム・オクラク「社会主義法務生活を強化することは全社会に革命的生活気風を打ち立てるための重要な要求」『勤労者』1978-7号
チョン・ヨンス「法秩序を確立することは国家社会財産保護管理をしっかりと行うための必須的要求」『社会科学』1983年1号
アン・チョンフン「社会主義法は人々が義務的に守らなければならない行動準則であり生活規範」『勤労者』1989年11号
鄭慶謨・崔達坤編『北韓法令集』（大陸研究所、1990）
『朝鮮民主主義人民共和国法典（大衆用）』（法律出版社、2004）
『朝鮮民主主義人民共和国（大衆用）充補版』（法律出版社、2006）
『朝鮮民主主義人民共和国（大衆用）充補版』（法律出版社、2008）
『朝鮮民主主義人民共和国法典』（法律出版社、2012）

第 2 部

憲　法

西村幸次郎先生の研究の歩み2（憲法）

　「法の継承性」や「企業の国有化」といった社会主義法原理の核心に迫る問題を探究されてきた西村幸次郎先生は、1970年代後半から、研究の関心を中華人民共和国憲法（以下、中国憲法）にも徐々に拡げられるようになった。折しも、日中国交正常化（1972年）、周恩来、朱徳、毛沢東ら中国共産党指導者の相次ぐ死去（1976年）、第一次天安門事件（1976年）、「四人組」逮捕（1976年）、「北京の春」（1978年）、中国共産党第11期中央委員会第3回総会（第11期3中全会）の開催（1978年）といった様々な出来事に象徴されるように、中国政治がめまぐるしく変転していた時期であり、それら政治状況の変転を受けて、1975年、1978年、1982年に繰り返し憲法の全面改正がなされた。

　中国憲法に関する最初の論文が、「1975年憲法」について論じた「中国新憲法の若干の特徴―旧憲法との対比において―」（Ⅱ論文-⑥、Ⅰ著書-ⅰ-②に所収）である。同論文は「1975年憲法」について、「1954年憲法」と比較しつつ、その特徴を概観するだけでなく、その問題点をも鋭く提示していた。「1975年憲法」は、今日では「文革憲法」と俗称され、中国国内外においてその評価は著しく低い。しかしながら、同論文の公表の当時、日本においては、少なからず中国（法）研究者は「文化大革命」の意義を称揚していたのである。西村先生の師である福島正夫氏もその一人であり、西村先生の論文は福島氏に「無視された」と西村先生自ら回顧されている（Ⅱ論文-㉜）。

　その後、前掲「中国新憲法の若干の特徴」の問題意識を基礎として、西村先生は、「1978年憲法」、「1982年憲法」（現行憲法）に関する論文を矢継ぎ早に公刊されていく。その扱うテーマも、憲法の構成・序文・総綱、国家の性質、公民の個人的所有権、公民の基本的権利および義務、憲法監督、国家主席制、党政関係等、中国憲法のほぼ全領域に及んでいた。このうち、「1982年憲法」に関する諸論文は、『中国憲法の基本問題』というタイトルで一冊の著作にまとめられ、1989年1月に成文堂より公刊された（Ⅰ著書-ⅰ-②、Ⅱ論文-④、㉑、㉓、㉕、㉗、㉘、㉙等を所収）。同書は、現行「1982年憲法」制定時

に議論となった重要論点を網羅しており、今日においてもその価値を減じていないように思う。なお、同書によって、西村先生には、1992年1月に大阪大学より博士（法学）学位が授与されている。

さらに、「中国憲法の今日的問題」(Ⅱ論文-㊙、Ⅰ著書-ⅱ-①、ⅰ-③に所収)、「憲法」(Ⅰ著書-ⅱ-③に所収)等の諸論文において、『中国憲法の基本問題』で検討された諸論点のその後の展開をフォローするだけでなく、新たに現出した中国憲法の理論的・実践的問題をも検討されている。とりわけ、社会主義法研究から継続して研究されてきた国家の性質、所有と労働・分配、公民の基本的権利および義務（人権問題）については、その後の諸論文においてもしばしば論及されている。

憲法分野における西村先生の研究の特色としては、次の諸点が挙げられよう。

第一に、憲法学というよりもむしろ憲法史学というべき研究であるという点である。この点は、社会主義法研究がきわめて理論的な研究であったこと（本書第1部）、民族法研究が実証研究に重きをおいていたこと（本書第3部）と一定の対照をなしている。この背景として考えられるのは、まず、西村先生ご自身が、当初から（中華人民共和国）憲法史を強く意識しつつ、中国憲法研究を展開してこられたことが挙げられる。前掲『中国憲法の基本問題』の狙いも、「新中国成立から現在[1]にいたる憲法上の基本的諸問題を論ずることによって、現行憲法の意義および論点を明らかに」する点にあった。また、現行の中国憲法体制における憲法監督・憲法保障制度の機能不全、中国憲法学界における憲法研究の「政治的敏感性」等が、中国憲法の実証研究を著しく困難にしていたことも看過できないだろう。

第二に、「党政分離（党政分工）」（党と政府の分離）の問題に対して強い関心を持ち続けていること、および「党政不分」についてこれを批判的に評価していることである。社会主義憲法では、労働者・農民は国家の主人公＝統治階級であり、ブルジョアジー等の敵＝被統治階級に対して独裁を行う（人民民主主義独裁）。そして、労働者・農民階級の前衛としての執政党の指導が重要視される。問題は、この「執政党による指導」を憲法上どのように位置づけるかである。西村先生は、中国共産党が国家と融合する点については一貫

して批判的であった。前掲「中国新憲法の若干の特徴」では、「中国の革命と建設が示すように、党の指導なくしてプロレタリア独裁はなく、社会主義中国は存在しえない」ことを認めつつも、「党の指導を憲法上にこれほどまでに」「規定しなくても、党の指導性が確保されうるだけによく分からないところである」と「1975年憲法」における「党政不分」に疑問を呈され、さらに、「党の指導の強化は、ややもすれば民主よりも集中に傾斜しがちであり、人民からはなれて人民の上に立つ官僚主義を生みやすい」と喝破されていた。

　第三に、「党政不分」を批判的に評価する一方で、社会主義憲法そのものについては評価を避けていると思われる点である。社会主義憲法の基本原理およびそこから派生する政治制度、すなわち人民民主主義独裁、民主集中制の原則、議行合一の原則、人民代表大会制度、民族区域自治制度等々について、西村先生は現状を概述することはあっても、それらの当否・あり方について自らの立場を示されていない。わずかにみられるのが、憲法監督制度完備への期待、中国人民政治協商会議の可能性についての指摘である（例えば、Ⅱ論文-㊴、Ⅰ著書-ⅱ-③等）。

　中国内外の注目を集める憲法的論点として中国の人権問題が挙げられるが、これについても、上述した研究の特色が少なからず反映されている。中国憲法の「公民の基本的権利および義務」のうち、ストライキの自由、居住・移転の自由、人格の尊厳、共産党の指導の擁護の義務等、中国の政治・社会上、重要な問題を含むものを（中華人民共和国）憲法史の文脈において検討し、その特徴および問題点を指摘する点に重きがおかれた。中国憲法以外の憲法との比較の視座においても、中華人民共和国建国以前の憲法的文書（根拠地法）、他の（旧）社会主義国の憲法、二つの国際人権規約（「経済的、社会的及び文化的権利に関する国際規約」、「市民的及び政治的権利に関する国際規約」）は取りあげられるものの、西欧諸国の憲法は比較検討の対象外であった。

　西村先生が、なぜ、社会主義憲法について、あるいはそれとコインの表裏の関係にある西欧近代憲法について、踏みこんだ評価を避けたのか、それを知る手がかりは少ない。ただ、いくつかいえることとして、まず、一つは、西村先生が中国憲法の研究を精力的に展開された時期の中国の政治状況であ

る。中国政治がめまぐるしく変転する中で、日本における中国憲法に対する評価も断裂し、加えて、その当時は、なお、憲法を理論的に研究する文献資料が乏しく実証分析も困難であった。西村先生自ら、中国憲法に対する評価は「慎重でなければならない」と述べられている（II論文-⑥）。もう一つは、福島正夫氏の研究と学風の影響である。福島氏は、中国の「1975年憲法」を高く評価していた。その立場はその後の政治状況で若干変化するものの、社会主義法と資本主義法の融合可能性については一貫してこれを否定し、社会主義法の資本主義法に対する優越を強調し続けた（II論文-㉜）。すでに述べたように、西村先生はこうした福島氏の主張には若干懐疑的ではあったものの、かといって、福島氏の主張を積極的に批判することもなかった。西村先生と福島氏との主張の分岐は、党政関係を中心とする「社会主義憲法の条文規定のあり方」にあり、「社会主義憲法そのもの」にはなかったといえるのではないだろうか。そのことを示唆するのが、中国の人権問題に対する西村先生の次のようなコメントである。「いきなり欧米流の人権思想を押しつけても無理。人々の生活が向上する中で次第に改善されていく」（IIIその他-ii-⑱）。この立場は、主権・国権を人権に、生存権をはじめとする経済的権利を政治的権利に、集団的権利を個人的権利に、それぞれ対置させかつ優位させる「中国的人権観」を一定の範囲で肯定するものと読めなくもない。

　現行「1982年憲法」は、条文上なお社会主義憲法を標榜するが、現行憲法の制定・公布・施行後、30年が経つ中で憲法を取り巻く中国の政治・経済・社会状況は大きく変貌した。今日、少なからず中国の憲法学者は、西欧近代立憲主義やそれを継受した「中華民国憲法（台湾憲法）」を高く評価し、欧米や日本の憲法理論をもって中国憲法の解析を試みている。彼（女）らの憲法観と中国政府・共産党の憲法観との間にズレも現出し始めている。現在の憲法状況をどのようにみればよいのであろうか、社会主義憲法とはいったい何であったのか、「法の継承性」の研究を基礎に中国憲法の研究へと進まれた西村先生の踏みこんだ評価をぜひお聞きしたいものである。

　第2部には、憲法、国家法、人権法に関連する3篇の論文が収録される。いずれも、これまでの西村先生のご研究をさらに「発展」させる研究である

だけでなく、さらには、それを「超克」する内容をも含む意欲的な論文である。

第5章・通山昭治氏の「建国初期中国憲法制定史についての覚書」は、そのタイトルのとおり憲法史に関する論文である。通山論文は、中華人民共和国の建国初期において臨時憲法的な役割を果たした「中国人民政治協商会議共同綱領（共同綱領）」と中華人民共和国最初の成典憲法である「1954年憲法」の制定過程に関する歴史的考察を相対的に行い、それをもって現行の「1982年憲法」の今日的な理解に供することを目的としている。すなわち、まず、いわゆる「20世紀中国史観」にふれつつ、1949年10月の中華人民共和国の成立について、その前後の断絶性よりもむしろ連続性に着目している。次いで、「共同綱領」の起草過程とその制定について、周恩来の指導の下で作成された「『新民主主義的共同綱領草案』初稿」の存在に注目している。そして、社会主義への「過渡期の総路線」の提起の後、当初の「共同綱領」の「憲法化」から社会主義への過渡期の憲法の制定へと「大きな転換」がなされた点に留意している。通山論文は、西村先生の中国憲法史研究をさらに発展させるとともに、西村先生の研究の中心的テーマであった「法の継承性」について、新たな視点を提示しており興味深い。

第6章・筆者（石塚迅）の「中国憲法の改正、解釈、変遷」は、近年、中国の憲法学界において、憲法改正ではなく憲法解釈によって、中国憲法を立憲主義的意味の憲法に近づけていこうとする知的営為がみられる点に注目している。石塚論文では、①こうした理論的試みが生じている背景は何か、②憲法解釈の具体的展開がどのようなものであるか、③こうした憲法解釈が中国憲法を変容させていくのか（憲法変遷）について、順次検討を加えることで、現時点における近代立憲主義と中国憲法との「距離」を考えようとしている。西村先生は、意識的・無意識的に西欧近代立憲主義という視点から中国憲法を分析することを回避されていたが、石塚論文は、あえてこの視点を正面にすえ、「中国憲法とはいかなる憲法か」という本質的課題に迫る。

第7章・廣江倫子氏の「香港基本法の解釈基準としての国際人権法―ヨーロッパ人権裁判所における法概念を中心に―」は、「香港特別行政区基本法（香港基本法）」の解釈を扱う。廣江論文は、香港法院が、ヨーロッパ大陸法

およびヨーロッパ人権裁判所の裁判例からどのような国際人権法・比較法を受容してきたのかを、近年のイギリスコモン・ローの変容と絡めて論じている。とりわけ、「評価の余地」理論と比例テストという二つの概念を取りあげ、その国際人権法上の定義、イギリスにおける援用状況、および香港法院における受容状況について裁判実践の分析を通じて検討を行っている。中国憲法研究の分野において、西村先生が「国家の性質」論を中心的な研究課題の一つとしてこられたことについてはすでに述べたとおりである。西村先生は、近年の論文において、香港・マカオの返還および「一国二制度」が「『一国家＝人民民主主義独裁の社会主義国家』という国家の性質それ自体」に実質的な変容をもたらしつつある、と指摘されていた（Ⅰ著書-ⅱ-③）。西村先生の指摘は問題の提起にとどまっているが、廣江論文はこの問題提起を具体的に展開させる研究と位置づけることができる。

　　　　　　　　　　　　　　　　　　　　　　　　　　石塚　迅

（１）『中国憲法の基本問題』の初版第１刷発行年月日は、1989年１月10日である。

第5章　建国初期中国憲法制定史についての覚書

通山昭治
Shoji TOHRIYAMA

第1節　問題の所在―いわゆる「20世紀中国史観」をめぐって
第2節　「共同綱領」の起草過程とその制定
第3節　「共同綱領」の「憲法化」から社会主義型憲法の制定へ
第4節　1982年中国現行憲法について―その施行30周年によせて

第1節　問題の所在―いわゆる「20世紀中国史観」をめぐって

　本章は、中華人民共和国の建国初期（正確には、1948年10月以降の「建国直前」の時期などを含む、以下同じ）における「共同綱領」と1954年憲法の両者の制定過程にかんする歴史的考察をこれまでとくらべていくぶん「相対化」された形で初歩的に行い、現行の1982年憲法の今日的な理解に資するためにごく荒削りに書かれた覚書である。
　さてきわめて初歩的な歴史的考察をいくぶん「相対化」された形で行うにあたって、西村成雄・国分良成『党と国家　政治体制の軌跡』の「はじめに―20世紀中国政治体制論の試み」という個所で、いわば「新たな歴史観」にかかわって、こう問題を切り出している点がさしあたり参考になる[1]。
　すなわち、いわゆる「中華民国史観の延長線上に」位置づけられる「新たな」いわば「20世紀中国史観」とは、いいかえれば、「特に20世紀前半の中華民国と後半の中華人民共和国の政治体制の中に」、「制度や教義の枠組みの断絶性を超えて現実の機能や実践の部分で共通性」をあえて見出していく形において「20世紀中国史をとらえる新たな歴史観である」とされている[2]。
　本章でもさしあたり建国初期に限定してではあれ、こうした絶対的で固定

的な「制度や教義の枠組み」(本質論)「の断絶性を超え」たいわば「現実の機能や実践」(機能論)における「共通性」という相対性を強く意識していくわけだが、そこでは、「20世紀中国の政治体制を共通の視点、『党と国家』の関係性の中でとらえなおす試み」が意欲的になされている(3)。

　ちなみに、ここでいわゆる「党国体制」とは「党と国家の癒着した二重指導であり、その内実は党の国家に対する優位性の確保であ」り、「それは、党が国家と国民のすべてを代表しうるという神話にもとづく『代行主義』的イデオロギーでもあった」と型どおり定義されている(4)。

　建国後の中国の場合、「党の国家に対する優位性」の程度の差異にもより、いわゆる「二重指導」なのか、「党の一元化指導」なのかは時期と段階によって異なる点はさておき、ここでいう共産「党が国家と国民(とくに人民—引用者)のすべてを代表しうるという神話」を本章においてはさしあたりいわば「共産党の人民代表神話」とよぶことにする。

　本章との直接的な関連部分としては、建国の前の時期にかかわる「第三章　戦後『連合政府』をめぐる政治的配当」の「2　『憲法制定権力』の正統性をめぐる二つの路線」という個所があり(5)、そこで、西村が以下のようにきわめて錯綜した問題を手際よく整理している点が示唆的であろう。

　すなわち、「中国共産党は1945年4月23日から6月11日まで延安で第7次全国代表大会」「を開催し」、「毛沢東は4月24日、書面政治報告として『論連合政府』を提出した」が、「ここで、『国民党一党専政の廃止、民主的連合政府の樹立』を正式に提起し」たという(6)。

　その報告において当時の毛沢東は、「われわれの一般綱領」の部分で、いわゆる「連合独裁」についてこう語っていた。すなわち、「いくつかの民主主義的階級が同盟した新民主主義国家とプロレタリアート独裁の社会主義国家とは原則的にちがったものであ」り、「新民主主義制度の全期間を通じて、中国は一階級の独裁および一党が政府機構を独占する制度ではありえないし、またそうであってはならない」とされている(7)。

　つまり、これはブルジョアジーの独裁か、プロレタリアートの独裁かといった二項対立的な「一階級の独裁」や「一党が政府機構を独占する制度」(つまり「党国」体制)のいわゆる「新民主主義制度の全期間」における原則

的な否定である。
　なお一方、「われわれの具体的綱領」の「第二」では、そのために「国民党一党独裁を廃止し、民主的な連合政府を樹立する」という前述の部分にも言及がなされている。とくにそこでは、毛がいわば「反対党」の立場から、「この『訓政』（なるもの、）すなわち『一党独裁』」として「国民党の一党独裁」をきびしく批判している点[8]は建国初期における共産党のスタンスにとってもきわめて示唆的であろう。
　そして西村によれば、「毛沢東は」、「10月10日の『政府と中共代表会談紀要』（双十協定）に調印し」たが、いわゆる「双十協定にいう、政治協商会議の開催による政府と他党派を含む政治的交渉の場の創出は」、「戦後中国政治の新たな段階を象徴するものであ」り、「1946年1月10日に開催された政治協商会議」における（「憲法草案」を含む）「五大決議は、戦後中国政治の新たな段階をもたらしたと評価され」たとする[9]。
　ここでは、「国民党一党」独裁の廃止といわば「民主的連合政府の樹立」が正式に一体のものとして提起されている点が重要であろう。それがのちには国民党本体そのもののほぼ全面的な排除へとつきすすんでいくのだが、「民主的連合政府の樹立」や旧「政治協商会議」の開催などを高らかに掲げたこの時点での共産党の政策なるものを本章ではさしあたりいわば共産党の「新民主主義制度の全期間」における「最低綱領」とよぶことにしたい。
　その後、「3　中国国民党訓政下『1947年憲法』―その正統性流出」をへて、「4　中国共産党『新政治協商会議』―正統性構築過程」における「中共・新政治協商会議」という個所にみられるように、北平を含む大都市などで中国共産党が軍事的に勝利しはじめ、建国直前の「1949年に入ると、1月14日付で毛沢東は『偽憲法・偽法統の廃止』を提起し」、「1946年の旧政治協商会議段階の政治的関係性が、中国共産党指導下の政治協商会議として再定義され」たという[10]。
　ここでは、国民党の「ニセ憲法」・「ニセ法統」（ニセの支配の正統性）廃棄を大前提とした新「政治協商会議」への再編成が正式に提起されている。つまり、毛による「ニセ憲法」・「ニセ法統」批判の突出や国民党にとって代わったのちの「中国共産党指導下の政治協商会議」論がすでに初歩的にここに

みられる。

そして、1949年2月には、後述の中共中央の指示が出されるが、この時点での共産党の政策には、1945年時点におけるさきの国民党の一党独裁の廃止や旧「政治協商会議」の開催などといった「最低綱領」の基本的な骨格を超える憲法を含む国民党本体の全面的な排除とそれにともなう新「政治協商会議」の開催などという内容がすでに含まれている。

いずれにせよ、同年「6月30日には中国共産党創立28周年を記念する毛沢東の『人民民主専政論』が発表され」、「新たな国家の階級的性格が明確化された」とする[11]。

「明確化された」かどうかはさておき、これは「新たな国家の階級的性格」にかかわる毛沢東のいわゆる「人民民主独裁」国家論の本格的な登場である。ただし、さきの1945年の「連合政府論」段階における国民党の一党独裁の否定から1949年初めにおける憲法を含む国民党本体の全面的な排除というここでの根本的な変化にはやはり注意を要しよう。

また、「新政協の政治的構成」という部分では、「憲法制定権力の新たな政治的基盤は中国人民政治協商会議に求められたが、その政治的代表は普通選挙によるものではなく、協商によって選出され、人民から『信任と擁護』を受けたことによって授権された正統性にある」とされる[12]。

つまりそれは、新たな「中国人民政治協商会議」における「協商」による「選出」にもとづく「共産党の人民代表神話」の暫定的な創出の試みといえる。

最後に、「5　1949年中国革命―政治制度の経路依存性」という個所では、上記のような建国直前における「1949年中国革命の政治的制度化の3つの特徴」として、さきの「共産党の人民代表神話」にもとづく、①「中国共産党の指導のもとにある国家体制という『党国』体制」、②「基層から中央にいたるまで体系化された人民代表大会制度が、支配の正統性を担保するととらえていること」、③「中国共産党指導下の多党制度」の3点がそれぞれあげられている[13]が、これらが正式にととのえられていくには、つぎの1954年憲法の制定をまたねばなるまい。とくに、③については、1982年現行憲法下の今日においても中国共産党の指導をいくぶん「相対化」していくうえで少

なくとも理念的には重要な契機となる可能性を秘めたものと考えられる。

　ここでは、①がいわゆる「『党国』体制」そのものの問題であり、②は「支配の正統性」の担保機能にかかわって、1954年中国憲法で「正規化」が目指された人民代表大会制度の問題であり、③は建国後40年近くたって起きた1989年の第2次天安門事件後の1982年現行憲法の1993年一部改正にかかわる今日的な論点でもある。

　なお、この「『党国』体制」と関連して、最近の唐亮の『現代中国の政治──「開発独裁」とそのゆくえ』という近著におけるいわば「行政主導の党国家体制」という指摘も重要であろう。すなわち、「現代中国は共産党支配下の『党国家』であ」り、「各級の党の執行部は政府と合わせて『党政領導班子』（党と政府の指導機関）と呼ばれ、党機構は行政機関と合わせて『党政機関』、党の役人は政府の役人と合わせて『党政幹部』と称されてい」て、「党と国家が一体となって権力を担う党国家体制」などについての指摘(14)はさきの「党と国家の癒着した二重指導」の問題とも関連していて、とくに示唆的である。

　以上は1945年段階で毛自身が明確に否定していた前述の「一党が政府機構を独占する制度」そのものでもある共産党における「『党国』体制」などにかんする言説の紹介である。

　一方、中国における「立憲主義」（憲政）の問題にかかわって、味岡徹の「民国憲政の二つの潮流」という最近の労作がなによりも重要であろう。早速それによれば、「いわゆる『外見的立憲主義』の政治システムをも広く憲政として取り扱」う「民国時代の憲政にはおおむね次のような2つの潮流があった」とされている点(15)は建国初期のそれにおいていくぶん「相対化」された形で検討しようとする本章にとってとりわけ示唆的である。

　すなわち、いわゆる「近代立憲主義憲法」のフランス人権宣言などにみられるいわば「理念型」に相対的にやや近いと考えられるいわば「民国憲政の第一の潮流」ともいえる①「人権、法の下の平等、権力の分立、地方自治、多党制を重視した憲政の潮流」（「たとえば1925年の国憲起草委員会の憲法草案、1947年憲法など」）があり、これが近代憲政の本流であり、つぎの「第二の潮流」とくらべて、いわゆる「近代立憲主義憲法」の「理念型」に相対的にや

や近いものといえる。他方で、「近代立憲主義憲法」の「理念型」からかなり距離がある「新しい」いわゆる「民国憲政の第二の潮流」ともいえるのが、②「人権の相対的軽視、思想信条による不平等、行政権力重視、エリートまたはエリートが率いる政党の指導に傾斜した憲政の潮流」(「孫文、毛沢東の憲政論、訓政時期約法、人民政協共同綱領など」)がそれぞれあげられている。なお、「すべてどちらかの潮流に截然と分類されるということではない」点(「たとえば、1947年憲法」の両面性)などを指摘したうえで、本章で取り上げる「中華人民共和国の建国後は」、②の「後者の潮流が憲政の主流にな」り、①の「前者の潮流も伏流として存在していった」という[16]。

ちなみに、「規範と現実との乖離」という問題をも考慮しつつ、「近代立憲主義憲法」の「理念型」からかなり距離をおく (その分、「外見的立憲主義」の度合いが相対的に高い) ②の「民国憲政の第二の潮流」自体はひろくいわば今日のアジアの「立憲主義」の基本的な流れにも一脈通じるものでもある。なお、アジアの憲法については、稲正樹・孝忠延夫・國分典子編著『アジアの憲法入門』が参考になる[17]。

それはともかく、つまり本章で建国初期の中国憲政を初歩的に検討するさいは「制度や教義の枠組み」を超えてかえって前述の毛の「訓政すなわち一党独裁」論に依拠しつつ、「訓政時期約法」などとともに、さきの「現実の機能や実践」をふまえてやや「相対化」された (「中国共産党史観」を超えて少なくとも)「中華人民共和国史観」をも包摂したいわば「20世紀中国史観」をさしあたり試論としてであれ採用してみるべきであろう。

建国後の中国においては、その「主流」となった「民国憲政の第二の潮流」としての「新しい」潮流とともに、少なくとも「民国憲政の第一の潮流」も1957年からのいわゆる反「右派」闘争ごろまではほそぼそとその「伏流として存在していった」わけである。

ここではすなわち、とくに、本章の直接の対象である「人民政協共同綱領など」がかえって後者の②の「民国憲政の第二の潮流」に属するとされている点をふまえつつも、いくぶん絶対化された「中国国民党史観」の裏返しでもあるいわば「中国共産党史観」なるものをやや「相対化」していくさいにきわめて「理念」的な「制度や教義の枠組み」のレベルでは、大きく異なっ

たこの両者をともに含んだ「民国憲政の二つの潮流」の存在は本章で取り上げる建国初期においてもそれらの実際の機能面の問題を強調する点でとりわけ有益であろう。

　また、「民国時期の憲法、憲法草案類」のうち、「Ｅ．共産党の憲法草案、政策綱領類」のなかに、「④中国人民政治協商会議共同綱領1949年9月29日」が分類され、「言論、結社などの自由」では、「『人民』に限定して自由権を定めている」点が指摘され[18]、毛の人民民主独裁論の枠組みからの影響を強く受けていることが見受けられる。

　そして「司法独立の規定」では、「当時の内戦という政治環境を反映した面があり、司法の独立を軽視したとは言い切れない」と一定の留保をふしつつも、「中華人民共和国の1954年、1975年、1978年、1982年の4種の憲法のうち、1975年、1978年の両憲法は司法の独立を規定していない」とし、「共産党の司法観は一貫して司法の独立を重視するものであったとは言い切れない」とする[19]。

　それはいわゆる「人民」の伸縮する範囲のそのときどきにおける広狭の問題とも密接にかかわっており、建国後の「共産党の司法観」の一部分を構成するいわゆる「文革」期における「司法」の問題でもある。

　さらに、「政権政党の独裁統治の肯定」という部分では、「1949年の共同綱領には、共産党の『指導』を意味する労働者階級の『指導』が書き込まれた」点など[20]にも味岡は注意深くふれている。

　ちなみに、1945年の「連合政府論」にみられる共産党の「最低綱領」との関連でいえば、1949年の「共同綱領」制定時点においては中国共産党の「指導」（領導）自体が直接書き込まれることはなかった点こそがやはり重要なのだが。

　なお、1954年憲法では、その前文（序言）で、「中国共産党の指導のもとに」とか、「中国共産党を指導とした」などといった文言がすでに散見されはじめているが、これもその後の2つの憲法とくらべて、きわめて控えめな表現にとどまっているともいえる。

　ここでは、本章のもうひとつの直接の対象である1954年憲法にもすでに言及がなされているが、「共同綱領」における「当時の内戦という政治環境を

反映した面」の存在を適切に指摘している点も含め、後掲の1949年2月の「指示」の存在とかかわって当時の状況をいかに的確に把握すべきかなどといった点が次節以降の課題となる。しかしながら同時に、国民党本体を全面的に排除したうえでの共産党による政権指導「という政治環境を反映した面」の現実的な存在もその後の展開においてはいっそう重要であろう。

なお、加茂具樹の「中国共産党の憲政—活動の法制度化と領導の法制度化」という一文では、本章の第4節で少し言及される1982年現行憲法「には、現代中国の二つの政治原則が示されてい」て、それらはすなわち、①「憲法の前文にある中国共産党」「が国家（機関）を領導すること」、②「憲法第2条が確認しているように、人民が主権を有していること、人民が主権を行使する機関は全国人民代表大会」「と行政レベル毎に設けられた地方各級の人民代表大会」「だということ」とされ、「現代中国の憲政、つまり共産党の憲政とは、憲法が確認している二つの政治原則を両立させることであ」り、「こうした政治を形づくる制度や政治組織の総体である政治体制のことを」、前述の西村らのものとは、若干内容は異なるが、同じく（党国にカギ括弧をつけずに）「党国体制とよぶ」としている[21]。

ということは、「共同綱領」制定以降の建国初期はまさに、こうした「党国体制」の形成期といえ、「新しい」「現代中国の憲政つまり共産党の憲政」をささえるさきの「共産党の人民代表神話」にもとづいてそれが確立するのが「近代立憲主義憲法」の「理念型」に相対的にやや近いと考えられる前述の「民国憲政の第一の潮流」とたもとを分かち、その「理念型」からかなり距離をおくか、その対極に位置する「民国憲政の第二の潮流」を「主流」とする1954年憲法の制定によるものといえる。

そして加茂は、「おわりに」で、前述の「二つの政治原則を両立させるためには、共産党の意思を国家の意思に置き換える手続きが必要であり、それを常に実現するためには意思を置き換える場である人」大「に対する領導を徹底する必要がある」としている点[22]はとりわけ示唆的であろう。

ただし、ここでは、さきの西村の「中国共産党指導下の多党制度」にかんする論点について明示的には言及はなされていない点でも本章のいくぶんかの「相対化」をめざす視点とはやはりやや異なっている。ここでのいわゆる

「多党制」はその活用次第では前述の「民国憲政の第一の潮流」を「伏流」として部分的に再「包摂」しつつ、後述の毛が掲げる「二つの基本的原則」に通じる「二つの政治原則」としてやや絶対化されたものをいくぶんでも「相対化」していく21世紀におけるグローバル化の今日的な契機となる可能性を少なくとも理念的にははらむものといえる。

さて、まえおきはこれくらいにして、つぎに本論に入ることとして、建国直前の時期における「共同綱領」の制定過程について「相対化」という視点に基本的に立ちつつ、ごく簡単にこの「覚書」のなかで試論的にみておこう。

第2節 「共同綱領」の起草過程とその制定

1 「共同綱領」の起草過程

さて、韓大元主編『新中国憲法発展60年』所収の莫紀宏担当の「『臨時憲法』:『共同綱領』」の「1 特定の歴史条件」という部分によると、「1949年2月、中共中央は『国民党の「六法全書」を廃棄し、そして解放区の司法原則を確定することにかんする指示』(以下「指示」と略称する―引用者) を発布したが、この指示ではわれわれが全国で勝利したのち古い法律を廃棄し、新しい法律を打ち立てるために、理論的な基礎と政策のよりどころが定められた」とされている点[23]にまず注目したい。

この当時における「理論的な基礎と政策のよりどころ」にかかわる論点はのちに、「人民民主革命の成果をうちかためるために、共同綱領ではさらに古い法律を廃棄し、新しい法律を制定することについて、明確な規定がなされ」、同「第17条は、人民を抑圧する国民党反動政府の一切の法律・法令および司法制度を廃棄し、人民を保護する法律(・法令―引用者)を制定し、人民司法制度を樹立することを求めている」とする[24]。

いいかえれば、それはいわば「中華民国の六法全書」ではなく、いわゆる「国民党の『六法全書』」という刺激的な名称をあえて用いたきわめてイデオロギー性の強い批判をねらってなされたものであり、さきの1945年の毛沢東の「連合政府論」や1946年のいわゆる旧「政治協商会議」以来の共産党の民

主的な「連合政府」の「最低綱領」を明らかに超える内容をすでに部分的に含んでいたといえる。それは国民党本体の全面的な排除を意味するいわゆる国民党の「ニセ法統」批判そのものにほかならない。

また、「2 『共同綱領』の制定過程」[25]によれば、つぎのような1～3の3つの起草稿が基本的に確認できる。それらを箇条書き的にごく簡潔にあげてみるとこうなる。

1「第1次起草稿：『中国人民民主革命綱領草案』」[26]

「『中国人民民主革命綱領草案』第1稿」（未見）は、「李維漢の主催のもと、1948年10月27日に初稿を作成したものである」[27]。

その構成は、序言、「総則、政治、軍事、土地改革、経済財政、文化教育、社会政策、少数民族、華僑、外交」の10の部分、「合計46条であった」という[28]。

その項目を後述の第2次起草稿である周恩来主導の「新民主主義的共同綱領（草案初稿）（1949年8月22日）」の項目と比較対照したのが下の表である。

「中国人民民主革命綱領草案」第1稿（1948年10月27日）	「新民主主義的共同綱領」（草案初稿）（1949年8月22日）
（序言） 総則	（序言） 一般綱領 具体的綱領 全中国を解放する（1～9）
政治 軍事	政治法律（10～20） 国防（35～38）
土地改革	
経済財政 文化教育	財政経済（21～30） 文化教育（31～34）
社会政策 少数民族	
華僑 外交	外交華僑（39～45）

その後、「1948年11月、『中国人民民主革命綱領草案』の第2稿」（未見）が形作られという[29]。

2 「第2次起草稿：『新民主主義的共同綱領草案』初稿」[30]

　韓大元「1949年『共同綱領』の制定権について」という一文の「3.『共同綱領』の制定手続」の個所によれば、「1949年6月15日に」成立した、「新政治協商会議準備会」のもとに、「『共同綱領』の起草に責任を負ったのは、第3小組であり、周恩来・許徳珩が正副組長を担当し」、「6月18日に、第3小組が成立した」。そして、「1949年6月下旬からはじめて、周恩来が1週間でみずから『共同綱領』稿を起草し、7回の会議を主宰して、真剣に討論し、意見を広範に聴取したのち、『共同綱領（草案）』を形作った」という[31]。

　かさねていえば、(1949年の)「7月上旬にいたり、各分組はいずれも具体的な条文を起草した。中共中央は周恩来の指導のもと、再度初稿を起草し、あわせて2ヵ月の期間を用いて、ひとつの草案初稿を作成した」。「われわれが成立させる必要のある新中国はひとつの新民主主義の性質の国家であったので、表題を『新民主主義的共同綱領』と定め」、「8月22日に、周恩来は草案初稿を毛沢東主席に審議のために手交した」とする[32]。そのさい、「毛沢東主席は初稿を子細に校閲し、あわせて若干の段落について削除と変更を行った」とされる[33]。

　ここでは、「ひとつの新民主主義の性質の国家」にもとづく「初稿」にたいして、毛沢東がすでにみずから初歩的な校閲を一応行っている点は重要であろう。

3 「第3次起草稿：『中国人民政治協商会議共同綱領』」[34]

　「1949年9月以後、『共同綱領』の起草作業は最終段階に入った」という[35]。

　「第3次起草稿」にかんして、前述の2の「草案初稿」は、3の「『中国人民政治協商会議共同綱領草案』の基礎」と位置づけられている[36]。

　そして、「この段階では、毛沢東主席が草稿の改正作業に直接参加した」という[37]。すなわち、2の後述の「周恩来の建国構想」自体はもとよりそのままでは実現されず、のちの3では、毛の主導下で（1954年憲法に掲げられたような）いわば共産党の「最高綱領」と1945年の「連合政府論」にみられる「最低綱領」の中間に位置すると考えられる新民主主義国家における

「毛（・周）の建国構想」となり、そこで「二位一体」化した観がある。

一方、杜﨑群傑の「中国人民政治協商会議共同綱領の再検討―周恩来起草の草稿との比較を中心に―」というすぐれた一文の「Ⅰ　中国人民政治協商会議共同綱領が採択されるまで」という部分がこの間の経緯などについてくわしい[38]。

そこでは、建国（直前の）当時における「中共の指導権の限界」が型どおり指摘されたうえで、周恩来の「草稿は、共同綱領と比べて権威主義、プロレタリア独裁的色彩が希薄であり、少数党派に対して『配慮』する内容となってい」て、「草稿と比べた場合、共同綱領の方がより権威主義体制への移行・プロレタリア独裁的傾向を持ち合わせており、指導権の確立を意図した内容となっている」として、「プロレタリア独裁的傾向を持ち合わせ」た共産党の「指導権の確立」の「意図」をかなり強調してみせている点[39]には注意を要しよう。

つまり、このことが味岡のいう「民国憲政の二つの潮流」のうち、その「主流」としていわば「民国憲政の第一の潮流」から「民国憲政の第二の潮流」への移行を決定づけることになったのである。しかしながら、「近代立憲主義憲法」の「理念型」の流れを部分的にくむ可能性のあるその「伏流」としての「民国憲政の第一の潮流」が1954年憲法にくらべても、この中間的な「共同綱領」にはいまだ少なからず影響を与えていたのだが。

さらに杜﨑は「Ⅱ　周恩来の草稿と共同綱領の違い」にとくに着目する。そこでは、「政治」における「組織形態に関して、草稿において『連合政府』という言葉が3ヵ所存在するが、共同綱領においてはこれが消滅している」点にふれて、「共同綱領は国体に関して連合政府を消滅させた代わりに『人民民主独裁』を強調しており」、「共同綱領における『人民民主独裁』の強調は中共の優位性を確保するものである」とする[40]。それはさきの「共産党の人民代表神話」の面目躍如といえる。

そして「総合的に見て、草稿はより連合独裁に近く、他方共同綱領はより権威主義体制への移行、もしくはプロレタリア独裁へ進む可能性を明示している」とされる一方で、「しかしこれと同時に中共が人民共和国成立時にすでに完全な指導権を確立していたとはなお言いがたい」点[41]にも慎重に

言及している。

　ちなみに、その後そうなったような短期的に「プロレタリア独裁へ進む可能性を明示している」かどうかはさておき、いわゆる「労農民主独裁」とも区別された後述の劉少奇の「人民民主独裁」国家規定の本来的なあいまいさという意味でもいわゆる「連合独裁」や「連合政府」の問題ともやはりある程度は関連させてこの点にとくに注目する必要がある。

　ともあれ、「伏流」として背後に隠れたかのような「近代立憲主義憲法」の「理念型」の流れにつらなる可能性を部分的に秘めた「民国憲政の第一の潮流」自体が、周恩来の「草案初稿」においてその一部をいわゆる「連合独裁」や「連合政府」的な発想のなかにある程度「温存」されていたわけだが、「共同綱領」制定以後は、その「主流」である「民国憲政の第二の潮流」なるもののなかに実質的にはそれらはしだいに「埋没」していったといえる。

　なお、許崇徳『中華人民共和国憲法史』上巻の「第3章　共同綱領の起草経過」[42]などがこの間の経緯についてくわしい。

　さて、45カ条からなる「具体的綱領」を含む「周恩来が起草した『新民主主義的共同綱領（草案初稿）』(1949年8月22日)」のなかでは、その「具体的綱領」の「乙.　政治法律」がとくに注目される[43]。ここではその点についてのみ取り上げることにする。というのも筆者の管見のかぎりでは、ここで「はじめて」先の毛沢東の「連合政府論」ではほとんどふれられていなかったいわゆる「階級性」がとくに強いと当時考えられた「法律」の問題にたいする下記のようなきわめて控えめな言説が部分的になされたと考えられるからである。

　すなわち、「18．新民主主義革命および新民主主義国家の性質から出発し、新たな法律観点および法律制度を確立し、あわせてそれによって実施する必要のある各種の新たな法律を誕生させる。新たな司法制度では、人民法廷および人民『陪審』制度を実施すべきであり、検察をして調査を重んじせしめ、裁判をして証拠を重んじせしめるべきであり、『犯人』（犯罪者）にたいして教育改造を主とし、懲罰による処理を補いとする政策を実施すべきである」と[44]。

要するにここでは、①「新たな法律観」・法律制度の確立、②「新たな法律」の誕生、③「新たな司法制度」としての、人民法廷・人民「陪審」制度の実施、④検察における調査重視、⑤裁判における証拠重視、⑥「犯人」にたいする教育改造を主とし、懲罰による処理を補いとする政策の実施がそれぞれ型どおりあげられている。まさにこれは「新民主主義革命および新民主主義国家の性質」による共産党の「連合独裁」や「連合政府」的ないわば「最低綱領」なるものをある意味で忠実に反映したものともいえると同時に、「『国民党』の六法全書」の廃棄についてはそれが大前提となっているとも読めるが、なぜかあえて明言されていない点にはとくに留意する必要があろう。ちなみに、1946年の旧「政治協商会議」の時期においても、「出版法」の廃止などといった個別の法令の廃止要求は種々出されていたわけだが（たとえば、重慶出版業致政治協商会議意見書「（原載1946年1月9日重慶『新華日報』）」)[45]。
　また前後するが、その「一般綱領」には、「中華各民族の連邦を組織する」という個所もある[46]。なお、当時の「民族政策」や「連邦制」の問題については、「杜崎論文」を参照されたい[47]。
　さらに、陳揚勇の「周恩来と共同綱領の制定」という一文[48]もある。早速それによれば、「1949年2月」の段階で、「周恩来が『中国人民民主革命綱領草稿』を新政協を招集開催するその他の4件の資料と一緒に編纂し冊子となし、『新たな政治協商会議関連文書』と命名し」たという[49]。
　なお、『建国以来周恩来文稿』第一冊（1949年6月—1949年12月）の「『共同綱領』提綱（1949年）」という文書では、まず「一般」の部分で「法律観点、精神、制度」にふれたうえで、「2．政治」の個所で、「法律―立法観点、制度」など[50]にもすでにふれられている点が確認できる。なおそこには同時に、「草案初稿」も収録されている[51]。
　本章では以上によってうかがい知れる周恩来の「提綱」や「草案初稿」などに少なからずみうけられるいわば「連合独裁」や「連合政府」的な構想の残存を毛沢東（や後述の劉少奇ら）による「新民主主義革命および新民主主義国家の性質から出発し」た「プロレタリアート独裁」ではないことがことさら強調されつつも、すでにいわゆる「共産党の人民代表神話」を体現しつ

つあった人民民主独裁国家的な「共同綱領」との対比で、その前段階における注目すべき構想として、あえて区別していわば「周恩来の建国構想」とよぶことにする（なお、杜崎の中国語論文の表題にすでに「周恩来的建国思想」とある）。

2 「共同綱領」の制定

ちなみに、前掲「指示」（1949年2月22日）[52]は一面で「中華民国史観」というよりも、むしろ「中国国民党史観」や国民党本体そのものの存在を全面的に否定し、さきの「共産党の人民代表神話」を絶対化し、共産党の一党支配のプロレタリアート独裁を掲げる「最高綱領」ならずも、その国民党の一党独裁を否定した「連合独裁」や「連合政府」における「最低綱領」を超える憲法を含む国民党本体そのものを全面的に排除する内容をすでに部分的に含んだいわゆる「中国共産党史観」のシンボルのような文書でもある。

その関連個所は、つぎのとおりである。すなわち、「5．プロレタリアートが指導する、労農同盟を主体とした、人民民主独裁の政権のもと、国民党の『六法全書』は廃棄されるべきであり、人民の司法業務では、もはや国民党の『六法全書』をよりどころとすることはできず、人民の新たな法律をよりどころとすべきである」とされている[53]。

なお、晏英の『近代立憲主義の原理から見た現代中国憲法―ソ連的マルクス主義の影響を踏まえて―』という大著によれば、ここでの「王明の役割が大きかった」という[54]。

また一方で、「中国新民主主義の国家の性質と政権の性質にかんして」（1949年7月4日）という一文で劉少奇のほうは、建国直前の「労農民主独裁」とも区別されるという「人民民主独裁は、ブルジョアジーの独裁ではなく、プロレタリアートの独裁でもない、このことは、解釈を必要としない」という点について中間的な「共同綱領」の制定をみすえて、すでにあいまいな言及がなされていたのである[55]。

つまり、これは「ブルジョアジー独裁」・「プロレタリアート独裁」の両面否定論であり、一面であいまいさを残すばかりか、かえって自己の性格規定のいわば「先送り」ともとれる。これをいくぶん「相対化」してみるうえで

さきの共産党の1945年段階における「最低綱領」に近い（それなりに「連合独裁」や「連合政府」的な）「周恩来の建国構想」の存在がやはり重要であり、「近代立憲主義憲法」の「理念型」の流れを部分的にくむ可能性がのこされたその「最低綱領」なるものをかえって部分的に超えて制定された「共同綱領」の今日的な微妙な位置づけが正しくなされるべきであろう。

　なおそのために、土岐茂の「共同綱領の憲法的性格―中国憲法史の側面からの考察」という1980年代前半当時のすぐれた論稿が重要であろう。早速それによると、「中国憲法史の側面から」みた「共同綱領の憲法的性格」についてはこう整理されている。つまり、まず「一、共同綱領の歴史的前提」では、「（２）憲法実践上の前史とその影響」として、①「一方でソ連憲法の影響を受けつつ、他方で中国の現実的条件に即した独自の憲法内容を追究する歴史であ」り、②「解放区の憲法的実践は国民党憲法との闘争の過程でもあ」り、「とくに、1946年、国民党が中華民国憲法を公布するに際して憲法イデオロギーの面で明確な対決を貫く」うえでの「その徹底した姿勢の表現として」、前掲「指示」「が公布され」、「裁判にあたって、国民党統治下のあらゆる法律の適用を禁止し、新しい法律と新民主主義政策にもとづくことを義務づけ」、「法規範のすべての側面にわたって断絶を宣言する中共中央のこの法律観は、共同綱領にとっても当然の前提となる」とし、③「解放区時代を含めて新民主主義革命の歴史においては、中国共産党の役割がもっとも大きな比重を占める」とされている[56]。

　そこでは、①「中国の現実的条件に即した独自の憲法内容」、②「指示」を「共同綱領にとっても当然の前提となる」こと、③「中国共産党の役割」の重要性などが強調されている。つまりここでは、1945年の「連合政府論」における「国民党の一党独裁」の廃棄から一歩すすんで、その根拠でもある国民党の「ニセ憲法」・「ニセ法統」の廃棄という国民党本体の全面的排除にまですでに具体化されたわけであり、それを大前提にした場合、1945年の「民主的連合政府の樹立」として「最低綱領」を少なくとも超えた観がある。

　なお、「（３）新民主主義の内容と特質」[57]もある。

　ついで「二、共同綱領の憲法的性格」という部分では、「（１）臨時憲法」にくわえて、「（２）共同綱領の政治的性格」において、つぎの３点がそれぞ

れ指摘されている。すなわち、①「人民の代表が、政治勢力としての統一戦線によって構成され」、②「中国共産党の指導的地位と役割であ」り、③「共同綱領が新民主主義としての政治的性格を反映することである」とされる(58)。とくに①と②は「共産党の人民代表神話」そのものであろう。

さらに、「(3)最高国家権力機関―人民政協と中央人民政府」では、「人民政協自身が国家権力機関として成立したわけではない」点に着目し、「近代立憲主義の憲法理論のアナロジー」をあえて用いて、「人民政協の全体会議は憲法制定権力に対応し、制定された」臨時「憲法、すなわち共同綱領によって授権された権力は中央人民政府委員会に属」し、「後者は国家機構としての機能をはたし、前者は政治的運動体として革命運動を指導し」、「両者は『二位一体』である」とする(59)。

「共同綱領」が臨時憲法として機能したほか、この点も間接的であれ、いわゆる「普通選挙」をへるか、へないかの違いはあるものの、1954年憲法では、全国人民代表大会およびその常務委員会の関係のなかにこの「二位一体」性が依然として形を変えながら引き継がれている。

そのうえ、「土岐論文」では、「(4)共同綱領の規範的性格」という個所において、①「基本法的性格」のほか、②「最高法規性」で、とくに「憲法の最高法規性が成り立つためには、各法部門毎の法規範の存在と体系性を前提とするし、憲法の実施を保障する裁判制度もしくは法制度が確立されねばならないが、共同綱領の成立時にはこれを想定することはできない」とされる(60)。

なお、それらが本格的に法規範化されるのは、1982年現行憲法の制定をまたねばならない。ただしいうまでもなく、それは「憲法の実施を保障する裁判制度」とは決定的に異なるものであるが。

また、③「憲法的規範性」の「希薄さ」についても「擬制的性格」（法律と現実との不一致）をめぐって吟味されている(61)。

さて、「(5)新民」「主主義の憲法」という部分では、①「新民主主義」を「含む資本主義と社会主義の2つの要素が共同綱領自身にも規定されていることの意味であ」り、②その「2つの要素の共存することは、当然に近代立憲主義憲法の継承性の存否の問題を生起する」という。つまり、前掲の指

示「においては、法のイデオロギー的本質についてはもちろん、法（規範）の形態についてもブルジョア法と断絶することを宣言してい」て、「これは、共同綱領形成にとって前提されている支配的法イデオロギーである」が、「しかし、だからといって、実定憲法規範そのものにかんして近代立憲主義の継承性を否定しきることは妥当でない」という(62)。ここでは、いわば本質論と機能論とがそれぞれ正しく区別されているといえる。

　ここで土岐が指摘する、いわゆる「近代立憲主義（憲法）の継承性」の問題とは本来的には国民党の一党独裁そのものを否定する「連合独裁」や「連合政府」を前提とした共産党のいわば「最低綱領」なるものに属する問題でもあるといえる。ただし、それは時期・段階により異なる。

　このいわば「近代立憲主義（憲法）の継承性」という21世紀における中国の将来にとってきわめて重要な問題こそが21世紀の今日的なグローバルな視点からみてもっとも肝要であると考えるが、それは、「近代立憲主義憲法」の「理念型」に相対的にやや近いとも考えられる「伏流」としての前述の「民国憲政の第一の潮流」の存在ともかかわって、いくぶん「相対化」された形で建国初期中国憲法制定史について試論として検討しようとする本章にとってもやはり重要である。ただし、1950年からの朝鮮戦争や1953年のスターリンの死などにより、後述の1954年憲法の制定においてかえって「ブルジョア型の」憲法である「近代立憲主義憲法」の「理念型」との断絶性が絶対的に強まっていくのであるが。

　ちなみに、針生誠吉の「中国および中国法研究の再構成のために―中国における近代立憲主義とは何か―」というかつての一文が「近代立憲主義憲法」との断絶性がほぼ「頂点」に達していた当時、この点に関連して、つぎのように指摘している点は今日においても重要であろう。つまり、「近代立憲主義を超える巨大な何物かがあることを知り愕然として驚いてい」て、「中国における近代立憲主義とは何か、それは底知れない深淵をのぞかせる問題である」と(63)。つまり、この時点で「近代立憲主義憲法」の「理念型」との距離は残念ながら絶対的にひろがってしまったといえる。

　そこでは、とくに最後の「第4節　中国の通ってきた道」においてつぎのような経路で一定の考察が当時なされていた点に着目したい。すなわち、そ

れは当時において「近代立憲主義の道」という「この道は通れない」ことを大前提にして、「『中国はどこへゆく』に始まる1940年の毛沢東の『新民主主義論』」―「同年の1940年に書かれた、毛沢東の『新民主主義的憲政』」―1949「年6月30日『人民民主主義独裁について』」という基本的な流れにそうものであった(64)。

一方21世紀のグローバル化の今日では、まがりなりにも2004年の憲法修正案で、「国家は人権を尊重し、そして保障する」という文言をくわえた1982年現行憲法をもつ段階における本章での初歩的な考察として、筆者はあえて試論として1945年4月の毛の「連合政府論」―1949年7月の劉少奇の「新民主主義国家・政権」論―1954年6月の毛の1954年「憲法草案」論―1954年9月の劉少奇報告という時間的に比較的長くとった一連の流れを重視して、「近代立憲主義憲法」の「理念型」との隔絶感を相対的にすこし縮めてみたいと考える。

いいかえれば、2004年以降における今日の中国においては少なくとも、「近代立憲主義を超える巨大な何物か」であり、「底知れない深淵をのぞかせる問題」の一部でもあるいわゆる「党国体制」などをなんらかの形で憲法的に規律して、いわば「人民」だけでなく、「公民」などの人権の尊重・保障をいわゆる主権や国権の問題をやや「相対化」していきつつ、党や国家の義務として実質的に確立していくべきであるとも考えられる。

それはともあれ、本章で取り上げる「建国初期中国」において「主流」として「この道は通れない」とふたたびみなされた原因はどこにあるのか。朝鮮戦争の勃発か、それともスターリン死後にときはなたれた毛によるかずかずの「冒進」の結果か。いずれにせよ、「伏流」としても1957年の反「右派」闘争後、「この道は通れない」ことがその後長期間において決定的となっていったといえる。

最後に、「三、共同綱領の憲法的機能」についてふれることで「むすびにかえて」いる(65)。

つまり、「近代立憲主義憲法」の「理念型」からかなり距離をおくさきの「民国憲政の第二の潮流」に相対的につながるとされるいわば「社会主義型の」憲法に属する「新しい中国的憲法」の形成過程としての1954年憲法制定

史の重要性が際立ってくる。その初歩的な解明がつぎの課題である。

第3節 「共同綱領」の「憲法化」から社会主義型憲法の制定へ

1 「共同綱領」の「改正」問題

　さて、梅村卓の〈研究ノート〉「中国1954年憲法の制定過程と歴史的性格の再吟味」という意欲的な一文によると、19「54年憲法の制定過程」は①「憲法制定作業前期―1952年12月24日から53年9月まで―」と②「憲法制定作業後期―1953年10月から54年9月まで―」の2つの時期にわかれるという。そしてそこでは、下記の諸要因を反映した「憲法構想に基づき前後期に区分し」、ⅰ「54年憲法の当初の提起が外的要因によること」、ⅱ「多くの党外人士や中共幹部が共同で制定にあたった前期の在り方から、後期においては毛沢東など極少数の人間の手による起草へと転換したこと」、ⅲ「それは共同綱領の修正から社会主義憲法への構想転換によるものであることを実証する」とされている[66]。

　さらに、いわゆる「スターリンの提起」（いわば「外圧」）から始まるとされる「制定作業前期において」、それは「社会主義憲法としてよりもむしろ共同綱領との強い連続性をもってい」て、「実際中共は憲法の制定を提起した後も、共同綱領の継続という元来の構想に従うように、政治協商会議において党外人士とともに共同綱領の修正を進めようとしてい」て、「この時期の憲法は共同綱領をほぼそのまま憲法化することが構想され、新民主主義段階に対応した諸制度の法制化という域にあった」とする[67]。

　つまり、その制定過程の「前期においては、機構改編や統一的指導体制の構築などは全く触れられておらず、従来の中央人民政府体制を憲法で批准しようとするものであり、共同綱領の憲法化というるものであった」の「に対し後期には社会主義憲法としての性格が付与され、共同綱領の規定を大幅に変更することが目指された」とする[68]。まさしくこれは、この後期の時点におけるいわば「共同綱領」の「憲法化」からの一大転換であったといえる。

いいかえれば、この時点における社会主義への「過渡期の総路線」の（いくぶん遡及的な）提起ののち、この「共同綱領」の「憲法化」から社会主義型憲法の制定へとあえて「大きな転換」が意図的になされたといえる[69]。

2　1954年憲法の起草過程とその制定

「憲法60年」所収の韓大元担当の「第2章　新中国憲政体制の原点・基礎：1954年憲法」という個所によると、3回にわたる「スターリンの制憲建議」として、第1回「1949年7月」、第2回「1950年初め」、第3回「1952年10月」がそれぞれあげられている[70]。

そして、さきの梅村の「再吟味」では時期的に同時期であったためおそらくみることのできなかった韓大元編著『1954年憲法と新中国憲政』という画期的な大著の「第4章　1954年憲法の起草経過（1）」という個所によると、「1952年12月24日」の時点で、「中共中央は全国政協にたいして」制憲の建議を行い、「憲法の起草作業を行うため、1953年1月13日に、中央人民政府委員会は中華人民共和国憲法起草委員会の成立を決定し、憲法の起草作業に責任を負」わせたという[71]。

また、「憲法草案の討論を調整するため、1953年3月15日に、中共中央政治局はまたつぎのように決定した。すなわち、陳伯達・胡喬木・董必武・彭真・鄧小平・李維漢・張際春・田家英の8名で憲法研究小組を構成し、初稿の最後の改正に責任を負う」ことになったが、「1954年3月23日に、憲法起草委員会第1回会議において、憲法起草委員会事務室の組織が決定され」、「憲法起草委員会成立後、1年あまり近く具体的な活動を行わず、正式に運営を始めたのは、1954年3月23日に憲法起草委員会第1回会議が招集開催された以降であり、合計正式の会議を7回招集開催した」という[72]。

また「憲法60年」によると、梅村のいう「憲法制定作業後期」にすでに入った「1953年末に中共中央はひとつの憲法起草小組の成立を決定した」[73]というが、「中国憲政」によると、「憲法起草委員会の成立後、中共中央は内部にひとつの憲法起草小組を指定し」、「起草小組には陳伯達・胡喬木・田家英らの者が参加した」という。そして、「憲法起草作業の段取りにもとづき、憲法起草委員会の正式の作業手続が起動する前に、まずはじめに、中共中央

内部の憲法起草小組が憲法草案初稿の制定作業に責任を負」い、「起草小組は毛沢東が具体的に指導し」、「主として毛沢東の3名の秘書が起草小組を構成した」という(74)。

さらに、「第5章 1954年憲法の起草経過（2）」という部分では、「憲法起草小組のメンバーの2ヵ月近い作業および中共中央政治局の数回の討論をへて」、1954年「3月15日にいたって、中国共産党中央委員会の憲法草案初稿がすでに形成され」、「3月23日に、中国共産党中央委員会は憲法起草委員会に対して正式に憲法草案（初稿）を提出した」という(75)。

なお、「1954年6月」に起草作業にくわわった中国「人民大学法律系の教師」とは、後述の「董成美教授」であった(76)。

ともあれ、「第6章 1954年憲法草案の審議手続（1）」という個所では、「3月23日から6月11日まで、憲法起草委員会は81日のときをかけ、意見の収集および交換のために非公式な会議をいくどとなく招集開催したことのほか、合計正式の会議を7回招集開催し、草案初稿にたいしてくり返し検討と討論を行い、最後に『中華人民共和国憲法草案』を採択した」という(77)。

「憲法史」上によれば、その初日になされた「陳伯達の『「中華人民共和国憲法草案（初稿）」の起草作業にかんする説明』」における8つの部分が詳細に紹介されている(78)。

そして、「中国憲政」の「第7章 1954年憲法草案の審議手続（2）」という部分などによると、1954年3月から9月までの憲法起草委員会総会の9回におよぶ開催日は下記のとおりである(79)。

```
1   憲法起草委員会第1回会議（3月23日午後）      （222-232頁）
2              第2回会議（5月27日）           （232-236頁）
3              第3回会議（5月28日）           （236-239頁）
4              第4回会議（5月29日）           （239-251頁）
5              第5回会議（5月31日）           （251-257頁）
6              第6回会議（6月8日午後4時）   （257-266頁）
7              第7回会議（6月11日午後）      （266-276頁）
8              第8回会議（9月8日）            （313頁）
9              第9回会議（9月12日）           （314頁）
```

さて、1954年6月11日に、憲法起草委員会第7回会議は「憲法起草経過の報告」を採択し、6月14日に、「中央人民政府委員会は憲法草案を採択した」という(80)。

ちなみに、毛沢東の「中華人民共和国憲法草案について」(1954年6月14日) というとくに注目すべき当時の一文はかれが「中央人民政府委員会第30回会議でおこなった演説」をまとめたものである。そこでは、1954年憲法草案が「比較的よい、比較的完全な憲法草案」となった理由として、毛によれば、「それは主として」、ⅰ「経験を総括していること」、ⅱ「原則性と弾力性とを結びつけていること、という二点にあ」り、「第一に、この憲法草案は、歴史的経験、とくにここ5年らいの革命と建設の経験を総括して」おり、「第二に、われわれの憲法草案は、原則性と弾力性とを結びつけている」とされている(81)。

ここで、「原則性」とともに、今日でいう「中国の特色」におおむね相当すると考えられるいわゆる「弾力性」があげられている点は、その後の中国における「党国体制」下の「憲政」や「法治」について考えるうえで、決定的に重要といえる。

前者について、毛は「この憲法草案はまた、清朝末期いらいの憲法問題についての経験、つまり清朝末期の『十九ヵ条の信条』」「から、民国元年の『中華民国臨時約法』」、「北洋軍閥政府のいくつかの憲法と憲法草案」、「蔣介石反動政府の『中華民国訓政時期約法』、さらには蔣介石のニセ憲法にいたるまでの経験をも総括している」と自負している(82)。

ここでも、ふたたびいわゆる「ニセ憲法」批判がいくぶん「体系」的になされているが、1945年の毛の「連合政府論」にみられる「訓政すなわち一党独裁」批判という「連合独裁」や「連合政府」の原点からはいくぶん隔たりが生じているといえようか。

そして、「たとえば、民国元年の『中華民国臨時約法』は、当時としては比較的よいものであ」り、「不完全な、欠点のある、ブルジョア的なものではあったが、革命的、民主的な性格ももっていた」と一定の評価を与える一方で、「そのほかのいくつかの憲法と憲法草案は、総じて反動的なものである」と一律に切り捨てている(83)が、前者の「臨時約法」にたいする毛によ

る「比較的よい」という評価自体が、「近代立憲主義憲法」の「理念型」に相対的にやや近いと考えられる「民国憲政の第一の潮流」の批判的継承性を今日「再吟味」する手がかりになるのではないか。

　ともかく、いわゆる「憲法といえば、ブルジョア階級が先につくったものであ」り、「ブルジョア階級にはみな革命の時期があり」、「かれらの憲法には史上に占める位置がないなどと言って、ブルジョア民主主義をあたまから否定するわけにはいかない」として一定の評価を与えつつも、「しかし、現在のブルジョア階級の憲法はまったくいいところがなく、悪いものであって、わけても帝国主義諸国の憲法は多数の人をあざむき、抑圧するためのものである」ととくに厳しい一方で、「われわれの憲法は、ブルジョア型のものとは異なり、新しい社会主義の型のものであ」り、「かれらの革命期の憲法にくらべてもはるかに進歩的である」と型どおり絶賛している[84]。

　以上のことから、当時の毛の憲法観の一端が垣間見られよう。

　他方で、当時における「歴史的経験」の総括にもとづきつつ、毛によれば、すなわち、①ニセ憲法、②「ブルジョア型の」憲法（「中華民国臨時約法」）、③「新しい社会主義の型の」憲法の三つに類型化されている。本章では、これをいわば「毛沢東の憲法の三類型論」とよぶことにしたい。ただし、「近代立憲主義憲法」の「理念型」からはかなり遠いか、その対極にあると考えられるさきの「民国憲政の第二の潮流」では、②をのぞき、①と③が「価値」中立的にともに含まれると考えられる。そこでは、毛がきびしく批判し、マイナスに評価される①の「ニセ憲法」と毛が絶賛し、プラスに評価される③を「五十歩百歩」のものとあつかっているが、これをいくぶん「相対化」して①と③における「共通」の問題を、あえて②にたいする毛の評価などにみられるようなグローバル化の21世紀の今日における「近代立憲主義（憲法）の継承性」の新たな問題としてとらえなおすことはできないであろうか。

　ここではとにかく「革命の時期」を最重要視する毛が「ブルジョア型の」憲法と「社会主義型の」憲法との「二項対立」的な峻別論をいわば帝国主義段階においてかなり絶対化している点はいくぶん「相対化」された形での検討を試みるいわゆる「冷戦」終結後の段階におかれた今日的なグローバルな

状況にとって注意を要しよう。しかしながらそうした絶対化の傾向はのちの「劉少奇報告」に忠実にそのまま引き継がれていくのだが。

さらに毛がいうには、ここで「原則というのは基本的には二つで、民主主義の原則と社会主義の原則であ」り、前者についていえば、「われわれの民主主義は、ブルジョア民主主義ではなく、人民民主主義であ」り、「つまり、プロレタリア階級の指導する、労農同盟を基礎とした人民民主主義独裁である」とする[85]。ちなみに、ここでの指摘はさきにみた加茂の「現代中国の二つの政治原則」を想起させるものであるが。

他方後者では、革命性と弾力性との結合がとくに強調されている。たとえば、「社会主義的全人民所有制」の「原則」といわゆる「国家資本主義」の「弾力性」や「少数民族地区」のそれらである[86]。

なお土岐によれば、「近代立憲主義（憲法）の継承性」の問題が「共同綱領」には残っているわけだが、遅くとも1957年からの反「右派」闘争により、それとの「断絶」が決定的になったのである。今日の中国においても、「社会主義市場経済」やグローバル化の流れそのものがいわゆる「近代立憲主義（憲法）の継承性」の問題を多かれ少なかれ再提起しているといえようか。

いずれにせよ、毛はふたたびくりかえして、「この憲法草案がみなから支持され、よいものだと言われるのは、二つの理由があ」り、「一つは経験を正しく適切に総括していること、もう一つは原則性と弾力性とを正しく適切に結びつけていることである」点を念入りに強調し続けている[87]。

また、いわゆる「憲法とは全般的な規約であり、根本法であ」り、「憲法というこうした根本法の形で、人民民主主義と社会主義の原則を条文化し、これによって」、「全国人民の積極性を高めることができる」と「二つの基本的原則」の条文化の意義を強調してみせている[88]。

一方で毛はまた、「われわれのこの憲法は、社会主義型の憲法であるが、まだ完全な社会主義の憲法ではなく、過渡期の憲法である」とその限界についても注意深く付言している[89]。ただし、それは毛が最重要視した社会主義「革命時期」の憲法そのものであったのだが。さらにのちには、1958年からのいわゆる「大躍進」期をへて、「調整」期においてさらに「過渡期」が

大幅に延長され、「革命」が最終的に「憲法」を完全にのりこえてしまい、1966年からの「文革」へと突入していくわけである。

ちなみに、「憲法60年」によれば、「憲法草案の全人民討議は、1954年6月16日から9月11日まで、3ヵ月のときをへた」という(90)。

なお、当時の憲法草案にかんしては、『わが国の憲法草案の基本的な内容を語る』および中国共産党中央華南分局宣伝部編『中華人民共和国憲法草案講話』などのパンフレットもある(91)。

さて「中国憲政」によれば、「憲法草案の全人民討議が終了したのち、憲法起草委員会は総括された憲法草案と関係のある改正意見にたいして検討をくわえ、あわせて第8回および第9回会議を招集開催し、草案に対する最終修正作業を完成させた」という(92)。

なお、「1954年9月8日に、憲法起草委員会第8回会議が中南海紫光閣で挙行され」、「9月12日に、憲法起草委員会は第9回会議を挙行し、今回の会議は憲法起草委員会の最後の1回の会議であった」とする(93)。

ふたたび「憲法60年」によれば、「1954年9月9日に、中央人民政府委員会は第34回会議を挙行し、改正をへた『中華人民共和国憲法草案』を討論し、あわせて可決し」、「9月12日に、憲法起草委員会は第9回会議を挙行し」、「中華人民共和国憲法草案についての報告」がなされたという(94)。

3　いわゆる「劉少奇報告」について

さて本論の最後に、劉少奇の「中華人民共和国憲法草案についての報告」(1954年9月15日)(95)をここで少しくわしく取り上げておこう。

早速それによればすなわち、「百年あまりのあいだ、中国の革命と反革命の激しい闘争はやんだことがな」く、「このような激しい闘争は、国家制度の問題に反映し、三つのちがった勢力が要求する三つのちがった憲法としてあらわれている」という(96)。それは「憲法制定権力」論というよりも、むしろいわば「憲法制定勢力」論でもある。

つまり、さきの「毛沢東の憲法の三類型論」に忠実に対応させる形で、劉もここで異なる「三つの勢力と三つの憲法」論をさらに具体的に展開することに努めている。

まず、いわば「第一の勢力と第一の憲法」とは、①「清朝・北洋軍閥から蒋介石の国民党にいたるまでがつくったにせ憲法であ」り、「これらの封建的・買弁的階級の反動支配者どもは、ブルジョア民主主義にさえ反対し」、「もともとどのような憲法も必要と」せず、「ごまかしの『憲法』をつくる」「その目的は、ブルジョア憲法の形式でていさいをつくり、彼らの反動支配も余命をたもとうとする」が、「もちろん達せられなかった」という[97]。つまり、これはマイナスにのみ評価される「ていさい」だけの「にせ憲法」にすぎない。

ついで、いわば「第二の勢力と第二の憲法」とは、②「中国民族ブルジョアジーが長いあいだもとめていた憲法、つまりブルジョア民主主義共和国の憲法であ」り、中華民国「臨時約法のほかに、中国にはこれまでこのような憲法はうまれなかった」のである。というのも、「半植民地的・半封建的な中国では、こうしたブルジョア共和国はしょせん一つの幻想にしかすぎ」ず、「中国にブルジョア的性質の憲法をうみだすこともできな」かったという[98]。これはつまり、近代立憲主義の流れを部分的にくむ可能性のある「ブルジョア民主主義共和国の憲法」であるが、「一つの幻想」と当時は片付けられている。

最後に、いわば「第三の勢力と第三の憲法」とは、③「労働者階級が指導し労農同盟を基礎とする人民共和国の憲法であ」り、「これが、現在われわれが制定しようとしている憲法である」とする[99]。これこそがプラスにのみ評価される当時の毛にとって「現実」的な「人民共和国の憲法」である。

これらのうち、さきの「毛沢東の憲法の三類型論」にもとづく峻別の絶対化をふまえると、①と②は「にせ憲法」や「一つの幻想」とされる「ブルジョア型の」憲法、③が「人民共和国の」「社会主義型の」憲法の両者にさしあたり本質論レベルで悪玉・善玉的に峻別されている。

なお、劉によれば、「同時に、数十年来中国においては、多くの人々がブルジョア憲政を実施するため、さまざまな努力をしてきたが、すこしの成果もあがらなかった。中国でうみだされるほんとうの憲法は、結局、人民民主主義的憲法と社会主義的憲法だけしかなく、こうした憲法こそ、もっとも広範な人民大衆の利益に合致し、もっとも広範な人民大衆から歓迎されるもの

である」とはっきりと断定している(100)。

「すこしの成果もあがらなかった」かどうかはさておき、要するにここでは、本質論のレベルにおける「ブルジョア憲政」の全面的な否定にくわえて、くりかえしになるが、いわゆる「ブルジョア憲政」においては、①の数多くの「にせ憲法」は論外としても、②の「臨時約法」を唯一の例外とし、(1947年憲法を意識的に除外した)「ブルジョア民主主義共和国の憲法」を「一つの幻想」としているほか、①と②の対極に位置する③の「人民民主主義的憲法と社会主義的憲法」といった「ほんとうの憲法」のみが最後に残った形である。

ちなみに前述の味岡の機能的な二分法にしたがえば、上記の①と③は「近代立憲主義憲法」の「理念型」からかなり距離をおくと考えられる「民国憲政の第二の潮流」に属し、②のみがその「理念型」に相対的にやや近いと考えられる「民国憲政の第一の潮流」に属することになろうか。「冷戦の最盛期」におけるさきの毛沢東による①・②と③の本質論のレベルにおける峻別の絶対化との対比でいえば、グローバル化の21世紀の今日における味岡の二分法による「相対化」の試みの意味が1954年憲法の制定過程などにおいてもかえって一定程度きわだってくる。

さて、上記の劉少奇報告の「3　全人民的な討論のなかで提出された憲法改正についての意見」では、「われわれのこの憲法は過渡期の憲法であるから、社会主義社会がすでに建設しとげられた時期の憲法とは差異が」あり、「われわれの憲法の一部の条文が、綱領的な性質をもっている」とする(101)。

つまり、ここではこうした憲法の「綱領的な性質」が語られており、それとさきの「弾力性」や「共同綱領」そのものとの関連も重要であろう。

最後に「4　結論」で、「憲法発布後は、憲法に規定されたどの条文もがみなひとりでに実現されるということを、けっして意味するものではない。そうだ、意味しない」とくり返し劉少奇が述べた点(102)は1956年末で社会主義への移行を一応終えたとされる1954年憲法および「革命」が「憲法」をこえたいわゆる「文革」期における劉少奇そのもののその後の行く末を少なくとも結果的にはある意味で暗示するものであったのだが。

第4節　1982年中国現行憲法について―その施行30周年によせて

　建国初期において臨時憲法の役割を果たした「共同綱領」から33年、1954年憲法から28年たち、正式の憲法として4番目の中国憲法が1982年12月に施行された。その約2年後に、董成美編著・西村幸次郎監訳『中国憲法概論』(103)が上梓されたが、2012年12月は、その施行30周年でもある。
　西村「解説　中国82年憲法の若干の特徴―本書の理解のために―」という一文によれば、「中国では82年憲法の採択後、この憲法の普及・宣伝の運動が展開され、各種の憲法書が出版されている」が、「董成美編著『憲法基本知識』」は、「現行憲法の基本的諸問題を体系的かつ簡明に説明しており」、「適切と考え」、「『中国憲法概論』として翻訳することとなった」経緯が説明されている(104)。
　この翻訳が上梓されてからでもはやくも28年の歳月が経過しようとしているが、1984年9月から1985年8月までの筆者の最初の中国北京留学（当時の中国人民大学法律系高級進修生：当時の指導教員―董成美教授）もこの時期とちょうど重なっている。
　また、「中国憲政」には、「付表Ⅶ　1954年憲法の制定の若干の歴史的状況にかんする回想―董成美教授訪問談話録」もある(105)。
　なお、30年の長きにわたって存在する1982年憲法については、さしあたり通山昭治（研究ノート）「1982年中国憲法の原点」（上）（下・完）(106)などを参照願いたい。
　というのも、建国後の中国憲法をめぐる「歴史的経験」の全般的な総括が、どのように現行の1982年憲法の原点に集約されているのか、いないのかが21世紀のグローバル化の今日まさに問われていると考えられるからである。今後の課題である。
　そもそも1982年憲法は、20世紀でその使命を終え、21世紀には新しい憲法が制定されるといった希望的な「観測」も当時においては一部でなされていた。しかしながら、1982年現行憲法の原点をあるいは超えて、グローバル化

の21世紀の2004年における最初の憲法の修正（部分改正）において、「国家は人権を尊重し、そして保障する」という今日の中国にとってきわめて斬新な文言があらたに追加された点はもとよりそれを過大に評価すべきではないが、やはりそれなりに重要であろう。はたして1982年現行憲法や中国の「党国体制」そのものは21世紀のいつごろまでその生命力を保つことができるのであろうか。

　最後に、第一節でみた「党国体制」論そのものは、1982年中国現行憲法の生命力の保持という点とも密接にかかわってくる点にふれておく。今後を期したい。

（１）　西村成雄・国分良成『党と国家　政治体制の軌跡』（叢書　中国的問題群１）（岩波書店、2009年、以下「軌跡」と略称する）、ⅴ～ⅹ頁、ⅶ頁。
（２）　「軌跡」、ⅵ～ⅶ頁。
（３）　「軌跡」、ⅹ頁。
（４）　「軌跡」、ⅷ頁。
（５）　「軌跡」、59-104頁（西村担当）、66-78頁。
（６）　「軌跡」、68頁。
（７）　「資料２　中国共産党第７回全国代表大会における毛沢東主席の政治報告『連合政府論』」「：1945年４月24日」（日本国際問題研究所中国部会編『新中国資料集成』第１巻（1945―1947年）、日本国際問題研究所、1970年再版、以下「集成」と略称する）、5 -63頁、26-33頁、31-32頁。
（８）　「集成」、33-54頁、36-39頁、37頁。
（９）　「軌跡」、71頁、73頁、75頁。
（10）　「軌跡」、78-90頁、90-98頁、93-96頁、95頁。
（11）　「軌跡」、95頁、96頁。
（12）　「軌跡」、96-98頁。
（13）　「軌跡」、98-104頁、101-102頁。
（14）　唐亮『現代中国の政治―「開発独裁」とそのゆくえ』（岩波書店、2012年、岩波新書1371）、46-47頁。
（15）　味岡徹「民国憲政の二つの潮流」（久保亨・嵯峨隆編著『中華民国の憲政と独裁　1912―

　　　　　　第5章　建国初期中国憲法制定史についての覚書（通山）　　*159*

　　1949』、第4章所収、慶應義塾大学出版会、2011年、以下「潮流」と略称する）、69-91頁、69頁、
　　88頁。
(16)　「潮流」、88-89頁。
(17)　稲正樹・孝忠延夫・國分典子編著『アジアの憲法入門』（日本評論社、2010年）。
(18)　「潮流」、71-73頁、74-77頁。
(19)　「潮流」、78頁。
(20)　「潮流」、86-88頁。
(21)　加茂具樹「中国共産党の憲政―活動の法制度化と領導の法制度化」、加茂具樹・小嶋華津
　　子・星野昌裕・武内宏樹編著『党国体制の現在―変容する社会と中国共産党の適応』（慶應義塾
　　大学出版会、2012年、第1章所収、以下「憲政」と略称する）、11-44頁、11頁。
(22)　「憲政」、40頁。
(23)　莫紀宏「『臨時憲法』：『共同綱領』」、韓大元主編『新中国憲法発展60年』広東省出版集団・
　　広東人民出版社、2009年、第1章所収（以下「憲法60年」と略称する）、1-33頁、1-5頁、2
　　頁。
(24)　「憲法60年」、17頁。
(25)　「憲法60年」、5-14頁。
(26)　「憲法60年」、6-8頁。
(27)　「憲法60年」、7頁。
(28)　「憲法60年」、7頁。
(29)　「憲法60年」、8頁。
(30)　「憲法60年」、8-10頁。
(31)　韓大元「論1949年『共同綱領』的制定権」『中国法学』2010年第5期（以下「韓論文」と略
　　称する）、10頁、11頁。
(32)　「韓論文」、11頁。
(33)　「憲法60年」、9頁。
(34)　「憲法60年」、10-14頁。
(35)　「憲法60年」、10頁。
(36)　「韓論文」、11頁。
(37)　「韓論文」、同頁。
(38)　杜崎群傑「中国人民政治協商会議共同綱領の再検討―周恩来起草の草稿との比較を中心に
　　―」『現代中国』84号、2010年（以下「杜崎論文」と略称する）、115-129頁、116-119頁。なお、
　　杜崎群傑「従共同綱領『草案初稿』看周恩来的建国思想」南開大学周恩来研究中心編・徐行主編
　　『二十一世紀周恩来研究的新視野―第三届周恩来研究国際学術研討会論文集』（下冊）、中央文献
　　出版社、2009年もある。
(39)　「杜崎論文」の「はじめに」、115頁。
(40)　「杜崎論文」、119-126頁、119頁。
(41)　「杜崎論文」の「終わりに」、126頁。
(42)　許崇徳『中華人民共和国憲法史［第2版］』上巻、福建人民出版社、2005年（以下「憲法史」
　　上と略称する）、25-48頁。

(43) 「周恩来起草的『新民主主義的共同綱領（草案初稿）』(1949年8月22日）」（『党的文献』2003年第2期、以下、「草案初稿」と略称する）、7-12頁、8-10頁。
(44) 「草案初稿」、9頁。
(45) 孟広涵主編『政治協商会議紀実』上巻（重慶出版社、1989年）79-84頁など。
(46) 「草案初稿」、6頁。
(47) 「杜崎論文」、125-126頁。
(48) 陳揚勇「周恩来与共同綱領的制定」同上の『党的文献』（以下「陳論文」と略称する）、28-33頁。
(49) 「陳論文」、30頁。
(50) 「『共同綱領』提綱（1949年）」『建国以来周恩来文稿』第一冊（1949年6月—1949年12月）中央文献出版社、2008年、282-289頁、282頁、283-285頁。
(51) 同上、291-315頁。
(52) 「中共中央関於廃除国民党『六法全書』和確定解放区司法原則的指示」（1949年2月22日）『共和国走過的路—建国以来重要文献専題選集』(1949年—1952年）中央文献出版社、1991年、以下「指示」と略称する、45-47頁。
(53) 「指示」、46頁。
(54) 晏英『近代立憲主義の原理から見た現代中国憲法—ソ連的マルクス主義の影響を踏まえて—』日本僑報社、2010年、195-196頁。
(55) 劉少奇「関於中国新民主主義的国家性質與政権性質」（1949年7月4日）、前掲『共和国走過的路—建国以来重要文献専題選集』（1949年—1952年）、56-59頁、58頁。
(56) 土岐茂「共同綱領の憲法的性格—中国憲法史の側面からの考察」『早稲田法学会誌』第34巻、1984年3月、以下「土岐論文」と略称する、31-59頁、33-40頁、36-38頁。
(57) 「土岐論文」、38-40頁。
(58) 「土岐論文」、40-52頁、40-44頁。
(59) 「土岐論文」、44-46頁。
(60) 「土岐論文」、46-51頁、46-49頁。
(61) 「土岐論文」、49-51頁。
(62) 「土岐論文」、51-52頁。
(63) 針生誠吉「中国および中国法研究の再構成のために—中国における近代立憲主義とは何か—」、幼方直吉編『現代中国法の基本構造』第4章、アジア経済研究所、1973年、以下「針生論文」と略称する、83-107頁、83頁。
(64) 「針生論文」、99-107頁、95-104頁。
(65) 「土岐論文」、52-55頁。
(66) 梅村卓（研究ノート）「中国1954年憲法の制定過程と歴史的性格の再吟味」『アジア経済』45巻9号、2004年9月（以下「再吟味」と略称する）、23-42頁、25-29頁、32-37頁、25頁。
(67) 「再吟味」、28-29頁。
(68) 「再吟味」、33頁。
(69) 「再吟味」、25頁。
(70) 韓大元担当の「第2章　新中国憲政体制的原基：1954年憲法」（「憲法60年」所収、以下「憲

法」と略称する)、34-96頁、46-50頁。
(71) 韓大元編著『1954年憲法与新中国憲政』(2004年、湖南人民出版社、2004年、以下「中国憲政」と略称する)(なお、同書(第二版)として、武漢大学出版社、2008年もある)、60-67頁、60頁、64頁。
(72) 「中国憲政」、65頁。
(73) 「憲法」、53頁。
(74) 「中国憲政」、66頁。
(75) 「中国憲政」、68-115頁、84頁。
(76) 「中国憲政」、82頁。
(77) 「中国憲政」、116-220頁、116頁。
(78) 「憲法史」上、117-119頁。
(79) 「中国憲政」、221-304頁。
(80) 「中国憲政」、276-277頁、279頁。
(81) 毛沢東「中華人民共和国憲法草案について」(1954年6月14日)(「中央人民政府委員会第30回会議でおこなった演説」)『毛沢東選集』第5巻、外文出版社、1977年、以下「演説」と略称する、195-204頁、197頁、198頁。
(82) 「演説」、197頁。
(83) 「演説」、同頁。
(84) 「演説」、198頁。
(85) 「演説」、同頁。
(86) 「演説」、198-200頁。
(87) 「演説」、200頁。
(88) 「演説」、201頁。
(89) 「演説」、203頁。
(90) 「憲法」、63頁。
(91) 「談我国憲法草案基本内容』、通俗読物出版社、1954年、中国共産党中央華南分局宣伝部編『中華人民共和国憲法草案講話』、華南人民出版社、1954年。前者は、「もともと、北京人民ラジオ放送局の『憲法草案宣伝番組』のラジオ放送原稿」(「出版者の話」)であり、後者は「農村幹部および農民の学習を助けるために」書かれたものである(「前言」)という。
(92) 「中国憲政」、313頁。
(93) 「中国憲政」、313頁、314頁。
(94) 「憲法」、67-68頁。
(95) 劉少奇「中華人民共和国憲法草案についての報告」(「1954年9月15日、中華人民共和国第1期全国人民代表大会第1回会議での報告」)、中国研究所編訳『中華人民共和国憲法―付 劉少奇報告 他―』国民文庫社、1955年、以下「報告」と略称する、44-99頁。
(96) 「報告」、50頁。
(97) 「報告」、50-51頁。
(98) 「報告」、51頁。
(99) 「報告」、同頁。

(100) 「報告」、52頁。
(101) 「報告」、86-96頁、92-93頁。
(102) 「報告」、96-99頁、98頁。
(103) 董成美編著・西村幸次郎監訳（共訳者　杉中俊文・野沢秀樹）『中国憲法概論』（アジア法叢書5）、成文堂、1984年、以下「概論」と略称する。
(104) 「概論」、277-291頁、290頁。
(105) 「中国憲政」、772-781頁。
(106) 通山昭治（研究ノート）「1982年中国憲法の原点」（上）『九州国際大学法学論集』第18巻第1・2合併号、2011年12月、153-204頁、同（下・完）同「論集」第19巻第3号、2013年3月、129-164頁。

以上

第6章　中国憲法の改正、解釈、変遷

石塚　迅
Jin ISHIZUKA

はじめに
第1節　憲法改正から憲法解釈へ
第2節　憲法解釈の具体的展開
第3節　憲法変遷の可能性
おわりに

はじめに

　筆者は、2010年11月に中村元哉氏、山本真氏とともに『憲政と近現代中国―国家、社会、個人―』（現代人文社）を編集・刊行した。同書の「序」において、編著者3名は、「憲政」の概念を広義、狭義、最狭義の三つに区別・整理した。すなわち、①文字どおり憲法に基づく政治（憲法政治）（広義における憲政、形式的意義における憲政）、②国家権力の濫用を制約し国民の権利・自由を保障する法規範、すなわち立憲主義的意味の憲法に基づく政治（狭義における憲政、実質的意義における憲政）、③国家権力の濫用を制約し国民の権利・自由を保障する具体的内実（例えば、違憲審査制、公と私の分離等）を具えた憲法に基づく政治（最狭義における憲政）の三つである。その上で、可能な限り、狭義の意味で「憲政」という語を使用することを編著者3名の間での緩やかな共通理解とした。同書では、こうした憲政理解を前提としつつ、さらに、同書全体で大きく二つの課題を設定した。第一に、近現代中国（中華民国、中華人民共和国）は憲政（立憲主義）を受容したといえるのか、もし受容したのであればどの段階で、またはどの範囲まで受容したのかという問いであり、第二に、「中国的（中国型）憲政」が設定可能なのかという問いである[1]。

「憲政」を狭義で、すなわち「立憲主義」とほぼ同義で把握・理解しようとする編者者3名の中でも、筆者の憲政理解は、最狭義のそれに最も近いかもしれない。最狭義の憲政理解に立てばもちろんのこと、狭義の憲政理解に立ったとしても、1949年10月の建国以降の中華人民共和国（以下、中国と表記）は今なお「憲政＝立憲主義」を受容していないとみるべきであると筆者は考えている。

　毛沢東は、中国建国直前の時期に、「帝国主義の侵略は、西側に学ぼうとする中国人の迷夢を打ち破った。不思議なことだ。どうして、先生はいつも生徒を侵略するのだろうか？　中国人は西側から多くのものを学んだが、それらは通用しなかったし、理想はいつも実現できなかった。…西側のブルジョア階級的文明、ブルジョア階級的民主主義、ブルジョア階級共和国の構想は、中国人民の心の中で一斉に破産してしまった[2]」と述べていた。また、中国共産党も、1949年2月に、「国民党の六法全書を廃棄し解放区の司法原則を確定することに関する指示」を発布し、中華民国の憲法体制との断絶を明言していた。中国（中華人民共和国）の憲法史は、西欧的な近代立憲主義を全否定するところからスタートしたのである。建国以降、中国は1954年、1975年、1978年、1982年にそれぞれ憲法を制定し、現行「1982年憲法」は、1988年4月、1993年3月、1999年3月、2004年3月の四度にわたる部分改正を経ているが、依然として立憲主義とは相容れない規定を少なからず内包している。例えば、憲法遵守義務は国家権力だけでなく個々の公民にも課されているし、価値の相対性・多元性は憲法上各所で否定されている。この点については、本論においてもう少し詳しく言及する。

　異なる価値観の公正な共存を目指す立場こそが立憲主義であると説く憲法学者の長谷部恭男氏は、ルソーの『戦争状態論』を援用して、東西冷戦とは、「異なる憲法原理、国家権力の異なる正統化根拠を掲げる二つの陣営の戦争状態であった」と断じる。市場経済か計画経済かという「資源の配分方法に関する対立は、そもそもの憲法的対立から派生する二次的対立にすぎない。体制の正統性をめぐる対立であったからこそ、相互の『殲滅』の理論的可能性をも視野に含めた軍事的対立が現出した」。双方の陣営にとって、権力の正統性原理である憲法が最終的な攻撃目標であり、そうであったがゆえ

に、一方の陣営（東側）が自らの憲法を全面的に変更することで冷戦は終結したのである。冷戦の終結は、リベラルな議会制民主主義（立憲主義）を採用する陣営（西側）がそうした体制を採用しない共産主義陣営（東側）に勝利したこと意味する、と長谷部氏は結論づける。長谷部氏にいわせれば、第二次世界大戦も同様の論理である。そこでは、リベラルな議会制民主主義諸国と共産主義諸国との連合軍によって、ファシズム諸国が粉砕された。敗れたファシズム諸国は憲法の全面改正を余儀なくされ、その結果、日本は議会制民主主義諸国の陣営に加入し、ドイツは東西に分断されて、西ドイツは議会制民主主義国家として、東ドイツは共産主義国家として再出発したのである[3]。

こうした長谷部氏の論理は、中国における立憲主義を考察する上で、きわめて示唆に富む。繰り返しになるが、現行の中国の憲法体制は、形式・実質の両面において立憲主義的であるとはいえない。もし、長谷部氏の理解のように、第二次世界大戦・東西冷戦が憲法体制の選択をめぐる争いであるとすれば、中国と西欧諸国は今なお冷戦のまっただ中にあることになる。中国政府および共産党が、立憲主義の核心である「人権」をめぐる国内外の批判に過敏に反応すること、中国とは異なる、しかも立憲主義的な憲法体制を採用する台湾（中華民国）に対して「祖国統一」を名目に武力行使の可能性を否定していないこと等は、長谷部氏の論理から一定程度説明が可能である。人権と台湾、この二つは、現行の中国の憲法体制の正統性と直截的に関わる問題であるため、現行の中国憲法体制を固守しようとする側からすれば、絶対に譲歩できないのである[4]。

中国は、第二次世界大戦後の日本やドイツ、東西冷戦後の東欧諸国やソビエト連邦のように、戦敗、革命、政治的民主化等、何らかのドラスティックな変革による現行憲法の全面改正を経なければ、立憲主義を受容することはないのであろうか[5]。中国の政治的民主化の「軟着陸（ソフト・ランディング）」の可能性については、すでに政治学の分野で数多く論じられており、先行研究は枚挙にいとまがない[6]。また、法学の分野においても、「軟着陸」のための現行制度の改革が展望されている[7]。

しかしながら、本論文における筆者の問題意識は、中国の政治的民主化が

実現するかどうか、実現するとすればそれは「軟着陸」かどうか、という点にあるのではない。近代立憲主義を拒否する現行中国憲法の変容・転換の理論的可能性である。筆者は、近年、中国の憲法学界において憲法解釈論の研究が盛んになっている点に注目している。従来、民主派知識人や改革指向の憲法学者は、中国に憲政・法治を実現・定着させるために、現行憲法の不備を指摘しその改正を主張した。憲法全面改正は、1970年代後半以降、しばしば顕在化した民主化運動のスローガンの一つにもなったし、また、そこまで先鋭化しなくとも、憲法部分改正・憲法増補の提言は、憲法学界における憲法「研究」の一角を構成していた。そうした状況が2004年3月の憲法部分改正以降、若干変化しているようにみえるのである。もちろん、「08憲章」にみられるように、憲法全面改正の主張を民主派知識人は取り下げたわけではないが、一方で、中国国内の憲法学界において、憲法部分改正・憲法増補の提言は以前ほどみられなくなった。代わって登場したのが憲法解釈論である。すなわち、近年になって、中国の憲法学界において、憲法改正ではなく憲法解釈によって、中国憲法を立憲主義的意味の憲法に近づけていこうとする知的営為がみられるのである。本論文では、①こうした理論的試みが生じている背景は何か、②憲法解釈の具体的展開がどのようなものであるか、③こうした憲法解釈が中国憲法を変容させていくのか（憲法変遷）について、順次検討を加えることで、現時点における近代立憲主義と中国憲法との「距離」を考えてみたい。

第1節　憲法改正から憲法解釈へ

　「はじめに」でも言及したように、中国憲法のそもそもの起点は西欧近代立憲主義の拒否にあり、現行憲法の条文をみても立憲主義との間にはなお一定の距離があることは否定できない。この点について、現行憲法の条文に沿ってもう少し詳しく確認しておこう。

　第一に、憲法学者の樋口陽一氏は、立憲主義を「権力に勝手なことをさせない」ことにより国民の自由を確保しようとするものであると捉える。日本国憲法第99条が公権力の担当者を名宛人として憲法尊重擁護義務を定め、文

言上、国民にその義務を課していないことは、日本国憲法が立憲主義的な考え方に立つ証左である[8]。これに対して、中国憲法は、前文（第13段）で憲法の最高法規性を謳う一方で、「全国の各民族人民、すべての国家機関および武装力、各政党および各社会団体、各企業・事業組織は、憲法を根本的な活動準則とし、さらに憲法の尊厳を擁護し憲法の実施を保証する責務を負わなければならない」として、国家権力の担当者だけでなく、個々人にも憲法擁護遵守義務を課している。個々人の憲法遵守義務は第53条において「公民の基本的義務」の一つとして再掲されている。

　第二に、長谷部氏は、「この世には、人の生き方や世界の意味について、根底的に異なる価値観を抱いている人々がいることを認め、そして、それにもかかわらず、社会生活の便宜とコストを公平に分かち合う基本的な枠組みを構築することで、個人の自由な生き方と、社会全体の利益に向けた理性的な審議と決定のプロセスとを実現することを目指す立場」として立憲主義を理解し、個々人の価値の相対性、公と私の分離を立憲主義実現の手立てとして強く要請する[9]。ところが、この点においても、中国憲法は立憲主義と相容れない。中国憲法は前文（第7段）において「四つの基本原則（社会主義の道、人民民主主義独裁、共産党の指導、マルクス・レーニン主義と毛沢東思想・鄧小平理論・「三つの代表」重要思想[10]）」を憲法の指導思想として提起し、その「堅持」を「中国の各民族人民」の法的義務[11]とすることで、個々人に特定のイデオロギーを強制している。これに加えて、第1条第2項では、「社会主義制度は、中華人民共和国の根本制度である。いかなる組織または個人による社会主義の破壊も、これを禁止する」と規定され、国家には「社会主義精神文明の建設を強化する」任務があり（第24条第1項）、「国家は、祖国を愛し、人民を愛し、労働を愛し、科学を愛し、社会主義を愛する公徳を提唱し、人民の間で愛国主義、集団主義と国際主義、共産主義の教育を行い、弁証法的唯物論と史的唯物論の教育を行い、資本主義的、封建主義的およびその他の腐敗した思想に反対する」（同条第2項）とされている。これら条文が存在するため、西欧諸国のような思想の自由は当然のことながら憲法に規定されていない[12]。

　「言論の自由を規定した自国の憲法を中国は順守すべきだ」。2010年10月、

ノーベル平和賞委員会は、民主派知識人の劉暁波氏にノーベル平和賞を授与する際に、このように述べて中国政府を批判した。この批判は正鵠を射ていない。確かに、「憲法があるにもかかわらず」、現在の中国では、様々な形で人権が抑圧・侵害されている。近年、市民や人権派弁護士が、憲法や法律を武器にして、本来享有するべき人権を要求する社会運動（権利擁護運動［維権運動]）(13) を起こすケースも散見される(14)。しかしながら、一方で、上述したような立憲主義的意味の憲法とは異質の「憲法があるがゆえに」、人権・自由が抑圧・侵害される場合もあるのである。例えば、1989年の「天安門事件（六四事件）」では、市民・学生の側が憲法に基づく言論・出版・集会・結社・行進・示威の自由（第35条）の行使を主張し、さらにそのいっそうの保障を要求したのに対し、中国政府・共産党の側は、少数の者が「公然と憲法に違反し、共産党の指導と社会主義制度への反対を煽動」した(15)、と市民・学生を断罪し、憲法第89条第16号に基づいて首都北京に「戒厳令」を布告した(16)。つまり、市民・学生と政府・共産党の双方が、自らが憲法の擁護者であり相手方こそが憲法に違反していると主張したのである。また、「天安門事件」以降、陸続と制定された言論・表現の自由関連立法（集会行進示威法（1989年10月公布）、社会団体登記管理条例（1989年10月発布、1998年10月改正）、出版管理条例（1997年1月発布、2001年12月改正、2011年3月部分改正）等）は、明文をもって「憲法に確立された基本原則に反対」するような表現行為を禁じている。これに反した場合は、行政罰の対象となるだけでなく、国家安全危害罪として刑事罰を科される場合すらある。なお、「憲法に確立された基本原則」が上述した「四つの基本原則」等を指していることは明らかである(17)。

　こうした中国憲法を立憲主義的意味の憲法に転変させるためには、やはり、憲法全面改正が筋であろう。そうであるからこそ、「天安門事件」では、民主化要求と連動する形で、憲法全面改正の主張が体制の内外において提起されたのである。また、2008年12月に、中国内外の学者、弁護士、記者、労働者、農民、企業家、共産党退職官吏ら303名が、「08憲章」と称する宣言文を連名でインターネット上に発表して中国内外の注目を集めた(18)。「08憲章」は、自由、人権、平等、共和、民主、憲政を「我々の基本的理念」とし

て掲げ、それら理念の実現に向けて19項目の具体的な主張を「我々の基本的主張」として提起している。そのトップで主張されているのは、憲法の全面改正である。「1、憲法改正：前述した価値理念に基づいて憲法を改正し、現行憲法の中の主権在民原則に適合しない条文を削除し、憲法を真に人権の保証書および公権力への許可証にし、いかなる個人、団体および党派も違反してはならない実施可能な最高法規とし、中国の民主化に法的な基礎を打ち立てる」。

しかしながら、こうした民主化運動と結びつく形での憲法全面改正の主張は当然のことながら中国政府・共産党の激しい弾圧を招いた。法学理論界も、こうした中国政府・共産党の弾圧を理論的に補強する役割を担った（あるいは、担わされた）。例えば、「天安門事件」の直後、8月5日に司法部と中国法学会が共同で「法学の領域において四つの基本原則を堅持し、ブルジョア自由化に反対する」座談会を開催し[19]、続いて、8月31日には中国法学会憲法学研究会が「憲法学の領域において四つの基本原則を堅持し、ブルジョア自由化に反対する」座談会をそれぞれ開催した[20]。それらの会議は、憲法改正を提起した法学者・政治学者の観点を「ブルジョア自由化の傾向と表現」として厳しく批判・断罪し、「四つの基本原則は我が国の憲法の根本原則であり、国家の立国の本であり、全国人民を団結させる政治的基礎である」ことを再確認したのである。そうした政治的環境の中で、憲法改正論に代わる形で登場したのが憲法解釈論である。

憲法解釈論の勃興を論じるにあたり、その前提として中国の憲法改正について二点指摘しておきたい。

第一に、中国憲法も硬性憲法であるという点である。現行憲法第64条は、第1項において「憲法の改正については、全国人民代表大会常務委員会または5分の1以上の全国人民代表大会代表がこれを提議し、全国人民代表大会が全代表の3分の2以上の多数でこれを採択する」と、第2項において「法律およびその他の議案については、全国人民代表大会が全代表の過半数でこれを採択する」と規定し、通常の法律の改正に比して憲法の改正がより困難な手続を経なければならないことを明示している。

第二に、中国憲法が「政治性」をもつという点である。「政治性」を有す

るとは、中国憲法が「政治」に圧倒され「政治」に従属しているということ、中国憲法およびその改正を論じることが政治的敏感性を有することを指す。すでに述べたように、中国憲法は、前文において「四つの基本原則」の堅持を提起している。憲法は、前文第13段および第5条第4項において、すべての国家機関、武装力、各政党、各社会団体、各企業・事業組織は憲法および法律を遵守しなければならない、と規定し、一見、共産党は憲法の枠内にあるかのようにみえるが、この「四つの基本原則」が他方において明記されているがゆえに、しかも、この中核が「共産党の指導」の堅持であるがゆえに[21]、共産党は、実質的に超憲法的存在になっている。現行憲法は四度の部分改正を経ているが、いずれもその前年または前々年に開催された共産党全国代表大会における政策方針の決定を受けてなされたものである。つまり、中国において、憲法は「政治」そのものなのである。換言すれば、憲法に優位する「共産党の指導」は、「法」に対する「政治」の優位を示すものであり、憲法の「軽さ」を表現している。憲法全面改正の主張は、こうした憲法の「政治（イデオロギー）性」を払拭させる主張であり、憲法改正論者は、憲法改正を通じて「法としての憲法」を確立することで、憲法の権威を高めようとしたのである。

　こうした憲法改正の「難しさ」と憲法の「軽さ」が、そのまま憲法解釈論の勃興へとつながっていく。

　憲法解釈論の重視を唱える急先鋒が、中国憲法学界の主流派と目される韓大元氏である[22]。韓大元氏は、憲法解釈の重要性について、次のように述べる。「思うに、憲法テクストが既に存在し、社会メンバーによって公認され、社会共同体の基本的価値が『合法的』に憲法テクストの中に入り込んである以上、学者は、憲法テクストについての研究を通じて、憲法が含意する価値を発見し、憲法の解釈を通して社会発展における問題を解決すべきである。もしわれわれ学者が憲法問題において、改革、革命、急進的な学術的傾向を強調しすぎると、憲法テクストの存在の社会的基礎が非常に脆弱になると思う。このため、憲法学の専門化的価値方式において、『革命』式の学術的傾向を提唱すべきでなく、『真正の憲法的方式で憲法学の対話の展開』を通じて、過分な革命意識、改革意識、急進的意識を克服すべきである[23]」。

同様に、若手憲法学者の翟国強氏も、「もし体制内の観点から見たならば『現存する憲法の不備を批判し、かつ完全無欠な憲法を制定することを願う』学説は、憲法の権威を樹立するのに不利であり、その上、憲法解釈を運用して、憲法の権利条項それ自体の瑕疵を消すことを軽視してしまっている(24)」と、憲法改正に傾斜したこれまでの憲法研究方法論を批判している。

憲法解釈論は、憲法改正の形式的難しさ（硬性憲法）を回避することができる。憲法全面改正にかなりのエネルギーを必要とすることは、長谷部氏も認めている(25)。後で述べるように、憲法解釈によって、憲法改正を経ることなく憲法の内容に実質的な変化をもたらすことが可能である。また、憲法解釈論は、憲法改正の実質的難しさ（政治的敏感性）をも回避することができる。すでに述べたように、現行の中国憲法体制においては、積極的で大胆な憲法改正の提言は、一歩間違えれば、憲法に反対する行為と認定される恐れがある。どこまでが大胆な憲法改正の提言で、どこからが憲法に反対する行為であるのか、その境界はきわめて曖昧で、恣意的な政治的判断・配慮が働く余地を多く残している。近年になって、法学界は中国政府・共産党から一定の範囲で自立の傾向を強めているが、憲法改正問題が憲法学者たちにとって依然として「危ない橋」であることに変わりはない(26)。

そして何よりも重要なことは、憲法解釈を重視する憲法学者たちが、現行憲法の不備を認識しつつも、憲法改正ではなく憲法解釈を通じて、憲法の「軽さ」を克服し憲法の権威を高めることを企図していることである。

第2節　憲法解釈の具体的展開

1　憲法解釈研究の現況

中国の憲法解釈の研究の概況については、若手憲法学者の馬洪倫氏が要領よくまとめている(27)。馬洪倫氏がCNKI［中国知網］と呼ばれる中国語論文データベースで調べたところによると、1988年から2010年2月までに発表された憲法解釈に関する論文はあわせて197篇ある。1988年から2001年までは毎年一桁前半で推移していたが、2002年以降、毎年10篇前後公表されるようになり、さらに、2005年以降、毎年30篇前後に急増した。馬洪倫氏によれ

ば、2002年11月に中国人民大学法学院において韓大元氏らが中心となり開催した「中国憲法学―基本的構造、手続および方法―」シンポジウムが一つの転換点であるという。また、憲法解釈研究の主要な内容は、憲法解釈の本体論と方法論という二つの方面に集中しており、本体論についていえば、憲法解釈の概念に関する論文が圧倒的に多い。

馬洪倫論文は、以下、憲法解釈の概念、憲法解釈の主体と客体、憲法解釈の性質、憲法解釈の効力、憲法解釈の方法について、順次、現在の中国憲法学界の学説を整理している。これらは、日本の憲法学においてもおなじみの論点ばかりであるが[28]、本論文の問題意識と関連するものについてのみ、いくつか確認しておきたい。

まず、憲法解釈の主体についてである。一般的にいえば、憲法解釈の主体は広義と狭義に区分される。広義の憲法解釈の主体は、比較的広範であり、権限を有する機関の解釈の他に、政府、社会団体、学者等の憲法に対する解釈も包含する。一方、狭義の憲法解釈とは、権限を有する機関が法律に基づき憲法規範の内容に対してなす説明を指す[29]。現行の中国憲法第67条は、第1号において「憲法を解釈し、憲法の実施を監督すること」を全国人民代表大会常務委員会の職権の一つとして挙げている。したがって、憲法明文上、狭義の憲法解釈の主体が全国人民代表大会常務委員会であることについて中国憲法学界において異論はない。問題は、この現行の憲法解釈制度をどのように評価するかである。憲法解釈権を裁判所に付与することが世界的な潮流であること[30]、現行の憲法解釈制度が有名無実化していること[31]等は、すでに多くの憲法学者の共通認識となっている。そうした中で、いかに現行の憲法解釈制度を活性化させるか、全国人民代表大会常務委員会のみが憲法解釈権を独占していてよいのか、違憲審査と憲法解釈は同一の概念なのか、等々、実践的・理論的諸課題について、中国の憲法学者たちは熱心に議論し、具体的な制度の構想をめぐっても多種多様な提案をなしてきた。理論研究と制度研究（提言）が一対になってなされるのが、中国における憲法解釈研究の特徴の一つである。

次に、憲法解釈の性格についてである。憲法解釈の性質については、客観主義的憲法解釈観（認識説）と主観主義的憲法解釈観（実践説）とが対立し

ている。前者は、解釈活動における一切の主観的要素を否認し、実定法を全知全能で自己完結した規範体系と捉え、一切の問題はこの体系の中から答えを探しうると考える。憲法解釈とは「法の発見」であり、「法の創造」ではない。他方、後者は、憲法解釈は純粋な主観的活動であり、憲法解釈の客観性は存在しえないと考える。憲法解釈とは「法の創造」であり、「法の発見」ではない。中国憲法学界でも、アメリカや日本の議論が詳細に紹介・検討されている[32]。中国の憲法学界の通説は、主観・客観が結合した憲法解釈観、いわば折衷説である。すなわち、憲法解釈においては、解釈者の主観的要素を完全に排除することはできないが、なお、それには客観的な枠が存在するというものである[33][34]。問題は、その「枠」とは何かである。

さらに、憲法解釈の性格とも密接に関わるのが、憲法解釈の方法についてである。この論点をめぐっても、中国憲法学界において、中国国外の議論を紹介した先行研究がすでにかなりの程度蓄積されている。興味深いのは、現在、少なからず中国の憲法学者がアメリカの原意主義（Originalism）に関心を示していることである[35]。原意主義とは、憲法解釈に際しては、当該憲法の制定者の意図または憲法テキストの意味の原初的理解に権威的地位が与えられるべきである、憲法解釈権者（アメリカでは裁判官）の裁量は「原意」によって拘束されるべきでありそれは可能なはずである、という主張・立場であり、この理論的当否をめぐって、アメリカでは絶え間なく激しい論争が繰り広げられてきた[36]。馬洪倫氏は、「我が国の憲法解釈の研究は、アメリカの憲法解釈の研究の影響を強く受けており、また、原意主義はアメリカの憲法解釈理論の中で核心的内容の一つである。それゆえ、中国国内の学者も普遍的に原意主義の研究に興味をもっているのである[37]」と述べている。もし、中国の憲法学者たちが原意主義の中国への応用可能性を検討するのであれば、また、原意主義に好意を示すのであれば、ここでもやはり、中国憲法の「原意」とは何かが問題として浮上する。

2 憲法事例の研究と憲法新概念の解釈

憲法解釈の具体的事例に目を転じたい。

まず第一に取りあげたいのが、前出の韓大元氏の研究および活動である。

韓大元氏は、早くから憲法解釈およびその制度の完備の必要性について関心を払い[38]、中国憲法学界の議論をリードしてきた。現在、「憲法解釈学」という分野が中国においても憲法学の一分野としてすでに確立しつつある。

韓大元氏による憲法解釈の実践的研究の一つとして注目されるのが、2005年以降、順次刊行されている韓大元氏主編の『中国憲法事例研究』である[39]。同書において、韓大元氏は、憲法に関わる社会の様々な法律事案を「憲法事例」と命名し、それらを憲法解釈をもって把握することで、憲法解釈そのものの精緻化を図り、「憲法の司法化」の実現へとつなげようとしている。例えば、2010年12月に刊行された最新巻の第5巻をみてみると、同書は、「第1編：基本的権利の事例」、「第2編：国家機構の事例」に分けられ、あわせて15の憲法事例が検討の対象として取りあげられている。それぞれ「事件の概要」が紹介され、それに「評析」が加えられるという記述スタイルである。さらに、「附録」として、アメリカ、ドイツ、フランス、イギリス、日本、韓国、イタリア、カナダ、ロシアの憲法判例も紹介されている。検討されている憲法事例のいくつかを挙げると、（事例1）国務院工業・情報化部が、中国国内で新たに販売されるパソコンすべてにフィルタリングソフトである「グリーンダム［緑壩—花季護航］」を事前にインストールすることを義務づけた事例、（事例2）杭州市の人民代表大会常務委員会が「インターネット実名制」を規定した地方性法規を制定した事例、（事例6）結婚登記前に出産したことが「江蘇省人口と計画出産条例」に反するとされ、それを理由に公務員試験に不合格とされた事例、（事例7）違法建築撤去に際して、住民がそれに抵抗しうち一人が焼身自殺した事例、等々、我々日本人研究者からみても興味深い事例が並んでいる。こうした憲法事例研究は、現在の中国の憲法学界において、はやりの研究分野の一つである[40]。

もう一つ注目したいのが、憲法の新条文・新概念の解釈である。

「改革開放」政策の推進の中で、中国政府・共産党は、憲法の部分改正を繰り返し、その都度、「社会主義初級段階」（前文、第6条第2項）、「社会主義市場経済」（前文、第11条、第15条）、「法律に基づいて国を治めること［依法治国］」（第5条第1項）、「社会主義法治国家」（第5条第1項）、「（社会主義）政治文明」（前文）、「国家は、人権を尊重し保障する」（第33条第3項）等、

新しい概念・条文を次々と憲法の中に書き加えてきた。これら部分改正が、経済レベルにおける市場経済化の促進と政治レベルにおける実質的な共産党一党独裁の堅持との両立を図るものであることはいうまでもない。

　経済分野の憲法新条文・新概念が、市場経済化に邁進する中国政府・共産党の諸政策を追認するものであり、そうした諸政策が（従来の）社会主義とは矛盾しないことを強弁するためのいわば理論武装であるという見方についてはあまり争いがないであろう。これに対して、政治分野の憲法新条文・新概念が、西欧近代立憲主義への接近を示すものなのかどうかについては、評価が分かれている。少なくとも、中国政府・共産党の指導者は、公式には、リベラルな議会制民主主義（立憲主義）の中国への導入を頑なに拒否している(41)。中国政府・共産党レベルの認識では、「社会主義法治国家」は、「共産党の指導」が不可譲の大前提であるし(42)、「人権の尊重・保障」も、西欧的な天賦人権論とは異なる国権優位的な「中国的人権観」に根ざしたものである。

　しかしながら、こうした中国政府・共産党の指導者の認識とは異なり、中国の憲法学者・法哲学者の一部は、人権の保障や立憲主義の実現に有利となるように、憲法の新概念・新条文を解釈することを試みている。

　2004年3月の憲法部分改正において第33条第3項として新設された「人権」条項を事例にして、憲法学者・法哲学者の「解釈」をみてみよう。法哲学者の郭道暉氏は、「人権」条項の新設について、「憲法の中のこの一カ条は、曖昧・漠然としたものであるが、我が国憲法の権利に対する保護の範囲と質が大きく発展するように解釈・理解すべきである」と述べた上で、「人権」条項新設の意義として、①人権侵犯立法に対する違憲審査制度の確立、②全国人民の人権意識の向上、③弱者・マイノリティ［弱勢群体］の権利の保障、④非法定の人権・「剰余の人権」の保障、⑤国際人権条約の義務の履行、という五点を挙げている。この中でも、「人権」条項が非法定の人権・「剰余の人権」の保障の根拠条文となるという解釈は、日本国憲法第13条の包括的基本権あるいは「新しい人権」をめぐる議論を容易に想起させ、きわめて興味深い。「人権」条項は、「原則的・抽象的すぎるが、それが、かえって『人権の推定』に大きな空間をとどめおいているのである。今後は、この

条項に基づき、法律の手続に照らして、その他の黙示的・あるべき・非法定の人権および新生・派生・遺漏の権利を推定することができる」というのが、郭道暉氏の希望的な解釈である[43]。憲法学者たちも、少なからずこれと同様の解釈を披露している[44]。そして、「人権」条項の新設およびそれに対する憲法学者・法哲学者の解釈が、中国の憲法解釈の理論と実践のさらなる発展に道を開くことが期待されている[45]。実際に、馬洪倫氏は言及していないものの、彼の調査で、2005年以降、憲法解釈に関する論文の数が急増している背景に「人権」条項の新設があることは間違いないと筆者は考えている。

3 憲法解釈論の限界

先ほど、「希望的な解釈」とついつい先走ってしまったが、中国の憲法解釈論には様々な限界が存在する。憲法解釈論の研究環境の政治的敏感性については、ここでは再論しない。憲法改正の主張・研究ほどではないにしても、憲法解釈の主張・研究にも一定の「慎重さ」はやはり要求される。

憲法解釈論の制度上の最大の障害は、違憲審査制の機能不全である。現行の中国憲法体制下では、憲法解釈の主体としてその中心的役割を担うことが期待される司法権には、違憲審査権が付与されていない。憲法実施の監督権限は全国人民代表大会およびその常務委員会に、憲法の解釈権限は全国人民代表大会常務委員会にそれぞれ付与されている（第62条第2号、第67条第1号）。司法による違憲審査制（司法審査制）の否定は、人民代表大会制度（第2条）および「民主集中制の原則」（第3条）からの当然の帰結とされる。問題は、全国人民代表大会およびその常務委員会が、現行「1982年憲法」制定以来、これらの権限を真に行使したことが一度もないという事実である[46]。こうした現行憲法体制下の憲法監督・憲法解釈制度の有名無実化については、多くの憲法学者が憂慮を示しており、現行制度およびその運用の改善、あるいは新たな制度の創設等をめぐって、多種多様な提案がなされてきた。違憲審査の制度構想について、現在、憲法学界の学説は、①全国人民代表大会あるいはその常務委員会の下に何らかの憲法監督委員会を設置する説、②人民法院に違憲審査権を付与する説、③専門の憲法法院を新設する説

に三分されており、三つの学説は論者によってさらにそれぞれ細分化される(47)。専門の憲法法院（憲法裁判所）の新設を主張する憲法学者は少なくないが(48)、第二・第三の提案は、憲法改正を必然的に伴うため、中国政府・共産党によって採用される可能性はきわめて低い。それゆえ、憲法改正を伴わない第一の提案を今後中国政府・共産党が採用するかどうかが注目されるところであるが、中国政府・共産党の動きはやはり鈍い。こうした現状を少しでも打破すべく、近年、韓大元氏は、「憲法解釈手続法」の制定を提言し、「専門家建議稿」を公表している(49)。いずれにしても、このような現行憲法の体制および運用の下で、憲法学界がいくら憲法解釈論の精緻化につとめても、それら学説は抽象的さらには空理空談的なものとなってしまうのである。

　もう一つの問題は、より本質的・根源的なものである。「憲法を解釈する」あるいは「憲法で解釈する」にあたり、そこでいう「憲法」をどのように評価するかが問われてくる。この点、憲法学者の多くが現行日本国憲法に愛着を示す日本とは異なり、中国の憲法学者の現行中国憲法に対する評価が割れているのはすでに指摘したとおりである。近代立憲主義に背を向ける現行中国憲法の原理・原則および条文を前提にして、憲法解釈の深化・発展を通じて、現行中国憲法を立憲主義的意味の憲法へと接近・変容させていく。中国において憲法解釈論の重視を唱える憲法学者たちは、きわめて困難な理論的・実践的課題に直面しているのである。この点、翟国強氏は、「憲法権利規範体系それ自体の妥当性がなお完備されることが待たれる中国においては、一定の価値立脚点に基づく外部の観点から、憲法の権利体系に対して批判的研究を行うことは、依然として代替し得ない重要な意義をもっている」と認めつつも、「憲法解釈の方法それ自体は、テキストにおける一定の限界を遵守すべきであり、文言の意味を超えて牽強付会となる解釈は理論の脆弱化を招くのみであろう」と述べ、現行憲法を前提とした憲法解釈論に強いこだわりをみせている(50)。彼（女）らは、憲法解釈の先の景色をどのように思い描いているのであろうか。

第3節　憲法変遷の可能性

1　憲法変遷研究の現況

　憲法の原理・原則および条文含意の変動は、憲法学において憲法変遷論として語られる。憲法の変遷とは、G・イェリネックが提唱した概念であり、憲法の定める憲法改正の手続を経ることなしに、憲法を改正したのと同じ効果が生じることをいう。憲法の変遷の概念は二つのレベルに区別される。一つは、社会学的意味での憲法の変遷、すなわち、憲法の規範と現実との間にズレが生じていることである。これは客観的な事実を認定するものであるから、この点について学説の対立はない。もう一つは、法解釈学的意味での憲法の変遷、すなわち、憲法規範に反するような現実（違憲の事実）が生起し、それが一定の段階に達した時、憲法規範を改正したのと同じような法的効果が生じたと解することである。このような法解釈学的意味での憲法の変遷を認めるかどうかについて、学説は激しく対立している。主要な学説は、三つに大別される。すなわち、憲法規範に反するような事実（違憲の事実）について、①これを慣習法として憲法法源性を承認しようとする説（慣習法説）、②このような現実は事実上のものにすぎず法的には無意味であるとする説（事実説）、③端的に憲法規範性を認めるわけにはいかないが、だからといって単なる事実上のものとするのも問題で、法の前段階である習律とみるべきであるとする説（折衷説、習律説）である。

　憲法変遷論は、憲法規範と現実の状況とのズレをどのように把握・理解するかという問題であるため、憲法学者は、それぞれの国・地域の憲法政治の状況をふまえつつ、憲法の変遷を論じることになる。例えば、日本では、憲法の変遷は、とりわけ日本国憲法第9条と自衛隊の存在をめぐって議論されてきた。そのことも影響しているのであろう。日本では、今なお、事実説、すなわち安易に憲法の変遷を認めない立場が憲法学界において多数を占めている[51]。

　社会主義憲法の系譜に属する中華人民共和国憲法は、もともと政治・経済・社会の諸分野における国家の政策目標・政策規定を詳細に記述する傾向

にある(52)。それゆえ、国家の政策が変更されれば、不可避的に、これまでの国家の政策を規定した憲法規範・憲法規定との間にズレが生じることになる。現行「1982年憲法」下においても、それは例外ではなく、とりわけ、市場経済化へ向けた諸政策の推進は、憲法規範・憲法規定と現実とのズレをよりいっそう拡大する結果をもたらした。こうした状況の中で、中国憲法学界も、いかにして規範と現実との矛盾を調整して憲法の権威を確立するかという課題に正面から向きあい、1980年代後半以降、「政治」の目を気にしながらではあるが、少しずつ憲法の変遷についての研究を蓄積させてきた。

憲法の変遷という概念を用いてはいないものの、1986年から1987年にかけては憲法の「無形修正」をめぐって、1993年には「憲法の慣例」をめぐって、それぞれ憲法学界において小さな学術論争が生じた(53)。さらに、1996年から1997年にかけては、「良性違憲論争」という比較的大きな論争が展開された。「良性違憲」とは、法哲学者の郝鉄川氏が提起した概念である。郝鉄川氏は、「改革開放」以降、表面的には違憲にみえるが実際には歴史の発展趨勢に適合する事案が少なからず出現していると述べ、これを「良性違憲」と称した。その上で、「良性違憲」と「悪性違憲」の区別の基準は、社会の生産力の発展に有利であるかどうか、国家と民族の根本的利益の擁護に有利であるかどうか、の二点であるとし、この基準に適っていれば、「良性違憲」の事案も是認すべきであるという立場を示した(54)。これに対して、憲法学者の童之偉氏が全面的な批判を展開した。童之偉氏は、「良性違憲」もまた違憲であり、それと「悪性違憲」との間に何ら実質的な区別はなく、いずれも違憲責任を追及しなければならない、と述べ、さらには、中国のような憲法意識が薄弱で法治が未確立な社会においては、「良性違憲」は、憲法の「拘束」を突破する口実として利用される危険性があるため、「悪性違憲」よりも警戒すべきである、と論難した(55)。

規範と現実との矛盾をどう処理するか、憲法の権威と社会的適応性の協調をどう図るかを中心課題とする「良性違憲論争」は、その後もしばらく継続し(56)、やがて憲法変遷論の紹介・研究へとつながっていく。憲法変遷論は、韓大元氏や秦前紅氏ら憲法学者によって、中国にも本格的に紹介され始めたが(57)、その内容は日本の憲法教科書に記述される内容とほとんど大差がな

い。憲法学の理論研究の一般論についていえば、中国憲法学界の研究の主流に、かつてのようなイデオロギー性はみられなくなったといってよい。中国的特色を抽出できるとすれば、理論が実践と交錯する場面である。中国において、憲法変遷論の研究の蓄積はいまだ多くはないが、その中から二点ほど中国的特色を導出しうる。

第一は、憲法の変遷の性質に関する学説について、中国の憲法学者たちの多くが、折衷説・習律説あるいは慣習法説を支持しているということである。例えば、韓大元氏は、「もし、簡単に憲法変遷の価値を肯定すれば、違憲の国家行為に正当化の基礎を提供することが可能となり、憲政秩序を直接に破壊してしまう。しかしながら、憲法の基本理念に忠実で、かつ憲法規範の不確定性を補充する意味をもつ変遷の事実については、一定の条件付きでそれを認可するという原則を採用するべきである[58]」と述べる。憲法の権威を重視しつつ、憲法規範の社会的適応性にも目配りするという彼（女）らなりのバランス感覚なのであろう[59]。憲法の変遷を一定の条件付きで消極的に認めるか（折衷説・習律説）、あるいはより積極的に認めるか（慣習法説）について主張の濃淡はあるにせよ、現代中国が急激な社会変革の渦中にあり、憲法規範と現実との間にズレが生じているということ（社会学的意味での憲法の変遷）、さらには、そのズレを放置することによる憲法規範の形骸化は避けたいということ、これらは中国の憲法学者の共通認識であるといってよい。この点は、憲法の変遷を認めること自体に消極的な日本の憲法学界とは一定の対照をなしている。

第二は、憲法の変遷の動機あるいは方法の一つとして、憲法解釈を挙げ、かつそれを重要視しているということである。この点、日本の議論においては、憲法の変遷を論じるには、憲法に違反する事実の存在が前提となる。憲法規定のもちうる意味には一定の限度（枠）があり、憲法下の事実が、その限度（枠）内のものであれば合憲であり、その限度（枠）外のものであれば違憲となる。むろん、その限度（枠）自体もある程度は変化しうる。したがって、憲法の変遷には、憲法規定の限度（枠）外の事実に関するものと、限度（枠）そのものの変化に関するものの二種類があることになる[60]。日本の憲法学界は、憲法規定の限度（枠）外の事実を解釈によって憲法規定の限度

（枠）内に組み込もうとする挙措、あるいは解釈によって憲法規定の限度（枠）そのものを変化させようとする挙措を「解釈改憲」と称して厳しく批判してきた。このような日本における理論および現況と照らしあわせてみると、中国における憲法変遷論の射程はやや広範なのではないかという印象を受ける。中国における憲法変遷論は、欧米や日本の議論を詳細に紹介しているものの、それが憲法解釈と結びつく時には事実の違憲性を前提にしていないのである。すでに述べたような、現行中国憲法下の憲法解釈制度の未確立ないし機能不全、それゆえの中国の憲法学者たちの憲法解釈論に対する熱い期待が、こうした特色の背景にあるのであろうか。いずれにせよ、中国憲法学界において、この点についてのいっそうの理論の精緻化が望まれる[61]。

2 憲法教科書の変遷

　最後に、あらためて、「中国憲法を立憲主義的意味の憲法に近づけていく」ということの意味およびその可能性について考えてみたい。もし、中国の憲法学者たちが、憲法の解釈によって、彼（女）らがその不備を自認している現行中国憲法を変動させようと企図しているのであれば、何に依拠して、あるいはいかなる基準で中国の憲法・法律を解釈するのかが問題となる。

　この点に関連して、興味深いのが、中国憲法の変遷ならぬ「中国憲法教科書の変遷」である。とりわけ、第１節で言及した「四つの基本原則」の憲法教科書における位置づけに微妙な変化が生じていることを指摘したい。

　1980年代から1990年代にかけての憲法教科書の多くは、「四つの基本原則」（の堅持）を現行「1982年憲法」の基本精神、ないしは理論的基礎・指導思想と位置づけ説明していた[62]。例えば、呉家麟主編『憲法学（1992年修訂本）』（群衆出版社）は、「1982年憲法」の基本精神として、①「四つの基本原則」を堅持すること、②二つの文明[63]建設をしっかりと把握すること、③民主を発展させ、法制を健全化すること、④統一、団結、自主、開放を挙げていた[64]。

　ところが、2000年代に入り、憲法教科書の記述が微妙に変化してくる。「四つの基本原則」は依然として現行憲法の指導思想と位置づけられているが、主にそれは歴史的な事実として紹介されるにとどまり、以前ほど強調は

されなくなった。他方で、(現行)憲法の指導思想に加えて、あるいはそれに代わって、「憲法の基本原則」という項目が設けられるようになった。「憲法の指導思想」と「憲法の基本原則」はいかなる関係に立つのか。憲法学者の莫紀宏氏は、許崇徳主編／胡錦光副主編『憲法(第4版)』(中国人民大学出版社)において、「憲法の指導思想とは、憲法を制定または改正する際に、憲法の発展方向および基本原則を確定する理論的基礎である。それは、我が国憲法の重要な構成部分であり、憲法の核心・魂である」、「憲法の基本原則とは、憲法が確認し包含する根本方針である。それは、憲法の制定、改正および実施を指導する基本準則である。憲法の基本原則は、憲法の始終を貫いており、憲法が規定する具体的制度の中に体現される」とそれぞれ説明しているが、両者の区別は今ひとつはっきりしない。その莫紀宏氏が、「1982年憲法」制定時の「総体的な指導思想」として挙げるのが、「四つの基本原則」であり、他方、「憲法の基本原則」として挙げるのが、①人民主権の原則、②基本的人権の原則、③法治の原則、④権力制約の原則または民主集中制の原則である[65]。董和平・韓大元・李樹忠『憲法学』(法律出版社)においては、①主権在民の原則、②人権尊重の原則、③権力行使民主化の原則、④依法治国(法律に基づいて国を治める)の原則、⑤経済基礎強化の原則が[66]、胡錦光・韓大元『中国憲法』(法律出版社)においては、①人民主権の原則、②基本的人権の原則、③権力の制約と監督の原則、④単一制の原則が[67]、それぞれ「憲法の基本原則」として挙げられている。

　中国の憲法学者たちが、憲法の指導思想に加えて、あるいは、それに代えて「憲法の基本原則」という概念を新設し始めたことをどのように把握・理解すればよいのであろうか。中国の憲法学者たちが挙げているこれら「憲法の基本原則」の具体的内容は、一部を除き、中国憲法の基本原則というよりもむしろ近代立憲主義の基本原則であるといってよい。すなわち、2000年代以降の憲法教科書の記述の変化からみてとれるのは、中国の憲法学者たちの近代立憲主義への強いコミットメントである。しかしながら、すでに述べたように、(現行)憲法の指導思想の筆頭である「四つの基本原則」の堅持は、本来、反立憲主義的性格のものであり、近代立憲主義とは相容れない。つまり、(現行)憲法の指導思想と「憲法の基本原則」とは相互に矛盾・衝突す

る可能性があるのである。中国の憲法学者たちは、おそらくそれを十分に承知しているのであろう。現時点において、中国の憲法教科書の多くは、上で挙げたような「憲法の基本原則」を説明するにあたって、社会主義の優越性を強調する等、うまく言葉を選びつつ、両者の矛盾をオブラートに包み込んでいるようにみえる。しかしながら、弥縫にも限界がある。今後、中国の憲法学者たちが近代立憲主義により傾斜していく中で、この矛盾はいっそう深化していくにちがいない。その際、中国の憲法学者たちは、どのような理論的説明をなすのであろうか。反立憲主義的な「四つの基本原則」をシンボリックな概念に棚上げし、代わって立憲主義的な「憲法の基本原則」を前面に出すことで、中国憲法を立憲主義的意味の憲法へ転生させることまで企図しているのであろうか。

おわりに

1980年代から1990年代にかけて、政治的民主化・体制転換を経験した国・地域の中で、憲法の全面改正に至らなかった数少ない国・地域の一つが台湾（中華民国）である。「はじめに」で示した長谷部氏の論理によれば、冷戦終結による体制転換であろうと政治的民主化であろうと、権力の正統性原理である憲法が問われる。とすれば、台湾（中華民国）の憲法が全面改正されなかったのはなぜか。

一つの回答は、1946年12月に制定され、翌年1月に公布された中華民国憲法は、その実施状況はともかくとして、内容だけをみれば、すでに立憲主義的意味の憲法と呼ぶにふさわしい内容を有していたというものである[68]。つまり、中華民国憲法が公布され「訓政」から「憲政」への移行が宣言された1947年1月の時点で、中華民国はすでに形式的には立憲主義を受容していたといえる。ただし、その後、中華民国が台湾に撤退する前後に「憲政」を棚上げにしたこと（動員戡乱時期臨時条款（1948年5月公布）や戒厳令（1949年5月公布）等）は周知のとおりである。台湾における政治的民主化は、いわば凍結された立憲主義を解凍することでもあったのである。その意味では、「戒厳令」の解除（1987年7月）、第1回憲法部分改正と動員戡乱時期臨時条款

の廃止（1991年5月）といった台湾の政治的民主化にとって象徴的な時期を立憲主義の実質的受容の時点と捉えてもよいかもしれない。合わせ技一本なのである(69)。長谷部氏の論理で、台湾（中華民国）の事例を説明することは十分に可能であると筆者は考える。そして、このことは、中国（中華人民共和国）が現行の憲法体制を維持しながら、憲法の内容を解釈のみによって変容させていくことの限界をも物語っている。やはり、現行の中国憲法が立憲主義的意味の憲法へ転生するには、換言すれば、中国が立憲主義を受容するには、どこかの段階で、現行憲法の全面改正が不可避ではないだろうか。

　もう一点、台湾（中華民国）の憲法事例を援用しておきたい。

　1990年代の台湾（中華民国）の政治的民主化の進展の中で、憲法改正権をはじめ憲法上強大な権限を有していた国民大会の縮小・廃止が争点となった。1999年9月、国民大会は、自らの延命を図り、国民大会代表および立法委員の任期延長等を憲法増修条文として成立させた（第5回憲法部分改正）。この憲法部分改正は国民の激しい反発を買い、司法院大法官会議は、「釈字第499号解釈」（2000年3月24日）において、第5回憲法部分改正の手続上の重大な瑕疵を指摘して、憲法増修条文を違憲・即時失効とするにまで踏みこんだ(70)。注目したいのは、同解釈が、手続上の瑕疵の指摘に加えて、憲法の中の、民主共和国樹立の原則（第1条）、国民主権の原則（第2条）、人民の権利の保障（第2章）および権力の分立と均衡の原則等を、自由・民主の憲政秩序を形成し憲法存立を基礎づけるものであると位置づけ、これらの修正は憲政秩序の破壊であり正当性を有しない、と憲法改正の「限界」を示したことである(71)。これは、司法院大法官会議が、実定法である「中華民国憲法」に高位する自然法の存在を解釈によって是認したものともいえる。はたして、第3節で紹介したような、中国の憲法学者たちが強調する近代立憲主義的な「憲法の基本原則」は、中華人民共和国憲法を外から規律し方向づける高次法になりうるのであろうか(72)。

　中国の憲法学者の林来梵氏は、「国家の性質の新解釈」を提唱する。すなわち、「『国家の性質』とは、国法秩序の本質的特性を指すべきであり、それは、その国家の憲法が確立した国法秩序の根本原理（あるいは根本原則）の中に体現され、国法秩序・綱領の核心を構成する」。こうした「国家の性質

は、歴史の発展にともなって微妙に変遷しうる」。このように述べた上で、中国の国家の性質は、実際には、人民民主（人民主権）、社会主義、法治国家という三つの基本原則に体現される、と結論づける。このように確定すれば、「中国の国家の性質は、具体的内容においては中国的特色を具えるものの、今日の世界の立憲主義的潮流の中で、完全孤立で理解不能なものであるとはいえない。逆に、世界における主流の立憲国家との間に一定の比較可能性をも有している」と述べ、比較的接近している国として、「民主的、社会的法治国家」を基本法において標榜するドイツを挙げている[73][74]。

　こうした林来梵氏の「新解釈」は、もはや「解釈」というよりも中国憲法の将来像について「希望」を述べたにすぎないともいえる。しかしながら、発言・研究に様々な制約がある政治的環境の下で、こうした知的営為がためらいながらも着実に積み重ねられている点は軽視できない。本論でみたように、中国憲法は、少なくとも、憲法学者のレベル、かつ理論のレベルに限っていえば、大きく変容しつつあるといえる。また、こうした変容の渦中にある中国憲法の理論と実際は、我々中国国外の憲法研究者に対しても、そもそも憲法とは何か、憲法とはどうあるべきか、という根源的な問題を考える上でかっこうの素材を提供してくれる。中国憲法学界における今後の理論研究・実証研究のいっそうの深化に期待したいし、筆者自身、憲法研究者の一人としてその知的交流の輪に引き続き加わっていきたいと思う。

（1）　石塚迅、中村元哉、山本真編著『憲政と近現代中国―国家、社会、個人―』現代人文社、2010年、7～11頁。
（2）　「論人民民主専政（1949年6月30日）」『毛沢東選集（第2版）』第4巻、人民出版社、1991年、1470～1471頁。
（3）　長谷部恭男『憲法とは何か』岩波新書、2006年、36～61頁。
（4）　人権と中国流の正義について、石塚迅「中国からみた国際秩序と正義―「中国的人権観」の15年―」『思想』2007年第1号（第993号）、142～160頁をも参照。

（5）　なお、筆者は立憲主義の形式的受容と実質的受容を区別して把握・理解している。新憲法の制定あるいは憲法の大改正を伴うリベラル・デモクラシー（立憲民主政）の憲法体制へ移行（転換）することが立憲主義の形式的受容であるのに対して、そうしたリベラル・デモクラシー（立憲民主政）を標榜する憲法体制が国家・社会レベルにおいて定着することが立憲主義の実質的受容である。この点については、別稿を用意する。
（6）　最近のものとして、毛里和子『現代中国政治―グローバル・パワーの肖像―（第3版）』名古屋大学出版会、2012年、唐亮『現代中国の政治―「開発独裁」とそのゆくえ―』岩波新書、2012年を挙げておく。
（7）　例えば、土屋英雄「現代中国の人権保障の変革と矛盾」（土屋英雄編著『現代中国の人権―研究と資料―』信山社、1996年、196～199頁）等。
（8）　樋口陽一『憲法（第3版）』創文社、2007年、93～96頁、樋口陽一『個人と国家―今なぜ立憲主義か―』集英社新書、2000年、84～87頁。
（9）　長谷部恭男・前掲書注（3）、はしがきiii頁、8～12頁、54頁。
（10）　「三つの代表」重要思想とは、共産党が、中国の①先進的生産力の発展の要求、②先進的文化の前進の方向、③最も広範な人民の根本的利益、を代表するという理論。2000年2月に江沢民国家主席・共産党総書記（当時）が提起し、その後、2002年11月の共産党第16回全国代表大会において共産党規約に、さらに、2004年3月の憲法部分改正において憲法前文に、それぞれ書き加えられた。
（11）　憲法前文の法的効力の有無については、学説上争いがあるが、憲法学界の多数説は、憲法前文の全文が憲法全体の不可分の構成部分として、憲法の具体的条項と同等の法的効力を有することを認めている。議論の詳細については、胡錦光、韓大元『中国憲法の理論と実際』成文堂、1996年、42～52頁を参照。
（12）　「四つの基本原則」の堅持と思想・言論の自由について、石塚迅『中国における言論の自由―その法思想、法理論および法制度―』明石書店、2004年、176～212頁（第6章）を参照。
（13）　本論文では、中国語の原語について適切な日本語訳がみつからない場合、または、参考として中国語の原語を併記することが有益である場合には、中国語の原語を［　］に入れて表記している。
（14）　阿古智子「現代中国における維権（権利擁護）運動―その実態と影響―」『国際問題』第590号（2010年4月）、15～25頁等。
（15）　「必須旗幟鮮明反対動乱」『人民日報』1989年4月26日。
（16）　「国務院関於在北京市部分地区実行戒厳的命令（1989年5月20日）」『人民日報』1989年5月21日。
（17）　言論・表現の自由関連立法の構造とその問題点について、石塚迅・前掲書注（12）、82～113頁（第3章）を参照。
（18）　「08憲章」の邦訳については、劉暁波（横澤泰夫、及川淳子、劉燕子、蒋海波訳）『天安門事件から「08憲章」へ―中国民主化のための闘いと希望―』藤原書店、2009年、209～227頁。「08憲章」への署名者は、2011年9月現在で13,000を超えている。
（19）　「在法学領域堅持四項基本原則反対資産階級自由化」『中国法学』1989年第5期、5～16頁。
（20）　「四項基本原則是憲法的根本指導思想―中国法学会憲法学研究会座談会総述―」『中国法学』

1989年第6期、124頁、59頁（邦訳として、西村幸次郎『現代中国の法と社会』法律文化社、1995年、78〜80頁）。

(21) 「貫徹調整方針、保証安定団結（1980年12月25日）」『鄧小平文選（第2版）』第2巻、人民出版社、1994年、358頁。
(22) 韓大元氏は、2012年現在、中国憲法学研究会会長を務めている。
(23) 韓大元（洪英訳）「中国の最近の憲法学の動向について（2007年11月19日）」『早稲田大学比較法研究所講演記録集』第10号（2008年3月）、351〜352頁。
(24) 翟国強（野口武、吉川剛訳）「中国の憲法権利理論について―方法論の視角から―」『中国21』（愛知大学）第35号（2011年11月）、76頁。
(25) 長谷部恭男・前掲書注（3）、126〜141頁、長谷部恭男、杉田敦『これが憲法だ！』朝日新書、2006年、25〜57頁、202〜214頁等。
(26) 石塚迅「「人権」条項新設をめぐる「同床異夢」―中国政府・共産党の政策意図、法学者の理論的試み―」（アジア法学会編『アジア法研究の新たな地平』成文堂、2006年、351〜353頁）。
(27) 馬洪倫「我国憲法解釈研究的現状及其評析」『青海社会科学』2011年第3期、117〜121頁。
(28) 憲法の解釈をめぐる日本の議論の状況については、松井茂記『日本国憲法（第3版）』有斐閣、2007年、66〜73頁が参考になる。
(29) 陳冬氏は、憲法解釈の主体に関連して、憲法解釈を無権解釈（学理解釈）と有権解釈とに区分している（陳冬「論憲法変遷与憲法解釈」『河南社会科学』第12巻第5期（2004年9月）、51頁）。
(30) 陳冬・前掲論文注（29）、51頁。
(31) 秦前紅「論憲法変遷」『中国法学』2001年第2期、70頁、王青・張正「在進与退的辺縁：我国憲法解釈之反思」『河北法学』第30巻第8期（2012年8月）、183〜185頁等。
(32) 牟憲魁「憲法解釈的性質与方法―兼及憲法解釈性質的論争―」『文史哲』（山東大学）2011年第4期、161〜163頁等。
(33) 馬洪倫・前掲論文注（27）、120頁。
(34) 日本憲法学界の支配的な立場も、実践説に傾斜した折衷説である（松井茂記・前掲書注（28）、69〜72頁）。
(35) 例えば、劉国「原旨主義方法的困境与出路」『浙江社会科学』2009年第9期、30〜35頁、温輝「我国憲法解釈方法：一種理論分析」『政法論叢』2010年第5期、43〜49頁、徐霄飛「論憲法解釈―兼評中国憲法解釈体制的困境和出路―」『江蘇警官学院学報』第25巻第4期（2010年7月）、41〜43頁、牟憲魁・前掲論文注（32）、161〜163頁等。
(36) 日本において、アメリカでの議論の焦点、原意主義の日本への応用可能性を検討した研究成果は数多く公表されているが、本論文では、阪口正二郎『立憲主義と民主主義』日本評論社、2001年、34〜70頁に多くの示唆を得た。
(37) 馬洪倫・前掲論文注（27）、118頁、120〜121頁。
(38) 胡錦光、韓大元・前掲書注（11）、107〜119頁。
(39) 韓大元主編『中国憲法事例研究（一）』法律出版社、2005年、韓大元主編『中国憲法事例研究（二）』法律出版社、2008年、韓大元主編『中国憲法事例研究（三）』法律出版社、2009年、韓大元主編『中国憲法事例研究（四）』法律出版社、2010年、韓大元主編『中国憲法事例研究

（五）』法律出版社、2010年。
(40)　例えば、焦洪昌、姚国建『憲法学案例教程』知識産権出版社、2004年、胡錦光主編『中国十大憲政事例研究』中国人民大学出版社、2009年等。
(41)　例えば、直近のものとして、呉邦国「全国人民代表大会常務委員会工作報告（2012年3月9日）」等。
(42)　石塚迅・前掲書注（12）、102～104頁。
(43)　郭道暉「人権概念与人権入憲」『法学』2004年第4期、19～20頁。
(44)　例えば、焦洪昌「"国家尊重和保障人権"的憲法分析」『中国法学』2004年第3期、42～45頁、韓大元「憲法文本中"人権条款"的規範分析」『法学家』2004年第4期、8～13頁等。
(45)　翟国強（野口武、吉川剛訳）・前掲論文注（24）、78頁。
(46)　1990年代後半以降、全国人民代表大会常務委員会は、憲法第67条第4号に基づき、何度か、香港・マカオにおける諸問題に関して、香港特別行政区基本法とマカオ特別行政区基本法の解釈を行っているが、これら法律解釈は、厳密な意味での憲法解釈ではない（王菁、張正・前掲論文注（31）、182～184頁）。
(47)　憲法監督について論じた研究成果は、中国においてはもちろんのこと、日本においても数多く公表されており、枚挙にいとまがない。さしあたり、王振民『中国違憲審査制度』中国政法大学出版社、2004年、莫紀宏主編『違憲審査的理論与実践』法律出版社、2006年、李忠『憲法監督論（第2版）』社会科学文献出版社、2002年、鹿嶋瑛「中国における憲法保障—現行82年憲法下における憲法監督制度を中心に（一）（二・完）—」『法学研究論集』（明治大学大学院）第20号（2004年2月）、1～25頁、第21号（2004年9月）、1～18頁、胡錦光、韓大元・前掲書注（11）、107～119頁（第6章）、121～141頁（第7章）、143～180頁（第8章）等を参照。
(48)　例えば、杜鋼建「新憲政主義与政治体制改革」『浙江学刊』1993年第1期、20～21頁、周永坤「試論人民代表大会制度下的違憲審査」『江蘇社会科学』2006年第3期、120～127頁等。
(49)　韓大元「《憲法解釈程序法》的意義、思路与框架」『浙江社会科学』2009年第9期、15～22頁。
(50)　翟国強（野口武、吉川剛訳）・前掲論文注（24）、78頁。
(51)　憲法変遷論一般、およびそれをめぐる日本の議論の状況については、以下の文献を参照。芦部信喜著／高橋和之補訂『憲法（第5版）』岩波書店、2011年、388～389頁、佐藤幸治『日本国憲法論』成文堂、2011年、41～44頁、野中俊彦、中村睦男、高橋和之、高見勝利『憲法Ⅱ（第5版）』有斐閣、2012年、395～398頁、松井茂記・前掲書注（28）、73～74頁、南野森「「憲法」の概念—それを考えることの意味—」（長谷部恭男編『岩波講座：憲法6—憲法と時間—』岩波書店、2007年、27～50頁）等。
(52)　憲法学者の張千帆氏は、「憲法は何を規定してはならないか」と題する論文の中で、こうした中国憲法のあり方を厳しく批判している（張千帆「憲法不應該規定什麼」『華東政法学院学報』2005年第3期、25～33頁）。
(53)　憲法の「無形修正」をめぐる論争については、衛夏「憲法的"無形修改"浅析」『法学評論』1986年第4期、倪正茂「駁"無形修改"憲法論」『法学評論』1987年第3期、張衛華「再論憲法的"無形修改"—兼答倪正茂同志—」『法学評論』1987年第4期を参照。「憲法の慣例」をめぐる論争については、郭道暉「論憲法演変与憲法修改」『中国法学』1993年第1期、16～23頁、孔慶

明「必須維護憲法的尊厳―与郭道暉同志商榷―」『中国法学』1993年第4期、113～114頁、郭道暉「答孔慶明同志」『中国法学』1993年第4期、115～116頁を参照。
(54) 郝鉄川「論良性違憲」『法学研究』第18巻（1996年）第4期、89～91頁。
(55) 童之偉「"良性違憲"不宜肯定―対郝鉄川同志有関主張的不同看法―」『法学研究』第18巻（1996年）第6期、19～22頁。
(56) 郝鉄川氏と童之偉氏の論争については、郝鉄川「社会変革与成文法的局限性―再談良性違憲兼答童之偉同志―」『法学研究』第18巻（1996年）第6期、23～24頁、童之偉「憲法実施霊活性的底線―再与郝鉄川先生商榷―」『法学』1997年第5期、15～17頁、郝鉄川「温柔的抵抗―関於"良性違憲"的幾点説明―」『法学』1997年第5期、18頁。その他、韓大元「社会変革与憲法的社会適応性」『法学』1997年第5期、14頁、19～20頁、林来梵「規範憲法的条件和憲法規範的変動」『法学研究』1999年第2期、42～46頁等も参照。
(57) 憲法変遷論をめぐる中国の議論の状況については、韓大元「憲法変遷理論評析」『法学評論』1997年第4期、15～18頁、韓大元「論憲法規範与社会現実的衝突」『中国法学』2000年第5期、3～16頁、秦前紅・前掲論文注（31）、63～71頁の他、陳冬・前掲論文注（29）、50～52頁、55頁、王静「憲法変遷性質評析」『法制与経済』第255期（2010年10月）、75～76頁、王鍇「憲法変遷――一個事実与規範之間的概念―」『北京航空航天大学学報（社会科学版）』第24巻第3期（2011年5月）、63～67頁等を参照。
(58) 韓大元・前掲論文注（57）「憲法変遷理論評析」、16頁。
(59) なお、韓大元氏は、「良性違憲」については否定的な立場をとる（韓大元・前掲論文注（56）、19～20頁、韓大元著・講演（西村幸次郎訳）「中国憲法学の動向と課題」『一橋法学』第1巻第2号（2002年6月）、321～322頁）。
(60) 高橋和之「憲法変遷論にみられる混乱の若干の整理」『ジュリスト』第973号（1991年2月）、51～59頁、第974号（1991年3月）、50～55頁、野中俊彦・中村睦男・高橋和之・高見勝利・前掲書注（51）、396～397頁。
(61) 憲法学者の松井茂記氏は、「憲法には客観的な意味はない」ため、変化したといわれるのは、せいぜい憲法の各条文に付与された意味、すなわち実効憲法ないしは有権解釈にすぎない、と述べ、「憲法の変遷という概念は、無意味である」と断じるが（松井茂記・前掲書注（28）、74頁）、こうした主張は中国における憲法変遷論と憲法解釈論を考察するにあたり一定の視座を提供しているのではないかと考えられる。
(62) 例えば、呉家麟主編『憲法学（1992年修訂本）』群衆出版社、1992年（第1版は1983年）、66～71頁、董成美編著（西村幸次郎監訳）『中国憲法概論』成文堂、1984年、35～36頁等。
(63) 「二つの文明」とは、社会主義の物質文明と精神文明を指す。
(64) 呉家麟主編・前掲書注（62）、66～71頁。
(65) 許崇徳主編、胡錦光副主編『憲法（第4版）』中国人民大学出版社、2009年（第1版は1999年）、23～25頁（莫紀宏執筆部分）。
(66) 董和平・韓大元・李樹忠『憲法学』法律出版社、2000年、128～135頁（董和平執筆部分）。
(67) 胡錦光・韓大元『中国憲法』法律出版社、2004年、60～81頁（胡錦光執筆部分）。
(68) アンドリュー・J・ネイサン「中国憲法における政治的権利」（R・ランドル・エドワーズ、ルイス・ヘンキン、アンドリュー・J・ネイサン（斎藤惠彦、興梠一郎訳）『中国の人権―その歴

史と思想と現実と―』有信堂、1990年、125～129頁)、中村元哉「近代中国憲政史における自由とナショナリズム―張知本の憲法論と中華民国憲法の制定過程―」(石塚迅、中村元哉、山本真編著・前掲書注 (1)、22～42頁)、薛化元 (吉見崇訳)「憲法の制定から憲法の施行へ―「政協憲草」とリベラリストの憲政主張 (1946～1972) ―」(石塚迅、中村元哉、山本真編著・前掲書注 (1)、43～70頁) 等を参照。

(69) 台湾 (中華民国) における憲政 (立憲主義) の政治的展開については、松田康博「台湾における憲政の展開過程概論―独裁か民主か？　中華民国か台湾か？―」『現代中國研究』第31号 (2012年10月)、42～55頁を参照。歴史学者・政治学者の松田康博氏は、「台湾における憲政の最大の問題とは、脱内戦化を進めて、『あるべき憲政の姿』を復元することであった」(42頁) と述べており、その問題意識は筆者の把握・理解と近接しているいえる。

(70) 台湾 (中華民国) の司法院大法官解釈 (解釈文および理由書) については、司法院大法官HP (http://www.judicial.gov.tw/constitutionalcourt/) から検索できる。

(71) 憲法改正の限界をめぐる台湾 (中華民国) の議論の状況については、李惠宗『中華民国憲法概要―憲法生活的新思維―(第9版)』台湾：元照出版、2011年、28～29頁、謝瑞智『中華民国憲法』台湾：台湾商務印書館、2009年、216～217頁。

(72) 憲法改正の限界をめぐって、現時点において中国の憲法学界の多数説は憲法改正限界説である。その上で、莫紀宏氏は、「憲法が確立した国家の根本制度、基本方針および根本原則は憲法改正の対象にはならない」と述べ、「四つの基本原則」をその典型例として挙げる (許崇徳主編、胡錦光副主編・前掲書注 (65)、42～43頁 (莫紀宏執筆部分))。同様に、林来梵氏も、単独執筆の憲法教科書の中で憲法改正限界説を支持する。林来梵氏が、憲法改正の限界を画する具体例として挙げるのは、①人の尊厳、人権保障の原理、人民主権の原理といった中国憲法における根本規範と、②「四つの基本原則」および「改革開放」の原則の堅持 (憲法前文第7段) である。彼の主張からも、近代立憲主義への接近指向、および現行中国憲法の尊重 (それゆえの近代立憲主義の実現を強く主張することへの若干の躊躇) が読みとれる (林来梵『憲法学講義』法律出版社、2011年、99～100頁)。

(73) 林来梵・前掲書注 (72)、170～172頁。

(74) 他方で、林来梵氏は、前述の憲法改正の限界をめぐっては、「四つの基本原則」および「改革開放」の原則の堅持を改正することは「もはや憲法の改正とは呼べず、あらためて憲法を制定することが必要となるかもしれない」と述べ、現行中国憲法が立憲主義的意味の憲法とは異質の憲法であるということも示唆している (林来梵・前掲書注 (72)、100頁)。

※本章は、2012年度 (平成24年度) 科学研究費補助金 (若手研究 (B)) および2013年度 (平成25年度) 科学研究費補助金 (若手研究 (B)) に基づく研究成果の一部である。

第7章　香港基本法の解釈基準としての国際人権法
——ヨーロッパ人権裁判所における法概念を中心に——

廣　江　倫　子
Noriko HIROE

はじめに
第1節　法概念の援用（1）—「評価の余地」理論—
第2節　法概念の援用（2）—比例テスト—
おわりに

はじめに

　香港法院は、香港特別行政区基本法（以下、香港基本法）の解釈において、とりわけ基本的人権の解釈にあたって、中国法よりむしろ国際人権法・比較法を積極的に受容し、返還後の判例法を確立してきた[1]。この傾向を可能とした要因は複数挙げられるが[2]、香港の域外に要因を探ると、それは公法分野におけるヨーロッパ大陸法の法概念のイギリスを介したコモン・ローへの影響・導入である。ヨーロッパ人権条約（European Convention on Human Rights）を国内法化した1998年イギリス人権法（Human Rights Act 1998）の制定により、ヨーロッパ人権裁判所（European Court of Human Rights）を中心とした国際人権法・比較法がイギリス法に変化をもたらし、それは香港法[3]の人権保障の分野に新たな法概念をもたらしている[4]。

　上記の理解に立って、本稿においては、以下の検討を行う。それは、香港法院がイギリス法の変化を介して、ヨーロッパ大陸法およびヨーロッパ人権裁判所の裁判例からどのような国際人権法・比較法を受容してきたのか。とりわけ、「評価の余地」理論（margin of appreciation）および比例テスト（doctrine of proportionality, proportionality）の二つの概念をとりあげ、その

国際人権法上の定義、イギリスにおける援用状況、および香港法院における受容の状況について香港基本法訴訟の分析を通じて検討を行う。

本稿の構成は以下の通りである。まず第1節においては、「評価の余地」理論の内容、イギリス裁判所における援用状況を明らかにし、香港における代表的な援用事例の数々を検討するとともに、香港法において確立された「評価の余地」理論について考察を加える。第2節においては、比例テストの内容、イギリス裁判所における援用状況を明らかにする。さらに香港における代表的な援用事例を検討する。

筆者の先行研究と関連して、本稿の位置付けを示す。筆者は「香港における国際人権法の実施―香港人権法の成立と運用―」[5]および「香港人権法」[6]において、返還直前に自由権規約を香港の国内法化した香港人権条例の影響を次の2点より検討した。第一に、香港人権条例採択をめぐる中国とイギリスとの対立であり、香港人権条例の成立が返還過渡期の中英対立に及ぼした影響である。第二に、香港法にもたらした実質的な影響として、次の2点を検討した。まず、香港人権条例違反を理由とした香港の既存法の大幅な改廃であり、次に香港人権条例の解釈にあたって、国際人権法判例が積極的に取り入れられたことである。

上記先行研究を突破するものとして、本稿においては新たに次の検討を行う。第一に、香港において国際人権法の受容が顕著になった返還後の豊富な判例、とりわけ国際人権法の進展と歩調を合わせてきた香港終審法院の判例を中心に検討を加える。第二に、ヨーロッパ人権条約を通じて、ヨーロッパ大陸法に起源をもつ国際人権法と比較法が、イギリスをはじめとしたコモン・ロー適用諸国の人権保障に影響を及ぼしているという世界的な傾向を、主にイギリス法の変化からもたらされた香港法の変化を追うことで検討する。

第1節　法概念の援用（1）―「評価の余地」理論―

1　「評価の余地」理論

「評価の余地」理論（margin of appreciation）とは、ヨーロッパ人権委員

会の意見およびヨーロッパ人権裁判所の判例上発展した概念であり、ヨーロッパ人権条約の履行にあたって、加盟国がとった措置が、「評価の余地」の範囲内にあると判断されれば、権利の制約が存在すると認められても条約違反を生じないとする[7]。明文の根拠規定は存在せず、条約の起草過程においても明示的言及は存在しない[8]。

この概念の本質は、国境を越えた法律のなかで、国境を越えた裁判所が、履行にあたっての敏感な問題を考慮すると、特定の争点においては裁判所を含む国内の機関に任せる方が良いとの考えにある[9]。

「評価の余地」理論は、ヨーロッパ人権条約が、異なる社会間で機能的に適用されうるために必要である。しかし、それは、ヨーロッパ人権条約の適用が加盟国の法制度を通じて画一化されず、そして加盟国は、与えられた保護から逸脱することができることをも意味する[10]。かつ、加盟国が評価の余地を持つかどうかは、運用において予測不可能で、長年の間に、すべての条文に適用可能なものとなった[11]。したがって、それはヨーロッパ人権条約によって与えられた保護を著しく侵害する可能性のある概念であり、そして実際にもそうであるとの批判がある[12]。

イギリスにおいては、「評価の余地」理論は、国際法の概念であるため、イギリス国内法においては適用されない、と理解されている。しかし、どのような名前であれ、イギリスの裁判所は、ときに、「評価の余地」理論と極めて類似した自由裁量の領域を省庁や議会に与えており、この概念はイギリスでは敬意（deference）の概念、敬意の原則（doctrine of deference）であるとされる[13]。

2　香港法院における「評価の余地」理論の援用

香港法院においても「評価の余地」理論は、ときには敬意（deference）あるいは判決の自由裁量の領域（discretionary area of judgment）の概念としても表現されながら援用されている。この概念は、法院は、行政・立法機関と比較すると、経済的社会的政策に関する分野における公共の利益とはなにかを判断するのに、必ずしも最善かつ適切な能力のある機関ではないので、社会およびそのニーズに対する直接的知識を有する行政・立法機関の判断に敬

意を払うべきである、とする考え方を指す⁽¹⁴⁾。したがって、法院が具体的な訴訟において、上記の分野を審理する必要に迫られた場合は、法院は、行政・立法機関の見解と政策に一定の重きを与え、尊重しなければならない⁽¹⁵⁾。

香港においてこの「評価の余地」理論が援用された代表的な事例に Lau Cheong 事件⁽¹⁶⁾がある。Lau Cheong 事件においては、謀殺罪（offence of murder）に対する刑罰として選択の余地のない（裁判官の絶対的な義務としての）刑罰として終身刑を規定している人身侵害条例⁽¹⁷⁾の香港基本法適合性、つまり合憲性が争われた⁽¹⁸⁾。この事件の事実は次の通りである。Lau Cheong ら2人の被告人は、共同して被害者に対する強盗を企てた。被害者との激しい暴力行為の間に被告人らと被害者双方がナイフでの外傷を負った。後に、被害者は首、両手首および両足首をロープで緊縛された状態で死亡しているのが見つかった。検死の結果、被害者の死因はナイフによる外傷によるものではなく、首に縛られたロープによる結紮によることが分かった⁽¹⁹⁾。そこで、第一被告人は強盗を認めるものの殺意はなかったとし謀殺罪ではなく故殺罪（offence of manslaughter）の適用を主張し、第二被告人は強盗への関与を否定し、かつ被害者を第一被告人がロープで緊縛していた間、そもそも自らは気絶していたとして被害者の死因にいかなる関与もなさなかったことを主張した。下級審においてどちらの主張も却下され、いずれも謀殺と強盗の罪に問われ、謀殺罪に対して終身刑が、強盗罪に対して有期懲役刑が言い渡された⁽²⁰⁾。そこで、被告人らは、終審法院に対して、謀殺といってもその内容には安楽死を施すことから残虐な殺人行為まで多岐に渡るのであり、すべての謀殺事件に対して一律的に終身刑を科すことを規定する当該条文は、裁判官の自由裁量を奪い、かつ人身の自由（香港基本法28条および香港人権条例5条1項）、法の下の平等（香港基本法25条および香港人権条例10条）、無罪推定原則（香港人権条例11条）に違反するため違憲であると申し立てたものである⁽²¹⁾。

この事件において終審法院は、「評価の余地」理論を適用した。終審法院は、立法・行政機関に対する裁判所の「敬意」について述べたイギリスの判例である R v DPP, Ex p Kebilence 事件および類似する概念としてヨーロッ

パ人権裁判所における「評価の余地」理論を挙げた[22]。そして終審法院は「評価の余地」理論を本事件に適用し、「憲法問題を審理するとき、問題の文脈によっては、法院は立法によって採用された見解および政策を特に重視することが適切な場合がある[23]。」とし、謀殺に対して他に選択の余地がない（絶対的な義務としての）刑罰として終身刑を規定した立法の判断は、尊重されるべきである、とした[24]。

ところで、法院が政策決定者の見解に「敬意」を払わねばならない一方で、法院は憲法上保障された権利が侵害されていないかどうかを判断するという究極の責任を持ち、この点では法院の義務を放棄してはならないとされる。この点、Kwok Hay Kowng[25]事件において、香港控訴院は「評価の余地」理論について触れ、「強調しなければならないのは、『評価の余地』理論に照らして法院が立法に最大限の自由度を与えることが期待されている領域においても、法院は自身の憲法上の職務を自覚していることである[26]」と述べた。この事件は、医師の広告活動に対する規制に関するもので、香港の医師であるKowk Hay Kowngが、医師会が制定した「医師に関する行動ガイドライン」に規定される医師の広告活動への制限（特に、新聞、雑誌その他活字メディアを利用した広告活動の禁止）が、表現の自由（のうち広告の自由、香港基本法27条、自由権規約および香港人権条例16条）を侵害していると申し立てたものである[27]。

問題となっている権利が憲法上非常に重要であるか、あるいはその権利を保護する必要性を審査するにあたりとりわけ法院が適している場合、法院はその審査において「敬意」的な態度をとってはならない。たとえば、人種や性別にもとづく差別的な取扱いがある場合、法院はその差別的な取扱いが正当化されうるかどうかを重点的に審査し、かつその取扱いを正当化するための十分かつ詳細な理由の提出を政策決定者側に要求しなければならない[28]。これを明らかにしたのが、Yau Yuk Lung and another[29]事件である。この事件においては、同性愛行為をプライベートな空間外で行うことを犯罪とする香港刑法の条文が、法の下の平等（香港基本法25条、自由権規約26条および香港人権条例22条）の権利を侵害し差別にあたり違憲であると申し立てられた。2人の被告人は、インターネットを通じて知り合い、公道脇に停

車させた自家用車内で同性愛行為を行ったことから香港刑法違反として下級審にて有罪判決が下された[30]。終審法院 Li 首席裁判官は、「人種、性別あるいは性的指向に基づいて差別的な取扱いがなされるとき、法院はその差別的取り扱いが正当化されるかどうかについてかなりの重きを置いて精密に審査を行う[31]。」としている。そして、Li 首席裁判官は、法院は法の下の平等を保障し差別的法律からの保護を保障する義務があるとし、同性愛者はマイノリティーであり、したがってそれをターゲットとした香港刑法の条文は違憲であると判断した[32]。

同様に William Leung[33] 事件においては、男性の同性愛者間で行われるソドミー行為を禁止する香港刑法の条文が、法の下の平等およびプライバシー権香港基本法25条、香港人権条例1条、14条および24条に違反するとして申し立てられた[34]。控訴院は、「人種、性別あるいは性的指向に基づく明らかな権利の侵害が存在するとき、法院は『正当化事由とされる理由』をかなりの重きを置いて精査する[35]。」と述べ、この事件において、当該刑法条文による基本的権利の制限は「評価の余地」理論の範囲を超えており、法院が審査するところ、その制限を正当化する事由も見いだせないとして、違憲であるとした[36]。

上記とは対照的に、事件の争点がとりわけ政策決定者の憲法上の責任の範囲内にあり、法院の憲法上の責任範囲内ではないとき、法院には「敬意」が要求される[37]。Chan Hei Ling Helen[38] 事件は、申立人である Chan 医師が、『東方日報』紙の広告において、彼女が財政的関係を持つ健康食品会社の健康食品を「ドクターズ・チョイス」として紹介したために、医師の名前、肩書、写真および推薦文を広告に記載することを適切に防止せず、商業的な健康関連製品に推薦文を付しその販売を促進することを禁止する医師会の規則に違反したとして、医師登録を2か月間抹消され、その抹消命令がそのまま2年間維持された事件である[39]。Chan 医師は、医師会の規則は言論の自由および表現の自由（香港基本法27条および香港人権条例16条2項）に違反するため違憲であると申し立てた[40]。控訴院は「評価の余地」理論に関して、「医師会がその構成員および奉仕する公衆にとって最善の活動とはなにかを決定する行為には、『評価の余地』あるいは『敬意』が与えられねば

ならない[41]。」と述べた。

　さらに、公共の利益についての解釈の結果として差別的な取扱いが生まれる場合、政策決定者にはより広範な選択の余地が与えられている。特に、限られた予算の再配分を含む経済社会政策に関して、法院は「敬意」的な態度をとっている[42]。Kong Yun Ming[43]事件においては、香港政府の社会保障支援制度の被支援条件としての7年間の香港居住の要件が、法の下の平等（香港基本法25条、香港人権条例22条および自由権規約26条）、社会福祉を享受する権利（香港基本法36条）および返還以前の社会福祉制度の維持（香港基本法145条）に違反し違憲であることが申し立てられた[44]。原告のKong　Yun Ming（孔允明）は1940年代に中国大陸において出生した中国人で、以来中国大陸に居住していた。2003年に、香港政府の社会保障支援を受けていた香港永住性居民である夫と二度目の婚姻をし、2005年10月に中国大陸から香港に移住したが、その翌日夫が逝去した。Kongは、夫の香港公共住宅の賃借人としての地位を継承できず、メイドの仕事も失業したため、失業とシングル・ペアレント（前夫との間に2人の息子がいた。息子達は中国大陸に居住していた。）であることを理由に香港政府に社会保障支援を申請したが、社会福祉省から却下されたものである[45]。第一審裁判所は「不公平あるいは差別的な理由が含まれていないことから、そして論争の主題が社会的経済的政策を含むことから、政府に相当程度の『敬意』が与えられねばならない[46]」とし、Kongの主張を却下した。

　「評価の余地」理論の香港法院における援用に対しては、学説の評価が分かれている。これを擁護するのが、Mason[47]であり、「『評価の余地』理論が、香港域内で用いられる場合がある。これは、立法機関および行政機関の決定者に対して、目的達成にあたっての適切な手段を決定する自由裁量を、法院が与えるものである。言いかえると、政府機関や行政機関の決定者が下した判断への敬意が、法院に要求されるものである。この概念を用いることによって、比例テストの適用を緩やかなものとすることができる。」[48]と、その適用の利点を主張する。

　これに対し、Chan[49]は、「『評価の余地』理論は、理論的には国内法には適用されえないはずだが、香港法においては、立法機関の情報収集上の優位

な立場および政策的な役割に敬意がはらわれるべきだとの理論に修正されて適用されている。」(50)と「評価の余地」理論を香港域内で用いることを批判する。そして、「理論上、すべての法律は、立法機関の思慮と調整のたまものであるから、法院が立法機関に敬意を示しすぎるのであれば、法院の役割は大幅に制限されてしまう。」(51)とする。さらに Chan は、次のように「評価の余地」理論の危険性を指摘している。「立法機関が社会的ニーズの評価をするのに適した立場にあることから、法院はある場面においては、立法機関に敬意を示さねばならないことは確かである。しかし、これが適切にチェックされないのなら、自由主義を破壊する源泉になりかねない。」(52)

第2節　法概念の援用（2）―比例テスト―

1　比例テスト

比例テストは、干渉の目的とその目的を達成するための手段に均衡性が保たれているかどうかという視点で、権力の行使に制限を課する概念をいう。この比例テストもヨーロッパ司法裁判所およびヨーロッパ人権裁判所が、権力行使の合法性を図るテストとして採用している。たとえば、ヨーロッパ人権裁判所の事例として、北アイルランド刑法のソドミー行為処罰規定が人権侵害であると争われた Dudgeon 事件(53)等がある(54)。

人権分野における比例テストの適用は、これらのほかにも、アメリカ、カナダおよび多くのヨーロッパ大陸諸国といった多くの司法管轄において行われている(55)。ただし、比例テストの概念を反映する具体的基準については、司法管轄ごとに多様性に富んでいる(56)。

イギリスは、当初、違法性判断の根拠としての比例テストの援用に反対していた。というのも、イギリスで用いられてきた伝統的なウェンズバリ原則と比較して、比例テストを用いた場合、裁判所が政策や少なくとも政策の適用について審査することになると考えられ、これは伝統的に裁判所に禁止された分野だったからである(57)。しかし、1998年イギリス人権法の制定以降、イギリスは比例テストに対する立場を変更し、現在では人権分野において、違法性判断の根拠の一つとしての地位を確立している(58)。

2 香港法院における比例テストの援用

　香港においても、返還以降[59]、人権への制限に対する違法性診断の方法として比例テストの適用が急速に増大している[60]。たとえば、ネパール人退役グルカ兵が香港滞在許可申請却下および香港出境命令の取消を求めて司法審査を提起した Bahadur[61] 事件においては、終審法院は、「比例テストが旅行の権利および入境の権利への制限を審査するにあたって適用されねばならない。」[62] と明確に人権への制限に対する比例テストの適用を認めた[63]。

　香港において比例テストが適用された代表的な事例として、公共秩序条例事件として知られる Leung Kwok Hung 事件[64] がある。この事件は、著名な香港人政治活動家・立法会議員の Leung Kwok-hung（梁國雄）らが企画したデモが公共秩序条例に違反したとして起訴された事件である。この事件においては、公共秩序条例が規定するデモの事前告知制度、とりわけ警視総監が持つ「公共の秩序」の観点からデモ開催を制限する権限が、広義かつ不明瞭であり、言論の自由および集会・行進・デモの自由（香港基本法27条）、平和的な集会の権利（香港人権条例16条）を侵害すると主張された[65]。

　この事件の概要は以下の通りである。Leung らは、政治活動家仲間へ下された公務執行妨害罪および公務員侮辱罪による有罪判決への抗議デモを企画し、他の参加者らとともにチャーター・ガーデンに集合した。当時チャーター・ガーデンでは居留権事件関連のデモが行われていたため、警察官もそこに居合わせた。デモ行進開始前に、警察官は Leung に公共秩序条例が定める事前告知制度に従い警視総監に届け出を行うよう通告したが、Leungはこれを拒否したためこの制度に従わない場合の法的効果について警察官から告知を受けた。デモ行進は40数名でチャーター・ガーデンを出発し、クイーンズ・ウェイ沿いをアーセナル・ストリートの警察本部へと向かった。警察官の歩道を通行せよとの通告を無視し、デモ参加者は車道を通行し、警察本部では、狭隘な北口を使わないようにとの通告を無視して、演説のため1時間その場を占拠した。デモには途中参加者も含めて最終的に96名が参加するにいたった。ただしデモは平和的に行われた[66]。終審法院は、公共秩序条例における事前告知制度は合憲と判断するものの[67]、条例の立法目的で

ある「公共秩序（ordre public）」は曖昧にすぎるとの判決を下した[68]。

この事件において、終審法院は比例テストの適用について明言し[69]、「平和的な集会の権利を制限するための法律上の自由裁量の行使に対する審査基準として、比例テストが適用されなければならない。」[70]と述べた。また、この事件において、香港における比例テストの詳細な基準が次の二段階の基準として定式化された。それは、①制限が、立法の目的の一つかそれ以上と合理的に関連していること。②基本的権利を制限する手段は、立法の目的を達成するために必要以上のものではないこと、である。終審法院は、次のように述べた。「（警察は）制限が条文の目的の一つかそれ以上に合理的に関連しているかどうか、および制限が目的を達成するのに必要最低限のものであるのか、を考慮しなければならない。」[71]

次に、Ng Kung Siu[72]終審法院判決がある。この事件においては、故意に破損された中国国旗および香港区旗の使用を有罪とする国旗条例および区旗条例が表現の自由（香港基本法27条）に違反しているかどうかが争われた。終審法院は「表現の自由への制限が、その制限によって達成される目的と比例しているかどうかを、法院は審査しなければならない。」[73]とし、比例テストの適用を認めた。

さらに、Fok Chun Wa and Another[74]事件がある。この事件においては、「双程証」保持者の身分で香港人男性と婚姻し香港で生活していた中国大陸出身の女性が、香港の公立病院で出産する場合、その出産費用が、香港政府からの補助金支出を受ける香港居留権を有する女性よりも高いことが、法の下の平等（香港基本法25条および香港人権条例22条）に違反し、差別にあたるかどうかが争われた。

香港において、公立病院の利用者は有資格者（Eligible Persons, EPs）と無資格者（Non-Eligible Persons, NEPs）に分類され、有資格者は政府補助金を受給できるが、無資格者はそれができない。香港居民の配偶者は従来有資格者とされてきたが、2003年4月の香港政府決定により無資格者に再分類された[75]。

本件の申立人は香港居民である夫と大陸出身の妻であり、妻は香港に定住が可能な「単程証（One-Way Permit）」を中国大陸の関係機関へ申請中に、

1回の渡港につき90日間までの滞在が許される「双程証（Two-Way Permit）」保持者の身分で、香港の公立病院で出産した[76]。香港の公立病院での出産を希望するが、無資格者用に設定された出産費用を支出する経済的余裕のなかった申立人らは、上記政府決定は、法の下の平等（香港基本法25条および香港人権条例22条）、社会福祉を享受する権利（香港基本法36条）、婚姻と家族の権利（香港基本法37条および香港基本法19条）、子どもの権利（香港人権条例20条）等に違反すると主張したものである[77]。終審法院は、香港基本法および香港人権条例によって保障される権利が侵害されているかどうかを審査するにあたって、「法院は、比例テストが適用されるよう常に注意を払っている[78]。」と述べた。しかし、本件の主題は、社会・経済的条件に対する香港政府の決定であり、これを審査する立場にはないとし、申請を棄却した。

　また、Lam Kwong Wai[79]事件がある。この事件においては、武器及び弾薬条例が規定する挙証責任転換の規定が、無罪推定の原則（香港基本法87条2項、香港人権条例11条1項および自由権規約14条2項）および公平な聴聞を受ける権利（香港基本法87条2項、香港人権条例10条および自由権規約14条1項）に違反するかどうかが争われた。Lamらは、強盗の目的で、旺角にてイミテーションのベレッタ拳銃を購入し、帰宅途中に、警察官の職務質問により、イミテーションの武器携行が発覚した。武器及び弾薬条例20条はイミテーションの武器を携行することを犯罪とし懲役刑を科す一方で、被疑者が同条例20条3項に定める特定事項（15歳以下であること、商品として取り扱っていること等）に該当することを法院に対して立証できれば、犯罪を免れるという挙証責任転換の規定を置いていた[80]。終審法院は、上述したLeung Kwok Hung事件において定式化された要件に従い、「法院は、挙証責任転換という採用された手段が、立法目的を達成するのに必要なものかを審査する（「比例テスト」）[81]。」として、比例テストの適用を明確に指摘した。

　同様に、Hung Chan Wa and another[82]事件においては、危険薬物条例47条の挙証責任転換の規定が無罪推定原則（香港基本法87条、香港人権条例11条1項および自由権規約14条1項）および公平な聴聞を受ける権利（香港基本法87条、香港人権条例10条および自由権規約14条1項）に違反するかどうかが

争われた[83]。危険薬物条例47条は、危険薬物を保持していることが証明あるいは推定された場合、被疑者はその所持品が危険薬物であったことを知っていたと推定される、との挙証責任転換の規定を置いている。第一被告人であり、逮捕当時35歳のHungは、香港九龍のホテルにて知人からヘロイン500gの入った包みを受け取り、タクシーで帰宅する途中に警察に逮捕された。Hungは、裁判において、友人にイギリスのサッカー試合が録画されているビデオテープを渡されただけで、それが危険薬物であったとは知らなかったと一貫して主張したものである[84]。

　Hung Chan Wa and another事件のもう一人の被告人は日本人男性浅野篤（Asano Atsushi）である。浅野は1981年に日本で生まれ、逮捕時に22歳と若く、かつこの香港渡航以外に海外渡航経験がなかった。浅野は香港国際空港のドラゴン航空チェックイン・カウンターでチェックインを行いスーツケースとリュックサックを預けた。不審を感じた警察がその場で捜査したところ、リュックサックから末端価格2,550,000香港ドル（日本円にして約2,500万円相当）、6.85kgのメタンフェタミン・ヒドロクロリドが発見されたものである。下級審においては、陪審員の全員一致により懲役20年の刑罰が言い渡された。

　浅野の主張によると、彼は大学卒業間際に、タカシ（Takashi）という男と知り合い、香港への無料旅行に招待するかわりに合法薬物を持ち帰ってくれないか、自分のパスポートは有効期限が切れているのでそれを取りに行くことができない、と誘われた。香港に到着すると、浅野は日本への航空券を取り上げられ香港で立ち往生することになった。携帯電話で日本にいるタカシに連絡するものの、うまく話をはぐらかされるばかりだった。数日後、彼はリュックサックとともに日本行の航空券をある男から渡され、上述した香港国際空港における逮捕となる。このような経過であるので、リュックサックに何等かの薬物はあるがそれは違法ではないと考えていたと、一貫して無罪を主張したものである[85]。

　終審法院は、挙証責任転換の規定が、無罪推定の原則、公平な聴聞を受ける権利に反するかどうかを審理するにあたって、「(a) 立法目的と合理的な関連があるかどうか（合理性テスト）、および (b) 立法目的を達成するのに

必要以上の制限を加えていないか（比例テスト）[86]」の観点をあげ、「本件に対して比例テストの適用は欠くことができない[87]。」としている。

最後に、法輪功事件として知られる Yeung May-wan and others（香港特別行政區對楊美雲及其他人士）事件[88] がある。この事件は、中央政府駐香港連絡弁公室[89] の前で、中国政府による法輪功信者への迫害に反対して、平和的なデモを継続的に行っていた Yeung May Wan（楊美雲）ら16人の法輪功信者が、デモの解散を命じる警察官に抵抗したかどで、公共の場所占拠罪および公務執行妨害罪で逮捕・起訴された事件である[90]。平和的なデモを行っていた被告人らに対して上記の刑罰を科すことは、言論、集会、デモ行進の自由（香港基本法27条、香港人権条例16条、17条および自由権規約19条、21条）に違反するかどうかが争われた[91]。

事件の詳細は以下の通りである。中央政府駐香港連絡弁公室付近において繰り返しデモを行っていた被告人らは、事件当日、警察との場所的取り決めの範囲を超えて、連絡弁公室正面玄関前の一般道で、「江沢民、殺人をやめろ！」との横断幕をかざしながらデモを行った。連絡弁公室警備員からの要請を受けた警察官の繰り返しの警告にもかかわらず、デモ参加者らは、従来の場所に戻ること拒否した。そこで、警察官はデモ参加者の逮捕にいたった。逮捕時および警察署に連行される間、路上およびパトカーの車内にて警察官に激しく抵抗したことから、公共の場所占拠罪に加えて公務執行妨害罪で起訴されたものである。一審のマジストレート裁判所においては、被告人全員が公共の場所占拠罪として、一部が公務執行妨害罪として罰金刑を科された。二審の控訴院においては、公共の場所占拠罪は棄却されたが、公務執行妨害罪については引き続き認定された[92]。

終審法院は、控訴院の判断を棄却し、公務執行妨害罪も成立しないとし、被告人すべての無罪を確定した。終審法院の判断の前提は以下である。「逮捕時に、被告人らが平和的なデモに従事していたことは、本事件には憲法上保障されたデモを行う権利が含まれていることを意味する。基本的人権が含まれる場合、公務執行妨害罪として被疑者を逮捕する場合の警察の権限の範囲は変化する[93]。」次に、以下の論旨を展開し、無罪判決を下した。すべての香港居民には人身の自由がある。もともとの逮捕が違法であるなら、その

後の警察官による拘束行為は警察官の公務ではない。したがって、警察官が拘束行為を行うにあたって、妨害や侮辱を受けたとしても、警察官は公務中に被害にあったのではないため公務執行妨害罪は成立しない。かつ、違法に拘束された人は、自由になるために合理的な実行力を行使する権利がある(94)。

　この法輪功事件については、以下の二点が香港法学界から評価されている。第一に、法輪功の置かれた政治的文脈と香港の司法の独立の関係である。法輪功は、中国大陸では禁止された団体だが、香港では合法な団体である。終審法院は法輪功の団体としての地位は考慮にいれず、そのメンバーが香港居民として保障される基本的人権のみを考慮の対象とした。Chan は「この事例は、きわめて政治的な文脈のなかで香港の司法の独立性を示した事例と言えよう(95)。」と評価する。また、Peterson は「香港社会の人々に対して、この事例は、中国大陸においては禁止されている団体である法輪功の信者が、香港においては一般の人々と同様に集会の権利を持つことを再確認した事例として知られている(96)。」と指摘する。Chen(97) も、「この画期的な判決は香港法の力強さと人権の精神を要約しており、さらに『一国二制度』の深層の意味を明らかにしている(98)。」と評価している。

　第二に、諸外国の判例を積極的に指針とした点である。この事件において、終審法院は諸外国の多くの判例を参照した。法輪功信者全員を無罪とする結論を導くにあたって、イギリスおよびヨーロッパ人権裁判所の事例のみならず、カナダ、南アメリカといった諸外国の判例、シラクサ原則、香港政府が国連人権委員会へ提出した第二次定期報告書等を審査した。これらの外国判例は、終審法院が結論を導くにあたって、重要な役割を果たした(99)。

　上記比例テストの適用は、従来のウェンズバリ原則と比べて詳細な審査を必要とし、その結果として法院により「価値選択」を迫るものとなっている(100)。Chan によると、「控訴院と終審法院の違いは、表面的には技術的なものに見えるが、深層にある違いは基本的人権へのかかわり方である。基本的人権へのかかわり方が弱いと、権利は公共の秩序・安全といった諸要素によって簡単に置き換えられてしまう(101)。」そして、終審法院は基本的人権の保護においてより強い保護の立場に移行しつつあると指摘する。終審法院と

控訴院の立場の違いはかなり明確になりつつあり、終審法院にて判断が覆される事例が増加している。それは控訴院が法律を誤って適用したからではなく、終審法院が控訴院とは異なる価値選択を行ったことの結果であるとする[102]。

おわりに

　香港法院は、どのような国際人権法・比較法を受容してきたのか。本稿においては特に、ヨーロッパ大陸法ひいてはヨーロッパ人権裁判所判例からイギリスのコモン・ローに導入され、その後香港法においても主流となっていった法概念である「評価の余地」理論および比例テストを取り上げ検討してきた。本稿の考察結果は以下の通りである。
　まず、「評価の余地」理論は、ヨーロッパ人権裁判所判例に由来し、イギリスにおいては、「評価の余地」理論は、国際法の概念であるため、イギリス国内法においては適用されない、と理解されている。しかし、どのような名前であれ、イギリスの裁判所は、ときに、「評価の余地」理論と極めて類似した自由裁量の領域を省庁や議会に与えており、香港法院においても同様に、「評価の余地」理論は、ときには敬意あるいは判決の自由裁量の領域の概念としても表現されながら援用されている。香港においてこの「評価の余地」理論が援用された代表的な事例に Lau Cheong 事件[103] がある。本来、国際法上の概念である「評価の余地」理論を香港法院が用いることについて、学者らの批判はあるものの、Kwok Hay Kowng[104] 事件等多くの事例によって、香港における「評価の余地」理論の詳細な内容が確定しつつある。
　次に、比例テストは、干渉の目的とその目的を達成するための手段に均衡性が保たれているかどうかという視点で、権力の行使に制限を課する概念をいい、このテストもヨーロッパ司法裁判所とヨーロッパ人権裁判所に由来する。と同時に、人権分野における比例テストの適用は、このほかにも、アメリカ、カナダおよび多くのヨーロッパ大陸諸国といった多くの司法管轄において行われている[105]。ただし、比例テストの概念を反映する具体的基準に

ついては、司法管轄ごとに多様性に富んでいる[106]。イギリスは、当初、違法性判断の根拠としての比例テストの援用に反対していたが、1998年イギリス人権法の制定以降、イギリスは比例テストに対する立場を変更し、現在では人権分野において、違法性判断の根拠の一つとしての地位を確立している[107]。香港においても、返還以降、人権への制限に対する違法性診断の方法として比例テストの適用が急速に増大している[108]。代表的な事例として、公共秩序条例事件として知られる Leung Kwok Hung 事件[109]がある。香港法院における比例テストの適用は、その内容とあいまって、法院に基本的人権へのかかわり方を通じて「価値選択」を迫るものとなっている。

以上、本稿の内容を簡潔に振り返った。最後に、香港法院が国際人権法・比較法を積極的に受容する背景にある理由はなにか。これを検討することが、今後の課題である。筆者は以下の２点に分けて、検討を行う。第一に、法的・制度的要因として自由権規約を国内法化した香港人権条例がいかに香港における国際人権法の積極的な受容を促進したのかを、返還後に焦点を当てて、別稿[110]において検討する。第二に、香港法を取り巻く環境として、香港の裁判所・裁判官選任制度および法曹教育におけるイギリス法制度の遺産およびコモン・ロー適用諸国出身の外国籍裁判官の存在と役割に着目することで、香港法院と国際人権法との親和性を明らかにしたい[111]。

（１）　たとえば、Sir Mason, Anthony, "The Place of Comparative Law in Developing the Jurisprudence on the Rule of Law and Human Rights in Hong Kong", (2007) 37 *H. K. L. J.*, 299. Chan, Johannes S. C., "Basic Law and Constitutional Review: The First Decade", (2007) 37 *H. K. L. J.* 407.
（２）　たとえば、廣江倫子「返還後における香港人権条例の発展過程についての一考察」『アジア法研究2012』（2013年１月）を参照されたい。
（３）　香港基本法８条は、返還以前の法（つまりイギリス植民地期に構築された制定法および判例法）の維持について憲法上の保障を与えている。
（４）　Sir Mason, Anthony ,*op. cit*., p 308.

(5) 『一橋法学』第2巻第3号、2003年11月。
(6) 西村幸次郎編著『グローバル化の中の現代中国法［第2版］』成文堂、2009年。
(7) 江島晶子「ヨーロッパ人権裁判所における『評価の余地』理論の新たな展開」『明治大学大学院紀要』第29集、1992年2月、58頁。
(8) 江島晶子、前掲論文、58頁。Barnett, Hilaire, *Constitutional & Administrative Law* [*Ninth Edition*], (London: Routledge, 2011), p 408. Alder, John, *Constitutional and Administrative Law* [*Eighth Edition*], (Hampshire: Palgrave Macmillan, 2011), p 475.
(9) SirMason, Anthony, *op. cit.*, p 314.
(10) White, Robin C A and Claire Ovey, *The European Convention on Human Rights* [*fifth edition*], (Oxford: Oxford University Press, 2010), pp. 78-81.
(11) 江島晶子、前掲論文、58頁。
(12) White, Robin C A and Claire Overy, *op. cit.*, pp. 78-81.
(13) Alder, Alder, *op. cit.*, p 475. Barnett, Hilaire, *op. cit.*, p 408.
(14) Ramsden, Michael and Oliver Jones, *Hong Kong Basic Law—Annotations and Commentary* (Hong Kong: Sweet & Maxwell, 2010), p 84.
(15) Ramsden, Michael and Oliver Jones, *op. cit.*, p 84
(16) Lau Cheong v HKSAR [2002] 4 HKCFAR 415.
(17) 人身侵害条例2条「殺人を犯したいかなる者も終身刑とする。」
(18) Lau Cheong v HKSAR [2002] 4 HKCFAR 415, at para. 1.
(19) Lau Cheong v HKSAR [2002] 4 HKCFAR 415, at para. 2.
(20) Lau Cheong v HKSAR [2002] 4 HKCFAR 415, at para. 2-8.
(21) Lau Cheong v HKSAR [2002] 4 HKCFAR 415, at para. 69.
(22) Lau Cheong v HKSAR [2002] 4 HKCFAR 415, at para. 102-103.
(23) Lau Cheong v HKSAR [2002] 4 HKCFAR 415, at para. 102.
(24) Sir Anthony Mason, *op. cit.*, p 314.
(25) Dr. Kwok Hay Kowng v Medical Council of Hong Kong [2008] 3 HKLRD 524.
(26) Dr. Kwok Hay Kowng v Medical Council of Hong Kong [2008] 3 HKLRD 524, at para. 25.
(27) Dr. Kwok Hay Kowng v Medical Council of Hong Kong [2008] 3 HKLRD 524, at para. 1, 6.
(28) Ramsden, Michael and Oliver Jones, *op. cit.*, p85.
(29) Secretary for Justice v Yau Yuk Lung Zigo and another [2007] HKCFA 50.
(30) Secretary for Justice v Yau Yuk Lung Zigo and another [2007] HKCFA 50, at para. 3-4.
(31) Secretary for Justice v Yau Yuk Lung Zigo and another [2007] HKCFA 50, at para. 21.
(32) Secretary for Justice v Yau Yuk Lung Zigo and another [2007] HKCFA 50, at para. 29.
(33) Leung T C William Roy v Secretary for Justice [2006] 4 HKLRD 211.
(34) Leung T C William Roy v Secretary for Justice [2006] 4 HKLRD 211, at para 1. 事件の事実について、廣江倫子「性行為合意年齢の差異—ウィリアム・リョン対香港司法省」(谷口洋

幸、齋藤笑美子、大島梨沙編著『性的マイノリティ判例解説』信山社、2011年）を参照されたい。
(35) Leung T C William Roy v Secretary for Justice [2006] 4 HKLRD 211, at para. 53.
(36) Leung T C William Roy v Secretary for Justice [2006] 4 HKLRD 211, at para. 53.
(37) Ramsden, Michael and Oliver Jones, *op. cit*., p 86.
(38) Chan Hei Ling Helen v Medical Council of Hong Kong [2009] HKCA 167.
(39) Chan Hei Ling Helen v Medical Council of Hong Kong [2009] HKCA 167, at para. 1-6.
(40) Chan Hei Ling Helen v Medical Council of Hong Kong [2009] HKCA 167, at para. 34.
(41) Chan Hei Ling Helen v Medical Council of Hong Kong [2009] HKCA 167, at para. 58.
(42) Ramsden, Michael and Oliver Jones, *op. cit*., p 86.
(43) Kong Yun Ming v Director of Social Welfare [2009] 4 HKLRD 382.
(44) Kong Yun Ming v Director of Social Welfare [2009] 4 HKLRD 382, at para. 1, 10.
(45) Kong Yun Ming v Director of Social Welfare [2009] 4 HKLRD 382, at para. 2-6.
(46) Kong Yun Ming v Director of Social Welfare [2009] 4 HKLRD 382, at para. 117.
(47) 香港終審法院非常任裁判官、前オーストラリア高等裁判所長官。
(48) Sir Mason, Anthony, *op. cit*., p 314.
(49) 香港大学法学部教授。
(50) Chan, Johannes S.C., *op. cit*., p 425.
(51) Chan, Johannes S.C., *op. cit*., p 425.
(52) Chan, Johannes S.C., *op. cit*., p 425.
(53) Dudgeon v United Kingdom (1981) 4 EHRR 149.
(54) Barnett, Hilaire, *op. cit*., p 596.
(55) Barnett, Hilaire, *op. cit*., p 596. コモン・ロー適用地域に関していうと、Masonによれば、比例テストは、コモン・ロー適用地域のなかで発展段階にあり、一つかそれ以上の裁判管轄における発展がその他地域の発展に影響を及ぼす可能性がある。影響の度合いは、当該裁判管轄における立法・行政・司法といった三権の役割、外国判例を取り入れることへの社会的コンセンサス、司法発展の安定性に依拠している。(Sir Mason, Anthony, *op. cit*., p 313.)
(56) Sir Mason, Anthony, *op. cit*., p 311.
(57) Sir Mason, Anthony, *op. cit*., p 312. Barnett, Hilaire, *op. cit*., pp. 598-599.
(58) Barnett, Hilaire, *op. cit*., pp 596-600.
(59) 返還以前の事例として、たとえば、Ming Pao Newspapers Ltd事件（Ming Pao Newspapers Ltd v A-G of Hong Kong [1996] AC 907.）がある。この事件は、『明報』紙及び同紙編集主幹らが、賄賂防止条例に違反して、同条例違反容疑の犯罪に関する捜査情報を、暴露したとして起訴されたものである。1991年に制定された香港人権条例により、同条例は法的効力を持たないのかどうかが争われた。イギリス枢密院司法委員会は、香港立法評議会が、香港人権条例の規定にも関わらず、賄賂防止条例の当該条項を汚職犯罪捜査の統一性を図るために必要であると決定していることを指摘したうえで、これは政策決定なのであり「評価の余地」から外れることはない、とし、賄賂防止条例の規定は「獲得されようとしている重要な目的と決して不均衡なも

のではない。(Ming Pao Newspapers Ltd v A-G of Hong Kong [1996] AC 907, at para. 27.)」と述べた。

(60) Johannes Chan, S. C., *op. cit*., p 445. 注55において述べたように、コモン・ロー適用諸国間での比例テストの発展が相互に影響を及ぼしあっている状況から、香港の比例テストもまた諸外国のものとの類似性が指摘されている。香港において採用された比例テストに類似する事例として、以下がある。ヨーロッパ人権裁判所の判例としてHandyside事件（Handyside v United Kingdom (1979-1980) 1 EHRR 347.）、Sunday Times事件（Sunday Times v United Kingdom (No 1) (1979-1980) 2 EHRR 245.）、Norris事件（Norris v Ireland (1991) 13 EHHR 186.）。カナダの判例としてOakes事件（R v Oakes (1986) 26 DLR (4th) 200.）、イギリス枢密院司法委員会の判例として、De Freitas事件（De Freitas v Permanent Secretary of Ministry of Agriculture, Fisheries, Lands and Housing [1999] 1 AC 69.）、南アフリカの判例としてMakwanyane事件（S v Makwanyane (1995) 3 SA 391.）。
(61) GurungKeshBahadur v Director of Immigration (2002) 5 HKCFAR 480.
(62) GurungKeshBahadur v Director of Immigration (2002) 5 HKCFAR 480, at para. 33.
(63) GurungKeshBahadur v Director of Immigration (2002) 5 HKCFAR 480, at para. 4. 事件の事実について、廣江倫子「返還後における香港人権条例の発展過程についての一考察」『アジア法研究2012』（2013年1月）を参照されたい。
(64) Leung Kwok Hung v HKSAR [2005] 3 HKLRD 164.
(65) Leung Kwok Hung v HKSAR [2005] 3 HKLRD 164, at para. 1-4.
(66) Leung Kwok Hung v HKSAR [2005] 3 HKLRD 164, at para. 6-7.
(67) Leung Kwok Hung v HKSAR [2005] 3 HKLRD 164, at para. 65.
(68) Leung Kwok Hung v HKSAR [2005] 3 HKLRD 164, at para. 95-96.
(69) Leung Kwok Hung v HKSAR [2005] 3 HKLRD 164, at para. 33.
(70) Leung Kwok Hung v HKSAR [2005] 3 HKLRD 164, at para. 33.
(71) Leung Kwok Hung v HKSAR [2005] 3 HKLRD 164, at para. 96.
(72) HKSAR v Ng Kung Siu (1999) 2 HKCFAR 442.
(73) HKSAR v Ng Kung Siu (1999) 2 HKCFAR 442, at para. 60.
(74) Fok Chun Wa and Another v The Hospital Authority and Another [2008] HKCFI 1143.
(75) Fok Chun Wa and Another v. The Hospital Authority and Another [2008] HKCFI 1143, at para. 1-2.
(76) Fok Chun Wa and Another v The Hospital Authority and Another [2008] HKCFI 1143, at para. 6-11.
(77) Fok Chun Wa and Another v The Hospital Authority and Another [2008] HKCFI 1143, at para. 13.
(78) Fok Chun Wa and Another v The Hospital Authority and Another [2012] HKCFA 34, at para 79.
(79) HKSAR v Lam KwongWai (2006) 2 HKCFAR 574.
(80) HKSAR v Lam KwongWai (2006) 2 HKCFAR 574, at para. 5-7.
(81) HKSAR v Lam KwongWai (2006) 2 HKCFAR 574, at para. 40.

(82)　HKSAR v Hung Chan Wa (2006) 9 HKCFAR 614.
(83)　HKSAR v Hung Chan Wa (2006) 9 HKCFAR 614, at para. 37-38.
(84)　HKSAR v Hung Chan Wa (2006) 9 HKCFAR 614, at para. 46-48.
(85)　HKSAR v Hung Chan Wa (2006) 9 HKCFAR 614, at para. 53-56.
(86)　HKSAR v Hung Chan Wa (2006) 9 HKCFAR 614, at para. 39.
(87)　HKSAR v Hung Chan Wa (2006) 9 HKCFAR 614, at para. 77.
(88)　Yeung May-wan and others v HKSAR (2005) 8 HKCFAR 137.
(89)　香港における国務院の出先機関。
(90)　Yeung May-wan v HKSAR (2005) 8 HKCFAR 137, at para. 1-9.
(91)　Yeung May-wan v HKSAR (2005) 8 HKCFAR 137, at para. 33-34.
(92)　Yeung May-wan v HKSAR (2005) 8 HKCFAR 137, at para. 10-30.
(93)　Yeung May-wan v HKSAR (2005) 8 HKCFAR 137, at para. 31.
(94)　Yeung May-wan v HKSAR (2005) 8 HKCFAR 137.
(95)　Chan, Johannes S. C., *op. cit.*, p 443.
(96)　Petersen, J. Carole, "Embracing Universal Standards?: The Role of International Human Rights Treaties in Hong Kong's Constitutional Jurisprudence" in Hualing Fu, Lison Harris, and Simon N. M. Young (eds.)., *Interpreting Hong Kong's Basic Law : The Struggle for Coherence* (New York : Palgrave Macmillan, 2007), p 37.
(97)　香港大学法学部教授。
(98)　Chen, Albert H. Y., "The Rule of Law under "One Country, Two Systems": The Case of Hong Kong 1997-2010", (2011) 6 National Taiwan University Law Review, 287.
(99)　Petersen, J. Carole, *op. cit.*, pp. 37-38.
(100)　Sir Mason, Anthony, *op. cit.*, p 312.
(101)　Chan, Johannes S. C., *op. cit.*, p 427.
(102)　Chan, Johannes S. C., *op. cit.*, p 426.
(103)　Lau Cheong v HKSAR [2002] 4 HKCFAR 415.
(104)　Kwok Hay Kowng v Medical Council of Hong Kong [2008] 3 HKLRD 524.
(105)　Barnett, Hilaire, *op. cit.*, p 596. Sir Mason, Anthony, *op. cit.*, p 313.
(106)　Sir Mason, Anthony, *op. cit.*, p 311.
(107)　Barnett, Hilaire, *op. cit.*, pp. 596-600.
(108)　Johannes Chan, S. C., *op. cit.*, p 445.
(109)　Leung Kwok Hung v HKSAR [2005] 3 HKLRD 164.
(110)　廣江倫子「返還後における香港人権条例の発展過程についての一考察」『アジア法研究2012』（2013年1月）
(111)　廣江倫子「香港終審法院における外国籍裁判官」（今泉慎也編著『アジアの司法化と裁判官の役割』アジア経済研究所、2013年刊行予定）

第 3 部

民族法、環境資源法

西村幸次郎先生の研究の歩み3（民族法、環境資源法）

中国には26の少数民族がいるが、近年、チベット、新疆ウイグル、内モンゴルの各自治区で騒乱が起こり、漢族への不満が顕在化している。少数民族への対応を誤れば民族の分離独立など国の安定をも左右しかねない。このため、民族法制においては、憲法を頂点に少数民族の保護・優遇政策が採られているが、漢族との経済、社会、文化面の格差は歴然としている。

西村幸次郎先生は、2006年1月の一橋大学退官講義において、民族法研究の意義について以下の点を挙げられた。第一は、少数民族地域の特徴、分布、構成である。辺境にあり国防・戦略上重要であること、諸民族との関係が密であること、大雑居・小集居・交錯集居のような分布などがこれにあたる。第二は、民族関係を規制対象とする民族法のあり方について中央政府による調整と管理が行われており関心が高まっていること、第三は、民族法制の考察を通した文化の対等性・多元性、西南と北方の地域差、自然との共生、高度の自治との関係である。第四は、1990年代末に始まった西部大開発による伝統、風俗習慣、民族区域自治、生態環境などに対する影響である。その他、独立の動き、漢族との軋轢などへの示唆も指摘された。

筆者は、西村先生を民族法の研究へと駆り立てたものは、中央統制の厳しい社会主義国においてその多様性をいかに発揮させようとするかという法学の面からの学術的関心と異文化への強い関心であったのではないかと考える。中国憲法研究者として、1984年に董成美氏の憲法に関する著作を監訳されているが（I著書-iii-②）、すでに同書では、民族に関する章が収められている。その後、1988年の上海滞在中の海南島旅行、1990年とその翌年に行われた黒木三郎先生主催の少数民族の家族調査への参加がその関心を増幅させたことは間違いない。とりわけ、1990年の海南島調査の際には、黎族、回族、苗族、臨高人の各集落を視察するとともに、海南大学、通什市、広州市民族委員会・民族研究所において懇談されており、その後の民族法研究の端緒になったものと考えられる。この時に先生が見聞された「做鬼」「紋面」

「放寮」などの特異な風俗習慣の残存が先生を民族法研究へと駆り立てる原動力の一つになったと思われる。1950年代に公布された規定により、廃止対象とされたにもかかわらず残存していることに驚きとともに強い関心をもたれたことは想像に難くない（I著書-ⅰ-③、民族法関係の論文として、II論文-㉝、㊲、㊳等を所収）。その後間もなく、少数民族の婚姻慣習について執筆され（II論文-37)、家族法政策にも関心を広げられている。

さらに1994年の内蒙古、オルドス草原の視察を経て、1998年には中央民族大学教授・呉宗金編著の『中国民族法概論』（成文堂）の監訳を契機に（I著書-ⅲ-④)、中央民族大学、中国司法部を訪問・交流されている。同書は、当時民族法学の分野において第一線で活躍中の呉氏が民族法の問題点について法的側面から考察した力作である。やや期間が開くが、一橋大学移籍後の2000年には約2カ月間にわたり、民族法制調査のため青海、甘粛、寧夏、陝西、四川、雲南の各省・自治区を訪問調査されている。2003年度から2005年度には科学研究費補助金「中国民族法制の総合的研究」（基盤研究（B)、海外学術調査）を得て、6回にわたり少数民族の現地調査を行われた。青海、内蒙古、四川、貴州、雲南、新疆、広西などの少数民族地区に赴き、文化施設、自然遺産などを精力的に視察し、関係機関と研究交流を重ねられた。この3年間にわたるフィールド調査を通じた研究成果はおそらく以下の5点に集約される（II論文-㊿、23頁)。

第一は、民族区域自治制度である。「平等・団結・自治・共同繁栄」の基本方針のもとで「漢族は少数民族から離れられないし、少数民族は漢族から離れられない」（鄧頴超）として、中国における民族の一体性について、安定に寄与するとの立場から評価する見方があること、一方で西部大開発や対口支援の政策の下で、少数民族地域の発展が後回しにされていること、民族自治地方の自治権は、中央と地方の権限配分問題や、予算面の制約などから形骸化していることを指摘する。内モンゴル自治区では、漢族中心の地域自治、「双語」教育のなかで重視されたモンゴル語が逆に障害となっている。

第二は、中華民族の多元一体化論である。中華民族を「分散し孤立していた数多くの民族が、接触、混血、結合、融合、時には分裂と衰亡を経て、AとBが交流し、Aの中にBがあり、Bの中にAもある反面、それぞれ個性

を保つ多元的統一体を形成した」とする費孝通の見解は、現在の中華民族のアイデンティティを表す支配的な見解とされている。しかし、西村先生は、文化の対等性・多元性や自然と人間の共生の視点から、いわば漢族にとって都合のよい多元一体化論が問い直されなければならないとする。

　第三は、西部大開発との関係である。公害企業の導入、水資源の逼迫、条件不利地域へのダム移民など、現地の少数民族の利益に必ずしもつながっていないとする。また、草原法の改正にもかかわらず、耕地拡大、荒漠化による生態環境の破壊を指摘する。

　第四は、風俗習慣である。遅れた陋習の排除、非近代的婚姻制度や家族慣習の弾力的対応、通い婚、宗教信仰などを挙げる。

　第五は、民族慣習法と国家法の抵触である。チベット族の「賠命価」の刑事法との矛盾、ミャオ族などの「郷規民約」などである。

　西村先生は研究調査を通じた所感として、「歴史、歩みに対する敬愛の念の必要性」「中華民族の発揚による独自性の希薄さ」を挙げる。その上で民族法学の研究には「調整と管理を強調する立場」と「各民族の独自性を強調する立場」に大きく分かれるとし、慣習法の役割に注意を喚起し、漢民族中心の研究について疑問を呈されている。ただ、その後の研究成果は見当たらず、先生自身が民族法制の抱える問題のどこに重点を置き、何を明らかにされたかったのか知る由はない。民族問題は中国全体の安定に係わり、きわめて敏感な問題である。民族自治を必要以上に強調することは共産党・中央政府の方針と抵触し研究の存続を困難にするおそれがあることは言うまでもない。しかし、それらの点を割り引いても少数民族問題が焦眉の急を告げる今、民族区域自治の長所、短所や少数民族優遇政策による漢族からの反発の動きなども踏まえ、憲法学者として現行法政策の矛盾や現実との齟齬を浮き彫りにし、より深く考察した論考を期待せざるを得ない。

　一方、環境資源法への関心は、1994年に民族法研究の一環として訪問された内モンゴルの草原、砂漠から芽生えたようである。草原法研究の第一人者である施文正・内モンゴル大学法学院教授との面会などを契機に、奥田進一氏（現拓殖大学教授）主催のシンポジウム（2004年）を経て研究が深化していった。1992年制定の草原法は草原の保護、生態環境の保護・改善などに大きな

影響力をもったが、開墾や破壊行為に対する法律責任が原則的で、処罰の強制力が不十分であったこと、過放牧が荒漠化を招いたことなどが原因で2003年に改正された。しかし、食糧増産と生態環境保護のバランスをいかに取っていくかが大きな課題となっている（Ⅲその他-ⅰ-㉑）。また、西村先生は中国の砂漠化と防止のための試みにきわめて高い関心を示され、日本のNGOも含めた植樹協力に対して深い敬意を抱かれている。先生の環境汚染に関する著作は残念ながら見当たらないが、常に中国の環境汚染・破壊の動向を注視し情報の収集に努められている。人間の健康、安全を脅かすものに対して矛盾と憤りを覚える先生の強い正義感を窺い知ることができる。

次いで、第3部に収めた5編の論文について紹介する。

第8章・格日楽（ゲレル）氏執筆の「中国における民族自治について—「民族」の定義と「自治」の経緯をめぐる考察—」は、先生の研究対象でもあった民族区域自治制度を取り上げ、その到達点と限界を論述したものである。まず、民族の定義と費孝通の見解「中華民族多元化一体構造」を紹介する。次に、制度の内容を紹介するとともに、自治条例制定の課題、とりわけ5つの自治区において条例が制定されていない理由として、内容が経済分野に関係するときは中央の了解が必要であること、市場経済体制への移行過程にあり法律自体も対応できていないことなどを挙げる。また、台湾を含めて将来連邦制国家の要素を取り入れた地方自治の可能性などを指摘し、民族の定義と自治の経緯を踏まえた地方制度全体の理解から考察する必要性を強調する。

第9章・小林正典氏執筆の「伝統文化の保護と文化財産権の課題」は、文化保護法制と民族文化の保護制度を紹介したうえで、「文化財産権」について考察を加えたものである。文化大革命の混乱を経たものの、伝統文化は、共産党と政府が国家を運営する上での重要なよりどころになっており、憲法前文で「民族文化の優れた伝統を発揚」することが掲げられているとする。経済の発展とグローバル化の進展とともに、文化の商品化が進行した。2002年に文化財保護法が改正され、2011年には無形文化遺産法が施行された。特に後者は伝統文化の継承と称賛を目的に掲げる。また、民族文化の発展と促

進措置については憲法に規定されているが、法制上、より広義に保障されるようになるのは1984年の民族区域自治法の制定以降とする。同法改正後、民族文化の権利に言及する研究が見られるようになったとし、その契機になった「ウスリー船歌」事件を紹介している。裁判所は少数民族・ホジェン族の権利を侵害したものと認定し画期的なものとなった。伝統文化財産権をめぐる課題として、その定義が容易でないこと、権利の主体の確定が困難な場合があること、権利の集団的管理方式が発展途上段階であることを指摘する。そして、一つの法律制度の分野として確立される可能性を秘める一方で、中国の社会主義法制の伝統が根底から覆される可能性を孕むとする。

　第10章・佐々木信彰氏執筆の「現代中国の南北問題に関する一考察」は、ここ数年、少数民族自治区で起こった騒乱事件を取り上げ、その背景と要因を民族問題と地域間経済格差の重なった国内の南北問題として考察する論考である。まず、新疆騒乱については、背景に富を独占する漢族と経済発展から疎外されたウイグル族の経済的民族対立があるとする。地域の天然資源の開発権がウイグル族になく、利益に与ることがないことを挙げる。次に、チベット騒乱は、2010年9月に青海省が民族学校にチベット語と英語以外の全教科で漢語による授業を行うよう出した通達が発端となった。政府のチベット族の就職難解消のための措置であったが、逆にチベット族の青少年に、漢族文化の押し付け、同化教育と受け取られた。また、西部大開発はチベット族の雇用拡大や所得水準の向上につながっていないとする。最後に内モンゴル騒乱は、2011年5月に起こったモンゴル族遊牧民が石炭を運搬する漢族のトラックにひき逃げされ、死亡した事件が原因となっている。自治区の都市でも大規模な抗議行動が発生した。この背景には、鉱物資源開発の中で遊牧民の草原が破壊され、利益もモンゴル族に還元されていないことがある。「過放牧」を理由にモンゴル族の定住化を図る一方、国有企業の資源開発を安易に認めてきたことによる。これらの事件を受け、「国家人権行動計画」など、融和的な民族政策が打ち出されているが、南北問題解決への抜本的方策は見つかっていないことを指摘する。

　第11章・奥田進一氏執筆の「草原保護法政策の変遷と環境負荷」は、環境資源保護法の研究に属するものである。30年来の草原保護に関する法政策と

権利関係をめぐる学説の変遷をたどるとともに、私的権利関係から行政法規による公的管理への変化、それによる環境への影響について紹介する。物権法、草原法による集団所有権、使用権、請負経営権の法的性質と問題点を考察し、旧草原法がコモンズの悲劇を招来したこと、新草原法による畜頭数制限の政策にもかかわらず牧民の畜舎飼いと飼葉代負担を招いたこと、都市への人口流失による牧畜業の衰退など、利用と保護の両立の対策となりえていないことを指摘する。草原と荒れ地について自然科学にもとづいた地域区分をした法規の必要性の提言や、伝統的村落共同体を母体とした基層社会の実績と実情を軽視した国家政策による生態環境と社会環境への影響の懸念に関する考察は圧巻である。

第12章・筆者（北川秀樹）執筆の「中国環境法30年の成果と課題—環境保護法改正と紛争解決制度を中心に—」は、1979年の環境保護法（試行）制定から30年余りの環境保護法体系建設の歩みを概観するとともに、近年注目されている環境保護法改正をめぐる専門家による論議と被害者救済を目指した環境紛争解決制度（行政、司法）の現状と課題を論じ、中国環境法の到達点と課題を考察しようとするものである。

2012年8月にパブリックコメントに付された環境保護法草案においては、専門家から強い要望のあった日罰制と環境公益訴訟の導入が見送られた。このことは、立法者の経済活動への配慮と環境NGO等の民間組織に対する警戒感を窺い知ることができるとともに、その限界を表している。また、環境紛争解決制度については、信訪制度の現状と環境民事責任をめぐる議論を紹介する。環境ガバナンス改善のためには、環境法政策の適正な執行を担保する制度として、人事、行財政制度に対する民主的な監督や大胆な政治改革が不可欠であることを指摘する。

北川秀樹

第8章 中国における民族自治について
—— 「民族」の定義と「自治」の経緯をめぐる考察 ——

格 日 楽
GERILE

はじめに
第1節 民族問題をめぐる理論的枠組
第2節 民族区域自治制度について
おわりに

はじめに

　中国では民族区域自治制度を通して少数民族自治機関（人民代表大会及び人民政府）に自治権を付与する。中国の地方制度において、民族区域自治制度は地方制度の大きな特徴であり、民族問題を解決する最も有効な手段として重要な位置を占める。しかし、近年選挙及び自治条例の制定などにおいて、自治権が充分に行使されているかが、大きな問題としてしばしば指摘されるようになった。

　本稿では、中国における民族の特徴及び民族政策の本質を読み解きながら、そこから覗ける民族自治の諸問題点を明らかにすることを試みる。

　本稿は、まず、中国における民族の定義や中華民族など関連概念との関係を含め、本研究で言及する民族の理論的枠組みを整理し、次に、民族と国家との関係、特に少数民族の自治を中心とする民族法律、政策とその変容を整理・概観する。民族理論と民族政策が民族区域自治に如何なる影響と及ぼしてきたのか、そして今後自治制度において展開されるべき問題点について考察する。

第1節　民族問題をめぐる理論的枠組

1　民族の定義をめぐって

「民族」は一般的に近代に生まれた概念として捉えられ、多民族を包含する古代帝国においては、民族の雑居・複合的存在が常態であって、民族問題が顕在化することはなかったと思われる。

民族とは、そもそもどのような集団であろうか。民族をめぐる問題については、人類学、社会学、歴史学、政治学など多様な分野において論じられ、それぞれの分野においてもその定義や扱いは異なってきた[1]。したがって「民族」がいったい何を意味しているかについて、学問分野や国・地域の違い、またその言葉が使われている時代の違いにあわせた考慮が必要である。中国においても、民族を定義することは決して容易ではない。

本稿では、中国における民族の定義は如何なるものなのか、費孝通[6]の理論と加々美光行[2]の中国の民族理論の取りまとめを手がかりに考察する。「民族」という語彙について、中国で、「民族」という言葉は、漢の時代の時先秦典籍の注釈に時折見られる。例えば、鄭玄が「礼記-祭法」の注釈に、「民族が百家族以上集まって居住すれば、共立一社となる[3]」と解説している。しかし、その時の「民族」は「家族」または「宗族」を指しており、現在の「族類共同体」という意味での民族を指しているわけではない。

また、民族を意味する漢語単語は非常に多い。民族学者の実証や収集によれば、民族概念を表す言葉は中国の古典に30種類以上もある。その中に、「民」、「族」、「人」、「種」、「類」、「部」、「族類」、「種人」、「種族」、「類族」、「部落」、「部族」、「種族」等々などがあるが、「民」と「族」を一緒に使い、「民族」という言葉にはしていない[4]。

近代の意味での「民族」という語彙は、1899年に梁啓超が亡命先の日本滞在中に著書『東籍月旦』で、英語のNationの日本語訳「民族」を転用して中国語に用いたのが始まりとされている[5]。

1901年には、梁啓超は「民族」と「中国」概念を結びつけて「中国民族」という用語を造語し、さらに1902年には、「中華民族」概念をも提起したと

される。

2 スターリンの民族定義を巡って
(1) スターリンの民族定義
　中国は1950年代から80年代半ばまでスターリンの「マルクス主義と民族問題」における定義を下敷きに民族理論を展開していた。
　1913年、スターリンは『マルクス主義と民族問題』において民族を「言語、地域、経済生活、および文化の共通性のうちに現れる心理状態の共通性を基礎として生じたところの、歴史的に構成された人々の堅固な共同体である」と定義した。
　しかし、これはかなりの問題を含んだ定義で、ドイツ、フランス、イタリア等近代民族国家が典型的に成立した地域についてのみ妥当する定義であるとされている。
　加々美光行も、80年代半ばまで表向きはスターリン定義を下敷きにしていた。しかし、スターリン定義をそのままあてはめている訳ではないのが実状であると述べている。

(2) 費孝通の民族識別工作[7]におけるスターリン定義への評価
　費孝通は「この定義は、ヨーロッパの資本主義が発展してきた時期に形成された民族を基準にして結論が出されたものである。民族識別工作においてはただ参考としての作用を果たすだけで、そのまま用いてはならないことは明白であった。」と述べ、共通の言語における方言の問題を取り上げたり、共通の地域における「大雑居、小聚居」の現状から、「民族聚居区」という概念を提起して補充と修正を加えた。また、共通の経済生活については、同一の、あるいは似通った（共通のではない）経済生活を営んでいたかどうかと柔軟に捉えたり、共通の文化に現れる心理素質については、共通する民族意識として理解したりと中国のそれぞれの少数民族の実際の状況を観察した。
　中国の民族概念の四つの特徴について、毛里和子は、第一に、スターリンの4つの標識（地域・言語・経済生活・文化心理要素）を柔軟に考えている。第二に、4標識のうち「共通の民族意識」「民族感情」を特に重視している。

第三に、民族はそもそも近代の概念だが、中国では民族の中に原始部族までも含めて広義に使っている。第四に、民族の形成における統一国家の役割を特に重視していると指摘する。

中国では、民族の定義について、社会一般的には大もしくは小の集団居住地域をもち、自己の特徴をもつエスニック・グループは、その発展レベルや歴史的段階の如何にかかわらず、習慣上すべてこれを「民族」と呼ぶ[8]とされてきた。原始共同体段階の部落や部族も「民族」と括る。「民族」とは何か、「民族」を弁別する標識とは何かという問いについては、まだまだ検討の余地が残る。

3 中国における民族的アイデンティティについて
(1) 民族識別工作における少数民族のアイデンティティ

民族識別工作を通して費孝通は、中国の少数民族のアイデンティティは実在するものであると認めている。訪問団の仕事において、彼らは、山嶺を越え、森林渓谷に入り、貴州省と広西省の各地に分布している少数民族の村落へ入り、人々と親しく交歓し、対話をする機会があった。多くの少数民族と直接触れ合うなかで、民族というものが客観的で普遍的に存在する「人々の共同体」であり、代々受け継がれ、心底からのアイデンティティを持つ人々の集団であるということを初めて理解したという。同一民族の人々は、禍福や利害を共にする、強烈な一体感を持っている。彼らは共通の言語を持ち常に一緒に生活しているので、互いに守り合い助け合い、苦難を共にするという非常に密接な社会関係のネットワークを形成する。要するに、民族とは中身のない空虚な概念なのではなく、実在の社会実体であるということを費孝通は理解するに至ったのである。同一の民族に属する人々のアイデンティティと一体感は、人々の意識にこの社会実体が反映したもの、すなわち普通私たちが言うところの民族意識である。民族意識は具体的には自己の所属する民族に対して持つ名称（自称）のみならず、他の民族がしばしば用いる異なった名称（他称）にも表現されている。一般的に言うならば、私たちが触れ合うところの少数民族の人々は皆、自分たちがその名称の民族に属しているということを知っている。中国にいかなる民族がいるのかという問題に答え

るためには、まずは各地の少数民族が自ら申告している民族名称を入手するべきであると認識した[9]。

すなわち、言うところの民族心理素質とは実は民族的アイデンティティにほかならないことが分かったのである。民族的アイデンティティは決して空虚なものなのではなく、私たちそれぞれが自己を省みる行為を通して民族的アイデンティティとは何かを会得することのできるものなのである。現在ではすべての人が自己の所属する民族を持っており、すべての人が民族意識を持っている。中国の民族は実在の社会実体であると理解された。

(2)「中華民族」[10] 及び「中華民族多元一体構造」について

費孝通は1988年香港中文大学で初めて論文「中華民族多元一体格局」を公表し、「中華民族の多元かつ一体の構造」が中国世界固有のものだと論じた[11]。

第一の論点として、中華民族は中国の境内の56の民族を包括する民族実体であり、決して56の民族を合わせた総称ではない。というのも、この計56の民族はすでに結び付いて相互に依存するものとなっており、一つに合わさっていて分割することのできない統一体であるからである。この民族実体において、それに帰属するすべての成分（構成要素となる民族集団）は、すでに層次（レベル）がより高い民族的アイデンティティ、すなわち利害を共にし、存亡を共にし、栄辱を共にし、命運を共にするという感情と道義を有している。この論点は費孝通が民族アイデンティティの多層次論へと発展させた。多元一体格局の中では、56の民族は基層であり、中華民族は高層次なのである。

第二の論点として、多元一体格局が形成されるには、分散的な多元が結合して一体を形成して行く過程があり、この過程において凝集作用を果たす核心の存在が必要であった。漢族は多元的な基層のうちの一つであるが、彼らこそが凝集作用を発揮し、多元を一体へと結合させたのである。この一体はもはや漢族ではなく、中華民族であり、高い層次のアイデンティティを持つ民族なのである。

第三の論点として、高層次のアイデンティティが必ずしも低層次のアイデンティティにとって代わったり、あるいはそれを排斥したりするものではない。異なる層次は衝突せずに両立して存在することができるし、さらに、異

なる層次のアイデンティティの基礎の上にそれぞれがもともと持っていた特徴を発展させ、多言語・多文化の統一体を形成することもできる。よって高層次の民族は、実質的には一体であり多元的でもある複合体である。その間にはお互い対立する内部矛盾、すなわち差異の一致という矛盾が存在しているが、その消長や変化によって、絶え間なく変動する内外の条件に適応し、その共同体自身の存続と発展を可能にするのである。

　加々美光行はこのようにとりまとめる。第一は、漢民族自体が歴史的に中国領域で生きてきた諸民族の接触・混合・融合の複雑なプロセスを通じて生まれ、その中で「中華民族の凝集的核心」になったということであり、第二は、中国領域内に住む諸民族はその形成は多元的だが一体を形成し、「中華民族多元一体の構造」が生れたということである。費孝通は、この「多元一体」について、「中国領域に住む諸民族の起源そのものが多元的であると同時に、接触・混雑・連合および融合、あるいは分裂、消滅を通じて『我の中に君あり、君の中に我あり』、『分かれても分離せず、融しても合せず』の状況、多元かつ一体の状況が生まれていること」と説明している。第三は、「中華民族」は「自然発生的な民族実体」として数千年前から徐々に形成されてきたが、19世紀半ばから列強と対抗する中で「自覚的な民族実体」になったということである。

　これらの費孝通の論点には二つの特徴が見られる。一つ目は、「自在的民族」と「自覚的民族実体」を区別する点である。彼によれば、中華民族形成のプロセスは次のようになる。まず、それぞれの諸民族の中核体が生まれ、ついで凝集的核心としての漢民族が形成される。そして接触・同化・融合を繰り返し、「自在的民族実体としての中華民族」が形成され、その後「西方列強の圧力と対抗することを通じて休戚をともにする自覚した民族実体」となっていったという。二つ目は「民族」を状況的・流動的に認識しており、「民族はけっして長期的に固定した人々の共同体ではなく、歴史のプロセスでたえず変動する民族実体である」としている。

　このような費孝通の提起は、現在、中国の主流な民族学説となっているが、次のような問題点も指摘されている。まず、中華民族というのは中国の諸民族が構成する統一した多民族国家の不可分性を表すもので、政治的概念

であっても民族学上の名称ではないことである。例えば、モンゴル人やカザフ人のように国境を跨ぐ民族の場合、中国に住むのは中華民族で、モンゴルやカザフスタンに住むのは中華民族でないのはおかしいという指摘がある。次に、国家と民族を混同しているという批判がある。マントルトは、「『多元』は『族体』を意味し、『一体』は『政体』を意味するように、二つの異なる概念を混同しているため、費孝通の定義には賛成できない」との見解を示している(12)。

第2節　民族区域自治制度について

1　中国の地方制度
(1) 中国の国家構造と地方自治

中国は統一した多民族国家であり、政治的には単一制国家であることを堅持している。一般的な理解においては、地方自治は権力が中央政府に過度に集中することを制限できるとされるが、中国では、この理論は完全に通用するわけではない。むしろ、中央政府の権力を維持するために、国家主権と国家統一の堅持という原則が中央・地方関係の大前提となっている。そのため、住民参加などあらゆる地方自治に関する内容はこの原則に基づいて実現される。つまり、地方自治の実現は、国家主権と国家統一を堅持するという前提の上で成り立つものである。したがって、中国における地方自治のこのような原則は、事実上地方自治の発展を妨げ、地方の自治権を制限する傾向にあると言わざるをえない側面がある。

(2) 中国の地方制度の形態

中国では中央と地方の関係において、多元的な地方制度の形態が存在する。行政区域が実行する地方制度の違いによって、普通地方制度、民族自治地方制度、特別行政区制度の三つの形態が存在する(13)。さらに、自治制度の補充として村民自治制度と都市住民自治が存在する(14)。普通地方制度とは、民族区域自治制度と特別行政区制度を除く一般的な地方組織制度を指す。民族自治地方制度とは、国の統一指導の下で少数民族が集中的に居住している地域で区域自治を実行し、自治機関を設立して、自治権を行使する制

度を指す。特別行政区制度とは、高度の自治権を享有し、中国大陸部と異なる社会経済、政治、文化に関する制度を実行することができる制度を指す。民族自治地方はその民族性が強調され、他方で特別行政区制度は資本主義の社会体制の維持までが保障される高度な自治であることが強調される。このように中国は実に様々な種類の地方制度を一つの国に共存させている。

2 民族区域自治制度について

先述したように、民族区域自治制度とは、国の統一指導の下で、少数民族が集中的に居住している地域で区域自治を実行し、自治機関を設立して、自治権を行使する制度である。民族区域自治制度が中国の最も特徴的な地方自治制度であることに関しては見解が一致している。

民族区域自治制度が自治形態として普通地方制度と大きく異なるのは、その民族的特色である。自治区主席、自治州長、そして自治県県長は、区域自治地方の少数民族の公民が担当し、民族自治地方の人民代表大会常務委員会主任と副主任は、区域自治地方の少数民族の公民が担当することになっている。また、民族自治地方の人民政府の構成人員及び政府所属の執務機構の中に、できるだけ多数の少数民族幹部を置き、基本的に条件に合致した少数民族幹部は優先的に入れなければならない等、自治において民族的特色が配慮されている。

民族区域自治を実施している自治機関に関する憲法の関連規定と、民族区域自治を実施しない普通地布機関に関する憲法の関連規定を比較すると、実質上大きな相違点は二点に過ぎない。第一の相違点は、自治機関の自治条例と単行条例の制定権である。つまり、民族自治地方の政府は一般的な地方立法権以外に自治条例と単行条例を制定する権限が付与されているが、普通地方政府は、地方政府の一般的な立法権しか付与されず、自治条例と単行条例を制定する権限がない。第二の相違点は、自治機関の指導者となる資格の問題である。民族自治地方の自治機関は、自治を実施している民族の出身者が指導者の一定の比率を占めていることが必要である。例えば、自治区の主席、自治州の州長、自治県の県長は民族自治を実施している民族の出身者でなければならない。しかしこの二つの相違点は、普通地方自治と民族区域自

治の本質的な違いと言えるのか。それとも、民族区域自治制度の民族性を保持するための補助的な政策、措置であり、一種の民族自治の特徴であるにすぎないのか、以下の自治権とそれにまつわる具体例を通してさらに考察していきたい。

(1) 民族自治権の内容

(a) 民族区域自治制度における自治行政権について

民族区域自治形態は、少数民族が集中して居住する地域において、各自の民族的特性に基づき、内部事務を自主管理できる自治形態である。これは、国が少数民族問題を解決するために、中国で最も早い段階で実行した自治形態であり、憲法において確立された。しかし、改革開放前は、この唯一とされてきた自治形態が国家権力の統合と集中に圧迫され、法律によって与えられた民族自治地方の各種自治権は徹底されなかったと言えよう。確かに、改革開放以降は、1984年の民族区域自治法（1984年施行、2001修正）の制定を契機に、自治を実施する範囲・内容が一層明確になり、自治権の行使が関連法律によって保障されるようになることで、民族区域自治制度は以前に比べ大きな発展を遂げた。民族区域自治形態は、民族地方の内部事業を自己管理できる自治形態としてその存在感を増している。それのみならず、民族区域自治形態は各民族の平等、団結と共同繁栄にも重点を置いているため、各少数民族に快適な生活空間と公正な社会的位置を提供・保障できたことも高く評価されていると言えよう。

しかし、民族自治形態内部の自治行政権限に注目すると、問題点が現れる。まず、民族区域自治形態は、民族的特性、すなわち少数民族区域に現れる経済、文化、地理、観念等における漢族地域との差異を意識した制度になっているが、実質的には少数民族地域の完全な自治を承認する地方自治制度ではない。ゆえに、このような民族区域自治形態は中央集権型社会主義国家における極めて制限された自治形態であるといえる。それは決して、住民自治と団体自治を中心的な自治内容とするような、中央と民族地方が対等関係にある自治制度ではなく、あくまでも中央政府の権力を優先する不完全な自治形態である。さらに、民族自治制度の保障の根拠である法律の規定が普通地方自治制度との本質的な違いが見えづらい。民族区域自治制度に関して、

憲法では普通地方制度と民族自治地方制度を異なる節にそれぞれ規定しているが、地方組織法では共に規定し、それに加えて民族区域自治法が存在する。したがって、地方組織法と民族区域自治法の関連を検討する必要がある。例えば、憲法97条「省、直轄市及び区を設けている市の人民代表大会代表は、一級下の人民代表大会がこれを選挙する。県、区を設けていない市、市が管轄する区、郷、族郷及び鎮の人民代表大会代表は、選挙民が直接にこれを選挙する」と、地方組織法5条の「省、自治区、直轄市、自治州、市が管轄する区の人民代表大会は、一級下の人民代表大会がこれを選挙する。県、自治県、区を設けていない市、市が管轄する区、郷、民族郷及び鎮の人民代表大会代表は、選挙民が直接にこれを選挙する」という規定から見て取れるように、民族区域自治制度は、普通地方制度としばしば同じ取扱をされている。

(b) 民族区域自治法における立法権について

民族自治地方は普通地方制度と同様に一般的な立法権以外にも、憲法115条（「自治区、自治州、自治県の自治機関は、憲法第3章第5節に定める地方国家機関の職権を行使するとともに、憲法、民族区域自治法及びその他の法律の定める権限にしたがって自治権を行使し、当該地方の実際の状況に即して国家の法律及び政策を貫徹する」）、憲法116条と民族区域自治法19条（両者はほぼ同じ内容であり、「民族自治地方の人民代表大会は、当地の民族の政治、経済、及び文化の特徴に照らして、自治条例及び単行条例を制定する権限を有する。自治区の自治条例及び単行条例は全国人民代表大会常務委員会に報告し、承認された後に効力を生ずる。自治州、自治県の自治条例及び単行条例は、省、自治区、直轄市の人民代表大会常務委員会に報告し、承認された後に効力を生じ、またこれを全国人民代表大会常務委員会及び国務院に報告し、記録に留める」と規定する。）に照らして、自治条例と単行条例を制定する権限を有する。ただし、自治区の自治条例と単行条例は全国人民代表大会常務委員会に報告し、承認をされた後に効力を生ずることになっており、条例制定権に関する国の制限がある。これに対して、芒来夫[15]は「批准制度が民族自治地方の立法自治権を不完全な立法権あるいは半立法権たらしめている。批准制度が存在することによって、自治区の自治条例と単行条例の最終的決定権は自治区ではなく、全国人

民代表大会常務委員会が実際に握っている」と指摘し、さらに批准制度が設けられた理由について、1950年代の中央集権的な立法体制が一因であると述べ、政治体制が民族区域自治の立法権に与えた影響をも指摘している。

民族自治地方は自治条例と単行条例の制定権以外には、民族区域自治法20条「上級国家機関の決議、決定、命令または指示が民族自治地方の実際の状況に合わない場合、自治機関は当該上級国家機関に報告し承認を得て、執行を弾力化または執行を停止することができる」に基づき、上級国家機関の法律規定を弾力的にまたは補足的に規定する権限と、自らの実情に合わせて執行するか否かを判断する権限も持っている。民族区域自治制度ではこの権限も立法権の一種と見なされている。これは、普通地方制度における立法権と同じく、民族自治地方においても立法の多くは単なる上級の法律、法規、規章の執行のためのものであるという側面がある。

3 民族自治権にまつわる具体例と分析

それにしても民族区域自治制度について、少数民族の保護という側面から考察すると、法律及び政策が多様な面において考慮されているという見方もできる。特に、日本において中国の少数民族について研究する場合、日本のアイヌ問題[16]と比較され、優れているとの見方をすることもできる。しかし、中国における少数民族の法律や政策の具体的な運用状況や適用効果の側面から考察すると、実は中身が欠落しているという現象が多数であることを指摘しておきたい。

(1) 自治条例の制定

(a) 自治条例の制定の現状

憲法、立法法及び民族区域自治法に基づいて、自治区の自治条例を制定することができる。これは、民族自治地方の自治機関が地方立法権を行使する最も重要な権限である。しかし、文化大革命以来、30年以上も法制建設の政治スローガンに導かれ、中国の法律の立法が盛んに行われてきたにもかかわらず、民族自治区の条例の制定は未だに完成されることがなかった。では、自治区の立法機関である人民代表大会常務委員会は自治条例を制定しようと考えなかったのであろうか。そうではない。内モンゴル自治区の自治条例の

制定を例にすると、そうではなかったことが明らかになる。内モンゴル自治区の自治条例の制定は法制建設が宣言された直後の1980年から始まった。内モンゴル自治区の第五回、第六回、第七回、第八回の人民代表大会常務委員会の会議を通して、1993年に「自治条例綱要」が確定されるまで、13年間の間、合計21回の草案を起草し、改正を繰り返した[17]。実に大変な精力と時間をかけての立法活動だったことがわかる。

それにしても、なぜ五つの自治区では、いまだに自治条例が制定されないのであろうか。その原因について、以下のように分析することができる。

(b) 自治条例制定不能の原因分析
(イ) 内容が広範にわたるもので、自治を巡る権限の考察が
　　複雑であること

自治区の自治条例は総合的な法律なので、条例の内容に様々な分野が含まれており、制定が技術的に困難なことが挙げられる。また、特に経済分野に関わる自治権の内容についての規定は、中央政府が国務院の権限を地方の民族地域に譲渡しない限り、関連規定を制定することができない。経済権限の地方への譲渡については、現段階では中央と地方の政府間の交渉によるものが多いが、事実上この問題においては、中国の地方分権が進展しない限り、単に政府間の交渉に委ねては、地方が中央と対等に交渉し、成果を得ることが極めて困難である。したがって、中央政府と地方政府の分権が徹底してないことが、結局地方の自治条例の制定の遅れにつながったといえる。言い換えれば、経済面における自治権等は、上級政府部門の承認を得られなければ、自治条例を制定したとしても実行性のない条例になってしまう。

民族区域自治法においても、国家機関の責任を明確に定める規定がなく、あくまでも「支援する」「優遇を与える」「促進する」という形で対処している[18]。このように強制力のない規定が多く盛り込まれること、そして、中央政府である国務院の関連部門が、計画経済体制での中央集権型の思考によって、実際の行政においても適切な地方分権ができず、地方の事業が最終的には中央の裁量に委ねられるという事態を引き起こしている。このような、民族地域自治法における地方分権に関する不明瞭な意識が、中国の地方分権を妨げているのである。

（ロ）社会構造の変化および経済体制の変化に左右されていること

自治区の自治条例が仮に制定された場合、その主な内容は、中国全体の利益の保全を前提に、社会主義市場経済の下で、法律の形式で財政、金融、貿易、文化、教育等に関する地方の自治権を確保することであろう。しかし、財政、金融、貿易等その主な内容は同時に、1980年代から国家の経済体制が社会主義計画経済から社会主義市場経済に変換する過程において最も変化が激しい要素でもあった。市場経済の改革に伴う、法律規定の完備はいまだ進化の途中にあるといえる。その結果として1994年から自治条例の制定の動きが一段落してしまい、自治条例の制定が先延ばしされてしまった。

（ハ）民族区域自治法の位置づけに影響されていること

そして第三の原因は、民族区域自治法の存在が民族自治条例の制定へ与えた影響にあると思われる。すなわち、各々の民族自治区の自治条例において民族区域自治法をどう位置づけ、取り扱うかを巡り混乱があったと思われる。内モンゴルでは自治条例の草案の議論は1980年に始まり、1984年に民族区域自治法が実施されている。しかし、中国では法律が制定された後、多くの場合その法律の実施細則が制定されて法律の運用を補足する。民族区域自治法の場合、実施細則は自治権限の具体化と中央と地方分権の明確化を確立すると思われていた。特に民族区域自治法の場合、極めて原則的な規定が大部分を占めるので、当然各民族区域自治地方は民族区域自治法の実施細則制定が期待されていた。しかし、実施細則は一向に制定される気配を見せず、そのことが自治条例の制定における民族区域自治法の取扱を当初から難しくしていた。そして、民族区域自治法が制定された10年後の1994年から、国務院による実施細則の制定ではなく、民族区域自治法に関する修正の動きが見られるようになったのである。それは、ちょうど内モンゴル自治区の自治条例綱要が制定された1993年の直後である。結局、民族区域自治法は2001年2月28日の第9回全国人民代表大会第20回会議で正式に修正された。しかし、事実上、それに関する修正の動きは自治条例の制定を一時停止させる結果となっていた。

(2) 選挙制度における少数民族への配慮

中国の選挙制度は従来、二つの大きな課題（不均衡形態）を抱えていると

される。一つ目は、都市と農村の一人民代表当たりの基礎人口数の格差が全国人民代表及び地方各級人民代表大会選挙法（1979年制定、1982年、1986年、1995年、2004年、2010年改正、以下選挙法とする）選挙法によって明文化されていること。二つ目は、漢民族と各少数民族との一人民代表あたりの基礎人口数の格差（少数民族への配慮の原則に基づく格差）である[19]。

都市と農村の一人民代表当たりの基礎人口数の格差については、1953年の選挙法（以下旧選挙法とする）以来、都市と農村とで選出する一代表当たりの基礎人口数に格差を設け、かつ、具体的な比率を定めている。しかし、都市と農村の一代表当たりの基礎人口数の格差は、1953年選挙法以来、次第に縮小されてきている、という基本的流れがあった。

2010年3月14日、第11期全国人民代表大会第3回会議において採択された「選挙法の改正に関する決定」を受け選挙法五回目の修正が行われ、都市と農村では異なっていた人民代表一人当たりの基礎人口数を同数とした（選挙法14、16、25条）[20]。それは、この格差は一種の「過渡的性格」を内包し、国がさらに平等的または完全な平等的選挙へと移行するために不可避なことであると認識されていた。

しかし、この改正では、二つ目の漢民族と各少数民族の問題については触れることがなかった。そのため、人民代表の定数配分の優遇政策は中国の優れた民族優遇政策のシンボル的存在として位置付けられる。

全国人民代表大会選挙の場合、旧選挙法は、少数民族から選出すべき全国人民代表大会の代表定数を150人と明確に規定し、この定数以外に、少数民族の有権者がさらに代表に当選できるとした（24条）。そして、1979年選挙法は、この定数法定主義を放棄して、全国人民代表大会代表の選挙においては、全国人民代表大会常務委員会が各少数民族の人口数及び居住状況などの事情を踏まえて、各少数民族の定数を各省、自治区、直轄市の人民代表大会に直接に配分し、人口が特に少ない民族でも、少なくとも一人の代表を有する旨などを規定していた（17条）。その後の各改正は、いずれもこの規定を踏襲してきたのである。

しかし、歴代人民代表大会において、すべて少数民族の人民代表を併せても、その比率は15％未満で、到底人民代表大会を左右できる勢力にはなれな

い。ましてや各々の少数民族の代表の権限を考えるとなれば、さらに取るに足らないものになってしまうのである。

　また、少数民族代表を含め、人民代表の果たしてきた役割に対する疑問から、少数民族代表は人民代表大会の単なる飾り物にすぎないとの見解も中国では一般的になっている。

　中国の選挙制度における民族政策は、社会主義国家であり、かつ統一した多民族国家の一民族政策としては、評価できる部分がある。実際、多くの少数民族がこの制度によって、人民代表になったのである。しかし、このような民族政策が、とりわけ少数民族の参政権の保障にどの程度貢献しているのかという点においては、まだ、検討の余地があるように思える。これは、単に、中国の選挙制度における民族政策の課題ではなく、中国の選挙制度全体が抱える課題ではなかろうか。

(3) 少数民族教育における自治権

　建国後、中国は自らが56の民族によって構成される統一した多民族国家であることを強調し、漢族を含む56の民族が平等であることを宣言している[21]。また、民族教育も重視された。中国は、全ての公民が教育を受けることを公民の基本的な権利及び義務として承認し、さらに、各民族に対して、全て自民族の言語と文字を使用・発展させる自由を有することを認めている。

　民族区域自治法における民族教育については主に36条[22]と37条[23]、言語文字については主に10条[24]と49条[25]で以下のように規定されている。①少数民族の言語文字の使用に対する平等権を保障し、条件が整えられている地区では少数民族の言語文字を使用して教育を受ける権利も保障する。そして、②各民族と各地区との交流を推進し、国全体の発展のために漢語と漢字の普及を推し広める。③各区域と民族の差異に基づき、各少数民族の自治地方が学校の運営及び教育事業の推進において、広い範囲の自治権を承認する。④人口の少ない民族、交通が不便な少数民族地域に対して、寄宿学校を開設し、財政援助に力を入れる。民族区域自治制度は中国の最も基本的な民族政策であり、そして、民族教育制度は民族区域自治制度を構成する重要な部分となった。

民族教育に対する自治権は、民族自治地方の自治機関を通して行使される。民族教育における自治権は、具体的には主に以下の3つの権利を包含している。一つ目に、当該少数民族自治地区の政治、経済、文化の特徴に基づいて教育関係の単行条例を制定することができる。二つ目に、上級機関の決議、決定、命令、指示が自治地方の実情に適合しない場合は弾力的に執行し（変通執行）、もしくは執行の停止を命じることができる。三つ目に、国家の教育方針と法律に基づき自治地区の教育計画、学校の設置、学校の形式、教育内容、使用言語と学生募集を決定することができる(26)。民族教育の中の使用言語文字(27)と教育内容も教育自治権の適用範囲に包括されている。

上述のように民族教育についての充実した権利保護がなされているように見えるが、現実には十分に民族教育を推進できないという課題が多々残る。

まず、民族言語文字は少数民族が多民族国家の中の少数民族として実質的に生き残ってゆくという最重要課題を解決する上で、極めて大切な役割を果たしてきた。そして、民族語の着実な維持・継承は、少数民族の今後の発展に欠かせない要素となる。しかし、現在、改革開放政策、市場経済、西部大開発等経済体制や政策の変化によって、少数民族言語文字の使用状況が大きく変化している。それは、これらの一連の経済開発に伴い、都市化政策及び急速な漢族との交流の深まりの中で、民族言語の使用範囲が狭小化している。そのため、民族学校に通わず漢族学校に通うことを選択する少数民族の子供が増えている。

そして、民族言語と双語教育は、少数民族と漢族の人口構成にも影響されている。内モンゴル自治区でもモンゴル族が約16％、漢族が約80％、他の少数民族が約4％といった人口比率からも分かるように、少数民族地区でも漢族人口が圧倒的多数を占めていることが多い。そのため、民族区域であっても少数民族語より中国語の必要性が高く、特に高等教育において双語教育を推進することは難しいのである。

また、民族法規においても、言語に関し、民族教育法制において民族言語よりも中国語が重視されることがある。例えば、教育課程に関しては、民族区域自治法37条4項に、「採算の取りにくい少数民族文字の教材及び出版物の編訳及び出版事業を援助する」ことや、47条1項で、「司法における民族

言語使用環境整備のための要員配置」が定められているが、しかし、37条3項において「小学校の低学年または高学年で全国的に通用する標準語と標準漢字を推し広める」[28]と規定されているように、民族法制において、しばしば民族教育における中国語の重要性が強調されている。他方、民族言語文字に対する規定は十分でない。

最後に、民族教育の内容に関しても、中国は統一した多民族国家であり、「中華民族」という意識が提唱され、そして、「中華民族多元一体論」[29]が民族理論の通説になっているため、民族政策の統合のイデオロギーが色濃く反映される。いかなる民族も過剰に民族別の民族主義や民族別のアイデンティティを強調することはあまり好ましくないとされている。例えば、歴史教育において、歴史上時には、少数民族と漢民族が対立していたにも関わらず、少数民族の歴史は「中国史」の一部である等の理由により、少数民族の学生が漢族学生と同じ内容の歴史を各民族学校で教えられることが多い。このような状況に対して、民族教育に民族言語と文字が使われていても、内容上民族的なものが省かれた場合は民族教育としての意義が問われるという現状もしばしばある。

4　民族自治の問題点

現在、中国では社会の安定という課題においては、チベットや新疆ウィグル自治区など少数民族の住む地域での、当局の抑圧に抗議するデモがますます注目されている。しかし、当局から示される方針は、しばしば警察部隊など治安維持対策の予算を増やすこと、または、比較的自由に情報を伝達できたインターネットの管理強化であったりする。しかし、少数民族政策に関する課題はますます軽視できないものとなっているため、単に力で押さえ込み、表面上の安定を取り繕ったとしても、根本的な解決にはならない。そのようななかで、民族自治の領域においては以下の2つの注目すべき問題点を取りまとめてみたい。

(1) 中国の国家統一と多様な地方制度の関係において、対症療法的な地方制度の展開が見られる。

近年では、一部の学者によって、中国が連邦制を実行すべきという主張が

行われている。その主な理由は、①行政の合理化に有利であること、②民族問題の解決に有利であること、③国家統一の実現に有利であることなどである。

だが全体的には、これに対する反対意見が多数を占め、それらは、連邦制国家と単一制国家の地方自治制度が同様の機能を果たしうると考えている。地方自治制度の発展において、連邦制国家と単一制国家は、歴史的変遷の過程で内部調整を通じて次第にその距離を縮めてきた。そして、連邦制国家にしても単一制国家にしても地方自治制度の原則的な差異はなくなってきたといえよう。単一制国家にも同様にいわゆる「競争型政府」も可能であり、ひいてはこのような競争から持たされる利益を獲得できる[30]。そのため、行政効率を高めることのみ、あるいは政策の選択の空間を拡大できるという理由のみでは、中国での連邦制の実行を要求するための理由が不十分であると反論するのである。

また、少なくても近年注目を集めているチベット、ウィグルの民族問題解決のために、連邦制を取り入れるべきであるという意見が少なくない。実は、このような考え方は新しいものではなく、従来から存在していた。中華民国の成立前後も、革命党やその他多くの政治家が「五族共和」や「共和政治、連邦政体」等を唱えたものの、結局その後は歴史的な原因で連邦制が進展を見せないままこの問題は棚上げとなってきた。

中国共産党の最初の綱領、中華ソビエト第1回全国代表大会で採択された「中華ソビエト共和国憲法大綱」(1931年) において、毛沢東ら指導者は、「中華ソビエト共和国憲法綱領」を可決し、「モンゴル族、回族、チベット族、苗族、黎族、高麗族等、中国の地域で居住している人々は完全な自決権を有し、中国ソビエト連邦に加入するか否か、そして自分の自治区域を設立することを決定できる 」とした。中国領域にいる少数民族の完全な自決権を承認していた。完全な自決権には以下の内容が含まれていた。第一、中華ソビエト共和国から離脱して独立国家を設立すること、第二、中華ソビエト共和国に加入すること第三、中華ソビエト共和国内に自治区域を設立すること。

共産党は長期にわたり「多民族連邦」を建設する方針を堅持してきた。長い間、中国共産党の民族工作を担当していた李維漢は、毛沢東が「共同綱

領」を起草した際、民族自治問題を考慮して、中国を連邦制国家にするか、統一した共和国にするか、それとも少数民族区域自治を実施するかを検討していたと指摘する。毛沢東、李維漢等、中国共産党の指導者のこの問題に関する決断の結果を、1949年9月7日に周恩来が行った「人民政治協商に関するいくつかの問題」報告から読み取ることができる。周恩来は報告の中で次のように述べている。

「中国の国家制度に関してのもう一つの問題は、中国は多民族連邦制国家であるのかという問題である。これに関して「共同綱領」の起草にあたっての議論をもう一度提示する。それを皆で検討したい。中国は多民族国家であるが、ただし、その特徴として、漢民族は人口の大多数を占め、合わせて4億人を超えている。少数民族には、蒙古族、回族、チベット族、ウィグル族、苗族、彝族、高山族等の民族があるが、人口割合として少数民族を合わせても全国人口の10％に満たない。当然、人数の多少に関わらず、各民族間は平等である。まず、漢民族はその他の少数民族の宗教、言語、風習、習慣を尊重すべきである。しかし、ここでの問題は、民族政策は自治を目標にするか、あるいは自治を超えるべきかということにある。我々は民族自治を主張する。……我々の国の名称は『中華人民共和国』であり、連邦とは呼ばない。……我々は連邦ではないが、民族区域自治を主張し、民族自治権力を行使する[31]」。

51年から52年にかけて、民族政策が共和国からの離脱権・分離権をはっきりと否定する。1954年の憲法においては、さらに一歩明確に「中華人民共和国は統一的多民族国家であり、少数民族が集中的に居住している地域で区域自治を実行する。全ての民族自治地方は、みな中華人民共和国の引き離すことのできない一部分である」と規定されている。

このように、徐々に、1949年の共同綱領、1952年の民族区域自治実施要綱、1954年の憲法を通して民族区域自治を確立される。

そして、「中華民族多元一体構造」が政治的に有力説になるにつれ、さらに民族自治からの離脱路線が強化された歴史的な歩みがある。

中国の学界では、民族問題がすでに解決されているような場合は、あえてそれを分割するような連邦制をとる必要はないが、そうでない場合に関して

は連邦制も検討しうると考えられている。連邦制はそれゆえ、台湾海峡両岸の中国人の統一を実現する選択肢の一つであろう。鄧小平は1983年6月26日のアメリカのニュージャージー州のウエストイースト大学の陽力宇教授と会見した際に「祖国統一後、台湾は独立性を有し、大陸と異なる制度を実行することが可能である。司法が独立し、最終裁判権（終審権）を必ず北京に置く必要はない。中国大陸に対して脅威にならなければ、台湾が自らの軍隊を有することは可能である。中国大陸は、台湾に人を派遣して駐在させるようなことはないし、軍隊を駐在させることも、行政人員も駐在させることもない。台湾の党・政・軍等のシステムは、全て台湾が自己管理する」と述べた[32]。江沢民の1992年10月12日の全人大の政治報告は、「一つの中国という前提であれば、どんな問題でも話し合うことができる」としており、その中には連邦制の問題も含むと考えられる。これを中国共産党指導者が従来提案してきた条件と比べれば、台湾が自分の軍隊を有することができる等、連邦制の範疇を超えているものもある。このように、中国は現段階では単一制国家であり、また、単一制国家の地方自治を実施しているものの、他方では、連邦制国家の要素を取り入れた地方自治を展開する可能性も否定できない。

　中国は将来的に、比較的長い過度時期を経て多種多様な地方制度を実行することが可能であると思われる。一般地方は普通地方自治を実行し、少数民族地区は民族区域自治を実行し、香港・マカオは特別行政区自治を実行し、台湾地区は両岸の交渉結果に基づき、連邦制、邦連制あるいは任意一種の双方が受け入れられる制度を実行することも考えられ、時と場合によって対症療法的な地方制度を展開されているという見方ができる。

(2) 民族自治における自治権は、本質的に機能を発揮できず、形式的なものに留まる傾向がある。

　前述のように、民族区域自治は、行政自治権と立法権をはじめ、完全に独立した自治権を行使できていない状況が多い。また、例として取り上げた選挙制度や民族教育における法律上の優位性も形骸化されていることが多い。

　それ以外にも、民族自治権を行使する主体が自然人ではなく、少数民族が聚居する地方地域であること、最も重要な自治権の一つである自治機関の指導者となる資格の問題においても、例えば、法律上自治区の主席、自治州の

州長、自治県の県長は民族自治を実施している民族の出身者でなければならないと決められても、実質的には戸籍上でさえ当該少数民族となっていれば、条件を満たせること、また、民族自治が単なる民族政策にすぎなかったりすることなど実質的な意味を欠く地方自治の構造になっている。そして、多様な実態がある少数民族を民族区域自治法上同一基準で取り扱うことによって、それぞれの少数民族の様々な特質を曖昧化させたことへの疑問が残るなど、民族自治の形式的な一面が浮き彫りになっている。

中国の民族法学においては、民族自治の研究は常に民族区域自治法（制度）を中心に議論が展開されがちだが、しかし、この問題は自治制度自体の研究のみでは不十分で、必ずや中国における「民族」の定義と「自治」の経緯の両側面から考察する必要がある。中国の民族自治の特殊性は、少数民族の問題のみならず、中国の地方制度全体の理解においても必要不可欠な要素である。

おわりに

本稿は、中国における民族、中華民族の理論と民族自治法を結びつけて論じた。しかし、中華民族多元一体構造に代表される中国の多民族国家理論はどの程度中国の多様な民族の実態を捉え、中国の民族問題に対処できているのか、まだまだ多くの課題が取り残されている。

民族問題は国、時代、政治的な要素によって多様性を持つものである。今年習近平率いる新しい政権が誕生した。新政権下の中国で、民族問題がどのように展開されるのか、民族自治についての研究は一層力を注ぐべき分野となるに違いない。

（1） 民族（ethnic group）の原理に関しては、主に2つの視点からとらえることができる。一つは、民族とは、自らの意識や自己利益によって、人々が他の集団との相互作用の過程で選択的に

形成され、主観的に規定されるとする見方（主観的アプローチまたは構築論）であり、もう一方は、血縁、言語、宗教や慣習などの特性によって客観的に規定されるとする見方（客観的アプローチまたは本質論）である。
（2）　加々美光行著『中国の民族問題―危機の本質―』岩波現代文庫、2008年。
（3）　"与民族居百家以上、則公立一社"
（4）　韓錦春『漢文「民族」一詞考源資料』中国社会科学院民族研究所民族理論研究室、1985年、78頁、5-14頁。
（5）　民族の英訳は、従来「nation」が主流だったが、最近では内容によって「ethnic group」、「ethnicity」の訳語を当てはまることがある。また、政治学の分野では「people」とも訳す。
（6）　費孝通（1910～2005）：江蘇省出身。中華民国、中華人民共和国の社会学者、人類学者、民族学者、社会学者、中国の社会学と人類学の基礎を創った一人。中国の少数民族問題、農村問題、社会学史など多方面においてその研究成果が国内外に広く認められている。
（7）　1953年の第一回全国人口センサスにおいて、申告により登録された民族名称は全国あわせて400余りにも達した。このため、自己申告による民族名称に直接的に基づいて、彼らが一つの民族であるかどうかを決定することはできなかった。これらの自己申告による民族名称を逐一審査し弁別することが必要であった。この仕事を民族識別工作と称した。それは1953年に始まり、30年ほどかかり、1982年に一段落を告げた。識別をした後にさらに現地の民族の人々と協議して同意を得て、初めて中央による審査決定を経て公布した。1954年には38の少数民族が、1965年には15の少数民族が、1982年にはさらに2つの少数民族がそれぞれ認められ、今日までに55の少数民族が認められている。漢族を加えると、中国というこの多民族国家は合わせて56の民族を有している。しかし、民族識別工作はまだ終了したわけではない。ごく少数のまだ識別に結論が出されていない人々がいるからで、この判定し難い問題はさらに研究を深めてから初めて決定することができる。費孝通（北京大学社会人類学研究所）「エスニシティの研究―中国の民族に関する私の研究と見解―」『国立民族学博物館研究報告』22巻2号、461頁。
（8）　黄光学主編『当代中国的民族工作』当代中国出版社、1993年、275頁。
（9）　費孝通（北京大学社会人類学研究所）「エスニシティの研究―中国の民族に関する私の研究と見解―」『国立民族学博物館研究報告』22巻2号、465頁。
（10）　「中華民族とは、中国国家の象徴を有し、中国の各民族により共同で構成される、多元的で一体的構造の民族共同体を指す。中華民族は中国と同義である」とされている。呉宗金編著、西村幸次郎監訳『中国民族法概論』成文堂、1998年、2頁。
（11）　費孝通（北京大学社会人類学研究所）「エスニシティの研究―中国の民族に関する私の研究と見解―」『国立民族学博物館研究報告』22巻2号、461頁。
（12）　毛里和子『周縁からの中国』東京大学出版会、1998年、76-78頁。
（13）　憲法及び「中華人民共和国地方各級人民代表大会と地方各級人民政府組織法」（1979年制定、1982年、1986年、1995年、2004年修正。以下、地方組織法とする）の規定によると、中国の地方組織は、地方の立法機関である地方人民代表大会及び常務委員会、地方の行政機関である地方人民政府及びその他の関連部門によって構成されている。その他、行政管理上の必要に応じて、地方組織には複数の出先機関（中国語では派出機関）と出先機構（中国語では派出機構）が設置される。

(14) 中国の行政区画は地方に対し、分級管理（複数のレベルに分けての管理）するための、地方の分類方法である。憲法30条に基づき、地方行政区画の構造は基本的に、一級地方の省・自治区・直轄市・特別行政区（全国に23の省、5の自治区、4の直轄市、2の特別行政区が設置される）、二級地方の自治州・県・自治県・市と三級地方の郷・民族郷・鎮の三層構造、つまり三級制になっているが、地方によっては、二級制と四級制となっている。以上のような行政区画に照らして、政府を中央政府と地方政府に分けることができる。国務院は中央政府であり、地方政府は、一級政府の省政府・自治区政府・直轄市政府・特別行政区政府、二級政府の県政府・自治県政府・市政府三級政府の郷政府・民族郷政府・鎮政府に分けることができる。　そして地方国家機関組織制度、地方選挙制度、地方立法制度、地方財政制度、地方司法制度、中央の地方に対する監督制度等にもって、中央と地方の関係が調整される。

(15) 芒来夫「中国における民族自治地方の立法自治」西村幸次郎編著『中国少数民族の自治と慣習法』成文堂、2007年、48-49頁。

(16) 日本では政府は「民族の定義については、現行の法令において規定されていないが、「国際人権Ｂ規約　市民的及び政治的権利に関する国際規約」（昭和54年条約第７号）に加盟しているので、第27条の「種族的、宗教的又は言語的少数民族が存在する国において、当該少数民族に属する者は、その集団の他の構成員とともに自己の文化を享有し、自己の宗教を信仰しかつ実践し又は自己の言語を使用する権利を否定されない。」との条項に従い、アイヌの人々については、独自の言語及び宗教を有し、文化の独自性を保持していること等から、規約第27条にいう「少数民族」に該当すると考えられる。

(17) 王仁定「関於制定自治区自治条例問題的思考」『内蒙古師範大学学報』哲社版、2001年２月号、39-43頁。

(18) 「民族区域自治法」は第六章で「上級国家機関の責任」を規定しているが、しかし、この章での規定の中身のほとんどは、55条２項「上級国家機関は、民族自治地方の経済発展戦略の研究、制定及び実施を援助し、指導し、財政、金融、物資、技術等の分野で、各民族自治地方が経済、教育科学技術が、文化、衛生、体育等の事業を速やかに発展させるよう援助する」、56条２項「国家は民族自治地方においてインフラ建設を割り当て、民族自治地方の付設資金を必要とする場合、異なる状況に基づいて、付設資金を減額し、または免除する待遇を与える」等となっている。

(19) 林来梵「中国選挙制度の法の構造（１）―その人民代表定数不均衡問題を焦点に―」『立命館法學』第243・244号（1996年）、1421-1467頁を参照。

(20) 全国人民代表大会クラスでは、1979年１：８；1995年１：４；2010年１：１である。

(21) 憲法４条１項「中華人民共和国の各民族は一律に平等である」。憲法52条「中華人民共和国の公民は、国家の統一及び全国各民族の団結を擁護する義務を負う」。

(22) 民族区域自治法36条「民族自治地方の自治機関は、国家の教育方針に基づき、法律の規定に従って、当該地方の教育計画、各級各種の学校の設置、学制、学校運営方式、教育内容、教育用語及び学生募集方法を決定する」。

(23) 民族区域自治法37条「民族自治地方の自治機関は、民族教育を自主的に発展させ、非識字者を一掃し、各種の学校を開設し、９年義務教育を普及し、各種の形式を採用して普通高等学校教育及び高等職業技術教育を発展させ、条件と必要に基づいて大学教育を発展させ、各少数民族の

専門家を養成する。民族自治地方の自治機関は、少数民族遊牧地区及び経済的に困難で居住が分散する少数民族山岳地区のために、寄宿及び奨学金を主とする公立の民族小学校及び民族中学校を設立し、学生が義務教育段階を修了して卒業するように保障する。学校経営の経費及び奨学金は、当地の財政によって解決し、当地の財政が困難な場合、上級財政が補充をしなければならない。少数民族の学生を主として募集採用している学校（学年とクラス）及びその他の教育機構は、条件が具わっている場合、少数民族の文字の教科書を採用するとともに、少数民族の言葉を用いて授業を行わなければならない。また状況に基づいて小学校の低学年または高学年から中国語課程を設け、全国的に通用する標準語と標準漢字を推し広める。各級人民政府は、財政分野において、少数民族文字の教材及び出版物の編訳及び出版事業を援助しなければならない」。

(24) 民族区域自治法10条「民族自治地方の自治機関は、当該地方の各民族が全て、自己の言語文字を使用し、発展させる自由をもち、自己の風俗慣習を保持または改革する自由を持つことを保障する」。

(25) 民族区域自治法49条「民族自治地方の自治機関は、相互に言語文字を学習するよう各民族の幹部を教育し、奨励する。漢族の幹部は、当地の少数民族の言語文字を学ばなければならず、少数民族の幹部もまた、当該民族の言語文字を学習、使用するとともに、全国的に通用している標準及び規範文字を学ばなければならない。民族自治地方の国家業務要員が、当地で通用する二種類以上の言語文字に習熟している場合、評価をしなければならない」。

(26) 中国では教育課程において、日本でいう「学習指導要領」に当たる、「教学計画」及び「教学大綱」がある。教育課程は、これに基づいて教科書や様々な教材が編纂される。具体的には、「授業計画」は、小学校・中学校・高校の各教育段階における教育の目的、教学活動を指導するものとして、主に教育課程の設置と設置の順序及び授業時間数の配分等について規定している。そして、「教学大綱」は授業計画に基づき、各教科の教学内容を詳しく規定する文書であり、主にその教科の目的と各章、節で伝達される知識の範囲及び実習や宿題等について規定している。

(27) 民族言語文字は、内モンゴル自治区を含む多くの民族地域の民族教育の現場において、以下の3つの形式で使用されている。①各自の少数民族言語文字を主要な授業言語とし、その上に中国語や外国語等26を教える。②中国語を主要な授業言語とし、その上に少数民族語や外国語等を教える。③中国語を主要な授業言語とし、その上に外国語のみを教える。この中で、民族教育としてもっとも重要視されているのが①と②の教育形式であり、それを「双語教育」という（「二言語教育」、「バイリンガル教育」ともいう）。

(28) 小林正典「中国民族法制の新展開―民族区域自治法の実施規定の制定を中心に―」『一橋法学』第5巻第1号、2006年、83頁。

(29) 「……中華民族の多元的で一体的構造の形成過程……。その主流は、極めて多くの分散し孤立して存在する民族単位が、接触、交錯、結合、融合、時には分裂と消滅を経て、AとBが交流し、Aの中にBがありBの中にAもある半面、それぞれ個性を保つ多元的統一体を形成した」と省略して、用いられることが多い。費孝通『中華民族多元一体格局』中央民族学院出版社、1989年、1頁。呉宗金編著、西村幸次郎監訳『中国民族法概論』成文堂、1998年、3頁、61頁。

(30) 馮興元『論我国経済過程中的轄区政府間制度競争』九鼎公共事務研究所、2006年。

(31) 中共中央統一戦線工作部研究室編『周恩来統一戦線文選』、1984年。

(32) 鄧小平『中国大陸和台湾和平統一的設想』、『鄧小平文選』、第3巻、30頁。

第9章　伝統文化の保護と文化財産権の課題

小 林 正 典
Masanori KOBAYASHI

はじめに
第1節　中国の文化保護法制
第2節　中国の少数民族文化と法制度
第3節　文化財産権の課題
おわりに

はじめに

　広大な中国には、風俗習慣を異にする民族が居住し、長い歴史の中で多くの文化が開花し、有形、無形のさまざまな文化財が残されている。しかしながら、新中国の建国以降、伝統文化の価値と存在意義は必ずしも尊重されてきたわけではなく、紆余曲折を経て今日に至っている。
　もっとも、少数民族との関係を良好に保つことは政治的安定を図る上できわめて重要であることから、少数民族文化を保護することには、建国当初からある程度の配慮がなされてきた。例えば、1950年代には、少数民族社会の歴史と言語の調査が行われ、中国民間文学研究会が組織され、54年憲法第53条にも少数民族の言語文字、風俗習慣、宗教信仰の自由について定められた。しかしながら、文化大革命の時期になると、伝統文化は迷信であるとして多くの文化財が破壊され、伝統文化の継承者も厳しい境遇におかれ、少数民族文化の保護についても配慮されるどころか排斥されるようになった。改革開放以降の中国は、国家の安定と民族問題への配慮から、中華民族の概念に依拠しながら中華文化の尊重を前面に押し出し、文化政策を積極的に推進する。ところが市場経済の進展につれて文化財の取引市場が膨張すると、貴重な文化財が外国に流出する事態も頻発する。時を同じくして、少数民族地

域の中には経済発展に取り残される地域が目立つようになるが、それとは対照的に有形、無形の文化財を商品とする観光業を推進することによって地域経済の活性化を図る動きも出てくる。

　このような情勢の変化に対し、中国は法に依って民族文化の保護や文化財の取引秩序の安定化を図るようになり、21世紀に入ると立て続けに法令改正や立法化を進め、文化財や少数民族文化および伝統文化の保護に関する複数の国際条約を批准し、有形、無形の文化財を保護するための法整備に力を注ぐこととなる。また最近では、市場経済化の進展にともなって、文化資源に経済的価値を付与しようとする動向が顕在化し、これに関連して新たな課題も浮上してきた。

　以上の点をふまえながら、本稿では、中国の文化保護法制を概観した上で民族文化の保護制度について紹介し、文化財産権という新たな概念が抱える課題について若干の考察を行う。

第1節　中国の文化保護法制

1　「文化」の字義と「伝統文化」の今日的意義

　「文化」という言葉の定義を明確にすることは容易ではないが、大漢語林（初版）で字義を調べると「①文徳によって教化すること。力や刑罰を用いないで人民を教え導くこと。文治強化。② civilization の訳語。世の中が開け進んで、生活内容が高まること。文明開化。③ culture の訳語。学問・芸術・道徳・法律・経済など、人間の精神の働きによって作り出され、人間生活を高めてゆく上の新しい価値を生み出してゆくもの等」とある。一方、広辞苑（第六版）を見ると「①文徳で民を教化すること。②世の中が開けて生活が便利になること。文明開化。③（culture）人間が自然に手を加えて形成してきた物心両面の成果。衣食住をはじめ技術・学問・芸術・道徳・宗教・政治など生活形成の様式と内容とを含む。文明とほぼ同義に用いられることが多いが、西洋では人間の精神的生活にかかわるものを文化と呼び、技術的発展のニュアンスが強い文明と区別する」と説明されている。現代の日本で「文化」という場合、「力や刑罰を用いないで人民を教え導くこと」、「文徳で

民を教化すること」という意味で用いられることは一般的とはいえないであろう。しかしながら、中国の場合、今日でも「文徳による人民の教化」という意味で使用されることが少なくない。漢語で「学習文化」というと教養を身につけることを意味し、「文化水準」は教養のレベルを指すが、公の文書でこのような文言が使用されるのは、たいてい「人民の教化」という文脈のなかである。本稿は「文化」という字義について日本と中国との比較を主旨とするものではないが、日本と中国で「文化」という言葉の字義に違いがある点を確認しておく必要がある。

　また、20世紀以降の中国に限っても、「文化」とりわけ「伝統文化」の価値と存在意義は、紆余曲折を経て今日に至っている。五四運動以前は、儒教的、封建的な伝統文化（旧文化）に対して欧米文化（新文化）の機運が高まりを呈したが、五四運動以降は、新たに共産主義文化が登場する。共同綱領でも明らかな通り、新中国は建国の当初、新民主主義論に依拠して伝統文化や欧米文化を克服する政策を明らかにしたが、1953年に新民主主義論が葬り去られ、54年憲法で党の指導制が示されると、中国の「文化」政策は社会主義建設の中に組み込まれるようになる。

　建国から11年経った1960年11月17日には、早くも国務院全体会議が「文物保護管理暫行条例」を採択し、翌年3月4日から施行されたが、同時に出された「国務院の文化財の保護と管理工作をさらに強化することに関する指示」（国務院関於進一歩加強文物保護和管理工作的指示）によると、文化財の保護を強化する目的について、中国の「科学研究と社会主義文化の建設を促進し、広大な人民に革命の伝統教育と愛国主義教育を行うのに重要な役割を果たす」ことと説明する。これは、同条例のねらいが伝統文化を重んじることにあるのではなく、あくまでも社会主義建設のための教育を行う上で文化財を保護する必要があることを物語るものである。

　やがて文化大革命（1966年から1977年）が到来すると、「中国共産党中央委員会のプロレタリア文化大革命についての決定」（中国共産党中央委員会関於無産階級文化大革命的決定）の採択により旧思想、旧文化、旧風俗、旧習慣の四旧を打破するスローガンが掲げられ、その結果、貴重な文化財の多くが破壊され、伝統文化は迷信であるとして徹底的に攻撃された。文化大革命は、

まさに社会主義文化の創生に名を借りた権力闘争であり、ここでの「文化」という言葉は、人民に旧文化（伝統文化）を捨ててプロレタリアの新文化を強制する点で、権力的性質を強く帯びている。

改革開放以降、混乱した社会の秩序を回復すべく、1980年8月には文化部と国家民族事務委員会によって「当代の民族文化事業をしっかりやることに関する意見」（関於做好当前民族文化工作的意見）が発布され、中国が多民族国家であることをあらためて重視し、少数民族の文化を見直す動きが政策的に展開された。とはいえ、旧ソ連やヨーロッパの民族概念を中国に適用するのは困難であることから、中国は独自の民族概念を構築する必要があった。そこに登場したのが、費孝通の「中華民族の多元一体構造」の理論である[1]。この理論は、各民族を凝集する形で中華民族の概念を作り出すものであるが、これと中国文化の関係については、次の谷苞の見解[2]が参考になる。

「各民族の長所の粋を集めたものが燦然と輝く中国文化なのである。中国文化の創造に対して、各民族はいずれも貢献をしてきた。各民族の特徴、長所の発展と中華民族の共同性の発展との間には、相補い、相互に促進し、共同で発展する関係がある。ある民族、またはある幾つかの民族の長所が、一旦全国の各民族または多くの民族に受容されると、共通の長所に変わり、中華民族の共同性になる。」「今日、漢族文化のなかには実際上多くの少数民族の文化が含まれており、これは長い歴史のなかで次第に吸収されてきたものである。」「少数民族文化の漢族文化に対する積極的役割に着目するだけでなく、漢族文化の少数民族文化に対するより積極的な役割にも着目すべきなのである。」

費孝通の理論にはさまざまな矛盾も含まれているが[3]、当時の中国の学会での支持は厚く、政府が政策や法律を立案、推進する際の拠り所としてこの理論は好都合であったといえよう。やがて中国は、この理論に依拠しながら各民族文化を統合する形で中華文化を擬制し、その理論を民族政策や憲法および民族区域自治法のなかに盛り込み、中華民族として民族団結を推進するよう人民に働きかける。このように「文化」の概念を国家の統治に利用するやり方は、新中国の建国初期の頃から確認できるが、改革開放以降も基本的には一貫している。例えば、1994年8月23日に発布された「愛国主義教育実

施綱要」においても、愛国主義教育を行うために中華民族の伝統文化教育を行わなければならないと明示されており、中華民族の文化遺産は愛国主義教育のための貴重な資源とされている。また、1990年代には、少数民族地区の文化建設という観点からの研究成果が刊行されているが、「文化の伝統は長い歴史の発展のなかで形成されたものであるから、歴史的必然性と合理性を備えているが、各々の歴史的時代の烙印を帯びていて、積極的な要素と消極的な要素を含む」「そういった社会的生活条件について劣後する文化的伝統は、発揮する作用が消極的であり、民族社会の発展に邪魔な影響を及ぼす」「民族文化の伝統は、今に至ってもまだなおわが国の民族関係にかなり重要な問題となっている。正確に民族の伝統文化に対処することは、民族の平等団結に関わる重大なことである[4]」といった見解に示されるように、民族関係の安定化に照らした記述が多い。このような状況において、後述の「雲南省民族民間伝統文化保護条例」は、まさしく伝統文化の価値と存在意義を転換するものであった。

　その後、2001年7月1日の共産党80周年祝賀大会における江沢民講和で「三つの代表[5]」の方針が示され、同年11月8日の共産党第十六回全国代表大会における江沢民報告（同年11月14日採択）では、「一、過去五年間の活動および十三年間の基本的な経験」の（五）において「法による治国（依法治国）と徳による治国（以徳治国）を結びつける」「中国の現実に立脚し、民族文化の優れた伝統を受け継ぎ、外国文化の有益な成果を取り入れて、社会主義精神文明を構築し、全民族の思想・道徳の資質と科学文化の資質をたえず高め、現代化建設に強大な精神的原動力と知力の支持を提供しなければならない[6]」と示された。また同報告の「六、文化建設と文化体制改革」においても、「改革・開放と現代化建設の実践に立脚し、世界の文化発展の最前線に着眼し、民族文化の優れた伝統を発揚し、世界各民族の長所を汲み取り、内容や形式の面で積極的に革新をおこない、中国の特色のある社会主義文化の吸引と感化力を絶えず強める[7]」とされている。

　一般に「三つの代表」の方針は、私営企業主の共産党への入党の道を開くものとして知られているが、「先進的文化の進路」が示す内容は、共産党の方針として伝統文化を尊重することに免罪符を与えるようなものである。と

いうのも、2000年頃から江沢民がしばしば提起をしてきた「以徳治国」の思想は、基本的に社会主義道徳に依拠するものであり、社会主義道徳は「無産階級の道徳と中華民族の優良な伝統が有機的に結合したものであって、それは中華民族五千年の優れた道徳的伝統の分厚い土壌に根ざす[8]」ものとして位置づけられているからである。それゆえ、「三つの代表」の方針が提起されたことは、伝統文化の保護を議論することへの抵抗感を払拭するインパクトがあったといえよう。

そして、2003年7月28日には胡錦濤によって「科学的発展観」の指導原理が発表され、人を根本としながら、全面的かつ均衡の取れた持続可能な発展の方向が示された。現在の中国は、「科学的発展観」の指導方針に基づき「和諧社会」のスローガンによって様々な政策が推進されている。「和諧社会」とは調和の取れた社会を意味し、それをを実現するためには、社会、経済、政治、文化の全てをバランスよく発展させなければならないと考えられている。そして、中華民族が一体となって「持続可能な発展」の方向に進むために、かつては否定的に評価された「伝統文化」についても、それ自体の価値と存在意義が見直されるようになった。この点については、共産党の中央党史研究室に直属する出版社の刊行物に「和諧文化を建設することは、社会主義和諧社会を構築する重要な内容である」「和諧文化は中華民族の優れた文化の伝統を基礎とする」と明示され、具体例として道家思想と儒家思想の精神が紹介されている[9]ことからも裏付けられる。

以上のように、現在、中国の伝統文化は、共産党と政府が国家を運営する上での重要な拠り所となっているが、そこに至る過程は共産党の政策方針によって紆余曲折を経たものであり、この点は次に述べる建国以降の憲法の関連条項にも反映されてきた。

2 憲法と「文化」の概念

1949年9月19日に採択された人民政治協商会議の共同綱領41条は、人民政府の文化教育政策について、文化水準すなわち教養のレベルを高めて「封建」的な思想を一掃することを主な任務であると規定する。しかしながら、共同綱領には「伝統」という文言は盛り込まれておらず、この点は54年憲法

から82年憲法に至るまで一貫していた。現行憲法の序文は、「中国の各民族人民は協力して輝かしき文化を作り上げ、また、栄えある革命の伝統を受け継いでいる」として「伝統」と「文化」の両方の文言を冒頭に掲げるが、その内容は伝統文化の尊重を意味するものではない。また前文は、「中国の各民族人民は引き続き中国共産党の指導のもと、（中略）わが国を富強で、民主的で、文化的な社会主義国家に築きあげる」と強調するが、ここでの「文化的」とは、教育水準の高い人民によって社会秩序が保たれた状況と解するのが相当であり、伝統文化はそのための手段として利用されるにすぎない。また少数民族の問題に関しても、「各少数民族地区が経済および文化の発展を速める」（同4条）ために国家による援助が規定される。このように現行憲法上は、「文化」の文言を複数の条項で使用するが、「伝統」という文言は序文の「革命の伝統」を除けば同21条で「伝統医薬」という形で使用されるだけである。結局、「伝統文化」という文言は現行の憲法にも盛り込まれていないのであるが、序文に、マルクス・レーニン主義、毛沢東思想、鄧小平理論と並んで「三つの代表」の重要思想が取り入れられたことで、「民族文化の優れた伝統を発揚」することは憲法前文でも間接的に容認される形となった。すなわち現行憲法は、伝統文化の価値と存在意義を肯定的に位置付けるための土台を設けたとみることもできよう。

　ところで、憲法上、中国で文化事業は人民が管理することになっているが、それはあくまでも全国人大および地方人大の各機関において行われ（憲法2条）、国務院が職権を行使して指導し管理することとなる（同89条）。地方各級人民代表大会は、その行政区域内において、地方の文化建設について計画を審査、決定し（同99条）、県級以上の地方各級人民政府は、その行政区域内における文化事業を管理する（同107条）。国家には「人民の物質生活および文化生活を一歩一歩改善する」（同14条）任務があり、とりわけ文化の向上と密接に関連するのは教育事業であることから、その振興を図るために同19条は、①各種の学校を開設し、初等義務教育を普及させ、中等教育、職業教育および高等教育を発展させ、また就学前の教育を発展させること、②各種の教育施設を拡充し、非識字者をなくし、労働者、農民、公務員その他の勤労者に対し、政治、文化、科学、技術および業務についての教育を行

い、また、独学で有能な人材となることを奨励すること、③集団経済組織、国家企業事業組織およびその他の社会的組織・団体が法律の規定に従い、各種の教育事業に取り組むことを奨励すること、④全国に通用する共通語を普及させること、といった4項目を規定する。

また憲法は、文化事業に従事する自由や表現の自由に関する条項を盛り込む他（同47条）、「名所・旧跡、貴重な文化財およびその他の重要な歴史的文化遺産を保護する」（同22条）と規定するが、それは基本的に「社会主義的精神文明の建設を強化すること」（同24条）にねらいがある。国家が「人民に奉仕し社会主義に奉仕する文学・芸術事業、新聞・ラジオ・テレビ事業、出版・発行事業、図書館・博物館・文化館およびその他の文化事業を振興」（同22条）する旨を規定するのも、本質的には社会主義的精神文明の建設のための大衆的文化活動の推進に他ならない。

しかしながら、21世紀に近づくと中国の市場経済はいっそう拡大し、経済的な安定とともに伝統文化に対する評価も見直されるようになった。文化的に貴重な財産を保持する地域のなかには、それらに依拠する形で観光業を推進し、地域経済の活性化を図る動きも出てくる[10]。また、中国の各地で文化財の取引も膨張し、上述の文化事業に関する憲法上の規定、1982年に施行された文物保護法（以下、「文化財保護法」と称する）は、いずれも中国の文化的状況と大きく乖離するようになる。

さらに、グローバル化の進展につれ、豊富な観光資源を有する少数民族地域には経済的恩恵がもたらされると同時に、観光客の増加によって現地の伝統文化や生態環境に対して、①民族文化の商品化、②民族文化の展示の低俗化、③民族文化の価値傾向の退化、④伝統的民族文化の移り変わりに伴う日々の消失、⑤民族地区観光開発の生態環境に及ぼす影響、といったマイナスの面も目立ってきた[11]。中国はこういった問題をふまえ、2002年10月28日に文化財保護法を改正、公布（同日施行）するとともに、これまで法律による保護が十分ではなかった無形文化遺産に関しても、2011年2月25日に非物質文化遺産法（以下、「無形文化遺産法」と称する）を採択（同年6月1日施行）し、文化および文化財の保護を図ろうとしている。そこで次節では、文化の保護に関連する各種法令についてみることとする。

3 文化の保護に関する各種法令

　文化の保護に関する各種法令については、文化および文化財一般を対象とする法令と少数民族文化の保護を図る法令に大別することができ、前者の代表的なものとしては、1982年11月19日に公布、施行された改正前の文化財保護法を挙げることができる。同法は1条でその立法目的を「国の文化財に対する保護を強化し、科学研究事業を展開することを有利にし、わが国の優れた歴史文化遺産を継承し、愛国主義と革命の伝統的教育を行い、社会主義精神文明を確立するため」と定めていた。これに対し、2002年改正後の文化財保護法では、「文化財に対する保護を強化し、中華民族の優れた歴史文化遺産を継承し、科学研究事業を促進し、愛国主義と革命の伝統的教育を行ない、社会主義精神文明および物質文明を確立するため」と規定する。改正前には附則を含めて33箇条しかなかった条文の数が80箇条に増加し、「国家の文化財に対する保護」と規定していた部分から「国家」の文言を削除した背景には、計画経済から市場経済への移行のなかで新たな規制の必要性が増したこと、文化財の保護を国家の役割だけに限定できなくなったこと等の情勢の変化がある。また、「わが国の優れた歴史文化遺産」としていた文言を「中華民族の優れた歴史文化遺産」に変えたのは、中華民族の概念に依拠しつつ中華文化を尊重する政策に基づきながら、国内外を問わずより広い範囲で文化財の保護を図るねらいがあるものと解される。

　また同法は「文化財」の定義について、①歴史、芸術、科学的価値を有する文化遺跡、古墳、古建造物、石窟寺と石彫刻、壁画、②重大な歴史的事件、革命運動または著名な人物に関わる重要な記念の意義、教育の意義または史料的価値を有する近現代の重要史跡、物、代表的建造物、③歴史上各時代の貴重な芸術品、工芸美術品、④歴史上各時代の重要な文献資料および歴史、芸術、科学的価値を有する手稿と図書資料等、⑤歴史上各時代、各民族の社会制度、社会生産、社会生活を反映する代表的な物、を列挙する（同法2条）。

　法改正の結果として、どの主体が文化財をどのように保護すべきかについて具体的に示され、法律責任としての罰金の額も規定された。さらに、「文化財の事業は、保護を中心とし、緊急保全第一、合理的利用、管理強化の方

針を徹底する」(同法4条)「各級人民政府は、文化財保護を重視し、経済建設、社会発展と文化財保護の関係を的確に処理し、文化財の安全を確保しなければならない」「基本建設、観光業の発展において、文化財保護事業の規定を遵守し、その活動は文化財に損害を与えてはならない」(同法9条)として、保護を優先しながら利用を図るという文化財政策の基本原則も明示されている[12]。ただし、「伝統」という文言については、「文化財に対する保護を強化し、中華民族の優秀な歴史文化遺産を継承し、科学研究工作を促進し、愛国主義と革命伝統の教育を行い、社会主義精神文明と物質文明を建設するために、憲法に基づいて本法を制定する」(同法1条)、「文化財の所蔵施設が、所蔵する文化財の役割を十分に生かし、展示、科学研究等の活動の開催をとおして、中華民族の優れた歴史文化と革命伝統の宣伝、教育を強化しなければならない」(同法40条) という形で盛り込まれるに過ぎず、伝統文化それ自体の尊重を明示する条項はない。

　一方、無形文化遺産法は、第一章総則、第二章無形文化遺産の調査、第三章無形文化遺産の代表的項目一覧表、第四章無形文化遺産の伝承と伝播、第五章法的責任、第六章附則から構成され、条文の数は附則を含めて45箇条から構成される。同法1条が規定するとおり、「中華民族の優れた伝統文化を継承、称賛し、社会主義精神文明の確立を促進し、無形文化遺産の保護と保存事業を強化する」ことを立法目的とし、中華民族の概念に依拠しつつ社会主義精神文明の確立をめざす点では文化財保護法と理念を同じくする。しかしながら、明確に「伝統文化」の継承と称賛を掲げた点では、文化財保護法の立法目的と大いに異なる面がある。

　同法2条は「無形文化遺産」の定義について「各民族の人民が代々伝承し、またその文化遺産の構成部分と認める各種伝統文化の表現形式および伝統文化の表現形式に関連する物、場所」とし、①伝統的な口頭文学およびその媒体としての言語、②伝統的な美術、書道、音楽、舞踏、演劇、説唱芸術と雑技、③伝統的な技芸、医薬と暦法、④伝統的な儀礼、祭り等の民俗、⑤伝統的なスポーツと演芸、⑥その他の無形文化遺産、と例示する。ここでも、「無形文化遺産」には伝承や伝統の裏付けを要件とする点で、文化財保護法が定める「文化財」の要件と大いに異なる面がある。とはいえ、「物」

という点では文化財と重なる部分があるので、同条は、無形文化遺産の構成部分に属する物と場所がすべて文化財に属する場合に文化財保護法の関連規定を適用する旨の規定を設けている。

新しく制定された無形文化遺産法は、同法4条が「無形文化遺産を保護するには、その真実性、全体性と伝承性が、中華民族の文化的アイデンティティの強化、国家統一と民族団結の擁護、社会の調和と持続可能な発展の促進にとって有利であることを重視しなければならない」と示すことから明らかなように、あくまでも中華民族文化を軸に国家の安定化を図る点にねらいがある。この点も、文化財保護法が市場における文化財の取引秩序の安定を主なねらいとしたことと大いに異なる点である。この他、国外の組織または個人が中国国内で無形文化遺産の調査を行うには、省、自治区、直轄市の人民政府や国務院の文化主管部門の承認を必要とし、また調査は中国国内の無形文化遺産の学術研究機構と協力して行わなければならない（同法15条）とし、国外の組織や個人の調査活動に制限を課すことが明文化された。

有形、無形の文化財の両方を取り込む日本の文化財保護法は、戦前において古器旧物保存法、古社寺保存法、史蹟名勝天然記念物保存法、国宝保存法、重要美術品等ノ保存ニ関スル法律の各制定を基礎とし、戦中戦後の混乱から法隆寺金堂壁画焼失事件を契機に「文化財」という新しい概念を採用することで制定されるに至った[13]。「この法律は、文化財を保存し、且つ、その活用を図り、もつて国民の文化的向上に資するとともに、世界文化の進歩に貢献することを目的とする」とするその立法趣旨には、国家の統合や秩序の安定化を企図する文言はなく、国際的に開かれた内容になっている。これに対し中国の文化財の保護に関する法律は、「中華民族の優秀な歴史文化遺産の伝承」「愛国主義と革命伝統教育」「社会主義精神文明と物質文明の建設」が強調されており、日本と中国では、根本的に文化および文化財の意義が異なることが見て取れる。

以上、文化および文化財一般を対象とする法令について見てきたが、次章では少数民族文化の保護に係る法制度に範囲を絞って見ることとする。

第2節　中国の少数民族文化と法制度

1　民族文化と現行の法制度

　現在の中国は、既述のとおり各民族を凝集することで中華民族という概念を作り出し、各民族文化を統合する形で中華文化を擬制し、中華民族が一体となって「持続可能な発展」の方向に進むべく民族政策を推進する。そのために、憲法4条は各少数民族地区の経済および文化の発展を速めるよう援助する旨を規定し、「各少数民族の集居している地区では区域自治を実行し、自治機関を設け、自治権を行使する」と定め、「いずれの民族もすべて、自己の言語文字を使用し、発展させる自由を有し、自己の風俗習慣を保持または改革する自由を有する」ことを明示する。同様の条項は、民族区域自治法にも設けられており、その序文で「国家は、国民経済および社会発展計画に基づき、民族自治地方が経済および文化の発展を速めていくのを努めて援助する」としながら、民族自治地方の各民族人民が社会主義精神文明建設を強化し、民族自治地方の経済、文化の発展を速めていくことでもって、中国を富強、民主、文明の社会主義国家に築き上げるよう奮闘努力する旨を定めている。そのための手段として、民族自治地方の自治機関には「当該地方の状況に基づき、憲法および法律に違反しない原則にのっとり、特別の政策および弾力的措置を採用して民族自治地方の経済、文化建設事業の発展を速める権限」（民族区域自治法6条）が与えられ、さらにその裏付けとして、民族自治地方の人民代表大会には「当地の民族の政治、経済および文化の特徴に合わせて、自治条例および単行条例を制定する権限」（憲法116条、民族区域自治法19条）が定められている。

　また同法38条は、民族自治地方の自治機関が「民族の形式と特徴を具えた文学、芸術、報道、出版、放送、映画およびテレビ等の民族文化事業を自主的に発展させ、文化事業の投資に力を入れ、文化施設の建設を強化し、各文化事業の発展を速める」ことを規定するとともに、関連する単位および部門を組織することで「民族の名所旧跡、貴重な文物およびその他の重要な歴史的文化遺産を保護し、優れた民族伝統文化を継承し、発展させる」ことを要

請する。

　これらの他、民族自治地方の自治機関が「その地域の教育、科学、文化、衛生および体育事業を自主的に管理し、民族の文化遺産を保護および整理し、民族文化を発展させ繁栄させる」（憲法119条）こと、当該地方の各民族を援助して文化事業を発展させること（民族区域自治法50条）が定められており、これに対して国家には、財政、物資および技術などの各側面から、少数民族に援助を与えて文化建設の事業を発展させること（憲法122条）、各種専用資金を設けて民族自治地方の文化建設事業の発展を支援すること（同59条）、9年制義務教育の普及等の教育事業の発展と科学文化水準の引き上げ（同71条）、上級国家機関による文化事業の発展を速めるための援助（民族区域自治法55条）、経済技術協力および対口支援による民族自治地方の文化事業の発展への援助（64条）等が求められる。

　建国当初から、共産党は少数民族との良好な関係を維持すべく、いろいろな政策を実施してきた。法制度の分野についていうと、54年憲法の3条で民族平等の原則、民族差別の禁止、民族区域自治の保障を定めるとともに、「いずれの民族もすべて、自己の言語文字を使用し、発展させる自由を有し、自己の風俗習慣を保持または改革する自由を有する」として言語文字の使用と風俗習慣の保持の自由が規定された。しかしながら、当時の共産党のねらいは、あくまでも少数民族との衝突を避けることで国家の安定化を図ることにあり、少数民族文化一般について、とりわけ伝統文化の継承や発展に関しては憲法上の明文規定はなく、それらの権利も十分に保障されていたわけではなかった。要するに、建国当初の中国においては、言語文字や風俗習慣といった少数民族文化の一部分が憲法で保障されていたにすぎない。法令上、少数民族文化が法制上より広範に保障されるようになったのは、改革開放以降、1984年に民族区域自治法が制定されて以後のことである。また、民族法の研究者たちが民族風俗習慣法[14]と別個に民族文化法[15]を議論するようになるのは1990年代の終盤以降であり、さらに少数民族地域の開発との関連で伝統文化の保護と発展の問題が論じるようになるのは、西部大開発が全人大で正式に決定された2000年3月以降のことである[16]。やがて「三つの代表」の方針が公式に掲げられ、それが憲法の前文に盛り込まれると、少数民族の

伝統文化を擁護することは、共産党の政策に合致するとともに法制度上の裏づけも得ることとなった。その結果、現在では「引き続き民族の伝統文化を刷新し、先進文化を発展させるには、マルクス主義、毛沢東思想、鄧小平理論を指導として、三つの代表の重要な思想を実践し、先進文化の前進の方向を堅持しなければならない[17]」とするのが共産党や政府の公式な見解に近いと考えられる。

なお、以下で考察する少数民族の文化と文化財産権の問題も、伝統文化の保護と発展に関連するものであるが、その研究にいち早く取り組みだしたのは雲南省の研究者であった。民族出版社から刊行された『雲南少数民族伝統文化的法律保護[18]』は、まさに少数民族の伝統文化の保護を真正面から取り扱った先駆的研究といえる。そして、2000年5月26日に雲南省が制定、発布した「雲南省民族民間伝統文化保護条例」は、その後、貴州、福建、広西等の省、自治区が、当該区、省の民族民間伝統文化保護条例を制定、発布する動きへとつながる。

やがて、2001年4月の民族区域自治法の改正[19]を契機に民族文化法の関連条項が立法の形で登場し、2003年には文化部の主催、起草によって、「雲南省民族民間伝統文化保護条例」をモデルとして「民族民間伝統文化保護法（草案）」が完成する。その後、この草案は「無形文化遺産保護法」に名称が変更されたが[20]、「無形文化遺産保護」でもって「民族民間伝統文化保護」の名称を置き換えたことについては、「民族民間伝統文化は、無形文化遺産と有形文化遺産を包括し、また正に発生、発展する民族性を具えた民間文化を含む」「無形文化遺産保護法は民族民間伝統文化保護の国家的な立法の欠如という現象を改めることはできない」という理由から適切ではなかったという指摘がある[21]。

民族区域自治法の改正後は、経済のグローバル化や知的財産権の概念の浸透によって、後述のとおり民族文化の権利に言及する研究が散見されるようになり、やがては民族文化の多様性を命題とする論調へと変化する。さらに、民族文化の多様性の確保の裏付けとなる法令も制定されるようになる。このような動向は、全国人大常委会が、2006年12月29日にユネスコの「文化的表現の多様性の保護及び促進に関する条約（The Convention on the Protection and Promotion of the Diversity of Cultural Expressions)[22]」を批准したことも影響していると考えられるが、以下に述べる「ウスリー船歌」の案例は、間違いなく中国の研究者や立法関係者に対し民間の伝統文化の保護について大いに関心を高める契機になった。

2 ウスリー船歌の案例

近年、中国では民族文化の保護に関するいくつかの興味深い訴訟が提起されている。以下では、中国ではじめての民間文学芸術作品著作権および少数民族の文化的権利の紛争案例である「ウスリー船歌」(烏蘇里船歌) の例を取り上げる[23]。「ウスリー船歌」とは、中国東北地方のウスリー川とその河畔で漁労生活をするホジェン (赫哲) 族を優雅に描写し、テノール歌手として著名な郭頌の高らかな声で好評を博した革命歌曲である。この曲は、胡小石の作詞、汪雲才と郭頌の作曲により1962年に創作されたとされるが、そもそも「想情郎」や「狩獵的哥哥回来了」等のホジェン族の民謡を題材にするものである。1999年11月12日に中央電視台と南寧市人民政府が共同で主催した南寧国際民歌芸術節の開幕式パーティーにおいて、中央電視台のキャスターがこの曲の作曲者を汪雲才および郭頌と紹介し、後日、その内容を収録したVCDが北京北辰購物中心によって発売されると、黒龍江省饒河県四排ホジェン族郷の人民政府から郭頌、中央電視台、北京北辰購物中心に向けて訴えが提起された。原告である郷人民政府の主張は以下のとおりである。

「ウスリー船歌は、ホジェン族の民謡であり、中国の著作権法が保護する民間文学芸術作品に属し、ホジェン族人民は法に依って署名権などの精神的権利と報酬獲得権等の経済的権利を有すべきものである。1999年11月12日、南寧国際民歌芸術節の開幕式パーティーにおいて、中央電視台は、ウスリー船歌を汪雲才と郭頌が創作したものでホジェン族の民謡に非ずと称し、原告の権利を侵害した。その後、当該パーティーはVCDに収録され全国で発売されたことから、権利侵害行為の影響はよりいっそう拡大した。原告が著作権を有するウスリー船歌の権利を侵害したCD、図書、テープを北辰購物中心が販売したことも著作権の侵害であり、以下のとおり判決を下すことを請求する。①中央電視台は数回にわたってウスリー船歌を放送し、それをホジ

ェン族の民謡であると説明した。この権利侵害行為に対して謝罪すること。②原告の経済的損失に人民元で40万元を賠償すること。③本件訴訟費用および訴訟によって支出した費用8,305.43元を負担すること⁽²⁴⁾。」

一方、被告側の主張は以下のとおりである。「原告には、民間文学芸術作品に関する権利を主張することにつき、すべてのホジェン族人民を代表する権限を有することの証拠証明がない。民間文学芸術作品の保護について、中国著作権法は原則的な規定を設けるだけであり、具体的な内容を欠いている。これまで国務院は関連する法規を公布しておらず、よって、著作権法の著作権者およびその権利の帰属等に係る関連規定は、何ら民間文学芸術作品に適用されない。中央電視台が放送した番組のなかでウスリー船歌に関する氏名表示は完全に歴史的事実の基礎の上にあり、多方面の資料の調査閲覧から得られた結論を通じて、今に至るまで当該氏名表示と抵触するという権威ある資料は出ておらず、放送機関としてもすでに審査義務を完全に尽くしている。パーティーのキャスターが述べたのは、客観的事実を話題にしたにすぎず、何ら原告の著作権を侵害してはいない。当該パーティーの番組はVCDに収録されて全国的に発売されたとの原告の陳述は何ら証拠がなく、当該芸術番組委員会が収録したVCDは8000セットにすぎず、また販売は公になされておらず、資料および贈呈品として送られただけであり、これによる営利活動は決して行っていない⁽²⁵⁾。」

裁判所は審理の過程において、双方当事者の申請に基づき、中国音楽著作権協会に委託し、作曲の専門家の角度から「ウスリー船歌」と「想情郎」等のメロディーに技術的な分析鑑定を実施した。鑑定の報告結果は、「ウスリー船歌は、想情郎等のホジェン族の民謡のメロディーの基礎の上に、編曲または改編されてできたものである」ということであった。一審の裁判所は審理を経て次のとおり判断した。「ホジェン族の代々にわたって伝承された民衆のメロディーは、ホジェン族の民間文学芸術の構成部分であり、またホジェン族集団の共同の創作であり、各成員が享有する精神文化の財産でもある。それは、ホジェン族の成員一人に帰属するものではないが、それぞれのホジェン族成員の権利利益と関連するものである。したがって、当該民族における各集団、各成員はみな、自民族の民間文学芸術が侵害されないように

守る権利を有する。原告は、憲法と法律に照らし、少数民族が集まり住む地域内に設立した郷レベルの地方国家政権として、ホジェン族の部分的集団の政治代表であるとともに、ホジェン族の部分的集団の公共利益の代表でもある。ホジェン族の民間文学芸術が侵害を受ける可能性がある場合、権利主体の状態の特殊性に鑑みて、当該地域内のホジェン族の一般大衆の利益を守るために、原告が自己の名義でもって訴を提起することは、憲法と法律が確立した民族区域自治の法律制度に符合し、また法律の禁止性規定に違反しない。原告について訴訟主体の資格を有しないとする被告の抗弁主張は、これを採用しない。被告の郭頌も、ウスリー船歌の主たるメロディーを創作したときに、部分的に想情郎のメロディーを用いたことをとりたてて否定しないし、中国音楽著作権協会が行った鑑定結果もまた、当該音楽作品の主部、とりわけ中間部分の主題メロディーが想情郎および狩獵的哥哥回来了のメロディーと同じであることを表わしている。したがって、ウスリー船歌の主なメロディーは、郭頌等の者がホジェン族の民間音楽のメロディーである想情郎の基礎の上に、芸術的な再創作、改編を行って完成させた作品であると考えるべきである。ウスリー船歌は原著作物に属するとの郭頌および中央電視台の主張については、これを採用しない[26]。」

　これによって、2002年12月、北京市第二中級人民法院は、黒龍江省饒河県四排ホジェン族郷政府が郭頌、中央電視台、北京北辰購物中心を訴えた民間文学芸術作品の著作権侵害の争いに対し、ウスリー船歌はホジェン族の民間メロディーを基に改編を行って完成したものであるとの一審判決を認定した。主な判決内容は次のとおりである。「郭頌、中央電視台は、何らかの方式によって音楽作品であるウスリー船歌を再び使用するとき、「ホジェン族の民間メロディを基に改編」と明確に注記しなければならない。郭頌、中央電視台は、法制日報で音楽作品であるウスリー船歌がホジェン族の民間メロディーを基に改編したものであるとの声明を発表すること。原告のその他の訴訟の請求は却下する[27]。」

　一審の判決後、被告である郭頌と中央電視台は一審判決を不服とし、上告を行ったが、2003年12月17日、北京市高等法院の終審は北京市第二中級人民法院の一審判決を支持した[28]。

3 判決に対する評価

この案件の論点は、主に①ホジェン族の文化的権利の主体は誰であるか、②ウスリー船歌は作曲かそれとも編曲か、③ホジェン族の人のウスリー船歌に対する見方、という三つに集約される(29)。ちなみに、中国の著作権法6条は「民間文学芸術作品の著作権保護弁法は国務院が別に定める」とし、2012年3月に国家版権局によって公表された著作権法（改正草案）10条も同様に規定するが、2012年上半期において当該弁法はまだ確認できない。

判決については、「民法通則の公平の原則と著作権法の関連する原則に依拠するものにすぎず、中国の民族文化紛争裁判の実践において具体的に運用可能な条項の欠落は回避する手立てがないことをはっきり示している」とする指摘の他、費孝通の中華民族多元一体構造の理論を引きながら「少数民族の文化的権利の保障は中華民族文化を高揚させるという題目のなかで存在意義があることが分かる」「文芸作品は少数民族の伝統文化の重要な構成部分であり、その文化的特性と固有の生活様式の表現であって、ウスリー船歌は、まさしくホジェン族の生活様式の描写である」「ウスリー船歌の案件は、同様にわれわれの少数民族の文化的権利の保障問題の上での欠陥と直面する挑戦を反映する」としながらも「当然ながら、著作権と基本的な文化の権利は明確に分けられるものでなく、両者はただ観点が異なるだけである。著作権は少数民族の文化的権利を保障する重要な手段の一つであって、われわれがここでホジェン族の基本的な文化の権利を強調するのは、当該問題をより広い視点において総合的な分析を行おうとするにすぎない」と論評する見解がある(30)。

この判決に対し筆者が印象を強く受けた点は、中央電視台という中国の国営テレビ局の番組において、その美声と革命歌曲で国家一級演員に上り詰めた郭頌による長年の文化活動に対し、法院がホジェン族の権利を侵害するものと認定した点である。郭頌はホジェン族の出身で1972年に共産党員となり、全国人大代表等の要職を務めた人物であり、彼の中央電子台での活動が法廷で裁かれるとは思いもよらない出来事である。もし法院が損害賠償と訴訟費用について原告の主張を認めたならば、さまざまな混乱が生じたであろう。その点に配慮してか、この判決は、「ホジェン族の民間メロディーを基

に改編」との注記の義務を課す形によって少数民族の権利を認める一方、経済的な面の主張は退ける結果となった。中華民族や中華文化という擬制的概念を普及させ、民族団結の浸透を図ろうとする共産党の方針からすれば、ウスリー船歌の案件に対する判決は伝統的な共産党の方針を逸脱する。そのことは、以下の谷苞の見解に照らすと明らかである。

「かつて、ある人が詠んだ詩で言っていたことは、あなたと私の二人を泥人形に喩え、二つの泥人形を壊したあと、その同じ泥を使ってもう一度人形を作ると、私の中にあなたがあり、あなたのなかに私がいるようになるということであった。このような喩えでわが国の歴史的な民族関係を述べることは極めて適切である。これまで述べてきたとおり、長い歴史のなかで、わが国の各民族間には長期にわたり、大規模に融合しあってきたという事実が存在しており、各民族集団自身についていうと、あなたの泥のなかに私があり、私の泥のなかにあなたがいるという客観的事実が存在している。(中略)喜んで他の民族の長所を受け入れ、自民族のものにしていくことは、自民族の経済・文化の発展に有利であるが、閉鎖的で、視野が狭く、独りよがりで、自らの民族文化のいわゆる純潔性を追い求める幻想を抱くことは、保守的で、改良を知らない、立ち遅れた状態に甘んじることになる[31]。」黒龍江省饒河県四排ホジェン族郷人民政府の主張、北京市第二中級人民法院および北京市高等法院の判決は、知的財産権に対する意識の高まりが結実したものであるが、これは中国の文化政策の大きな転換を示すものであり、次章で述べる文化財産権はこのような潮流の延長線上にあると考えられる。

第3節　文化財産権の課題

1　民族文化法制の新たな観点

筆者はかつて中国の知的財産権に関する論考の中で、伝統文化の保護制度について次の点を指摘した。「中国は、広大な地域に、風俗習慣を異にする様々な人々が生活している。とりわけ、経済的に劣後した地域の中にも、文化的に貴重な財産を維持し、発展させる地域がある。たとえば、各少数民族が伝統的に継承する文化には、高い芸術的価値を有するものも少なくない

が、それらを映像でもって外部に紹介する行為について、伝統文化を継承する側に果たしてどれだけの報酬が支払われるのかという問題もある。著作権法22条1項11号は、「中国公民、法人またはその他の組織によりすでに公表済みの漢語により制作された著作物を、少数民族の言語文字に翻訳し、国内で出版および発行する場合」には、著作者の氏名および著作物の名称を明示する等の要件を満たす限り、著作権者の許諾を必要とせず、著作者に報酬を支払わなくてもよいとし、少数民族に配慮した条項を置いている。しかしながら、少数民族の文化的な財産の公開に経済的価値を付与することを目的とした制度は確立されていない[32]。」

　当時の中国は、ちょうど文化財保護法を改正した時期であったが、それは基本的に有形文化財の保護に関するものであり、無形文化財一般に関しては、法律による保護の体制が確立していなかった。そういう状況のさなか、改革開放以降、少数民族の観光開発に積極的に取り組んできた雲南省では、早くも伝統文化に経済的価値の付与を提唱する新たな動きが展開されていた。その先陣といえるのが、後に無形文化遺産法の立法化につながる「雲南省民族民間伝統文化保護条例」である。筆者は先行研究において、中国が持続可能な発展の方向に進むにあたって、内側から「人間中心の経済および社会発展」型の民族法制を作り上げていく仕組みが必要である[33]との認識に達し、また現地調査をつうじてエコツーリズム（生態旅游）を導入しはじめた雲南省の観光開発の状況を把握していたので、上述の変化はある程度想定の範囲に収まるものであった。

　しかしながら、2004年に雲南大学の人類学の研究者が刊行した『民族文化資本化』は、民族文化の新たな観点を提起する研究としてはきわめて斬新であった[34]。「三つの代表」の方針が示される以前であれば、少数民族文化の商品化に言及するこのような刊行物が一般に流通するなど考えられなかったことである。もちろん『民族文化資本化』で提起される論点は、基本的に抽象的な概念で構成されており、そのまま法制度の変革に直結するような内容は含まれていない。とはいえ、中国はグローバル化の流れの中で、知的財産権の確立に向けて様々な政策を打ち出しており、伝統文化に経済的価値の付与を提唱する新たな動きも知的財産権制度と無関係ではない。「中国で知的

財産権文化を確立し推進する実践においては、伝統文化に欠ける的確性に改善措置を施し、今のところ中国文化の品質に比較的足りない知的財産権文化の要素を補う必要がある(35)」とする見解は、「本国の文化の優れた品格を発揚し、西洋文明の先進的思想を汲み取ることは、中華文化が現代化の要求に適応することを保証し、完全な品質を保持する重要な措置である(36)」と断定する。

一方、既述のウスリー船歌の案件は、中国全土に伝統文化の財産権という視点を認知させる契機となり、多くの研究者がこの問題について様々な見解を述べている。そして、このような動きに連動するかの如く、文化財産権についての研究も登場する。たとえば、2008年に刊行された田艶の『中国少数民族基本文化権利法律保障研究』は、無形文化遺産法の立法化だけでなく、少数民族基本的文化権保障法の創設についても問題を提起する(37)。権利侵害に対する賠償の仕組みについては抽象的な内容であり(38)、文化財産権に関する記述内容もまだまだ研究の端緒にすぎないものであったが、その後、2011年に刊行された同氏の『伝統文化産権制度研究』は、民族文化のみならずより広範に伝統文化一般を取り扱うものとなり、以下で述べるとおり、伝統文化財産権の内容をめぐる中国の研究者の異なる視点も整理されている。

2 伝統文化財産権とその課題

現在の中国では、伝統文化財産権について「一つの民族のそれ自身の標識的な文化に対する知的財産権は民族の文化財産権に他ならず、それは民族文化知的財産権と称することもできる(39)」とする見解に示されるように、知的財産権や知的財産権に類似する権利利益として扱われることが一般的である。田艶も『伝統文化産権制度研究』の中で「伝統的共同体のその文化に対して享有する民法上の意義での財産権であり、それは無体財産権の一種(40)」と説明する。しかしながら、文化に関する権利や利益の内容は非常に広範であり、中国では様々な見解が分散している。そこで以下では、田艶の伝統文化財産権に関する学説紹介を基にしながら、その内容の違いについてみることとする。

第一に屈学武の見解。屈学武は、少数民族が有する自己の民族文化の権利

利益の内容は非常に広範であると考える。広義に見ると、民族の政治、経済、法律、文化および文治教化、科学技術、宗教信仰、生活方式、伝統風習などの諸分野に係る民族的権利の確認、保護の条項で法が定める権利の内容は、みなこれに属する。狭義に見ると、少数民族が有する自己の民族文化の権利の内容には、主に民族言語文字使用権、民族教育権、民族古籍文化の整理・緊急処置・伝承権、民族文学・芸術保有・発展権、民族宗教信仰権、民族文化価値観保有・審査権、その民族の風習の改革・保持又は踏襲権、民族受験生の優先的採用権、民族受験生の大学入試優遇権、民族文化の交流・提携権、民族文化の発展権等がある。しかし、同時に多民族国家または国際社会の法定の各国内法又は国際法の義務を真摯に履行しなければならず、それによってはじめて、国家および社会ひいては国際社会の安寧、安定、平和を擁護することができる、とする[41]。

　第二に王鶴雲の見解。王鶴雲は、文化特性権は物質的権利を包むだけでなく、精神的権利も包括し、それはおおよそ以下のとおり分類できると考える。文化帰属権（創作集団の地位を表明し、当該集団を無形文化遺産の知力成果の権利主体として証明する権利）。公布権（本来の集団が創作した無形文化遺産の表現形式を集団の外に公表することの可否を決定する権利）。文化尊厳権（無形文化遺産の表現形式の本来の意味が完備し、歪曲されないよう保護する権利）。使用権（無形文化遺産の表現形式を利用して生産および娯楽の活動を行い、経済的利益と精神的享楽を得る権利）。伝授権（他人に無形文化遺産に係る技芸を習得させる権利）。伝播権（記録、録音、録画、実演、展示、公衆送信などの方式を通じて無形文化遺産を展示、伝播する権利）。報酬獲得権、（集団外のその他個人および組織に使用を許可して報酬を得る権利）[42]。

　第三に厳永和の見解。厳永和は、伝統知識を研究対象とし、その権利の内容を次の四種類と定義する。消極的原生的知的財産権（伝統知識権者は、他人がその伝統知識の本源の分野について原生的知的財産権を獲得することを排除する権利である。伝統知識権者自らは、その伝統知識につきあらゆるその他の知的財産権を得ることを制限されない。）消極的二次的知的財産権（伝統知識権者がその伝統知識の二次的分野につき他人が二次的知的財産権を獲得することを排除する権利）。積極的二次的知的財産権（伝統知識権者がその伝統知識の二次的

分野につき獲得する二次的知的財産権)。積極的原生的知的財産権。(伝統知識権者が伝統知識の原生的分野につき獲得する特許権に類似する原生的知的財産権)(43)。

　第四に張鈞の見解。張鈞は、「文化権は少数民族の最も基本的かつ重要な権利」との理解に立って、「文化権は文化自決権と文化使用権を含む」としながらも、まず第一に文化自決権を位置づけて次のように考える。「いわゆる文化自決権は、一つの少数民族が族内の大多数者の願望に基づき、その他の民族意思の支配を受けずに、その風俗習慣、宗教信仰などの文化的因子を保持、改変または取り除くことを選択する権利を指す。文化の保持と改変は、異なる文化の接触、衝突および変遷（文化変容）の過程において表れる自然の事実かもしれない。しかしながら、当該少数民族は、この種の事実に対して受容、改変、拒否をする権利を有すべきであり、いかなる人や民族も、別の民族文化の権利を強制的に同化させ改変する成立しうるような権利を有しない。」その上で、文化権の内容については、「使用や譲渡などの積極的な権能と盗用や濫用を差し止めるなどの侵害へ抵抗する消極的な権能を含む」とし、次のように主張する。「自決権を除いて、一つの少数民族は自己の文化を使用する権利を有すべきであり、これは自己の民族が使用するだけでなく、使用権の譲渡や使用許可などの方式で自己の文化権を実現することも含む。この意義から言うと、文化権は性質上、所有権、著作権などと同様に財産的性質を具えた権利であり、文化権は物質的内容を具えているともいえる。当該少数民族の大部分の大衆の同意や承認を得ず、その文化的因子を営利かつ相当の対価を支払わずに借用し、または使用する際に当該少数民族の文化を歪曲し、低く評価することは、文化権を盗用、濫用する行為として境界を引くべきであり、当該少数民族は差し止める権利を有し、必要な場合は行政的または司法的救済を請求できなければならない(44)。」

　第五に曹新明の見解。曹新明は、「無形文化標示権」をもって無形文化遺産の保護を図ると提起した。いわゆる「無形文化標示」とは、いずれか一つの特定の国家、民族、集団、団体または地域、さらにこれらの国家と直接的に相互に関連する特定の国家、民族、集団、団体または地域の民間風習風俗、文化的実践、生活方式、行為慣例、儀式式典および文化的空間、これら

の特定の国家、民族、集団、団体または地域によって認定された無形文化遺産に由来する何らかの無形文化の態様を指す。無形文化標示権は、無形文化標示の法によって生じる一種の専有権であり、また期限の制限を受けないとする(45)。

田艶の文献ではこれらの他、民族民間文化の権利利益は成果確認権、原始創意維持権、無期限保護権、所持使用権、権利利益間接的実現権の分野を含まなければならないとする王鵬の見解(46)等も紹介されている。

伝統文化財産権の内容については、まだまだ議論が成熟しておらず、どれが通説あるいは有力説か判断できない状況にあるが、楊勇勝は知的財産権(著作権とその他)、厳密再生権(真実標記要求権と適確使用維持権)、返還権(奪われた芸術作品等)、継承発展権、使用許可権、法律救済権に区分した(47)。また、田艶は精神的権利利益と経済的権利利益に大別し、前者については署名権、文化尊厳権、文化発展権を、後者については使用権、収益獲得権、援助獲得権を列挙している(48)。

文化財産権の概念をめぐっては、今後も継続的に議論が交わされると推測されるが、いずれにせよ、伝統文化財産権には次のような課題がある。

第一に、伝統文化とは何かについて定義するのが容易でないこと。この問題は中国に限ったことではないが、伝統文化は時間の経過とともに変化していく抽象的な観念であるから、それを具体的な権利に結びつけるための仕組みが必要になると考えられる。

第二に、権利の主体を確定するのに困難な場合があること。確かにウスリー船歌の案件では、黒龍江省饒河県四排ホジェン族郷の人民政府に訴訟主体の適格性を認める判断が下された。しかしながら、少数民族が散居、雑居する地域においては、必ずしも人民政府に訴訟主体の適格性が認められるとは限らない。

第三に、権利の集団的管理方式が発展途上段階にあること。現在、中国において権利の集団的管理を実施するのは、中国音楽著作権協会、中国文字作品著作権協会、中国音楽映像著作権協会である。しかしながら、これらはいずれも著作権管理条例に基づいて設立された著作権の管理団体であり、伝統文化権の集団的管理を実施する団体は目下のところ存在しない。「伝統文化

協会」に類似する機関にその役割を与える旨の提起[49]もあるが、上述の著作権の管理団体との競合が問題になろう。

　以上のような課題を含みながらも、中国でこの種の議論が比較的自由に行えるようになったのは、中国の文化政策の大きな転換を示すものである。今後、この種の議論と裁判案例の積み重ねによって、伝統文化財産権の議論は一つの法律制度の分野として確立される可能性も秘めているが、その一方で、中国の社会主義法制の伝統が根底から解体される可能性も孕んでいる。

おわりに

　中国における伝統文化の価値と存在意義は、共産党の政策の移り変わりとともに変化してきた。共産党が新中国を建国した頃は、少数民族を取り込むために少数民族の言語文字と風俗習慣の自由を保障することが重要と考えられたが、共産主義化を推進する中で伝統文化の保護については重要視されず、法制度の中に組み込まれることもなかった。やがて文化大革命の時期になると、伝統文化は迷信であるとして多くの文化財が破壊され、伝統文化の継承者も厳しい境遇におかれ、最終的に伝統文化は排斥され、法制度自体も機能しなくなった。

　改革開放の後は、中国は数々の教訓をふまえて、国家の安定と民族問題への配慮の観点から文化政策を推進し、少数民族の有形、無形の文化財を制度的に保護するようになる。しかしながら、市場経済の進展につれて国内の経済格差が拡大すると、文化財の取引市場が膨張し、辛亥革命後の混乱期のように貴重な文化財が外国に持ち出される事態が生じるようになった。その一方で、自然資源や文化資源を豊富に有する地域は、それらを商品とする観光業の振興によって地域経済の活性化を図るようになる。やがて、これらの情勢変化に既存の法令では対応できなくなったため、新たな立法化による伝統文化、文化財、遺跡の保護の必要性が高まった。

　グローバル化以降、中国の政策は「持続可能な発展」の概念を中心に動くようになり、現在は、法律制度、人権概念、民族政策、文化政策のいずれもが「持続可能な発展」を実現、維持するための手段と化している。

「伝統文化財産権」という概念も、中国の政策変化の過程から浮上してきたものであるが、このような鵺（ぬえ）的な政策は、少数民族の伝統文化に依拠しながら民族関係を安定化させることだけでなく、儒家の思想を利用しながら中国社会の秩序の安定化を図ることも排除するものではない。そして、谷苞が述べた「自らの民族文化のいわゆる純潔性を追い求める幻想を抱く」ことと隣り合わせの関係にもある。もし谷苞の警告を超えて各民族がそれぞれの民族伝統文化権を強調するならば、費孝通の「中華民族の多元一体構造」の理論は、レトリックとしての機能を喪失するかもしれない。そのような危険をふまえながらも、共産党が伝統文化の価値と存在意義を強調するになったのは、社会主義の伝統に固執する実質的な意義を中国自体が見失いつつあるためと考えざるを得ないのである。

（1）　詳しくは、費孝通編著（西澤治彦・塚田誠之・曽士才・菊池秀明・吉開将人共訳）『中華民族の多元一体構造』（風響社、2008年）。
（2）　谷苞著、曽士才訳「中華民族の共同性を論ずる」前掲書（1）、73頁。当該論文の初出は、谷苞「論中華民族的共同性」『新疆社会科学』1985年第3期。
（3）　中国との国境を跨いで同質的な生活様式を保持する民族、特にオロス族のように政治的経済的理由で近年に移住してきた民族、また中国国外においても中国文化を継承する華僑や華人については、中華民族の多元一体構造の理論では説明できない。
（4）　焦雪岱・買買提祖農主編『少数民族地区文化建設研究』寧夏人民出版社、1999年、30頁。
（5）　「三つの代表」とは、中国の将来の発展の基軸として、①中国の先進的な生産力の発展要求、②中国の先進的文化の進路、③中国の最も広範な人民の根本的な利益、という三つを中国共産党が代表すべきことを示す指針。詳しくは、鹿錫俊「「三つの代表」論と中国の政治改革」『総合政策論叢第3号』（2002年3月）。
（6）　北京週報日本語版サイト（http://japanese.beijingreview.com.cn/zt/txt/2007-08/23/content_73613_2.htm、2012年8月24日閲覧）より。
（7）　北京週報日本語版サイト（http://japanese.beijingreview.com.cn/zt/txt/2007-08/23/content_73613_7.htm、2012年8月24日閲覧）より。
（8）　朱力宇「第八章 我国社会主義文化建設與社会主義法治」孫国華主編『鄧小平理論、"三箇代表"重要思想民主法制導論』（中国人民大学出版社、2004年）295頁。

(9) 構建社会主義和諧社会若干重大問題解析編写組編『構建社会主義和諧社会若干重大問題解析』(中共党史出版社、2006年) 147頁～148頁。
(10) 少数民族地域の観光業の進展に関しては、高山陽子『民族の幻影―中国民族観光の行方』(東北大学出版会、2007年) を参照。
(11) 繆家福『全球化與民族文化多様性』(人民出版社、2005年) 228頁～231頁。
(12) 詳しくは、鎌田文彦「中国：文化財保護法の改正」国立国会図書館調査及び立法考査局編『外国の立法第215号』(国立国会図書館調査及び立法考査局、2003年) を参照。
(13) 詳しくは、文化財保護法研究会編著『最新改正 文化財保護法』(2006年、ぎょうせい) 3頁～14頁。
(14) 民族風俗習慣法とは「少数民族の風俗習慣に対し、立法および司法の活動と手続を通じて、各少数民族がみな自己の風俗習慣を保持または改革する自由を有することを保障し、少数民族の風俗習慣の合法的権利を擁護する国家の法律規範の総称」をいう。呉宗金『民族法制的理論與実践』(中国民主法制出版社、1998年) 298頁。「民族風俗習慣法律制度」について詳しくは、小林正典訳「少数民族風俗習慣法律制度」呉宗金編著、西村幸次郎監訳『中国民族法概論』(成文堂、1998年) 223頁～247頁を参照。
(15) 民族文化法とは、「少数民族文化を規範化し、保障することに関する権利と義務」をいう。呉宗金同上、276頁。
(16) たとえば、楊盛龍『民族問題民族文化論集』(民族出版社、2004年) 421頁～429頁。
(17) 李晋有「創新少数民族伝統文化　維護発展社会主義民族関係」文精主編『"三箇代表"思想與民族工作』(民族出版社、2002年) 85頁。
(18) 方慧・黄琪・周芳・熊琼芬『雲南少数民族伝統文化的法律保護』(民族出版社、2002年)。
(19) 詳しくは、小林正典「中国民族法制の新展開―民族区域自治法の実施規定の制定を中心に―」『一橋法学第5巻第1号』(2006年3月) 79頁～101頁。
(20) 張曉輝『多民族社会中的法律與文化』(法律出版社、2011年) 104頁。
(21) 同上、106頁～107頁。
(22) ユネスコの第33回総会は2005年10月20日に賛成148票、棄権2票の投票結果でもって当該宣言を採択した。なお、反対は米国とイスラエルの2票。同条約の成立過程については、佐藤禎一『文化と国際法』(玉川大学出版部、2008年) 53頁～62頁を参照。
(23) 詳しくは、田艶『伝統文化産権制度研究』(中央民族大学出版社、2011年) 12頁～22頁。
(24) 同上、13頁。
(25) 同上、13頁～14頁。
(26) 同上、14頁～15頁。
(27) 同上、15頁。
(28) 同上。
(29) 同上、15頁～20頁。
(30) 同上、21頁。
(31) 谷苞前掲2、83頁。
(32) 小林正典「市場経済化と知的財産権法の課題」西村幸次郎編著『グローバル化のなかの現代中国法』(成文堂、2003年) 158頁。

(33) 小林正典『中国の市場経済化と民族法制―持続可能な発展と法制度の変革』(法律文化社、2002年) 260頁。
(34) 書き出しは、中国の研究書の標準的作法をふまえてマルクスの資本論やマルクス・エンゲルス選集等が引用されるが、本題に入るとピエール・ブルデュー (Pierre Bourdieu) とロイック・J・D・ヴァカン (Loic J. D. Wacquant) による『リフレクシヴ・ソシオロジーへの招待』(Reponses: pour une anthropologie reflexive) やセオドア・ウィリアム・シュルツ (Theodore William Schultz) の学会発表報告、さらにゲオルク・ジンメル (Georg Simmel) の『貨幣の哲学』等を引用しながら、「民族文化の資本化」の意義について論じている。詳しくは、馬翀・陳慶徳『民族文化資本化』(人民出版社、2004年)。
(35) 《国家知識産権戦略綱要》補導読本編集委員会『《国家知識産権戦略綱要》補導読本』(知識産権出版社、2008年) 163頁。
(36) 同上。
(37) 田艶『中国少数民族基本文化権利法律保障研究』(中央民族大学出版社、2008年) 262頁。
(38) 同上、241頁～253頁。
(39) 例えば、袁少芬主編『民族文化與経済互動』(民族出版社、2004年) 296頁。
(40) 田艶前掲書23、3頁。
(41) 田艶前掲書23、182頁。詳しくは、屈学武「簡論少数民族的文化権利」『理論與改革』1994年第6期、44頁。
(42) 田艶前掲書23、182頁～183頁。詳しくは、王鶴雲「非物質文化遺産的特点及其知識産権的界定」呉漢東主編『知識産権年刊2007年号』(北京大学出版社、2008年) 8頁。
(43) 田艶前掲書23、183頁。詳しくは、厳永和「我国〈伝統知識保護条例〉学者建議稿草案及説明」呉漢東同上、154頁。
(44) 田艶前掲書23、183頁～184頁。詳しくは、張鈞「文化権法律保護研究―少数民族地区旅游開発中的文化権保護」『思想戦線』2005年第4期、29頁～33頁。
(45) 田艶前掲書23、185頁。詳しくは、曹新明「非物質文化遺産保護與知識産権的対接点―兼論無形文化標志権」呉漢東前掲42、49頁。
(46) 田艶前掲書23、184頁～185頁。詳しくは、王鵬「立法為民族民間文化成果保駕護航」『2004年山東省群衆文化学会"全省優秀論文評選"一等獎獲奨論文集』2004年、55頁。
(47) 楊勇勝「少数民族的伝統文化産権」『民族論壇』2003年第11期、60頁～61頁。
(48) 田艶前掲書23、186頁～194頁。
(49) 田艶前掲書23、232頁。

第10章　現代中国の南北問題に関する一考察

佐々木信彰
Nobuaki SASAKI

はじめに
第1節　新疆騒乱とその南北問題的背景
第2節　チベット騒乱とその背景
第3節　内モンゴル騒乱の南北問題的背景
おわりに

はじめに

　21世紀に入ってからこの数年間（2009年～2011年）、中国の一級行政区である民族自治区の中で新疆ウイグル自治区、チベット自治区、内モンゴル自治区の3民族自治区で中国の国内外を震撼させる大規模な民族騒乱が連続して発生した。
　3民族自治区の大規模な騒乱の発生要因はそれぞれに違った背景と様々な要因が考えられるが、三者の騒乱に共通の要因として経済的要因があるように思われる。
　この点を中国国内の深刻な民族問題と地域間経済格差の拡大の重なりである現代中国の南北問題として考察することとする[1]。

第1節　新疆騒乱とその南北問題的背景

　2009年7月初旬に新疆ウイグル自治区において大規模な民族騒乱（新疆民族騒乱）が発生した。この新疆民族騒乱について（1）その概要、（2）騒乱の直接のきっかけ、（3）騒乱に対する中国国内の動き、（4）国際社会の反応、（5）騒乱の余震、（6）騒乱の背景、（7）騒乱のその後の順に紹介

する。

1 新疆民族騒乱の概要

　2009年の北京時間7月5日午後6時（時差の関係で現地の新疆時間では午後4時）ごろ、新疆ウイグル自治区の区都ウルムチ市の中心部にある人民広場近くからウイグル族の抗議デモが始まった。デモの目的は6月下旬に広東省韶関市の玩具工場で起きた漢族とウイグル族の衝突事件で多数のウイグル族が死傷したことに対する抗議であった。最初は平和的なデモであったが、解放南路を南下するなかで付近のウイグル族が合流し、参加者数が数千人規模に拡大するなかで統制がきかなくなり、警官と衝突、また治安部隊に前後を囲まれデモ隊は投石で抵抗した。これに対して前方の治安部隊が警告射撃を始め、その後に水平射撃を行った。逃げ惑うデモ参加者の多数が拘束された。午後9時ごろには人民広場から新華南路一帯に集まった群衆が再び人民広場に引き返し、ウルムチ領館巷、教育庁、延安路、テレビ塔ビル、大湾、団結路、競馬場、外環路など市中心部のいたるところで暴力行為が発生した。この過程において多数の死傷者がでた。

　2日後の7月7日午前中には解放南路でウイグル族の女性が中心の200人規模のデモが起こった。夫や息子を拘束された家族の抗議デモで数百人の武装警官ともみ合いになったが武装警官がおよそ10分後に後退し、惨事には至らなかった。一方7月5日の民族騒乱とその過程で多数の死傷者や車両・店舗の焼討ちが起こったことに反発した1万人規模の漢族住民のデモが同日午後に起き、棍棒や鉄パイプ、シャベルを持った彼らはウイグル族居住地区に向かい、モスクやウイグル族の商店を焼き討ちし、一部でウイグル族との衝突が起こった。

　8日にはウルムチ市の上空から王楽泉自治区共産党書記名で「自宅に帰れ、職場に戻れ」と言う内容のビラがヘリコプターによって撒かれ、路上では「民族対立を煽る罠に陥るな」という地元新聞の号外が配布されるなど民族団結を必死に呼びかける情宣が行われた。

　このような新疆民族騒乱の発生を前にして、主要国首脳会議（G8サミット）に出席するためにイタリア・ラクイラに滞在中の胡錦濤国家主席は予定

を切り上げて7月8日未明に急遽帰国した。国家の最高主導者が帰国して陣頭指揮を取らなければ社会の安定が保持できないとの判断をしたものと思われる。胡錦濤主席は帰国後ただちに中共中央政治局常務委員会を主宰し新疆民族騒乱に対する対応を検討し、矢継ぎ早に指示を出している。

　自治区の治安当局によると7日までに死者が156人、負傷者1080人、拘束者1434人と新華社が伝えたが、のちに自治区政府は11日、騒乱の死者の数が184人に上ったことを確認している。その内訳は漢族が137人（男性111人、女性26人）、ウイグル族46人（男性45人、女性1人）、回族男性1人と発表された。後に7月20日の『人民日報』（海外版）は16日までに騒乱の死亡人数を197人（このうち12人のウイグル族死者は警官による射殺であることを地元当局が認めている）、負傷者数を1721人、破壊・焼討された車両が260台余り、焼討ちにあった店舗・ビルが209棟、消失面積は延べ5万6850㎡と報じている。国営新華社の報道では破壊された車両は627台、被害を受けた店舗・家屋は633戸となっている。また騒乱に関わったとして2000人以上の容疑者が起訴されたと報じている。

2　騒乱のきっかけ

　新疆民族騒乱のきっかけになった事件は6月26日未明に広東省韶関市の郊外にある香港系玩具メーカー・韶関旭日国際有限公司の工場で起きた漢族のウイグル族襲撃事件である。

　「工場で6人のウイグル族が少女2人を強姦した」などと同工場を解雇された元漢族従業員がネットに載せた嘘の書き込みが引き金になって、漢族女性がウイグル族男性に乱暴されたとのうわさがこの工場で広がり大規模な乱闘事件が起こった。その過程で新華社通信によるとウイグル族2人が死亡し、漢族を含む118人の負傷者がでた。この漢族のウイグル族に対する襲撃事件を撮影した映像がユーチューブなどのインターネットの動画サイトに掲載され、この動画を見た新疆のウイグル族が7月5日に抗議デモを行ったというのが新疆民族騒乱のきっかけである。7日には韶関市の公安当局はウイグル族襲撃事件に関与したとして容疑者15人を拘束している。

　韶関市は広東省の北部にあり、地元の人びとは省南部の珠江デルタにある

広州や深圳へ出稼ぎに行き、同地の工場では中国内陸から従業員を募集しており、1万8000人の従業員を持つこの玩具工場では800人ものウイグル族従業員を新疆ウイグル自治区から雇い入れていた。08年9月のリーマン・ブラザーズの倒産から始まった世界同時不況は中国経済、とりわけ輸出産業に深刻な打撃を与えた。広東省の世界最大の玩具工場が倒産するなど労働集約型の産業に対するダメージは大きなものがあった。韶関旭日国際有限公司の漢族従業員の解雇も世界同時不況の波及といえる。解雇に不満を持った元漢族従業員がネットにウイグル族を誹謗するデマを書き込んだのは、ウイグル族従業員が自分たちの雇用を奪っているとの被害者意識があったのではないかと思われる。

　他方ウイグル族からすると中央政府と新疆地元政府の政策に従って東部沿海の漢族地域に出稼ぎに行っているのに、漢族から暴行を受け、死傷者が出るような事態の映像を見ることは耐え難いものであったと思われる。

　経済成長が続き、雇用も拡大している時には起こらなかった民族対立が世界同時不況の中国輸出企業に与えた打撃のなかで激烈な民族騒乱という形で起こったことは社会の安定を国内政治の第一義にしている胡錦濤政権には大きな衝撃であった。

3　新疆民族騒乱に対する国内の動き

　新疆ウイグル自治区政府のヌル・ベクリ主席はこのたびの民族騒乱は「海外の者が指揮し、国内の者が行動を起こした事件」と断定し、世界ウイグル会議のラビア・カーディル主席を事件の首謀者として名指ししている。また中共中央の周永康政治局常務委員はこのたびの新疆民族騒乱は「三種の勢力」すなわちテロリズム、分裂主義、イスラム急進主義が引き起こしたものでこれとの戦いは「国家の統一を堅持し、人民大衆の利益を守り、中国共産党を強固にするための苛烈な政治闘争である」と述べている。『人民日報』をはじめとする国内新聞、テレビ、新華社などのメディアもこの度の民族騒乱をウイグル族の暴動と位置づけている。このような中国側の主張に対して世界ウイグル会議は「今回の衝突の責任はウイグルの若い男女を強制的に（漢族が圧倒的に多数の東部沿海地域に）移送し、故郷追放という苦しい生活

を押しつけた政府自身にある」と真っ向から反駁している。このような漢族を被害者、ウイグル族を加害者とするかのような中国の報道姿勢が7月7日に漢族によるウイグル族に対する反発デモを引き起こしたとも言え、政府の民族融和の思惑とは別に新疆の民族間対立は深刻な非和解的対立になってしまったかのようである。

　調和のとれた社会、社会の安定、民族団結を掲げる胡錦濤政権にとってこの度の新疆民族騒乱は驚天動地の事件であり、衝撃は大きなものであった。胡錦濤主席はイタリアのサミット出席を中断して急遽帰国し、陣頭指揮を執ってきたが、7月22日から25日にかけては自治区のウルムチはじめ複数の都市を現地視察して、騒乱の犠牲者遺族、治安維持に協力した少数民族代表、武装警察関係者と会見している。

　中国政府と中国共産党のこの事件に対する立場は「7・5事件（新疆民族騒乱）は民族問題ではないし、宗教問題でもない。少数の「新疆独立」分子が引き起こした民族団結の破壊、祖国の大家庭を分裂させる問題である」というものである。

　新疆民族騒乱に対して中央政府と党は事後対策として硬軟両面の対策をとっている。まずこのたびの事件で死亡、負傷した無垢の市民に対して約1億元の弔慰金を用意して金銭的補償をいち早く行うことを表明した。また教育面での対策としては民族融和へ民族団結教育を強化したことである。9月から始まる新学期には全国で次のようなカリキュラムを授業に取り入れることを決めた。小学校では3～4年で「中華大家庭」、5～6年で「民族の常識」、中学校では1～2年で「民族政策の常識」、高校では「民族理論の常識」を教える。今までも民族団結教育は行われていたが、今回は全国の56の民族すべてに統一指導要綱のもとで新しい教科書を作成し新学期から使用し始めるという。

　他方、事件後、新疆のインターネットと国際電話を遮断し情報統制を強化すると同時に、事件にかかわった容疑者の徹底的な追求・摘発活動を進めた。民族騒乱のすぐ後にウイグル族の経済学者で「ウイグル・オンライン」を主宰していたイリハム・トフテイ教授が警察に摘発された。イリハム教授は新疆の独立を求めない穏健派としてとおっていたから同氏の摘発は民族騒

乱の摘発・追及が過酷であることを印象づけるものであった。また8月にはウイグル独立派の地下活動を監視する専門対策チームを設置したことが挙げられる。この専門チームは今回の新疆民族騒乱が起こった日付に由来して「705弁公室」と言われる。中国がテロ組織と認定する「東トルキスタン・イスラム運動（ETIM）」など民族独立派に関する情報収集とテロ対策の立案が任務とされている。さらに8月下旬には全国人大常務委で「人民武装警察法」が採択されている。その目的は10月1日の建国60周年に向け社会暴動やテロを鎮圧する現場の活動を正当化する狙いがあり、チベット騒乱、新疆民族騒乱の発生が採択の背景として考えられる。

　09年10月1日は中華人民共和国成立60周年の建国記念日に当たるため、中国共産党・政府は治安維持に全力を挙げることになったが、なかでも治安対策の重点に上がったのが民族地域の暴動の阻止であり、民族問題に絡むテロ活動の未然防止であった。

4　国際社会の反応

　新疆の民族騒乱とその死傷者の多さは国際社会に大きな波紋を投げかけた。ウイグル族と同じチュルク（トルコ）系民族として近いトルコのエルドアン首相は事件後すぐの7月10日に「中国で起きていることはまるでジェノサイド（大虐殺）のようだ」と強く批判した。同じトルコでは12日にイスタンブールで1万人規模の抗議デモが起こり、さらに10以上の都市で抗議活動が行われた。そのほかに同じイスラム教徒の多いインドネシアや中央アジア各国で抗議活動が起こった。インドネシアのイスラム教最大団体の1つムハマディアは「中国による行動は虐殺であり民族と宗教の「浄化」にあたる」と強く批判し、国連に対し対中制裁などの制裁措置をとるよう求めた。カザフスタンのウイグル族組織も中国の対応は人権侵害と中国政府を批判した。14日にはアゼルバイジャンの首都バクーの中国大使館前でデモ隊と警察が衝突し5人が逮捕される抗議活動が起こっている。またイスラム諸国会議機構は事件後ただちに新疆民族騒乱について「イスラム教徒に対する虐殺に関する調査委員会の設置要求」の声明を出した。

　ただし中央アジア各国政府はカザフスタン政府の「中国の内政問題」との

表明のように冷静な対応に終始している。またイスラム原理主義勢力の台頭に悩む中央アジア諸国、ロシアとの連携強化をめざした上海協力機構（SCO）はこの度の事件は中国の内政問題であるとの声明を7月中旬に出している。

　米国のオバマ政権はこのたびの中国の民族騒乱に対して「深い憂慮」（クリントン国務長官）を表明するにとどめ、「非難」する段階には踏み込まなかった。

　世界ウイグル会議の日本代表のイリハム・マハティ氏は中国の武力制圧に対し欧米諸国や中東諸国の多くが毅然として批判していないと述べたように、08年3月のチベット民族騒乱時に欧米諸国で巻き起こった中国政府批判とは違って、この度の新疆民族騒乱に対する国際社会とりわけ欧米諸国の反応はあまり強いものではなかった。

5　騒乱の余震

　7月の新疆民族騒乱は武力でその再発を押さえ込んだが、鬱屈し内向した民族間対立はウルムチ市内で注射針による傷害事件の頻発と言う形で表面化した。当局の発表によると注射針による傷害事件の被害者は少なくとも漢族やウイグル族、回族などの9民族の531人に上ったと言う。この傷害事件に抗議する主として漢族住民の数万人規模の抗議デモが9月3日に起こりこの渦中で5人が死亡し、14人が負傷した。翌4日にも1000人規模の抗議デモが起こった。デモでは参加した市民らは従来のウイグル族に対する反発からその矛先を変えて自治区共産党のトップである王楽泉書記を名指ししてその更迭・退任を求めた。4日の抗議デモは武装警察による催涙ガス弾使用により鎮圧された。このような自治区の最高指導者に対する退任要求という住民の意思表明は中国共産党にとって政府・党批判という新しい局面の到来を意味することになった。9月5日には栗智ウルムチ市党委員会書記が解職され、柳耀華自治区公安庁長が罷免されたが、王楽泉書記は依然従来の職に留まった。

　ウルムチの検察当局は6日までに大規模デモの発端になった注射針傷害事件の容疑者として拘束していた25人のうち、ウイグル族男女4人を公共安全

危害罪で起訴した。

　新疆民族暴動の後、ウルムチ市のウイグル族の生活は観光客の激減、商店の売り上げの大幅減少により大きな経済的打撃を受けた。ウイグル族と漢族の民族間対立はもはや修復しがたい感情的溝となって横たわっており、経済的打撃とあわせてウルムチ市の多くのウイグル族が自治区の南部（南疆）に逃れ、依然戻っていないと言う。

　11月には民族騒乱に主導的にかかわって逮捕されていた者の死刑執行が行われた。

6　騒乱の背景

　新疆民族騒乱の直接的なきっかけは前述のように広東省韶関市で発生した漢族によるウイグル族に対する襲撃事件であるが、今回の大規模な民族騒乱の背後には積年の「新疆におけるウイグル族の地位」という中国の民族自治政策の根幹にかかわる問題の存在があると言うべきである。

　1979年の改革開放政策の実施以降、全国的には発展が著しい東部沿海地域の漢族と発展から取り残された西部内陸の少数民族・ウイグル族という二極化した経済格差が存在しており、また新疆ウイグル自治区内部でも新疆の富を独占する漢族と経済成長の果実から疎外されたウイグル族の経済的民族対立が存在している。

　たしかに20世紀の終わりから始まった西部大開発政策によって民族自治地方では交通インフラの整備・拡充が進んでいるが、交通インフラの改善はむしろ少数民族地域への漢族資本の参入と東部沿海地域の商品の市場進出をより容易にして、少数民族地域の零細な商店・企業が淘汰される厳しい経済の市場化が進行する事態となっている。少数民族地域ではホテル、レストラン、土産物店、旅行社など観光産業の多くを外来の漢族資本に押さえ込まれ、少数民族の商人・企業家は市場の周縁に追いやられているのが現実である。外資系企業の誘致による雇用の拡大、所得水準の向上など東部沿海地域の繁栄の成功物語は少数民族地域に住む少数民族にとって無縁であった。さらに新疆ウイグル自治区では豊富な天然ガス、原油など鉱物資源の開発は少数の中央国有企業に独占され、そこで働く従業員もほとんどが漢族であり、

ウイグル族には地域の天然資源の開発権がなく、その開発利益に預かることが無いこともウイグル族の不満を高めていた。

漢族側からすると中央からの巨額の援助によって新疆ウイグル自治区の経済発展が進んだ。たとえば改革開放前の78年の新疆の域内総生産は40億元であったが08年には4200億元へと100倍以上の経済成長である。これは漢族側にとってウイグル族に対する恩恵であるとの思いが強いが、他方ウイグル族にしてみれば原油や天然ガスなどの豊富な天然資源の開発から得られた莫大な開発利益が中央・漢族側に吸い上げられ、地元のウイグル族には回されていないという根強い不満がある。新疆における経済開発、経済成長に対する漢族とウイグル族の2つの民族の認識の非対称性は際立ったものである。

また49年の中国の建国以降の新疆への漢族の入植により、漢族人口が当初の6.7%から徐々に増大して半分近くにも達していること、一般の漢族とは別に漢族を中心にした200万人を超える新疆建設兵団の存在もウイグル族にとっては不満であり、脅威である。

7　騒乱のその後

2010年の新疆情勢は前年と比べると比較的安定したものであった。

目だった動きとしては、95年から15年間もの長きにわたって新疆ウイグル自治区の党書記の地位にあった王楽泉が4月10日に党中央委員会の命により解任されたことをあげることができる。

2009年のウルムチ暴動の際にも自治区中国共産党書記として自治区の最高指導者の地位にあり、民族暴動取締りの最高責任者であったが、この度の解任は事実上、同年のウルムチ民族暴動の責任を取らせた格好である。王楽泉はその在任期間中に、少数民族に厳しい「漢語教育の強化」を行っており、また新疆の民族運動には「厳打運動」（厳しい弾圧）を行っていたから、少数民族には評判が良くなかった。新しく自治区中国共産党書記の地位に就いたのは張春賢・湖南省党書記であった。前任の王楽泉とは違って、少数民族に融和的な政策を採り、新疆の経済発展を第一政策目標にするものと観察されている。

新疆情勢にかかわるトピックスとしては5月17日から19日にかけて北京で

新疆ウイグル自治区に関する「中央新疆工作座談会」がはじめて開催されたことであろう。胡錦濤国家主席は同会議のなかで、「新疆ウイグル自治区を戦略的に特に重要な地域」と位置付け、「5年以内にインフラを改善し、発展能力を高め、民族の団結を強化し、社会の安定を堅固なものにしなければならない」と強調したという。計画では新疆ウイグル自治区への優遇税制の導入、資源の活用を通して、自治区住民の1人当たりGDPを5年間で全国水準に引き上げる。そのためにさらに多くの資金投入を行うことが約束された。

新疆ウイグル自治区に対して、最大限の配慮を行ったかたちである。

このような自治区指導者の更迭、新規の優遇政策の約束にもかかわらず、時事通信によると8月19日自治区の西部にあるアクス市郊外で電動三輪車が爆発し、7人が死亡、少なくとも14人が負傷した。8月25日、新華網によると19日のアクス市で発生した爆弾テロ事件の容疑者4人が逮捕された。この爆弾テロは09年に起こった民族暴動弾圧に対する報復テロではないかとの見方も出ている。

2009年夏のウルムチ暴動後、中央政府と新疆ウイグル自治区政府は民族間の対立を緩和するために、同自治区の経済発展をとりわけ重視している。

2011年3月8日、張春賢同自治区党委員会書記は中央政府の特別の配慮により、カシュガルとカザフスタンと国境を接するイリ・カザフ自治州ホルゴスへの2つの経済特区の設置が承認されたと述べた。これらの経済特区では技術面、人材面、税制面での支援など優遇措置を認め、特区を中央アジアと南アジアの隣国に対外開放することが明記されている。経済特区は2015年までに基本的に完成し、20年までには経済力、競争力を向上させる計画である。新疆のなかでも経済的に未開発で、09年の暴動事件に加わったウイグル族が多く住むこれら地域で経済発展を図ることによって、漢族とウイグル族はじめ少数民族との間の緊張を緩和することが目的と見られる。

新疆ウイグル自治区の経済発展に関連して5月には中央政府による新疆工作座談会が、その後全国「対口支援」(新疆ウイグル自治区各地を全国1級行政区が1対1のパートナーとなって支援する) 新疆工作会議が2回にわたって開催された。これらの会議を通じた産業支援で新疆を発展させるという政府

の方針と具体的な目標も以下のように明らかにされた。

張春賢書記は5月20日、「中央企業による新疆の産業支援推進会」に出席した際、新疆の産業支援について、「政府の誘導による、市場の主導による、企業を主体とする、互恵互利」の原則を堅持すべきだと述べた。

今日、新疆を第12次5カ年規画（2011～15年）の重点発展エリアに位置付ける中央企業は多い。自治区に進出する中央企業は44社あるが、そのうちの31社だけでも今後5年内に新疆に投じる額の総額は 9916億元（約12兆円）に上るという。中央企業は同自治区の経済成長の過程で中心的な役割を果たしてきており、現在、同自治区の鉱工業生産額に占める中央企業の割合は70％を超えている。

自治区政府自身も産業誘致に積極的で、6月19日に工業・情報化部、新疆生産建設兵団と共同で産業移転に関するプロジェクト誘致活動を開催した。非鉄、石炭発電・石炭化工、繊維など15業種の200事業が現場で契約に至り、契約額は5812億元に上ったという。

8月20日には国有資産監督管理委員会、新疆政府、新疆生産建設兵団の共催で「中央企業による新疆の産業支援推進会」が開かれ、新疆生産建設兵団の王勇主任はこの会議で、「中央企業による新疆支援は、新疆の資源、土地のメリットや後発というメリットと、中央企業の人材、技術、資金、管理、市場におけるメリットを結合して、新疆の特色ある優位性を備えた新興戦略産業を打ち立て、新疆の資源メリットを真の経済メリットへと転換させなければならない」と目標を述べたという。

このように新疆の経済発展が強化されているが、開発の主体はほとんどが東部漢族の国有大企業であり、地元の少数民族企業の影は薄い。新疆ウイグル自治区における民族紛争の南北問題的火種は後述の内モンゴル自治区の事例と同質であると言わねばならない。

事実、新疆の政治情勢は依然安定しているとは言いがたい事件が多発している。

新華社によると7月18日午後、自治区の和田（ホータン）市で警察の派出所が数人の暴徒に襲撃され、人質を取って立て篭もるとともに放火した。これに対して警察、武装警察が現場に急行して、頑強に抵抗する数人を射殺

し、6人の人質を救出した。この事件で武装警官1人、警官1人、人質2人が死亡したという。しかし、世界ウイグル会議の広報担当者によると、この事件は「ホータンのウイグル人が漢人による土地収用などに抗議して平和的なデモを行っていたが、当局が発砲して鎮圧し、死傷者が出た」事件であるという。同じ事件を政府側と民族運動側の報道がまったく違ったかたちで伝えている点には留意すべきである。

7月30日にはカシュガル市で2人組がトラックの運転手を殺害し、奪ったトラックで群集に突っ込んだうえ、刃物で通行人を襲撃して7人が死亡し、28人が負傷する事件が発生した。2人組のうち1人は死亡し、もう1人は拘束されたという。

また7月31日にはカシュガル市人民西路の繁華街で別の襲撃事件が発生し、警察官を含む3人が死亡し、10人以上が負傷した。警察は容疑者4人を射殺し、4人を拘束したという。地元当局は31日の事件についてウイグル独立運動組織で訓練を受けた容疑者を中心としたグループによる「テロ事件」と断定し、多数の警察官を動員して、厳戒態勢を敷いた。警察官のみならず、軍隊も警戒態勢に入ったとの情報も流れた。

このような新疆の不安定な情勢に鑑みて、新疆の管理体制を強化し引き締めるために、自治区共産党委員会は11月25日までにウルムチ市の特別警察を数千人規模で増員することを決定したという。増員された特別警察は交通部門や派出所に配置される。

12月28日、米国政府系放送局のラジオ自由アジアによると自治区ホータン市皮山県で、宗教弾圧を逃れるために国外逃亡を図ったウイグル族男女7人が警察官に射殺され、4～5人が拘束されたという。同事件について新華社は地元の警察が2人を人質に取ったテロ集団のうち7人を射殺し、4人を逮捕したと伝えており、ここでも7月18日のホータン市の事件と同様に情報がまったく食い違っている。

第2節　チベット騒乱とその背景

1　「漢語教育の強化」に反発するデモの多発

　2010年10月に青海省、北京市、甘粛省で漢語教育の強化に反発するチベット族の抗議デモが多発した。発端になったのは9月下旬に青海省が省内の小学校も含む民族学校にチベット語と英語以外の全教科で漢語（標準語）による授業を行うように出した通達にあった。

　「自由チベット」によると10月19日青海省黄南チベット族自治州同仁県で、民族学校の高校生ら5000人以上がデモ行進を行って「民族、言語の平等」を訴えた。翌20日には青海省海南チベット族自治州共和県で学生が街頭に繰り出して「チベット語を使う自由」を要求した。20日、21日には青海省果洛チベット族自治州など複数の地域で高校生らが漢語教育の強化を狙った通達に対する抗議デモを行った。22日には首都・北京の中央民族大学のチベット族学生約400人が「チベット語保護」を訴える校内デモを約2時間にわたって行った。英BBCによると24日には青海省黄南チベット族自治州尖扎県で民族学校の生徒と教師、総勢1000人以上が教育改革の撤回を求めてデモを強行、治安部隊が出動する事態に発展した。「チベットの声」によると甘粛省甘南チベット族自治州夏河県では26日にも約100人の小学生のデモがあり、27日には小学生と教師合わせて200人以上がデモを行い、それぞれ「母語（チベット語）使用を擁護しよう」と叫びながら役場の前などを行進した。27日のデモには1000人以上の住民が声援を送った。

　一連の事件の発端になった青海省政府の「漢語教育の強化」の背景には漢語が充分に話せないために職に就けないチベット族の存在がある。そして就職難が漢族とチベット族の経済格差をさらに広げており、そのことがチベット族の不満になっている。また不満の噴出は民族暴動などの形を取って現れることが多い。このような負の循環を断ち切るために「漢語教育の強化」が打ち出されたわけであるが、チベット族とりわけチベット族の青少年には「漢語教育の強化を通じた漢族文化の押し付け」、「国民化のための統合教育＝同化教育」と受け止められているわけである。

中央政府の少数民族の民族文化を重視し、民族言語・文字を保護・発展させる民族政策と他方で少数民族を中国という国民国家に統合させる国民教育政策の矛盾が噴出した形である。民族言語と漢語のバイリンガル教育は徐々に漢語教育の学習開始が早くなり、また漢語教育の時間が増えている。改革開放政策の実施以降、とりわけ1992年の鄧小平の南巡講話以降の経済の市場化が進行する今日では経済的実益からも漢語教育が重視される状況である。しかし少数民族からすると民族言語は民族のアイデンティティの中心部分を占める存在であり、民族言語の使用機会の緩慢な減退・喪失は民族そのものの漢族への融合・同化と捉えられていることも否めない事実である。

10月21日には青海省中国共産党委員会の強衛書記が黄南チベット族自治州で学生代表と座談会を開き、「学生たちの願いは充分尊重する」と約束したと伝えられているが、「漢語教育の強化」に反対するデモが体制批判に転化するのを恐れての融和的対応とも言える。

2　西部大開発政策の成果と少数民族

西部大開発が始まって10年が経過した。2000年から09年にかけて中国は西部大開発に累計120件の重点工事を着工し、投資総額は2兆2000億元に達した。また2010年には新たに23項目の重点プロジェクトに着工し、その投資規模は6822億元の見込みである。国家発展改革委員会によると2000年から09年にかけて西部地区の域内総生産額は1兆6655億元から6兆6868億元に増加し、10年間に鉄道距離は1.5倍、道路距離は2.8倍に増加したという。

7月5日、6日には中国共産党中央と国務院が北京で西部大開発工作会議を開催して今後の10年間の西部大開発を次のように位置づけている。①地域のバランスの取れた発展総合戦略のなかで優先的位置を持たせる、②社会の調和を促進するなかで基礎的な地位を持たせる、③持続可能な発展を実現するなかで特殊な位置を持たせる。

この西部地区の3大位置付けの根拠として注目されるのは西部地区が全国国土面積の71％を占め、同時に少数民族の居住地区であり、全国の75％の少数民族が西部地区に居住していること、全国の年収1196元以下の貧困人口の66％が西部に居住するなど貧困地区が多いことなどから西部地区が安定しな

ければ国全体の安定も無いとしていることである。

　9月26日にはチベット自治区の中心都市ラサ市と第2の都市シガツェ市を結ぶ垃日鉄道の建設が開始された。青蔵鉄道に連絡するこの鉄道は全長253km、完成は4年後の2014年の予定である。総投資額は133億元、総延長のうち橋やトンネルが全体の46％を占める超高山鉄道であり、難工事が予想される。

　このように西部大開発は交通インフラの整備を中心に大きな成果を上げてはいるが、少数民族の雇用の拡大、所得水準の向上などを眼に見える形で改善するにはまだ至っていない現状である。地域間経済格差の解消、民族地域の経済発展、国内市場の拡大など多くの課題を持った西部大開発であるが、目標達成までの道はまだ遠い現状である。

3　チベット自治区で相継ぐ焼身自殺

　2011年3月四川省アバ・チベット族チャン族自治州でチベット僧が焼身自殺し、当局がチベット僧約2000人を寺院に閉じ込めるという事件が起こった。

　5月6日、四川省アバ・チベット族チャン族自治州アバ県のキルティ僧院でチベット人僧侶300人以上が当局により連行され、その過程でチベット人僧侶2人が殴打により死亡し、また連行された僧侶たちの居場所は1ヶ月以上不明だという。6月10日、国連が中国政府に「拘束チベット人僧侶300人の行方を公開」するように要求したが、中国は事実そのものを否認した。

　6月6日からチベット族の自由やダライ・ラマ14世の中国帰還を求めるデモが相次いで発生した。

　チベット亡命政府系のラジオ局「チベットの声」（本部ノルウェー）によると、8月15日に29歳のチベット族僧侶が四川省のカンゼ・チベット族自治州の県政府前で大量のビラを撒き、「チベットに自由を」、「ダライ・ラマ（14世）万歳」と叫んで焼身自殺を行った。仲間が遺体を寺院に運んだが、地元当局は1000人余りの警察を動員し遺体の引渡しを求めて寺院を包囲したという。

　チベット独立を支援する国際団体「自由チベット」（本部ロンドン）による

と、四川省アバ・チベット族チャン族自治州アバ県で10月、10代のチベット族の元僧侶2人が焼身自殺を図り、うち1人が死亡した可能性があるという。

チベット寺院の僧侶による中国政府の少数民族政策などに対する抗議の焼身自殺が相次いで起こっている。11月にはチベット人僧侶11人が抗議の焼身自殺を図り、少なくとも6人が死亡したという。死亡した僧侶の葬儀には1万人が参列した。

3月以来チベット族の抗議活動の舞台となっているのは四川省や青海省などのチベット族の民族自治地方で伝統的にカムと呼ばれる地域であり、住民の民族的アイデンティティが強い地域でもある。

インドにあるチベット亡命政府では5月に憲章を改正して、ダライ・ラマの政治的引退を決定した。新首相はインド・ダージリン出身のロブサン・センゲ氏で目下ハーバード大学の研究員として活動中である。センゲ氏はかつて独立を求める急進派「チベット青年会議」に所属した経験を持つが、中道路線に立脚基盤を置くと表明した。チベット自治区のバイマ・チリン主席は「自治区政府が唯一の合法政府であり、「亡命政府」は違法な組織である」としてダライ・ラマの分離活動を強く非難した。

7月16日、ダライ・ラマはホワイトハウスで米国のオバマ大統領と会見した。会談は約45分間完全非公開で行われたが、カーニー大統領報道官の声明によるとオバマ大統領はチベット固有の宗教や文化の保護への強い支持を表明し、人権擁護の重要性も強調、そのうえで中国側との直接対話による問題解決を促した。また声明では「チベットは中国の一部で、独立は支持しない」と改めて表明した。この会談に対し馬朝旭中国外交部報道局長は抗議の談話を発表して、「ダライ・ラマ14世は長期にわたって宗教の旗印を掲げて、反中活動、祖国分裂活動を行っている」と非難、崔天凱外交部副部長は今回の会談は中国への重大な内政干渉であり、両国関係が損なわれたと強調し、改善に向けた何らかの措置をとるように米国側に要求した。

今回の会見の背景には米国の議会と民間で中国のチベット弾圧を非難する声が極めて大きくなってきたことにある。7月13日に米国の「中国に関する議会・政府委員会」が開催したチベット問題についての討論会でチベット担

当特別調整官であるマリア・オテロ国務次官は中国政府の学校教育でのチベット語の禁止やチベット仏教の儀式の禁止を批判し、「中国当局は多様な文化を自国の主権への挑戦と受け止めているが、それは誤りである」と強調した。

　2011年はチベット解放60周年にあたる。7月19日にはチベット自治区の中心都市ラサで「平和解放60周年」祝賀式典が行われた。式典に出席した習近平国家副主席は、米国のオバマ大統領と会談するなど活発な外交活動を継続するダライ・ラマ14世について、「チベットの独立を目指す動きで祖国の統一を脅かしている」と強く非難し、「統一を損なう企ては打ち砕かなければならない」と述べた。

　またラサ市の曹辺彊常務副市長はチベットの平和解放60年の間に大きな変化と発展が見られたとその業績を次のように誇っている。「チベットの平和解放から60年間、ラサを含む自治区では、大きな変化が起こり、目を見張るばかりの業績が得られ、わずか60年で1000年以上の発展ぶりが見られた。経済発展は段階的に進み、「第11次5カ年規画（2006〜10年）」の期間に、ラサ市の域内総生産（GRP）は178億9100万元、年平均成長率は15.6％、住民1人当たりのGRPは3万元の大台を超えて3万1948元に達した。同期間中の農牧業の生産額は15億500万元、年平均成長率は8.45％。第11次5カ年規画の期間中、インフラ条件は顕著な改善が見られた。全市の固定資産投資完成額は587億元。舗装道路の開通距離は435.25kmに達し、91.2％の郷・鎮と46.84％の行政村の道路がアスファルト化された。農牧業地域の電力網カバー率は99％に達した。都市部住民の1人当たり可処分所得は1万6567元、年平均成長率は11.9％。農民1人当たりの純収入は5003.44元、年平均成長率15.8％。農民・牧畜民住環境改善プロジェクトの実施によって、3万9510世帯、24万2800人が新しい安全な適用住宅に入居した」。また自治区政府によると11年のチベットのGRPは前年比12.6％増の605億元になる見込みであり、中国全体のGDPの成長率よりも高い成長を成し遂げたという。

　しかしながら2011年も押し迫った12月16日、台湾の中央通訊社が伝えるところによると、四川省の成都市の成都鉄路工程学校で「チベット族学生が学費や生活待遇、試験の採点で優遇されている」と漢族学生の不満が高まり、

2000人の漢族学生が200人のチベット族学生を襲撃する集団乱闘事件が起こり、鎮圧のために機動隊が出動する騒ぎが発生した。この衝突で100人余りが負傷した。四川省では09年から13年にかけて省内のチベット族地区で無料職業教育の５カ年計画（9＋3）を実施してきた。これは08年にチベット全土で起こった抗議の後、四川省当局が教育分野で始めた新施策である。多くの優遇政策でチベット族の同化速度を上げている。農牧地域から来た５万人以上のチベット人の若者を漢族地域の学校に送り込み、多数の漢族学生と一緒に生活させる。このようなチベット族の漢化政策はチベット族地域の長期的な安定を実現することの助けとなり、これこそが中国の少数民族教育政策の本質、つまり長期的な安定につながると考えられているが、当局の意図は一般の漢族にはまったく理解されていない。

　この事件はチベット族が起こす差別待遇反対の抗議とはまるで逆の漢族の「逆差別」に対する反発行動であり、若い世代の新しい民族間対立として注目に値する。

　４月14日、チベット自治区に隣接する青海省玉樹チベット族自治州玉樹県でマグニチュード7.1クラスの激しい地震が発生。15日の段階で死者の数が589人、負傷者は１万人を超えたという。被災地には医療関係者などが救援のために派遣されたが、同時に暴動や衝突を警戒して3000人を越える武装警察部隊や軍が被災地に入ったと伝えられている。

　８月には８日に甘粛省甘南チベット族自治州船曲県を土石流が襲い午後３時時点で死者97人、行方不明者2000人以上。被災地住民４万5000人に対して緊急避難措置が取られたという。また13日夜には四川大地震の主な被災地である四川省アバ・チベット族チャン族自治州汶川県が豪雨に見舞われ、31人が行方不明、数万人が緊急避難したと中国広播網が伝えた。

第３節　内モンゴル騒乱の南北問題的背景

　2011年はこの数十年大きな民族紛争の発生が見られなかった内モンゴル自治区で重大な騒乱が発生した。

　内モンゴルで発生した民族紛争は中国経済にとって必要なエネルギー・資

源開発と少数民族の伝統的な生業である牧畜業とその基盤である草原生態環境の保持が衝突した象徴的な事件と言える。そこには改革開放政策実施以降30年余りの高度経済成長の光の影に拡大する漢族と少数民族の経済格差、環境破壊と少数民族の伝統的生業の危機的状況が浮かび上がる。

　5月10日内モンゴル自治区シリンゴル盟西ウジムチン旗ホルトゴルソムでモンゴル族の遊牧民・莫（メ）日根（ルゲン）氏が、石炭運搬業者である漢族の運転するトラックにひき逃げされて死亡する事件が起こった。事件が起こった現地は道路も鉄道もない草原で、炭鉱の露天掘り開発が進められ石炭を満載したトラック200台以上が草原を縦横に通行し、草原の土壌がむき出しになっていた。被害者のメルゲン氏はこのような乱開発に対する反対運動の中心人物で、トラックの通行を阻止しようとしたが、トラックが突っ込み150ｍ引きずられひき殺されたものである。この事件をきっかけに事件の起こった現地だけではなく内モンゴル自治区の区都フフホト、東部の通遼市、赤峰市などの都市にも飛び火して自治区の各地で大規模な抗議行動が発生した。

　米国に拠点を置く南モンゴル人権情報センターによると、5月25日にはシリンゴル盟の中心都市であるシリンホト市で数千人規模の地元の中学生・高校生たちが抗議の行進を行った。また5月27日には、事件が起こった内モンゴル自治区中部のシリンゴル盟西ウジムチン旗で民族の権利や尊厳の尊重を訴える数百人の遊牧民と学生のデモ隊が300人を超える武装警察と衝突し、40人以上が拘束されたという。

　5月30日フフホトではミニブログ（微博）などを通じて連日デモが呼びかけられたが、中国当局はモンゴル語チャットサイトを閉鎖し、中心部の新華広場周辺では武装警察が約10ｍおきに立って市民を排除した。外国人記者の現地付近への立ち入りも厳しく規制し、治安部隊と軍が出動して道路を封鎖した。学校は学生が外出して抗議活動に参加しないように週末も授業を行い、フフホトはじめ内モンゴルの各地の大学では学生を対象に禁足令を出し、集会も禁止された。事件の起きたシリンゴル盟西ウジムチン旗、シリンホト市などでも厳戒態勢が敷かれた。

　このような重大な騒乱の発生に対して、自治区政府は事件の沈静化を図る

ため死亡した遊牧民の遺族に50万元の賠償金を支払い、西ウジムチン旗の共産党委員会書記の更迭を決めた。また自治区共産党委員会の胡春華書記は5月27日、大規模なデモが発生した現地に出向いて現地の教師や学生と交流して、「事件は悪質で、民の憤りは大きい」とモンゴル族の民族感情に寄り添い、「資源開発問題は正しく処理し、地元民の利益を保護する。民衆の利益保護を基本的な立脚点とする」と約束した。

　事件の発生とその後の騒乱の拡大を重く見た当局は事件から2週間余りという異例の速さで容疑者を逮捕、起訴し、6月8日には内モンゴル自治区中級法院は殺人罪に問われていた漢族の運転手の男に死刑、助手席の漢族の男性には終身刑を言い渡した。

　デモの背景には中国経済の高度成長にともなうエネルギー・資源不足に対応するため、内モンゴル自治区で急速に進む鉱物資源開発のなかでモンゴル族の遊牧民の草原が破壊され、開発利益も地元のモンゴル族には還元されていない点がある。石炭、レアアースなどの鉱物資源の開発が漢族による資源収奪と現地モンゴル族には受け止められているのである。それだけではなく、政府がモンゴル族の放牧は「過放牧」で、草原の砂漠化をもたらしているとして、モンゴル族の定住化をはかる一方で、東部の漢族企業、とりわけ国有資源企業に対してはそのエネルギー・資源開発を安易に認めてきたため、それに対する地元モンゴル族の怒りが爆発したとも言える。

　この内モンゴルで発生した事件は和諧社会の構築を掲げる胡錦濤国家主席を中心とする中国共産党指導部には重大事件と受け止められた。内モンゴル騒乱の拡大を抑えるため、現地でのデモや集会などの抗議行動には警察、武装警察を動員して実力で鎮圧する一方、自治区に対する懐柔策が発表された。『人民日報』（2011.5.29）によると、自治区政府は最低生活保障レベルの引き上げ、少数民族の定住策、教育・医療の充実、飲料水の安全対策などに788億元の支援資金を11年中に投入すると報じた。

　しかし事件発生の原因になった資源の乱開発の規制と少数民族の草原・環境の保護には、いまだ抜本的な政策は提示されていない。

おわりに

　従来から民族紛争が多発するチベット族、ウイグル族の騒乱に加えて従来はあまり騒乱発生を伝えられることのなかったモンゴル族の騒乱が起こった点が2011年の民族動向の大きな特徴と言える。

　2011年11月18日に広西チワン族自治区の南寧で開催された「中央民族工作会議の精神を貫徹・実施する経験交流会」で党中央政治局常務委員、全国政治協商会議主席の賈慶林は「第11次5カ年規画の時期は民族工作が極めて尋常ならざる5年であった」と正直に述懐している。

　チベット暴動、09年の新疆民族騒乱を受けて中国政府は少数民族政策を強化している。そのひとつは中国政府が2009年4月13日に公表した「国家人権行動計画(2009～2010年)」である。そのなかの「少数民族の権利」では「2010年までに民族自治区で義務教育の普及率を95％以上にする」ことなどの具体的な数値を定めて少数民族政策に対する国内外の不満や批判に答えようとしている。

　このように中国政府は融和的な民族政策を矢継ぎ早に打ち出してはいるが、民族騒乱発生の根幹にある南北問題解決への抜本的方策は未だ見つけ出しえていないと言えよう。

　依然として民族問題の和諧にはほど遠い状況と言わねばならない。

---

(1) 筆者は現代中国には地球規模の南北問題と同質の南北問題があると主張し続けてきた (その最初のものは『多民族国家中国の基礎構造―もう一つの南北問題―』(世界思想社　1988年) である)。本論文は筆者の主張を『現代中国年鑑』にこの数年間執筆した中国少数民族の動向を踏まえて展開したものである。

第11章　草原保護法政策の変遷と環境負荷

奥 田 進 一
Shinichi OKUDA

はじめに
第1節　旧草原法制定前の動向
第2節　旧草原法における草原をめぐる権利関係
第3節　新草原法と草地流動化
第4節　荒地開発と草原保護
第5節　草原利用の新たな方策
おわりに

はじめに

　1985年に制定施行された草原法（以下、旧草原法とする）は、土地の合理的な利用を通じて、複合的な農林牧畜業を実施することを目的としていた。そのために、従来から実施されてきた遊牧民の定住化政策を法定し、草原の所有権および使用権等の権属を明確にすることで、定住地において、遊牧から牧畜業へと産業構造を転化させることが命題とされていた[1]。そこでは、草原破壊および沙漠化の主原因は伝統的な遊牧であるという認識が前提とされていたのである。しかし、沙漠化は、過放牧によるものよりも、むしろ過開墾によるものの影響が大きいということが、わが国の研究者からも早くから指摘されていた[2]。また、旧草原法制定の基礎とされた遊牧民の定住化施策の妥当性への疑問も投げかけられていた[3]。過開墾も過放牧も、いずれも沙漠化にとっては憂慮すべき人為的現象であり、法によって抑止することは重要課題であったが、旧草原法は、公有による無秩序利用から近代的所有権制度に基づく秩序ある利用に偏向した施策を講じた。そこでは、国家所有権および集団所有権による所有主体と請負経営権の分配による経営主体の明確

化による、草原の囲い込みが行われた。しかし、これによって促進されたのは資本主義さながらの土地の限界効用逓減の法則と、それを完全に無視した私欲の追及であった。また、罰則規定が不十分であるなど法的強制力がほとんどなく、関連する行政法規についても草原防火条例が制定されていたにすぎず、法の実効性に多大な疑義が寄せられていた。何よりも、最大の目的である草原や草地の保護が実現するどころか、沙漠化や荒漠化は進展し続けた。ところで、草原の環境問題に関しては20世紀後期から耳目を集めていたが、中国政府が本腰を入れてその対策に乗り出すのは2000年前後である。それは、草原の退化によって発生する沙塵暴、いわゆる黄砂が次第に激しくなり、首都北京にも甚大な被害がもたらされるようになり、2008年のオリンピック誘致問題に大きな脅威となったからであるという[4]。さらに、沙塵暴の被害ははるか太平洋を越えて北米にまで広がりをみせるようになった。こうした深刻な問題を受けて、草原法は2002年に大幅に改正され、2003年3月1日より施行された（以下、新草原法とする）。旧草原法がわずか23条から構成されていたのに対して、新草原法は75条からなり、旧草原法では不明確であった草原の権利関係、利用と保護の調整、および草原管理と利用計画、草原建設についてそれぞれ個別に章立てをして詳細な規定を設けるに至った。さらに、法律および法規に違反する行為に対しては、刑事罰も含めた罰則規定をもうけるなど、旧草原法が抱えていた矛盾や問題点の多くを解消する内容となっている。このように、新草原法によって行政規制および管理に基づく草原の公的管理システムが構築されたが、公的管理は土地上に存する草資源とその飼養能力についてのみ行われ、草原という土地資源の管理は旧草原法によるものと何ら変わったわけではなく、公物たる草原上で私物たる家畜を私欲の赴くままに飼養する状況、すなわち過放牧があらたまることはなかった。その後に、2007年に物権法が制定施行されると、草原が有する自然資源的側面が急速に薄れ、農地と何ら変わることなく都市化や開発圧にさらされることになった。物権法48条の規定（森林、山脈、草原、荒地、干潟等の自然資源は、国家所有に帰属する。ただし、法律が集団所有に帰属すると規定するものは除外する）は、財産権に関して明確に規定しておらず、自然資源の物権的主体は虚構となっており、このような状況によりいわゆる「コモンズの悲

劇」がもたらされうるという指摘もなされている(5)。また、草地を公物としながら、そこで飼養される家畜は私有財産であることにより、土地の限界効用を過度に超えた利用がなされ、結果として草原の退化、沙漠化に拍車をかけている。結局、1985年以来およそ30年近くの間に、草原をめぐる法制度は変化したが、牧民の草原という土地利用の実態には大きな変化はなかったといえよう。本稿では、この30年来の中国における草原保護をめぐる法政策と権利関係をめぐる学説の変遷をたどるとともに、近代的物権制度を踏まえた私的権利関係による調整から行政法規による規制を踏まえた公的管理による調整によってその管理状況に変化がもたらされ、これによって草原という環境にどのような影響が与えられたのかについて紹介することを目的とする。

第1節　旧草原法制定前の動向

　1979年8月9日に、鄧小平が「植草及び牧畜業の発展に関する談話」を発表している。鄧小平は、植草による草原植被の回復こそが、水土流失及び草原破壊をくい止める有効手段であり、これによって食肉の増産を図ることができると述べている。当該談話の特徴としては、沙漠化等による食糧減産問題の解決策として採られてきた植林植樹だけでなく、植草による草原回復の実行をも促している点である。また、鄧小平は1980年5月31日に、牧畜業の発展基盤を植草に置くべきである旨の指示も出している。

　こうした植草重視策に加えて、国務院や共産党中央委員会等の機関では、植草だけでなく土地の合理的利用の面からの草原保護策の検討を開始した。1980年3月22日に国務院は、無秩序な放牧による慢性的な飼い葉不足解消のため、従来型の無制限輪牧を止め、草原の合理的利用による草原保護を提唱した「牧畜業の発展加速に関する国務院農業部報告」に対して回答を出して政策として裏付けている。1981年からの第6期5カ年計画では、牧畜業の構造改革による食肉類の産出量の増加と人工草場の3倍増計画が標榜されており、これ以降、草原保護に有効な諸制度の検討・研究がなされ、政策として打ち立てられた。

　1982年1月の共産党中央委員会における全国農村工作会議では、農区にお

ける家庭生産請負制の実施を徹底させ、科学的かつ合理的な農法を推進することで、草原の開墾などの不必要な耕地面積の拡大を防ぎ、牧区においても草原の権属を明確に区分して草原の合理的利用を可能とし、さらに植樹植草を徹底することで草原面積の拡大をはかるべきことが提唱された。ここに初めて植草と土地の合理的利用という二面からの草原保護が考慮されるようになるのである。そして、土地の合理的利用については、「1983年1月中国共産党中央委員会の現在の農村経済政策の若干の問題に関する通知」および「1984年1月中国共産党中央委員会の農村工作に関する通知」において、牧区における請負経営責任制の早期確立が強調されている。また、とりわけ前者の通知が農耕不適地の林地または牧地化を提唱していることは注目に値しよう。当時の82年憲法においては一般に土地使用権の譲渡および私営経済が認められていなかったため、牧区における草原利用に関しては例外を認めようとした動きがあったが、1988年の憲法改正により条件付きながらも土地の有償譲渡および私営経済が認められた。

こうして、食糧問題をも包含する草原保護が、草原における請負経営の実施という土地利用制度的観点と、植草および植被保護という自然保護制度的観点の二方向からのアプローチをはかるべき問題であることが政策として固まり、「1984年3月1日中国共産党中央委員会の国務院祖国緑化運動の盛況実施に関する指示」において上記2点を中心とした立法を促す見解が述べられるに至ったのである[6]。

ところで、旧草原法の制定に先だって、「寧夏回族自治区草原管理試行条例（1984年1月1日施行）」、「河北省草地管理条例（試行）（1984年3月24日施行）」、「黒龍江省草原管理条例（1984年10月1日施行）」、「内蒙古自治区草原管理条例（1985年1月1日施行、1991年8月31日修正）」というような、地方レベルでの草原管理に関する地方性法規が制定されていた。これら地方法規は、各省・自治区の現状を十分に考慮しつつ、草原保護に最小限必要とされる事項を盛り込んでおり、全国的に適用される旧草原法の立法に多大な示唆と影響を与えたものと思われる。これらの各地方性法規から抽出される草原保護に関する重要事項としては、以下の10項目が挙げられる[7]。

① 草原所有権または使用権および請負責任制の確立

② 任意開墾の禁止
③ 草原植被の保護育成（任意の焼草、草刈りの禁止を含む）および指導機関の明確化
④ 草原利用後の原状回復義務規定の有無
⑤ 鼠虫害の防止（益鳥益獣の保護）
⑥ 野生動植物の保護（生態系の維持）
⑦ 草原防火措置規定の有無
⑧ 水質・大気汚染等の防止措置規定の有無
⑨ 開発行為と草原保護との調節規定の有無
⑩ 草原破壊行為に対する罰則規定の有無

　以上の事項が旧草原法の基本的支柱としてその立法に対して影響を与えるのだが、その後の環境立法の発展により各種の保護対象毎に法律が制定・施行されたため、たとえば、①については土地管理法（1987年1月1日）に、⑥については野生動物保護法（1989年3月1日）に、⑧については水汚染防治法（1984年11月1日施行）および大気汚染防治法（1988年6月1日施行）にそれぞれ役割を移譲することになる。

第2節　旧草原法における草原をめぐる権利関係

　旧草原法は、草原という土地資源の権利帰属を明確にし、請負経営制を実施することで、草原の合理的利用を確保し、これによって草原における無秩序な放牧の実施がやみ、草原の退化や沙漠化の防止を実現できると期待していた。旧草原法は4条において所有権および使用権の帰属と請負経営制の実施について、5条および7条で私人間、私人と法人間、私人と国家間における草原の臨時使用について、そして6条および18条において草原における権利関係をめぐる紛争の手続についてそれぞれ規定していた。
　旧草原法では、「土地を使用するすべての単位と個人は、合理的に土地を利用しなければならない」という憲法の規定と、それを受ける土地管理法12条の規定に基づく草原請負責任制の実施を規定した。請負責任制を実施することで、資力の乏しい牧民も従来通り牧畜業に携わることができ、それによ

り草原の土壌肥力、土地の生産力が向上し、草原の退化、沙漠化が防止され、土地使用者が安心して土地に対して投資できるようになると企図していた。また、大規模な牧場経営も可能となり、家畜の生産量の向上につながるとしていた。この点について、「内蒙古自治区農業委員会の「草原牧場の使用権・草原牧場の有償請負制度の更なる実施の第一次意見に関する報告」に対する人民政府回答通知」(1989年10月25日) では、内蒙古自治区人民政府は請負責任制の実施により草原の退化、沙漠化が防止でき、草原の生態バランスが保たれ、牧畜業の安定発展に寄与するという農業委員会の意見を政策として確認するとした。また、他の人民政府でも請負責任制をさらに確実なものとすべく特別規定や政策を設けていた。さらに、たとえば黒龍江省では「草原請負責任制実施の若干の問題に関する規定 (1985年12月7日施行)」を制定して請負の範囲、原則、形態、方法および管理費について規定し、湖南省でも「草地長期請負責任制実施規定 (1992年1月8日施行)」において草原請負責任制実施に際して、①草地の権利帰属および請負当事者双方の権利義務の明確化、②地勢に応じた請負形態の確定、③請負契約の方法、④請負金の合理的取決め等を詳細に規定した。

　ところで、旧草原法は、権利帰属を明確にし、請負経営制を実施することでその使用を固定的なものとし、古来より行われてきた無秩序的遊牧を実質的に禁止したのだが、それに伴い草原の臨時使用の問題が浮上する。たとえば、火災や洪水といった自然災害等の事情により各個人または組織が所有もしくは使用する草原の利用が困難となり、やむなく他の個人または組織が所有もしくは使用する草原を利用せざるを得ないというような状況、あるいは家畜を出荷して競売に出すために都市の市場等に移動させる途中に、家畜に草を食させるために放牧するような状況が生じた場合、他の個人または組織が所有もしくは使用する草原を一時的に利用する必要があろう。このような状況に対して、旧草原法5条は利用しようとする草原が自県内であれば当事者間の協議に委ね、他県にある場合は行政間の協議によって草原の臨時使用を可能とする旨を規定していた。草原の臨時使用は自然的な原因によるものだけでなく、人為的理由によるものもある。たとえば、国家の経済計画等による土地収用である。草原は原則として国家の所有に帰属する以上、国家的

事業等のために草原を収容したり、臨時に使用したりする必要が生じる。旧草原法7条はこのような国家による草原の収容または臨時使用の方法、それに伴う草原の原所有者に対する補償等について規定していた。そして、国家による土地収容は国家建設土地徴用条例の規定に照らして処理すべきこととしていたが、1987年1月1日に土地管理法が施行されるに伴って国家建設土地徴用条例は廃止され、同条例の内容は土地管理法に包摂されることになった。

しかし、結局は、草原という土地の利用に関する権利関係が明確になったわけではなく、さらに零細な牧戸による小規模経営という非効率的な生産システムを招来させ、沙漠化に拍車をかけたといえよう。旧草原法が予定していた請負経営制度は、当該時の畜産技術および飼養能力の全国的平均値を基準としていたため、請負面積は一般的に狭隘なものとなった。また、零細な牧戸による小規模面積の草地請負は、農戸の請負経営の場合と同様に土地の過剰利用や乱脈経営を生じさせやすく、請負地の周辺域をも含む広範囲の草原環境の破壊を惹起し、最終的には沙漠化をもたらしたのである。そこで、新草原法では、一定面積中における飼育可能な家畜頭数を科学的に算出して請負経営地である草原において放牧させることを明定した。さらに、農村の土地流動化システムと同様に、牧区においても草地を利用する権利を流動化させ、権利の集約化による大規模で合理的な畜産経営を可能にし、あわせて従来型の零細経営に起因する草原の過剰利用や不適切な利用を排除して、草原の退化および沙漠化を防止する施策を講じることになった。この施策は、具体的には、草原使用権や草原請負経営権等の草原資源利用権の譲渡方法、すなわち草地流動化の確立に重点が置かれていたのである。

第3節　新草原法と草地流動化

中国の人口圧は、深刻な食糧問題として国内外の自然環境、社会、経済に影響を及ぼす。当然のことながら、人口の増加はそれと比例して穀物需要を増加させる。また、発展し続ける経済成長は、食生活そのものの多様化と摂取量の増加をもたらし、とりわけ食肉需要を著しく増加させ、必然的に飼料

用穀物の需要も増加する。このような食用および飼料用穀物の需要増は、現在、輸入、収穫率の高い品種改良、耕地面積拡大という、主に3種類の方法によって解決が図られている。このうち、輸入と耕地面積拡大による解決が主流となっているが、耕地面積拡大には、全国的に進行する都市化により耕地面積が縮小し、いわば人為的な必要悪という現象が包摂され、社会問題化していることを指摘しなければならない[8]。なお、ここにいわゆる耕地面積の拡大には、便宜上、農地の開墾だけでなく、様々な要因によって荒廃した農地の回復、荒地の開墾、離村農民または棄農民の請負経営地の集約等を主とする農地利用権の再構成も包括して指すものとする。とりわけ、荒地の開墾および農地利用権の再構成は、人民公社が解体されてから市場経済が導入されて現在に至るまで、農村の土地所有権および使用権制度の行き詰まりの産物ともいえる。また、この現象は耕種を行う農村だけでなく、牧畜を行う牧区においても同様に生じているものである。

　さらに、市場経済のある程度の成功は、沿海諸都市の著しい経済成長を促し、合法・非合法を問わず農村からの出稼ぎ労働力を欲し、また農民の側もそれを欲した。そして、短期で多額の現金収入を得られる都市部での労働は、多くの農民の農業従事意欲を削ぎ、棄農または離村を促した。離村者の場合、それは合法的に農村戸籍から都市戸籍へと移籍することが通常であるため、請負経営権は農村集団組織等に回収されることになる。しかし、棄農農民の場合、棄農が制度として合法的に認められているものではない。また、戸籍の変化はないのだから、農地の請負経営権の回収はなく、請負経営権を留保したまま棄農できるという現実問題が存在する。そして、これらの棄農農民が保留している農地の多くが荒廃した状態にある。このような情況は主に、農村の土地所有権および使用権の主体の不明確さに起因するとされている。つまり、農村の集団所有制組織という、有名無実化した権利主体の存在により農地の権利移転が阻害されているのである。また、そもそも農戸が有する土地に対する権利は、一種の社会保障権とするという見解[9]も有力である。

　本節では、3つの草原資源利用権、すなわち草原所有権、草原使用権および草原の請負経営権についてその法的性質と問題点を指摘しながら、農地の

場合と比較していかに流動化が図られているのかについて明らかにする。

　まず、物権法における農村の集団所有権の位置づけについて概観する。集団所有権がいかなる法的性質を有しているのかについては、従来から議論が盛んであったが、土地収用の観点から検討する議論があることは注目に値する。そもそも、集団所有権の主体である「集団」とはいかなる団体あるいは組織なのであろうか。1970年代末の農村経済体制改革までは、公社、生産大隊、生産隊という三段階の組織体制を特徴とする人民公社制度の下で農村の経済活動が行われていた。この制度においては生産隊が基本的な経営単位となっていた。人民公社と生産大隊は生産隊における生産活動に対して政府の計画を下達するなどの指導・監督、水利・基盤建設事業の実施、それぞれの段階に設立された集団経営企業の経営などを行っていた。しかし、1970年代末から始まった農村経済体制改革で、人民公社体制は、集団所有制を土台としたままで、行政と経済機能が分離した新しい体制に再編された。その結果、従来の人民公社は郷（鎮）人民政府と企業・会社形態をとる集団経済組織として、人民公社の下の生産大隊は村民委員会と村協同組合として、末端の生産隊は村民小組としてそれぞれ再編され、農村の土地所有権はこれらの集団組織に属することになった。その後、82年憲法の施行とそれに伴う人民公社の解体は、土地の集団所有制の性格を大きく転化させた。すなわち、生産隊体制時代および人民公社時代の収益分配権保証制度から、家庭生産請負制実施後の土地使用権分配保証制度へとその性格が変質したのである[10]。これにより進展した個人経営は社会資本の分散を生じさせ、合理的で大規模な農業経営を困難なものにした。

　土地管理法8条によれば、集団所有権の主体は、村や郷（鎮）あるいは村民小組等の農民集団経済組織とされる。なお、同条にいわゆる村の範囲についてであるが、現在の村はかつての人民公社の内部組織であった「生産大隊」または「生産隊」に相当するため、各村の規模に応じてその範囲は異なってくる。たとえば、人民公社時代に、然るべき条件を満たして基本採算単位が生産大隊に移行して二級所有制を採るに至った公社を母体とする場合は、当該村はかつての生産大隊に相当する。なお、かつての人民公社に相当する郷（鎮）は最基層の政権組織とされているが、かつての生産隊に相当す

る村民委員会または村民小組は、郷（鎮）の下で行政を補助する農民の自治組織にすぎず公的機関ではない。つまり、農村の集団所有の主体が、地域によっては国家の基層政権組織であることもあれば、財政制度も有さない単なる自治組織であることもあり、極めて不整合な状態に置かれており、所有権の主体範囲は極めて広範囲に及んでいるということになる[11]。しかし、農民の自治組織にすぎない村民委員会または村民小組に関しては、確かに政権組織には属さない基層経済組織にすぎないが、実際にこれらの組織は郷（鎮）人民政府の指導の下で、一定の行政的機能を果たしており、その意味において、集団土地所有権の主体が郷（鎮）であろうと村民委員会または村民小組であろうと、事実上その所有権は郷（鎮）という国家の基層政権に掌握されているものといえよう。

　いずれにせよ、集団所有の主体性の不明瞭さが、結果としてその土地の使用者である農戸の経営を不安定なものとしている。また、請負経営権の第三者への転貸が法的根拠を欠くことも、安易な土地収用を拒むことのできない原因でもある。したがって、農戸の請負経営権は常に収用による権利消滅の危機にさらされており、請負農戸の積極的な開発意欲を大きく損ない、長期的な投資を阻み、さらには耕作放棄あるいは離村を促進している。

　上記のような集団所有の主体の不明瞭さを克服することは、農村問題解決のための課題とされ、学界においても積極的に議論され、ある程度の方向性を示そうという努力がなされていた。とくに、物権法制定以前においては、集団所有の実態からその主体性を確定しようとする作業が行われ、たとえば社区説や総有説などは検討に値するものといえよう。社区説は、既存の農村経済組織の硬直化や腐敗性を理由として、こうした組織からの脱却を前提とし、農村の実態である村民小組の実態や実状から、法人格を有さず、権利譲渡もなく、他方で民法上の所有権に類する権能（物権的請求権）を有する社区を集団所有権の主体と位置付けようとする。しかし、この説を採用するためには、既存の農村経済組織を社区に代置する必要があり、集団所有権の主体性についての議論と噛合わないのではないか思われる[12]。また、総有説は、いわゆるゲルマン法や日本民法における概念としての総有を想定しており、集団所有権の権利主体をわが国における入会集団のようなものであると

理解する[13]。しかし、集団所有権は集団経済組織や村民小組に帰属するという点においては総有説も傾聴に値する。

　以上のような法的性質に関する様々な考え方を踏まえて、物権法における集団所有権の構成を検討すると、次のような特徴が浮かび上がってくる[14]。まず、国家収用されることを想定した条文（物権法42条、43条）は存在するが、集団の自由意志に基づく所有権処分に関する規定が存在しない。このことは、集団所有の土地において行われる各種の開発行為の主体は、集団ではなく、国家にあることを意味するものと考えられよう。つぎに、耕地への抵当権設定を不可能としながら（物権法184条）、郷鎮企業等の建設用地の使用権や建物への抵当権設定を認めている（物権法183条）。このことは、農地に交換価値を見出させず、土地の流動化の促進を防ぐことを意味しており、都市と農村という二元構造を維持しようとすることの表徴であり[15]、集団所有権の存在意義ともいえるのかもしれない。さらに、都市部の集団が所有する不動産および動産については、集団の処分権能を認めており（物権法61条）、同じ集団所有権であっても、都市と農村とでは法的性質において異なるのである。なお、集団が所有する土地、森林、山地、草原、荒地、砂州等については、所有主体の属性に従って、村の集団経済組織、村民委員会、村民小組、郷鎮集団経済組織がそれぞれ集団を代表して所有権を行使するとされ（物権法60条）、集団経済組織、村民委員会あるいはその責任者がなした決定が集団の構成員の合法的権益を侵害した場合は、侵害された集団の構成員は人民法院に取消を求めることができる（物権法63条2項）。

　つぎに、草原所有権について概観すると、草原は物権法においては自然資源として位置づけられており、原則として国家所有とされ、例外として他の法律に定めがある場合は、集団所有が認められる（同法48条、58条、新草原法9条1項）。換言すれば、草原所有権は、他の土地や財産所有権と同様に、国家所有権と集団所有権とに区分されていることになる。続いて、草原の国家所有権と集団所有権について詳しく検討する。

　まず、草原の国家所有権について検討する。草原の国家所有権とは、国家が全人民所有の草原を占有し、使用し、処分する権利を指し、国家は人民の意思と客観的法則に基づいて、必要な経済的、行政的、法律的手法を講じて

草原に対する計画的な開発利用を行い、然るべき調整とコントロールを行い、牧畜業の安定した発展を保証しなくてはならない[16]。新草原法9条1項の規定によれば、国家所有権は国務院が代表して所有権を行使するという。国家による所有権行使は、集団に対する使用権または請負経営権の設定を主たる内容としているが（新草原法10条）、実際にこれらの内容を行使する主体は、国家所有権の主体たる国務院とは別主体と考えるのが当然であろう。つまり、国家が直接その所有権を行使することは現実問題として不可能であり、そうである以上、直接行使が可能な代理機関の存在が必要とされるのである。この場合、地方人民政府やその行政機関が現実的な権利行使者として想定され、国家はこれらの諸機関に対してその所有権の行使を委ねているものと考えられる[17]。しかし、果たして、この委託が所有権の権能としての管理権の行使をも包括した信託的なものなのか、それとも使用権等の権利設定権のみを委託したものなのかについては明らかではない。また、省、県、郷などのいずれのレベルの地方人民政府あるいは行政機関に対して、国家所有権の委託行使がなされるのかについては個別法の規定によるとされる[18]。草原の国家所有権の場合は、県レベル以上の地方人民政府が委託行使することになるが、その範囲は、草原使用権の確認、登記、権利証書の発行に限定される。このような国家所有権の委託行使の実態に関しては、これを国家所有権の空虚化と捉え、委託行使をする地方人民政府あるいは行政機関に所有権を移転させて現実に即した状態にするべきであるとの見解も存在する[19]。なお、国家所有にかかる草原の権利発生に登記は必ずしも必要とされず、登記しなくてもよいとされている（物権法9条2項）。ちなみに、物権法は、不動産物権の設定、変更、譲渡および消滅は、法の定めるところに従い登記をしなければ原則として効力を生じないとしている（物権法9条1項）。つまり、登記は原則として権利発生要件とされているのである。

　つぎに、草原の集団所有権については、法律の定めにより、集団所有制組織が特定の草原に対して享受する占有、使用、収益および処分をなし得る財産権を指すとされる（新草原法11条）。元来、土地の集団所有権は、建国後になされた土地解放とそれに伴う産業の合作化の過程において発生したものである[20]。しかし、遊牧民族の社会的特質および建国直後の全草原公有化政

策のために、合作化の過程を十分に経ていない牧区においては、集団所有制組織が未発達であり、その状態は今なお継続しており多くの土地紛争の遠因となっている。

　82年憲法 9 条 1 項は、土地の国家所有の例外として、法律の規定により草原を集団所有に帰属させることができる旨を規定し、現行憲法もこれを継承している。しかし、前述の通り、新旧草原法では、所有権の主体と権利行使の主体を明確にしていなかったため、国家所有権の場合、その所有権の行使には地方人民政府あるいは行政機関による委託行使という特殊な態様を採らざるを得なかった。このことが原因となって、委託行使者の越権行為を誘引しやすかった。ただし、新草原法は、国家所有の草原は、国務院が国家を代表して所有権を行使し、いかなる単位または個人も草原を占有、売買またはその他の形式によって違法に譲渡してはならないことを明文で規定した（新草原法 9 条）。なお、草原を占有、売買または譲渡するには国務院の授権が必要とされ、物権法もこれを確認している（物権法45条 2 項）。

　ところで、物権法は、不明確であるとして批判や議論の多かった集団所有権の権利主体について、これまでの議論や現状を踏まえてある程度の定義づけを行った。まず、集団所有権の権利行使主体を農民集団の集合体と規定した（物権法59条 1 項）。そして、権利行使の具体的内容として、以下の 5 点を列挙している（物権法59条 2 項）。すなわち、①集団の構成員は、土地請負のプランおよび土地を当該集団以外の組織ないし個人に請負せること、②個別の農民の間での請負地の調整、③土地補償金などの金員の使用、配分方法、④集団が出資した企業の所有権変動などの事項、⑤法律が規定するその他の事項について決定することである。また、集団所有の土地および森林、山嶺、草原、干潟などについては、集団への帰属の態様に応じて、村または郷鎮の集団経済組織、村民委員会の代表、村民小組の代表が、集団を代表して所有権を行使できるとする（物権法60条）。さらに、都市部の集団所有の不動産および動産については、法律、行政法規の規定により当該集団が占有、使用、収益および処分の権利を有するという規定が存在する（物権法61条）。これらの諸規定から検討するに、集団所有権およびその主体の法的性質は、わが国の入会権および入会集団に極めて近似している、あるいは同質のもので

あるといっても過言ではない。なお、物権法61条は、都市部の集団所有権は、占有、使用、収益および処分という完全なる所有権であるということを規定しているが、これを反対解釈するならば、都市部以外、すなわち農村の集団所有権の内容は不完全なものであるということになるのだろうか。そして、61条の規定が存在するからこそ、59条および60条において、権利行使主体と行使できる権利内容を具体化しているのではないだろうか。この問題に関しては、さらなる検証が必要と思われる。

土地使用権は、全人民所有制組織または集団所有制組織が、法律に基づいて国家所有の土地、森林、山地、草原、荒地、砂州、水域等の自然資源を占有、使用、収益する他物権であるとされている（憲法80条1項、同法81条1項、土地管理法7条）。新草原法は、草原を使用する単位に、草原保護および合理的利用を義務付け、使用権の乱用を防止する措置を講じた（新草原法10条2項）。さらに、草原の使用権に関する登記制度も設けられ（新草原法12条）、第三者対抗要件としての機能が期待されているものの[21]、具体的な登記方法等については不明な点が多い。

農村の土地請負経営権をめぐっては、かつてその法的性質に関して議論があった。つまり、当該権利は物権なのか、それとも債権なのかという議論である。この問題は、2003年の農村土地請負法、そして物権法の制定施行によって解決された。物権法は、土地請負経営権を用益物権として扱い、契約による意思表示を権利発生要件と規定し、登記は譲渡の際の対抗要件と位置づけた（物権法127条）[22]。権利期間に関しては、農村土地請負法の規定をそのまま継承し、耕地は30年、草地は30年～50年、林地は30年～70年とされ（物権法126条1項）、請負期間満了後の継続も関係法の規定に従い可能とされている（物権法126条2項）。また、請負経営権の譲渡、転貸、下請け、交換、荒地請負経営権の競売など、従来は法的根拠が存在しなかった事項については明文規定を設けた（物権法128条乃至130条、133条）[23]。ちなみに、転用に関しては非農用地への転用を禁止し（物権法128条）、抵当権の設定、賃貸借、現物出資は原則としてできないと規定し（物権法128条、同184条、農村土地請負法32条、担保法37条）、権利を広く流通させることを意図していないことが伺われる[24]。

草原請負経営権は、集団所有制組織または個人が、国家所有の草原、集団所有の草原または集団が長期固定使用する国家所有の草原を請負、牧畜業生産に従事することができる権利を指す。請負経営権の主体である「戸」は、これが個人である場合はほとんどない。たいていは、伝統的な氏族あるいは血縁関係に基づく複数の家族が集合して構成する、基本的経営活動単位であることが一般的である。なお、請負経営権は契約によって発生し、登記は効力発生要件ではない。

　ところで、草原の請負経営権については、農地のように、集団所有制組織の構成員以外の者が請負人として請負契約を締結することはできるのであろうか[25]。この問題に対しては、集団所有制組織が使用権を有する国家所有の草原を請負う場合に、その使用権は集団所有制組織の構成員の生活保障手段であるのだから、請負契約の相手方たる請負人は原則として集団所有制組織の構成員に限定されるべきであると考えられてきた[26]。しかし、新草原法では、構成員以外の単位または個人が請負う場合は、その集団経済組織構成員の村民（牧民）会議の3分の2以上の構成員または3分の2以上の村民（牧民）の代表の同意を得て、郷（鎮）人民政府に報告して許可を得なければならないと規定した。このような規定を設けたのは、草原の請負関係を任意に変化させることを防止し、牧民の利益に損害を与えることを避けるためである。この点に関しては、物権法59条および60条においても、集団所有権の内容として関係する規定が存在するが、このことは請負経営権があくまでも集団所有権に下属する権利であって、しかも登記を権利発生要件とせず、債権的な性格の強い、土地利用権としては極めて不安定な権利であることを意味していると考えられる。

第4節　荒地開発と草原保護

　土地の流動化を考えるに際しては、農地や牧地だけではなく荒地についても検討しなくてはならない。とりわけ、内モンゴルや新疆ウイグルのような農牧混合地区においては、開墾初期と比べて有機質の含有量が著しく低下しており、このことは必然的に土地の生産力の低下を生じさせ、農地の生産量

も急速に低下している。その点において、潜在的土地資源としての荒地や、良好な土質でありながら有効利用されていない土地は農地開墾にとっては重要である。しかし、荒地をどのように定義するのかによっては、草原の乱開発を招じかねず、耕地面積の拡大による食糧増産政策と環境保護政策との抵触が起こりうる。とくに、遊牧という特殊な生産経営形態を行ってきた牧区においては、農村のように、解放後の土地の公有化から人民公社制度による計画生産制の実施、そして人民公社解体後の請負経営権の戸別分配制度への移行という一連のプロセスを必ずしも踏んでおらず、前節で理論的に検討したような草地の使用権および請負経営権を流動化させたからといって、生産経営の集約化を直ちに実行できるとは考えにくい。

荒地の開墾は、実際には荒地使用権の競売という形式によって行われ、土地流動化システムの新しい形態として位置付けられ、農村土地請負法および物権法においてもこの点が確認された。荒地使用権の競売制度は、農村の集団所有権を変更することなく、荒地を長期にわたって有償使用できる権利を競売によって希望者に売却し、購入者に荒地を開発および経営して収益を得ることを認めるものである。競落人の資格については特に制限は設けられておらず、落札さえできれば誰でも荒地使用権の権利主体となることができる。また、使用権の存続期間も50年から100年と比較的長期間にわたって設定される。この点において、通常の請負経営権とは権利の性質を若干異にするが、その他については請負経営権と同質であり、その本質は債権として捉えられる。したがって、権利関係の不安定さから生じる諸問題は回避できず、やはりこれを物権化して権利者に処分権能を持たせるべきとの見解がある[27]。

問題なのは、荒地の定義と競落後の荒地の使用に関しては何ら地目制限がないのかということである。荒地の定義に関しては、荒れた山、荒れた傾斜地、荒れた砂州、荒れた干潟の「四荒」、あるいはこれに荒れた水域を加えて「五荒」と中国語では称され、既利用地も未利用地も包括される非常に広範な概念とされる[28]。かつては、ここに草原も包括されており、特に文化大革命中には多くの草原が「荒地開墾」の名目下に乱開墾された。しかし、1978年の第11期3中全会後は、「荒地開発禁止および牧場保護政策」の堅持

が提唱され、草原を「荒地」として盲目的に開墾する方法の是正がなされた。そして、この政策は旧草原法10条に受け継がれ、草原の開墾と破壊の禁止がはじめて法定されるに至ったのである。これによって、荒地の定義から草原は除外され、直ちに荒地開墾の対象とはならなくなった。しかし、草原地帯と農耕地帯との端境は、これをいずれの観点から見るかによって荒地にも草原にもなりうる。また、既利用地か未利用地かの区別も重要になってくる。このような地帯の多くが牧農混合地域で、土地の多くは荒漠地、半荒漠地などと称される土地であって、新旧草原法においては植被の回復措置を講じることで将来の草原として扱われる一方で、農業法等では荒地として開墾の対象として扱われることになる。結局のところ、草原および荒地の両者に関しては、自然科学分野における成果を十分に検討して、これに基づいた詳細かつ緻密な地域区分をなした法規の制定が必要とされよう。1999年12月21日に国務院弁公庁より下達された「関於進一歩做好治理開発農村"四荒"資源工作的通知（農村の「四荒」資源をさらにうまく治理開発する活動に関する通知）」において、四荒は農村集団経済組織の所有に帰属するもので、未利用地でなければならないと確定された。この通達において問題となるのが、四荒の範囲は農村集団経済組織の所有に限定され、国有地は含まれないという点である。この立法趣旨は、国有荒地が無秩序に乱開発されることを防止しようとするものであるとされるが、個人所有になることがない以上はむしろ未開発の状態で荒蕪するに任せてしまうよりも、荒地開発を行った方が有効利用を促進するという見解が存在する[29]。

また、競落後の荒地使用における地目制限に関してだが、これについては、1996年6月1日に国務院より下達された「関於治理開発農村"四荒"資源進一歩加強水土保持工作的通知（農村の「四荒」資源を開発および防治し、水土保持活動をさらに強化させることに関する国務院弁公庁通知）」が規定している。この通達は、すでに各地において実施されていた、各種各様の荒地使用権の取得方法や開発、経営方法を追認するとともに、適地適用の原則による地目制限を求め、非農用地への変更や林地を荒地として競売することを禁止しているが、草原に関しては特段規定されていない。しかし、新旧草原法が適地適用の原則を掲げていることから、地目制限はなされていると考えて

よいだろう。また、物権法においても、一定の地目制限を課している。したがって、牧畜に適した荒地の使用権を、牧畜以外の目的で競落することは不可能であるといえよう。

　ところで、四荒の土地使用権の法的性質については、これを用益物権とする見解が有力であり、当然のことながら物権的請求権を有すると解されている[30]。しかし、四荒の土地使用権の権利発生要件に関しては、物権法138条の規定から土地使用権者が一定額の土地使用費の支払いを以て発生すると導き出されている[31]。その場合に、第三者対抗要件をどのように具備するのかについて依然として不明かつ不安定な要素が残存していることは注意しなければならない。

第5節　草原利用の新たな方策

　新草原法に基づく草原利用は、所有権者たる国家あるいは集団によって、牧業経済組織等の集団所有制組織および牧民の経営の自主権が束縛されやすい状態に置かれている。これらの所有権がいかなるマクロ的調節機能を果たすべきかについては、依然として研究する必要がある。国家所有の草原に関してはこれを集団所有へと徐々に移行させて、所有権の主体的地位としての地方人民政府あるいは集団所有制組織による管理を行うようにした方が即実的である。また、集団の草原使用権と個人の草原請負経営権については、どのようにして経営自主権のさらなる保証を図り、これを活用し続けるかについても研究する必要がある。さらに、牧区においては、所有権または使用権の主体が必ずしも明確でない場合が農村以上に多く存在することも指摘される。この点を解決しなければ、草原使用権の第三者譲渡および草原請負経営権の物権化を中心的手法とする草地流動化システムの構築を困難なものにする。

　遊牧民の社会制度上の特性ゆえに、牧区においては集団所有制組織が明確に構築されたわけではなく、また土地所有権も依然として多くが国家所有に帰属していたため、集団所有制の実施は有名無実化しているのが現状である。また、もともと農村と異なり家族単位での経営形態以上に発展する必要

性のない遊牧生活は、生産規模も必然的に極めて小規模なものになり、自然災害や生産計画の失敗に見舞われるとたちどころに経営危機に陥り、遊牧もしくは牧業の放棄を選択せざるを得ないのである。そこで、このような零細的で脆弱な生産経営システムを打開し、集約牧畜業の発展が希求されるようになったのである。

このことに関しては、草原使用権や請負経営権の譲渡方法を規定する新たな法規範を作出することで、草原における牧畜業の集約化を図り、既存の牧畜集団所有制組織を利用して牧戸をこれに完全組み込もうとする見解[32]と、大規模経営および経営の合理化を促進させるために株式共同組合会社を設立しようとする見解[33]とが存在する。前者は、あくまでも農業法の中で規定されている家庭生産請負責任制を基礎として、統一経営および分散経営を結合させた二重経営体制を参考にして、相対的に独立した生産経営者としての牧戸と統一経営機構としての牧業集団経済組織とが、生産活動や管理強調などの機能をそれぞれが担い、活動体系を強力に発展させ、社会化させることを目標としている。一方、後者は、地方政府各部門が資本の一部を出資し、集団所有制組織等は草地使用権を、農民または牧民は労働力を出資して、「飼草業基金会」などと称される株式協同組合会社を設立した後に、個人あるいは私営企業に一定の草地を請け負わせ、あるいは比較的長期の草地使用権を売却して家畜の放牧・飼育を行わせ、会社は彼らに草の種や技術指導、家畜の買い取り、販売のサービスを提供するという、新たな集団組織の構築を目標としている。

両者の見解は、結論からいえば、点在する独立経営主体としての牧戸を、集団所有制組織あるいは株式共同組合制などの統一経営主体に吸収する点において同じである。しかし、既存の組織を利用するか、それとも新規に組織を形成するかという差異が存在し、すでに検証した牧区の成立過程に鑑みれば、後者の見解の方が、現状に合致しているといえよう。しかし、この見解は、集団所有制組織が所有する草原使用権のみを集約の対象としており、牧戸の請負経営権の集約に関しては言及していない。したがって、やはり前者の見解のいうように、まず集団所有制組織や牧戸が有する草原使用権や請負経営権の譲渡方法を確立したうえで、広範で強固な草原における牧畜生産経

営の集約化を図るべきであろう。筆者は、両見解は融合して用いることができると考える。つまり、草原使用権および請負経営権の譲渡方法等を確立させたうえで、あらためて農村における集団所有組織に相応するような組織あるいは株式協同組合会社等を設立すれば、草原の土地流動化はより実効性を伴うものになろう。

おわりに

　旧草原法は、近代的所有権制度を基本とする草原利用権の明確化によって合理的な利用と草原保護を企図したが、結果として文字通り「コモンズの悲劇」を招来してしまった。その後、1998年以降は禁牧・休牧区域と禁牧・休牧期間を設置するという、土地そのものの有する自然回復力に依存する措置が講じられた。禁牧は通年で草原での牧畜を禁じて、畜舎飼いを実施するものである一方で、休牧は一部期間あるいは一部の草原において牧畜を行いつつ残余は畜舎飼い（半畜舎飼い）を実施するものである。しかし、禁牧であろうと休牧であろうと、畜舎飼いにおいて必要とされる飼葉を草原から調達せねばならない。その結果、草刈り場における草原資源の乱伐という問題が発生するとともに、牧民には飼葉代という経済的負担が発生した。

　つづいて、新草原法施行以降は、草原という土地資源流動化を図るとともに、科学的データに裏付けられた草原の蓄養能力に基づいて蓄養頭数を算出し、一定面積の草原で蓄養すべきか畜頭数を制限する法政策が講じられた。しかし、草原の蓄養能力と蓄養頭数は夏季の草原の状況に基づいて冬季に決定され、実施されるのは翌春からとなるため、慮外の自然災害や天候不順等によって実際には算出された蓄養頭数をはるかに下回る可能性もあり、その場合には牧民は畜舎飼いと同様に飼葉代を負担しなければならなくなる。また、決定された蓄養頭数を超過した牧畜が行われても、これを厳格に監督することは事実上不可能な状況にあり、沙漠化は一向にやむことはない。

　さらに、草原の人口圧も草原破壊の原因となっていたが、都市化による人口の自然流失および生態移民政策によって草原の人口圧はある程度減少したといえる。生態移民は、2000年頃から行われ、2002年の草原法改正によって

法的根拠を得た。しかし、生態移民の場合はともかくとして、都市化による人口流失は牧畜業の担い手の流失と直結しており、わが国の農村過疎化、高齢化にともなう農業衰退と同様に、牧畜業の衰退に拍車をかけているという[34]。

　いずれにせよ、1985年以来の各種の法政策は、草原利用と保護という問題に対していずれも決して有効な処方箋たり得ないできた。それは、結局のところ、国家が法政策の制度設計者であるとともに、あらゆる法律法規の実施主体であり、監督者となってしまい、現場の地方人民政府が蚊帳の外に置かれてしまった点に理由が見いだされるのではないだろうか。この状態がながらく固定されるに従い、現地政府の政策決定および参加意欲は弱体化し、政策を受動的に受け入れ、補償に甘んじる体質が出来上がったのではないだろうか。さらに、政策決定権が中央政府に集中し、中央政府が政策、法規、資金およびプロジェクトの実施を通じて草原生態保護を実施する一方で、基層政府や基層社会の行動能力が欠如しているため、権力と資金がとみに中央政府に集中するという現象が発生している。その結果、地方人民政府や基層社会の意見や意向が精査されることのないまま、政策立案や目標策定は極端なまでの上意下達によって行われ、上からの押し付けによる草原環境保護が推進される状況を醸成してしまった[35]。旧草原法によって導入され、新草原法によって確立した請負経営権の分配による草原利用の在り方は、伝統的な村落共同体の機能[36]を消滅させ、国家と牧民との直接的な関係の樹立に寄与した。しかし、伝統的村落共同体を母体とする基層社会の実績と実情を軽視ないしは無視した強力かつ直截的な国家政策を概括的かつ合法的に実施することは、草原環境保護にとっては有効かつ合理的な措置とはいえず、むしろ生態環境と社会環境に大きな負荷を与えているのではないだろうか。

　グローバル化の波は、近代的所有権概念による法整備という形で、前近代的な色彩が強い産業や社会にも容赦なく押し寄せ、本稿で中心的に論じてきたような牧畜業を主軸として発展してきたモンゴル族の社会での農業開発のほかに、林業の近代化による森林狩猟民族の生活環境の変化、所有権の近代化による中国林業の構造変化等の伝統的コミュニティや既存社会に対して大きな影響を与えた。中国では、鄧小平の指導下で1982年に改革開放路線が打

ち出されて市場経済化の道を歩み、土地制度に関しては1999年に土地管理法が施行されて土地の有償使用が確認され、2007年に物権法が制定されて土地の所有と利用に関する原則が確立された。そこでは、近代的な法制度、とりわけ近代民法のメカニズムを導入したことで、市場における土地を財産として流動化を促進させたことはすでに見てきたとおりである。このことは、土地を利用し、管理することに専念してきた伝統的社会にとっては、ともすればその存続基盤を失いかねないほどの大きな影響であった。たとえば、モンゴル社会では遊牧生活が瓦解し、人々は好むと好まざるとに関わらず土地を基盤とする貨幣経済に飲み込まれ、都市生活者においても、持つ者と持たざる者との間に貧富の格差が生まれた。さらに、いつしか資本の限界効用逓減法則が前提となり、社会主義公有制の下で土地の適正管理をはかるはずの土地管理法が豹変して、とくに農村の都市化圧力を高め、産業構造にさえ大きな変化が余儀なくされた。こうした近代的所有権概念が浸透して社会構造が変化する現象に対して、これまでこれを肯定する思潮はあっても、ひと呼吸入れて是非を検討したことはほとんど皆無であったのではないだろうか。近代化＝欧米化であり、これを無条件で是とする風潮があったこと、法の一元的適用の必要性がマイノリティ社会と文化に対する迫害と抹殺に拍車をかけたこと等の事象をここで強く観念しなくてはならない。所有権制度は一元的でなければならなかったのであろうか、という疑問を次なる課題としたい。

（1） 中華人民共和国農業部畜牧獣医司『草原法規選編』新華出版社、1992年、3頁。
（2） 真木太一『中国の砂漠化・緑化と食糧危機』信山社、1996年、99頁。
（3） 黒河功・甫尓加甫『遊牧生産方式の展開過程に関する実証的研究』農林統計協会、1998年は、新疆ウイグル自治区における遊牧民の生活方式の実態調査を通じて、その生産性や社会経済機能などを、主に農業経済学的見地から検証し、世界的にもマイナスに評価されがちな「遊牧」を積極的に評価しようとする研究であるが、やはりその前提として、中国政府が推進してきた遊牧民の定住化政策を疑問視している。また、達林太「草原畜牧業可持続発展的理論與制度反思」

施文正主編『草原環境的法律保護文集』内蒙古人民出版社、2005、204～205頁。さらに、劉驚海、施文正主編『西部大開発中的民族自治地方経済自治権研究』内蒙古人民出版社、2003、267頁以下では、国際法上の民族自治権の考え方を引きながら、少数民族地区の自治の内容として、当該地域における法政策の立案、決定に当該少数民族の参加と関与を積極的に向上させるべきだという議論がなされている。他方で、張巨勇編著『民族地区的資源利用與環境保護論』民族出版社、2005、348頁のように、明確な権利関係と請負経営制の完全実施により沙漠化が防止でき、そのことが資源の有効利用につながるのだとする見解は根強い。
(4) 王暁毅『環境圧力下的草原社区：内蒙古六個嘎査村的調査』社会科学文献出版社、2009年、13頁。
(5) 喬世明主編、頼力静、王永才副主編『民族自治地方資源法制研究』中央民族大学出版社、2008年、299～300頁。
(6) 「指示」の要旨は以下の通りである。「これまでの緑化に対する理解は、ただ高木を植樹することとしてのみ捉えられてきたが、そのような考えはあらためるべきである。即ち、高木のほかに潅木や草も対象とし、治水治山、生物工学等の観点からも緑化を考えるべきである。そして、砂漠化や水土の流失の生じている地域に対しては潅木や草を植えるようにすべきで、これを適地適樹適草の原則という。また、森林や草原等の破壊行為に対しては厳罰を以て臨むべきであり、林業や草原管理等の専門学校を設立して大衆への教育に努めるべきで、その任務は各レベルの党、政府、単位の指導者が当たるべきである」
(7) 文伯屏『環境保護法概論』群衆出版社、1982年、122頁。
(8) 2007年2月3日に財団法人国際高等研究所において開催された「第2回中国民法典高等研フォーラム」における、鈴木賢教授（北海道大学）の発言。鈴木教授は、都市と農村の二元構造を維持する必要性は、農地の国有化が名目上できないことにあるとされ、集団所有権は残さざるを得なかったと考えられる。
(9) 物権法130条2項は、自然災害により請負地が甚大な被害を受けた等の特殊な状況で、請負をしている耕地や草地を適切に調整する必要がある場合は、農村土地請負法等の法律の規定に照らして処理しなければならないと規定している。本条は、内モンゴル等において問題視されている生態移民の根拠となりうると考えられ、今後の実務上の扱いが注目される。
(10) 物権法9条1項は、不動産物権の設立、変更、譲渡および消滅に関しては、法律に基づく登記を経て効力を生じると規定している。つまり、物権変動に関して、物権変動一般については登記を効力発生要件とする形式主義を採用し、用益物権については意思主義を採用していることになる。
(11) 拙稿「中国における農村改革と土地法制」『比較法研究』67号、2006年、198～203頁。
(12) 李勝蘭「中国農地制度改革與創新的思考」『蘭州大学学報（社科版）』1997年第4期、11頁。
(13) 金永思「農用地流転機制建立的難点分析與対策建議」『中国農村経済』1997年第9期、25～26頁は、農地を社会保障であるという考えが、棄農農民が自己の請負経営権を保留し続けるという弊害の要因の一つであると指摘する。また、土地流動化システムを確立させるためには、現行の戸籍制度や都市住民との格差が著しい社会保障制度に対する農民の不安の除去と制度改革こそが先決問題であると考える。
(14) 崔建運「"四荒"拍売與土地使用権～兼論我国農用権の目標模式」『法学研究』1995年第6

期、31頁。
(15) 楊立新、梁清『細説物権法新概念與新規則』吉林人民出版社、2007年、75頁。なお、集団所有制組織の財産と集団の構成員の個人財産とは別個独立したものとして扱われることはいうまでもない。
(16) 王明、宋才発主編『農民維権叢書　森林、草原、水源』人民法院出版社、2005年、216頁。
(17) 王利明、郭明瑞、方流芳『民法新論（下）』中国政法大学出版社、1995年、145頁。
(18) 余能斌、馬俊駒主編『現代民法学』武漢大学出版社、1995年、590頁。
(19) 施文正「草原法制中所有権問題」『内蒙古社聯』1989年第1期、43頁。
(20) 魯伯霖編著『土地法概論』百家出版社、1994年、21頁。
(21) 農業部草原監理中心編『中国草原執法概論』人民出版社、2007年、20～21頁。
(22) 史際春「論集体所有権的概念」『法律科学』1991年第6期、65頁、徐漢明『中国農民土地持有産権制度研究』社会科学文献出版社、2004年、131～132頁。
(23) 韓松「我国農民集体所有権的享有形式」『法律科学』1993年第3期、80頁、陳健『中国土地使用権制度』機械工業出版社、2003年、159頁。
(24) 物権法では、集団所有権の権利発生には登記が要件とされ（9条）、権利客体の範囲は、法律が集団所有に属すると規定している土地および森林、山嶺、草原、荒地、干潟、集団所有の建築物、科学・文化・衛生・体育等の施設、集団所有のその他の不動産および動産とされている（58条）。
(25) 請負経営権の法的性質論に関しては本稿でも簡単に紹介したが、楊立新、梁清『細説物権法新概念與新規則』吉林人民出版社、2007年、142～143頁において、物権法制定を視野に入れて議論の要点をわかりやすくまとめている。
(26) 前注17王・郭・方書237頁。
(27) 黄松有主編『農村土地承包―法律、司法解釈導読與判例』人民法院出版社、2005年、75頁によれば、一部の経済特区等においては、銀行が主体となって農村の土地請負経営権に抵当権を設定する担保が実施されているという。
(28) 宋才発等著『西部民族地区城市化過程中農民土地権益的法律保障研究』人民出版社、2009年、189頁。
(29) 同上書190頁。
(30) 高富平『土地使用権和用益物権』法律出版社、2001年、556頁。
(31) 前注28宋等書191頁。
(32) 中国社会科学院法学研究所物権法研究課題組「制定中国物権法的基本思路」『法学研究』1995年第3期、7頁。
(33) 陳甦「土地承包経営権物権化與農地使用権制度的確立」『中国法学』1996年第3期、87～88頁。
(34) 前注4王書19～20頁。
(35) 張千帆『国家主権與地方自治：中央與地方関係的法治化』中国民主法制出版社、2012年、334頁以下は、このような状況は強固な中央集権体制を採用する以上は必ず生じることであり、むしろ中央の権力の執行を付託された地方政府のガバナンス能力が問題であり、ここにいわゆる「執行難」という現象が発生するのであると指摘する。

(36) 王建革『農牧生態與伝統蒙古社会』山東人民出版社、2006年、356頁以下によれば、清代に蒙古の王公を頂点とする支配体制がそのまま牧畜集落の経営システムとされる体制ができあがっていたことがわかる。

第12章　中国環境法30年の成果と課題
―― 環境保護法改正と紛争解決制度を中心に ――

北 川 秀 樹
Hideki KITAGAWA

はじめに
第1節　基本法制定と法体系整備
第2節　環境保護法の改正
第3節　環境紛争の解決
おわりに

はじめに

2005年11月に策定された「"十一五"全国環境保護法建設規劃」(国家環境保護総局)によると、2005年までに汚染防止と生活、生態環境保全に関する法として、環境保護法9件、自然資源法15件、刑法の破壊環境資源保護罪の規定、行政法規50件以上、部門規章と規範性文書200件近く、国の環境基準500以上、批准と署名した国際環境条約51件、各地方人大と政府制定の地方性環境法規・規章1600件以上を制定したことを明らかにしており、改革開放政策への転換以降、急速に法整備が進んだことがわかる。

このような意欲的な法制度の整備の一方で、深刻な環境汚染や開発による自然破壊が進行し、住民の暴動も顕在化しており、環境保護投資を継続しても2020年以降まで環境悪化の趨勢は続くと指摘されている[1]。

本稿は、1979年の環境保護法(試行)制定以降30年にわたる中国環境法の成果と課題について、環境政策の基本となる環境保護法改正の動きと、環境ガバナンスを論じる上で最も重要な環境紛争の解決制度に焦点を絞り考察するものである。最初に環境法整備の沿革を概観する。次に、最近特に注目されている二つのトピックを取り上げる。いずれも中国環境法の到達点と限界を窺い知ることのできる重要なテーマである。まず、2011年に全国人民代表

大会(以下「全国人大」)において改正作業が始まった環境保護法についての改正議論を紹介する。この議論から中国の目指そうとする環境法政策の方向性と直面する課題を窺い知ることが可能となる。次に、環境紛争解決のための制度を論じる。侵権責任法(不法行為法)の制定等により注目される環境汚染・破壊による被害者救済をめぐる関連法の動向と議論を取り上げる。経済発展志向の強い中国において、公正な正義に基づいた解決をはかることは同国の持続可能な発展にとってきわめて重要であると思料する。最後に、環境ガバナンス改善のための若干の私見を述べる。

第1節　基本法制定と法体系整備

1　建設期

環境保護の必要性の認識については、1972年の国連人間環境会議の開催が契機となった。本会議への中国からの参加者は、世界の環境問題発展の深刻さを認識するとともに、中国の環境問題が相当深刻であること、すなわち都市と河川の汚染の程度が西側諸国に比べてほぼ同等であり、自然生態の破壊程度はかなり深刻であることに気付いた。1973年には第一回全国環境保護会議が開催され、環境保護が国の審議事項に上った。国務院は同年8月、国家計画委員会が制定した「環境の保護と改善に関する若干の規定(試行草案)」を承認したが、これが環境保護法(試行)制定前における最初の中央政府の環境保護政策となり、環境保護基本法に代わる役割を果たした[2]。

文化大革命終了後の1978年に改正された憲法11条において、「国は環境と自然資源を保護し汚染とその他公害を防止する」と規定された。これが環境に関する基本法を制定する根拠となった。1978年11月、中共中央11期3中全会では、「刑法、民法、訴訟法とその他各種の法律、たとえば工場法、人民公社法、森林法、草原法、環境保護法、労働法、外国人投資法等を集中して制定しなければならない」とし、社会主義法律体系の基本的な輪郭を描き出した。同年年末、共産党中央は国務院環境保護指導グループが起草した「環境保護法」制定の構想を収めた「環境保護業務報告要点」を承認し、立法により環境を保護し、汚染を改善し国民の健康を保護するとの明確な指示を行

った。

　1979年9月、環境保護法草案が全国人大常務委で原則採択され「試行」の形式で公布実施された。法制建設が始まって間もなく「環境保護法（試行）」が制定されたことになる。

　1982年に、憲法が改正され自然資源の合理的開発、利用と保護について規定され、環境と資源保護法の根拠となった。1982年から1989年にかけて、全国人大常務委は、環境保護、水汚染防止、大気汚染防止等の公害関係、森林、草原、漁業、土地、水資源、野生動物保護等の自然資源管理・保護の法律のほか、民事、行政、訴訟関連法律の中にも環境保護の内容を規定している。国務院と環境資源主管行政部門もこれらの法律を根拠にして、排汚費、建設プロジェクト環境管理、工業汚染、原子力発電、汚染事故報告、植樹造林、農薬、水産資源、水土保持、貴重野生動植物保護、環境観測、自然資源利用、自然保護等の方面において行政法規、部門規章を制定した。また、環境質や汚染物などの排出基準も制定された。

　地方レベルの行政法規、規章も制定される。一方、国際法の分野でも、ワシントン条約、世界文化・自然遺産保護条約などの条約、協定に加盟し署名を行った。これにより、環境保護法律体系は初歩的に形成されたが、各級政府は経済発展に熱心で環境法の実施は、絵に描いた餅に過ぎなかった。六五計画から七五計画時期まで、中央政府が設定した環境保護目標は実現されておらず、環境問題は局部的には改善したが、全体的には悪化した。

2　調整改革時期

　1989年の環境保護法制定から2000年の大気汚染防治法の改正公布までは、環境資源保護法の調整改革時期であった。89年は6.4天安門事件が起こり、欧米諸国を中心に中国の人権問題への非難が集中し経済制裁が実施されたこともあり、経済は停滞した。政治的にも保守派の台頭がみられた。しかし、1992年の鄧小平の南巡講和を契機に、引き続き改革開放政策の推進が図られた。経済的には、従来の計画経済から社会主義市場経済への全面的な転換の下で、新たな法律の制定と同時に、新情勢の必要性に適応しなくなった法律の改正に迫られた。

1983年に政府は環境保護法（試行）改正の作業を開始したが、経済関係の立法が重視され、政府の官僚の環境保護に関する認識も分かれ、作業は順調には進まなかった。環境が経済発展を阻害できないとの考え方が優勢であったため、国外では有効とされたいくつかの制度も採用されず、規定されなかったがようやく1989年12月に全国人大を通過した。

　1992年のリオサミット後、会議で採択された条約上の義務などを履行するため、国内法についての改正と改善が必要となった。環境法制の建設のため、1993年に全国人大は、環境保護委員会（後の「環境保護資源委員会」）を設立し、立法と法執行の監督にあたった。この間、水土保持、固体廃棄物、環境騒音などの方面で、新しい法律が制定され、大気汚染防治法、鉱産資源法、森林法、水汚染防治法、海洋環境保護法、土地管理法が改正された。1997年には、刑法が改正され、第6章「社会管理秩序妨害罪」に、第6節「環境資源保護破壊罪」が設けられたのが注目される。同時に全国人大は法執行の検査活動を大々的に行った。国務院もまた、環境騒音汚染防止、農薬管理、都市景観と環境衛生管理、都市緑化、海洋汚染防止、自然保護区、野生植物保護などの領域で行政法規を制定した。このほか、京都議定書や海洋汚染条約をはじめとした国際条約に加盟した。

　この時期も、各級政府の指導者は主に経済発展成績を重視したため、総合的なコントロールが不十分で、かつ経済政策決定の際の環境保護の配慮が十分になされず、環境保護の基本国策はやはり一般的なスローガンにとどまった。このため、環境保護の指標はすべて達成されることはなく、主要汚染物排出量は環境容量をはるかに超え、環境保護が経済発展よりも優先順位が低い状態に変化はなかった。環境汚染と生態破壊はある地区では人々の健康を蝕み、経済発展と社会の安定を損なう重大な要素となった。

3　強化時期

　2000年の大気汚染防治法の改正公布から2011年の環境保護法一部改正決定までの時期は、環境と資源保護立法の強化時期であった。1999年3月、9期全国人大2回大会で、憲法が改正され「依法治国（法により国を治める）」の方針が規定された。2000年から、政府は環境資源保護立法活動の強化に乗り

出したが、1993年の北京オリンピックの誘致失敗と大気汚染が関連していたことに鑑み、全国人大常務委は、2000年に再度大気汚染防治法を改正し、重点大気汚染物排出許可制度と超標汚染物排出許可制度を確立した。

2003年10月に開催された中共中央16期3中全会において、「科学的発展観」が提出され、その基本的な内容として、「人を基本として、全面、協調、持続可能な発展観を維持し、経済社会と人の全面発展をはかる」ことが掲げられた。2006年の全国人大は、従来の五カ年計画で使っていた「計画」を「規劃」[3]と改め、十一五規劃を策定し、環境保護と省資源、エネルギー関係の指標を拘束性指標とした。また、経済発展の表現を、「早くよく」から「よく早く」に修正した。環境資源保護法の立法面でも豊富な成果を収め、制度と規定は厳格なものとなった。この時期の新たな立法動向のうち主なものを以下に示す。

・制定法
　環境影響評価法、防砂治砂法、放射性汚染防治法、海域管理使用法、再生可能エネルギー法、クリーン生産促進法、牧畜法、城郷規劃法、循環経済促進法
・改正法
　漁業法、水法、野生動物保護法、省エネルギー法、水汚染防治法、再生可能エネルギー法、水土保持法
・条約
　「海洋汚染防止条約」1996年議定書批准、「気候変動積極対応について」の決定
・規定改正
　物権法および侵権責任法における自然資源保護と環境汚染侵害救済関係規定の追加
　刑法の重大環境汚染事故罪を厳重汚染環境罪に改正
・行政法規の制定、改正
　排汚費徴収使用管理条例、危険化学品安全管理条例、全国汚染源普査管理条例、規劃環境影響評価条例
　また、2010年6月、国務院は「全国主体効能区規劃」を制定し、国土を

「最適開発」「重点開発」「制限開発」「禁止開発」の四つに区分し、それぞれの範囲、目標、発展方向と開発原則を明確にした。

この時期、十一五規劃の省エネ排出物削減の指標は基本的に完成され、一部地区の環境質はかなり改善した。しかし、環境悪化の全体趨勢は抑制されず、環境情勢は依然深刻で環境保護の圧力は継続的に拡大した。このような情勢の変化に鑑み、全国人大常務委は、環境保護法の一部改正を2011年の立法計画のなかに入れた。

第2節　環境保護法の改正

前節でみたとおり基本的な環境政策を規定する環境保護法の改正については、早くも1993年の8期全国人大において環境資源保護委員会（以下「環境資源委」）が設置された時に、意欲的に議事日程に取り入れられた。その後の9、10、11期全国人大常務委も法律改正を立法計画に取り入れ、数十回に及ぶ調査研究・法律執行の活動を展開した。また、法律専門家・官員を海外へ派遣し、環境分野の立法の動向を調査させ、その育成訓練を実施した。北京大学の汪勁は、このような努力にもかかわらず改正が実現しなかったことは、問題の困難性を表していると指摘している[4]。現在、改正作業が行なわれているが、本稿では、今までの専門家を中心とした改正についての見解を紹介し、環境保護法の抱える課題を考察する。

1　2003年以降

改正論議は2003年ころから盛んになっている。胡錦涛政権における「科学的発展観」の標榜が、環境法政策の基本となる法律の位置づけにも影響したからではないかと筆者は考える。

武漢大学の王樹義は、改正論議は「廃止すべき」「現在の情勢に合わないため直ちに改正すべき」「改正の時期と条件が整ってから改正すべき」の大きく3つに分かれるとし、改正の際に考慮しなければならない基本課題として、①廃止か存続か、②存続の場合における改正の理由、③全面改正か、一部改正かという形式があるとする[5]。次に、改正の際に検討しなければなら

ない主要問題として、①現行法の実施効果の評価、②改正の指導思想と改正原則、③改正モデルの検討の３つがあるとする。最後の改正モデルについて以下のようないくつかの案を提示する。

　ａ．環境保護法の下にある法律法規を審査して環境保護法典に統一する。
　ｂ．基本法としての位置づけで、「環境政策法」として改正する。
　ｃ．環境保護法と自然資源法を融合して、大環境法として改正する。
　ｄ．環境汚染防治法の基本法として改正するとともに、別に自然資源利用保護基本法を制定する。
　ｅ．現行法の必要なところについてのみ補充し、改正するにとどめる。

さらに、討論しなければならない課題として以下の４点を挙げる。

①社会経済発展の転換時期であることの認識、および工業文明から生態文明、物質経済から知識経済、持続不可能な発展から持続可能な発展への転換
②地球環境保護理念の変化と発展
③中国環境問題の変化と発展—状況に応じた調整の必要性
④国外環境立法の変化と発展—現行の環境影響評価、汚染物排出許可制度などの現行制度もほとんどが国外から吸収移入したものであるため。

　汪勁は、1989年の環境保護法制定時にも、環境保護行政部門と資源管理、経済行政部門、企業、一部地方政府との間に、環境保護部門の職権や管理体制等について論争が行われているが、経済発展を中心とする政策に道を譲ることとなったとし、当時は経済成長に重点が置かれていたとする。しかし、同法が計画的商品経済体制に基づいていること、他の個別法と同じ全国人大常務委の形式で通過していること、後で制定された個別環境汚染防治法の方が正確で具体的であること、生態環境方面では大量の空白が生じていることなどから、時代の要請に適合しなくなったと指摘している。また、先進国では、個別法が多く規定された後に基本法が制定されているが、中国の場合は環境保護法の制定が早いにもかかわらず基本法として位置づけられておらず、多くの個別法が制定された後、それらを総合的に調整する基本理念の策定が求められたという。89年改正時にも基本法のモデルの方向で改正されていたが意見聴取の結果実現をみなかったようである[6]。

また、上海交通大学の王曦らは、現行環境保護法は生活環境と生態環境の保護、改善、汚染とその他の公害の防治、人体健康の保障と社会主義現代化建設の発展促進を謳う多元目的となっているが、環境権規定は健康に重点がありその他の生活上の権利については規定されていないとする。また、世代間公平も規定されておらず、経済発展優先の傾向がある。このため、環境、経済、社会の持続可能な発展を目的とすべきであるとし、社会福利を促進することを終局の目的とし、環境権の内容を盛り込むべきであるとする[7]。

　王曦らはまた、2005年2月の全国人大環境資源委員会の「中国環境立法座談会」において、環境保護法は十数年来空洞化が言われており、米国の国家環境政策法と対照的であるとし、改正の課題として、①政府部門と開発者・生産者がともに法があっても従わないこと、②政府に対する監督と矯正手段に関する法規定が不十分なことを指摘している。米国の環境政策法執行の対象者は政府であることを紹介し、全面的に政府の環境保護の機能を強化すべきであると主張する[8]。

　中国人民大学の竺効は、法の目的を重視し、世代内公平、世代間公平、権利公平を主要な内容とする持続可能な発展思想は中国の環境資源法の目的を形成するときの重要な環境倫理の基礎であるとし、「科学的発展観」は、持続可能な発展観の一種の政治的表現であり、基本的内容と価値目標は持続可能な発展と一致しているとする。そして、環境基本法の目的は、安全と発展という二つの法律価値の選択と具体化であり、その特性は、生態安全と環境安全を追求して人の健康安全を保障することにあるとする。このため環境保護法1条を改正し、「本法の目的は、人類と密接に関連する生態システムと自然環境を良好な状態に維持することを保障し、回復不可能な汚染や破壊を受けず、人類、経済と社会の持続可能な発展を実現し、人と自然の協調発展を追求する」と規定すべきであるとする[9]。

　上記のような議論は主として2004〜2005年にかけて行なわれたものであり、どういう性格の法とするかという改正モデル、改正の範囲や、基本理念・目的の重点をどこに置くかということについて専門家が縷々意見を表明した。

2　2011年以降

　その後改正についての論評は一時影を潜めるが、2011年の全国人大常務委の改正作業着手とともに再び意見の表明が盛んになる。

　まず、中国政法大学の王燦発らは、環境保護法改正のモデル選択について、①基本法モデルと法典化モデル、②政策法モデルと制度化法モデル、③理念法モデルと実用法モデルが想定されるとし、基本法モデルに限定するなら理想主義の領域にとどまり非常に長い時間を要することとなるため、環境法が直面する矛盾から入り、権力と法規、国と地方の間の顕著な問題を重点的に解決し、環境保護法を政策法モデルと理念法モデルに接近させることを提唱する。そして、政府に対する拘束の強化や、公衆参加による政府の監督を明確にする条文を重点的に整備し、先進的な環境理念を法に組み入れ、政府の業務執行において理念の貫徹実施を図るべきとする。

　その上で、現在の環境保護法は環境汚染防治方面の総合的な法律とみなされているにすぎないとし、改正後は、統率性、大綱性、指導性を備えるべきことを主張する。

　改正の重点課題として以下の点を詳細に挙げている[10]。
① マクロ問題についての方向性転換
　　持続可能性発展の保障
　　環境法基本原則の転換（粗放型発展から科学的発展に対応して）
　　　協調発展から環境優先原則、予防を主とし防治と結合する原則からリスク防止原則および基準達成原則から悪化させない原則への転換
② 重点的に解決すべきミクロ問題
　　a．政府の環境保護責任の明確化（たとえば地方政府の環境質量についての責任の明確化）
　　b．公衆環境権益の強化と発展（知る権利以外に監督権を規定）
　　c．法律規定の修正、改善
　　　イ　環境影響評価
　　　　環境影響評価法との矛盾解消、事後補正の禁止、対象計画・政策の拡大など
　　　ロ　排汚費

　　　　対象の拡大、徴収基準の引き上げ
　　ハ　期限内改善（限期治理）の規定統一、補充
　　　　環境保護部門による統一行為、対象拡大、日罰制（日単位の連続の処罰制）導入
　　ニ　環境基準の統一、発展
　　　　公衆参加手続きの導入
　　ホ　環境観測規定の再構築
　　　　環境汚染被害者からの委託業務の履行義務など
　　　　行政区域をまたがった汚染防治の協調
　d．環境法律責任の刷新と厳格化
　　　日罰制導入、環境の現状回復責任の追加
　e．環境民事不法行為責任条文の追加
　　　環境損害賠償範囲の明確化、環境責任強制保険制度、当事者適格の拡大（民事公益訴訟、環境法律援助制度）
　f．基礎的法律制度と紛争処理手続きの追加（生態補償、排出権取引など）

　一方、王曦は、2011年の中共中央17期5中全会において、中央政府は発展のボトルネックは「発展の資源環境代価が大きすぎる」ことと「資源環境への制約を強化する」ことを指摘したが、このことはかなり深刻な市場の失敗を意味しているとする[11]。

　まず、法律上環境関係の政府行為の規範化と拘束が不足していることが、資源環境の制約強化の重要な原因である。環境汚染や生態破壊は往々にして表面的には企業の法規違反行為によるが、政府の管理が欠落していたり密接な連携が欠けていたりすることとも関係している。このような「政府の失敗」の原因には二種類ある。一つは、政府または官僚のGDP追求であり、もう一つは、政府の怠慢である。政府の持つ発展観の誤りと法律上政府行為を制約、規範化する制度の欠落であるとする。

　次に、科学的発展観を実現し、法律により政府行為を規範化し制約すべきとする。政府の環境関連政策決定を規範化し、最初から環境問題の発生を予防すべきとする。

　また、現行政府政策の欠点は、各行政職能の間の合理的な制約と協調が不

足しており、経済発展の促進機能と環境保護機能の合理的な制約と協調も不足していることを指摘する。

　さらに、透明性と民主性の欠乏を指摘する。政府の環境関連事務の決定手続きを規範化することが最も大切であり、新たな法には、「環境と発展総合政策制度」「政府環境保護連絡会議制度」「環境委諮問委員会制度」「重大な影響のある行政決定と企画報告制度」「重大政策建議の環境影響論証制度」を導入しなければならないとする。

　そして、環境関連の政府行為を制約し、行政の怠慢や錯乱した行為を途絶することが必要であると説く。政府行為の監督制度として、外部と内部の監督を挙げ、前者としては、情報公開制度、公聴会制度、人大監督制度、住民訴訟制度を、後者としては、行政建議と上級監督などがあるとする。また、環境保護事業主体が有効に相互連動できるよう、法律の基礎を固めることを挙げ、現行法等は、事業者の管理に重点を置き過ぎており、管理者としての政府の規範化と制約、監督者としての第三者の監督権の保障がおろそかになっていると指摘する。第三者には、検察機関、審判機関、国民、法人を挙げる。

　要するに、政府への監督と第三者の監督不足のもとで環境を犠牲にして利益追求を優先しているため、法改正により各主体の環境保護事業の中での地位、作用、権利と義務を明確にし、各主体間の良好で、有効な連携制度を構築することが必要であるとする。

　汪勁は、まず全国人大環境資源委員会が環境保護部に改正を委託する文書の中で、「中国の特色ある社会主義法律体系の新起点の形成上」で法律改正を展開するようにと提言したことに注目し、この「法律体系の新起点」とは、全国人大が中国の現行部門法律体系類別を新しく分類することを指し、このことは中国の環境保護法体系を社会法体系の範囲に収めたということであるとする。その上で、環境保護に関する法律行為が様々な性質の異なる法律関係に係ることから、単純に「環境保護は政府に頼る」という思想を踏襲することにより、環境保護法律を国家の行政管理類立法に位置づけてはならない。環境保護部門が過去に主導した環境保護法はすべて立法の指導思想において偏ったものであったとする。

その上で最近の論文において、立法、行政、司法における改正の課題として以下の十点を挙げる[12]。

【立法】
①基本法としての位置付け

改正構想とモデルを効果的に調整するためには、環境保護法の現有の枠組み体系下で、国の環境保護基本法として位置づけなければならない。問題は、環境汚染防治個別法の構造と内容は現行の環境保護法と概ね一致しているが、自然資源とエネルギー、循環経済と清潔生産（クリーナー・プロダクション）領域などの立法は管理モデル・制度体系、法律執行方式などの面で大きな違いがあるため、完全な体系を持った広義の環境法体系としての体裁を成していない。このため自然資源保護、エネルギーの合理的な利用、清潔生産と循環経済などの領域においても基本法としての体裁を整えなければならない。

②原則、適用指針の明確化

現行法は、計画性が強いこと（計画的な商品経済時期に施行されたものであった）、個別の環境・資源保護法との効力の位置づけが明らかでないこと、監督管理の構想が明確でなく政府の責任の欠如や適用する際の他の国家基本法（例えば、民法、刑法、手続き法およびその関連法律）との適用関係の混乱などの問題がみられる。

このため、環境を利用する行為者に対しては積極的に市場の自由意志での調節を通して、汚染防止と同様、生態環境領域においても開発・保護の目標と方法を確立することや、水汚染防治法のなかで改正・確立された環境保護目標責任制や審査評価制度を参考にすることなど、原則と適用指針を明らかにすべきである。

③個別法および他の関連法との関係の明確化

環境保護法と比べ、環境と資源保護の個別法のほうが範囲が広く、実際の適用可能性が高くなっている。また、民事、刑事、行政法より、環境保護法は単に言及するに止まるか、または効力が弱いため、実施への影響に対する配慮や、環境保護法の司法条項に対する司法機関の解釈も見当らない。さらに、民事、刑事、行政法が規定していないことによる法律の空白について環

境保護法の本文から根拠を見つけることができない状態が生じている。このため、環境保護法と個別法や他の関連法との適用上の関係、条文の競合およびその適用性について特別の規定を置かなければならない。
④公衆参加制度の改善

　環境保護法は行政法にも民法にも属さず、環境法律関係はしばしば公的権利と私的権利両方の性質を持っている。簡単な開発行為の行政許可とは異なり、法律関係の主体は様々な環境の多元的な価値を利用する公衆と集団に関わる。

　過去の『環境保護法』の行政管理本位を社会法本位の方向に推進するべきであり、この視点から、政府およびその主管部門が「管理しやすい」だけのために、または彼らの面倒事を増やさないために、公衆参加の条項を原則化、教条化してはならない。環境保護法は政府および関連部門が環境管理を行う道具ではなく、すべての公衆が法律によって自らの合法的な権益を保護し、侵害を防止する法源と根拠である。このため、知る権利、提案権、尊重される権利および救済権などを含む公衆の環境権益について現行条文を基礎にさらに明確化し、特に権利の行使と救済を図る手続については配慮が必要である。

【行政】
⑤政府官員の環境保護責任の明確化

　王燦発や王曦が前述のとおり指摘するように、各国の環境法は政府の主要な官員を環境保護責任の最も重要な対象としている。しかし、中国の環境保護法は基本的な責任追及メカニズムが欠けている。党組織が制定した幹部の成績評価システムは住民の環境福利を考慮することを目標としておらず、中央政府と地方政府は「それぞれ独立した財政体制」を取っているため、地方政府の官員は「企業誘致」や「短期間に効果が出やすい」固定資産の投資プロジェクトに夢中になる一方である。中国の環境質はこの二十数年来「局部はよくなるが、全体は悪化しつつある」という状況である。その最大の原因は、地方政府官員が法律に基づき環境保護に責任を取らないためである。今回の改正では、環境保護目標の完成状況を地方政府およびその責任者の審査評価の主要な内容としなければならない。

⑥他部門との軋轢克服

　環境保護法は環境保護の統一管理と個別管理を結合する体制を規定しており、10以上の政府主管部門と環境保護部門の職責は直接に重なっている。改革開放政策転換以降、各部門職責の部分的な重複のために、環境保護の法律執行監督体制が順調に整備されず、「統一管理の場合は制御できなく個別管理の場合は手が届かない」という現象がしばしば表れている。20数年来の政府機構改革の成果と国務院の「三定方案」[13]が既に確立した環境保護権限・職責の関係を改正中に併せて考え、部門責任の実行に重点を置き、将来の政府の大部制改革および環境管理体制の整理に寄与すべきである。

⑦政府内における環境保護監督管理機能の強化

　環境保護の法律執行が難しいことの主要な原因は法執行の権限が地方政府の経済成長政策により制限を受けているためである。それによって、環境保護部門は責任を持ちながら、権限がなく、環境保護法執行の有効性を低下させることとなった。

　このため、監督管理機能強化の条文を盛り込むべきである。第一に、中央と地方環境保護部門が分別して管轄する監督管理体制を確立すること。例えば地域にまたがる汚染連携防止体制を確立し、区域的な国家環境監督機構を設立し、国家環境保護部門を代表して法律の執行権と生態破壊の賠償請求権を行使する。第二に、制定中の『行政強制法』の内容と一致させ、環境保護部門に一定の法律執行の強制執行権を与え、処罰手段の強化（例えば日罰制）により、環境保護の行政命令によって禁止ができるようにする。第三に、人大に法律執行の検査制度と環境保護法執行の報告制度を導入し、立法監督の面から環境保護法執行の有効性を保障する。

⑧環境保護関連制度の効果的な改善

　一部改正の本来の目的は、王燦発が指摘するように環境影響評価、排汚費の徴収、期限内改善、公衆の環境権益、環境基準、環境監測、行政区域をまたがる汚染防止の調整、政府の環境質責任などを含めた環境保護に関する基本的な制度を改善することである。

　まず、法改正の時に「既にあるものを強化し、最先端を開拓する」という考え方で、既に改善された制度内容の概括性、関連性を重ねて言明し、同時

に制度のさらなる改善あるいは創造性に立法の空間を留保すべきである。次に、それぞれの時期の異なった環境要素に対して制定または改正された個別法の中の同じ制度に対する異なった内容を統一し、明らかにする必要がある。最後に、制度の効果的な執行を適切に保障する措置に重点を置くべきであることを指摘する。例えば、環境影響評価制度についての「補正処理」の条件と「三同時」の監督管理の確立、政府のプロジェクト審査許可に関する部門の手続違反の責任への留意、排汚費徴収制度の税費改革措置とのリンク、期限内改善制度の行政強制性の強調、公衆環境権益の行使と救済保障への留意などを挙げる。

⑨「法律違反のほうがコストが低い」問題の効果的な解決

　企業が違法によって利益を得る行為は顕在化している。例えば、第一に、プロジェクトの環境影響評価の段階で、建設事業者は環境影響評価の手続を無視、あるいは環境影響評価報告書の承認を待たず、先に建設して、環境保護部門が指摘したあと補正手続を実施している。このことは建設の時間を繰り上げるだけではなく、環境保護部門の事後認可を強要することになる。第二に、「三同時」の段階で、環境保護監督管理が厳格でないことを利用し、環境保護施設の建設と稼働義務を故意に逃避し、または完成検査の際に環境保護部門を騙して許可を得、環境保護投入を減少する。第三に、排汚の申告または登録、現場検査などの段階で、隠し、ごまかし、またはデータを偽造して環境保護部門の信頼を獲得し、排汚費や超過排汚費を免れ、違法処罰を逃避する目的を遂げる。第四に、無断で闇の排水管を設置し、環境保護部門の期限内改善の命令を執行せず、違法な収益を獲得しつづけることである。解決方法としては、処罰条項の強化と違法行為責任を追及する統一的かつ共通の条項を確立することである。効果的な処罰手段として日罰制を挙げる。

【司法】

⑩司法手段の効果的な運用と環境公益訴訟

　30年来の環境保護立法をみると、政府の環境保護行政機能の指導思想は、司法手段の活用による環境保護理念よりはるかに高い。したがって、環境保護行政が司法審査の問題に直面する時、汚染被害者に司法救済のニーズがある時、または深刻な汚染行為に刑事制裁を与えなければならない時に、環境

保護法の司法条項が欠落する問題に直面する。このため、法律責任の章においてできるだけ多くの法律効果規定を設けることなどにより改善し、多くの司法手段を活用して環境を保護する必要がある。

　環境法関係は管理者と管理される主体間の行政管理関係以外に、環境汚染・破壊者と被害者間の民事関係が多くあり、環境行政規制などの方法では解決できないものである。したがって、環境と資源保護の基本法として、環境保護法が確立する基本的な法制度とその体系は社会法的属性を示すべきである。現行の環境保護行政管理制度を改革するとともに、義務より権利を強調し、公民の合法的な環境権益を以て環境の開発・利用行為に対抗する条項を追加すべきである。ここ数年、環境保護法廷と環境保護審判廷の設立は行政と専門裁判の補充・強化の目的を初歩的に実現した。最高人民法院は汚染被害者の提訴と、環境保護部門が国家を代表して賠償請求の訴訟を支持する意見を公布した[14]。これを受け、改正では特別法規範として公益訴訟の提起を規定しなければならない。すなわち、環境保護部門とその他の環境保護監督管理部門が国家を代表して環境汚染や生態破壊の賠償を請求する訴訟や公民・環境保護団体または検察機関が原告となる環境公益訴訟の提起を認めるべきである。

　これら専門家の意見のほか、環境保護民間組織の中華環境保護連合会は、2011年9月に制定された全国人大環境資源委員会の環境保護法改正案（草案稿）に対して、2012年1月～2月にかけて、環境法の専門家、裁判官、弁護士に意見聴取を行い、環境保護法改正をテーマとした研究討論会を開催している。これを受けて以下のような建議を取りまとめている[15]。

①時代の要求を体現し、環境法の独自性を突出させる

　経済の急速な発展に合わせ改善に重点を置き、改善により防止を促進する。環境と経済の両立、持続可能な発展の道を歩む。保護の優先と全体への配慮、現地に適合した系統管理、汚染者負担の原則の実現など。

②制度的に公衆環境権益の実現を保証する

　国民の環境権と訴訟権の規定、環境公益訴訟の規定の追加

③政府の監督責任と責任追及の強化

　環境質量の低下、大規模環境汚染事故や集団暴動事件などを引き起こした

政府責任者に対して一票否決制を実行し、昇進や評価を停止する。
④汚染物排出の「基準遵守合法」から「悪化させない」原則への転換
　環境質の基準が経済発展の現状と条件に合わせすぎているため、基準に適合しても深刻に健康を害したり、生態環境を破壊したりする現象がおきている。改善のための法律根拠が必要である。
⑤環境監督体制の整理と生態システム全体の需要の満足
　自然資源保護の様々な部門による監督管理、分級管理、二重指導を改善するため、地方管理機構を整理し、省級政府については環境保護部門とその他部門による二重管理は止むをえないが、市・県級政府の場合は環境保護部門が直接管理すべきである。
⑥関連制度についての法律の整合性改善
　環境影響評価法の「後評価」の問題を改善するなど、環境保護法と環境影響評価法とを整合させ解決する。海洋環境保護法の公益訴訟制度の規定や刑法改正案の重大環境汚染事故罪との整合。
　以上のように専門家からは様々な意見が提案されたが、全国人大常務委は、2012年8月31日に環境保護法改正案（草案）を公表し、意見募集を始めた[16]。専門家の間で議論のあった1条の法の目的については現行法のままとなった。主な改正内容は以下のとおりである。
・監督管理を行う部門に海洋、漁業、交通、鉄道などの行政部門を追加
・環境監測を詳細に規定
・生態環境保全を詳細に規定
・総量規制制度を詳細かつ強化して規定、環境質量が基準に達していない重点区域、流域や国の重点的総量抑制基準の区域についてはアセスメントを停止
・農村環境保全の規定を強化
・排出基準を超過した場合の期限内改善計画の企業による策定
・現場検査の内容の列挙
・情報公開の強化
・政府と環境保護部門、その責任者の環境保護目標責任性と審査評価
・環境保護目標の達成状況の人大への報告

このように行政監督や責任強化をはかる内容となっている。一方で、研究者など専門家が強く主張していた日罰制[17]や環境公益訴訟の導入[18]に関する条文は見当たらず、見送られた。環境公益訴訟については後述する。

第3節 環境紛争の解決

　環境汚染や破壊に起因した集団行動事件が増えている中、いかに被害者の納得する合理的な解決に導くかは、中国の環境ガバナンスにとってきわめて重要な課題である。課題克服にはいったん発生した環境汚染・破壊事件について、救済のための制度が整備されており、有効に機能しているかどうかの考察が必要である。

　本節では、まず問題解決のための裁判外手続きを紹介する。次いで、環境民事責任の成立要件をめぐる議論を概観し、これらを通じ被害者救済のための制度について考察する。最後に環境公益訴訟の現状と課題について検討する。

1　裁判外手続き
(1) 行政調停

　中国では、調停や仲裁などの非訴訟方式による各種の紛争解決制度が広範に利用されており、中国の環境紛争のうち75％以上が各種調停により解決されている[19]。このうち行政調停は、「特定の機能を持つ行政機関が法律に基づき、所管事項に関する特定の民事・経済に関する紛争事件につき調停を行う活動」であり。基層人民政府の司法助理員による調停が主なものとされる[20]。

　環境汚染・破壊による民事責任については、環境保護法41条が「環境汚染の危害をなしたものは、危害を排除する責任があり、かつ直接損害を受けた単位（組織）または個人に対して損失を賠償する」（1項）と規定し、さらに「賠償責任と賠償金額の紛争については、当事者の請求に基づき環境保護行政主管部門または法律で環境監督管理権を行使できるとされた部門により処理される。当事者が処理決定に不服がある場合は、人民法院に対して提訴することができる。当事者が人民法院に直接提訴することもできる」（2項）

と定める。これにより調停の結果に不服がある場合は人民法院に提訴できる。ただし、これは行政機関を被告とした行政訴訟でなく、あくまでも当事者間の民事訴訟であり、最終的な執行力は司法権に留保されている。

(2) 信訪（陳情）

中国では、住民が紛争解決制度に頼らず、直接に共産党、行政、立法機関に陳情することが制度として認められており、「信訪」と呼ばれる[21]。

制度の沿革としては、1930年代に江西省の中華ソビエトの時代に党員に対する監視の手段として腐敗摘発制度が設けられたことに始まり、中華人民共和国建国後の1951年6月7日に当時の政務院が「人民の来信来訪の業務に関する決定」を公布し、1957年には、「人民の来信来訪の業務に関する指示」を公布している。後者の「指示」では、信訪の性質、機能について、人民の要望等は人民の民主権利であるとするとともに、人民が政府の活動を監督する一種の方法とすると規定された[22]。しかし、この制度は簡便に利用できる反面、信訪機関は裁決権を持たない単なるあっせん機関に過ぎず実効性が期待できないとの指摘がなされてきた（天児1999）[23]。

信訪を位置づける条例は、上級への信訪防止と、過激行為の禁止、処罰強化等による秩序維持を主眼に1995年に制定されたが、信訪件数の増加、とりわけ過激かつ違法な信訪が増加したことに対処するため2005年に改正されている。現行信訪条例は、信訪を「公民、法人またはその他の組織が書面、電子メール、ファックス、電話、訪問等の形式で、各級人民政府、県級以上人民政府の業務部門に事情を訴え、建議、意見または苦情請求を提出し、関係行政機関が法により処理する活動」（2条）と定義している。改正の内容としては、指導者が直接応対日を設けたり、直接訪問したりする制度を規定していること（10条）、違法な集合、交通阻害などを禁止し秩序維持をはかることなど（20条各号）を定めている。一方、旧条例にあった精神病者、違法・不当行為者の収容送還規定は、2003年の弁法制定により削除されている。しかし、依然として収容送還や労働矯正がおこなわれていると指摘されている[24]。

信訪には、情報伝達、政治参加および紛争解決の三つの機能があるとされるが、近年は紛争解決に重点が置かれているようである。毛利和子は、改革

開放の波をかいくぐって60年間も生き続けるのはなぜかという問いを発し、三つの機能を代替する機能がないこと、共産党、立法、行政、司法、公安などあらゆる分野にまたがっており解きほぐしが難しいこと、官に善政と慈悲を期待する政治文化が濃厚なことを挙げている[25]。

このような信訪制度について、松戸庸子は、三つのパラドクスが生じているとする[26]。第一は、政治監督、情報伝達機能の委縮と権利救済機能への偏倚という。制度に頼らない最終的な解決への住民の期待が大きいことである。第二は、陳情制度の低い効用である。ある中国人研究者による研究における解決率0.2%という数字を挙げ、いわば出口のない手続きとなっているという。信訪条例は、「法により訴訟、仲裁、行政不服申し立てなどの法定手続きにより解決しなければならない請求については、信訪人は法律、法規規定の手続きに従って関係機関に提出しなければならない」(14条2項) と規定しているが、他の法定手続きに頼る住民はきわめて少ない。第三は、陳情者への報復や処罰である。この背景には、信訪を現地で解決するという属地管理の原則も関係している。住民のほうは「包青天」[27]を期待し越級陳情を志向する。地方政府の方は一票否決制のもとで、陳情件数が増えることが社会治安指標のマイナス評価につながるためこれを極力抑えようとする動機が働く。このため地方政府による北京からの連れ戻し、暴力的手段による弾圧が頻発することになる。

環境保護分野についても、条例改正を受け2006年に「環境信訪弁法」が部門規章として制定されている。弁法では、「環境信訪」を「書面、電子メール、ファックス、電話、訪問等の形式で」、「建議、意見、陳情」を行うことと定義されている（2条2項）。条例では、いかなる組織、個人も信訪人に報復をしてはならないと規定し、これに違反した場合は、行政処分、刑事責任が追及されることとなる（条例3条3項、46条）。なお、弁法では、特に、環境保護部門と職員の信訪者に対する報復を禁じている（弁法3条2項、40条3項）。環境問題に関する信訪についても前述のとおり同じようなパラドックスが存在しているものと推測される。

しかし、筆者が西安市環境保護局幹部職員とともに行った座談会[28]では、汚染事業者の告発・取り締まりという点で情報伝達や政治監督の機能も比較

的によく果たされていることをある程度確認できた。環境分野に限定されたものであるかもしれないが、以下に彼らの発言内容の概要を記す。
・来訪や書信は少なく、電話（12369専用電話）、メールによるものが多い[29]。
・苦情の電話受付けについては2006年に苦情処理センターを設けた。センターには法律等について研修を受けた16人の職員がいる。現在まで約15万件の電話を受け付けた。9万件が苦情で、残りは説明を求めたり相談したりするものである。9万件の苦情のうち、騒音が7割を占める。
・市と区と二つのレベルの解決ルートがあり、重大な案件は市で対応する。通常、区か県の環境保護局が受け付け、調査し、処分結果を申し出人に回答する。汚染排出物が基準を超えれば改善を指示するとともに、過料を徴収する。
・行政の調停で解決することが多い。裁判まで至るものは極めて少ない。行政機関は間に入って雰囲気作りをするが、企業に賠償させる権限はない。

2　環境民事責任

環境汚染や破壊による民事責任に関して、中国法はどのように定め、どのような議論があり、どのような問題が残されているかを検討する。

中国では、1986年に民法通則が制定され、無過失責任制度が確立された。同法106条3項は、「過失（原語は「過錯」[30]）がないが法律が責任を負わなければならないと規定している場合は、民事責任を負わなければならない」と規定する。また、同法124条は、「国家の環境保護汚染防止の規定に違反して環境を汚染し他人に損害を与えた場合は、法により民事責任を負わなければならない」と規定する。一方、環境保護法41条1項は、「環境に汚染をなし危害を与えた場合は排除する責任があり、かつ直接損害を受けた単位（組織）または個人に損失を賠償する」と定め、他の個別汚染防止法も同様の規定を置いている。北京大学の汪勁は、これらの規定の違いは過失、違法性の要否であったとし、司法機関は実例に適用できず、多くの環境汚染賠償事件を適正に処理できなかったため、2009年に制定された侵権責任法（不法行為責任法）は、「環境汚染責任」の章を設け、環境保護法の規定の原則を「環

境を汚染し損害をなした場合は、汚染者は不法行為責任を負わなければならない」(65条) と重ねて示したとする[31]。

環境民事責任成立の要件としては過失の有無、違法性、損害結果、因果関係があげられる。本稿では、上記のような法律の制定を踏まえ、特に議論が活発な過失の有無、違法性を中心に中国での議論を紹介する。また、因果関係(挙証責任)にも触れる。なお、紙幅の関係から、これらの要件すべてを必要とする4要件設、過失を不要とする3要件説および過失、違法性を不要とする2要件説があるが、ここでは取り上げない[32]。

(1) 無過失責任

環境民事責任の性質について、中国では無過失責任説、過失責任説、過失責任・無過失責任説に分類される[33]。通説である無過失責任説は、環境の汚染は現代工業化の産物であること、被害者が加害企業の故意・過失を証明することが困難であること、被害者救済に資することを主な理由とする。これに対し過失責任説に立つ王成は、民法通則124条と環境保護法41条1項は、相互協調、補充の関係にあるとし、民法通則124条は不法行為の構成要件であり、国の環境保護汚染防止の規定に違反し環境を汚染し他人に損害を与えた場合は、民事責任を負わなければならないとするが、どのような民事責任かについては規定していないとする。一方、環境保護法41条1項が、環境を汚染し危害をなした場合は、危害を排除する責任があり、直接損害を受けた単位(組織)または個人に対して損失を賠償すると規定しているが、責任形式を規定しただけで不法行為の構成は規定しておらず民法通則124条の補充であり、両者は一般法、特別法の関係にないとする。そして、民法通則124条の「国の環境保護汚染防止の規定に違反」というのは、過失の客観化の表現であるとし環境不法行為は過失責任であるとする。仮に行為が環境保護汚染防止の規定に合致しているが重大な損失が生じた場合は、行為者は公平原則に照らして責任を負うことになるとする[34]。

さらに、法律に無過失責任に関する特別の規定がある場合のみ無過失責任を適用し、特別規定がない場合は過失責任を適用すべきであるとする説も主張されている[35]。このほか、呂忠梅は、無過失責任の原則を確立すべきとするが、民法通則と環境保護法とも無過失責任を確立していないとしてい

る(36)。

(2) 違法性

日本においては、損害賠償請求訴訟において「違法性がある権利・利益侵害」があれば責任が発生すると理解されており、被害者の損害は、経済的損失である財産的損害と精神的・肉体的苦痛である非財産的損害に区別されている。違法性の判断要素は、損害の性質・内容、加害行為の内容と程度、加害行為の行政的基準遵守状況、損害防除施設の設置状況、加害者と被害者の先住後住関係などを総合的に比較衡量し、個別の事件に照らし、受忍限度が判断され、それを超えるような加害行為が違法と評価される(37)。

中国では、民法通則124条、環境保護法41条１項、侵権責任法65条の文言の違いにより環境法学者を中心とした違法性不要説と裁判官を中心とした違法性必要説の対立がある。違法性必要説についても３種類ある。①環境保護に関する法律法規に違反したことが違法とする形式的違法説、②法律法規に違反したもののみでなく法の原則、精神に違反したものも含まれるとするもの、③損害があれば違法とするものに分かれる。③はほとんど違法性不要説と変わらないことになる(38)。違法性不要説の理由は、①違法性要件自体が議論のある曖昧な概念であること、②違法性要件の設定自体が被害者の保護に不利であること、③適法行為であっても損害を生じさせれば不法行為責任を負わなければならないことを挙げている(39)。

(3) 因果関係（挙証責任の転換）

環境汚染に関する損害賠償請求訴訟については、1992年に最高人民法院が「中華人民共和国民事訴訟法適用に当たっての若干問題に関する意見」を提出し、原告が提出した権利侵害の事実を被告が否認する場合は、被告が挙証責任を負うとした。また2001年12月31日の最高人民法院「民事訴訟の証拠に関する若干の規定」では、「環境汚染により引き起こされた損害賠償訴訟は、加害者が法律の定める免責事由およびその行為と損害結果との間に因果関係が存在しないことにつき挙証責任を負う」と規定している（４条１項３号）。この挙証責任の転換は、2004年に制定された固体廃棄物汚染環境防治法に盛り込まれ、2008年の水汚染防治法の改正でも規定された（87条）。改正水汚染防治法には、このほか水質汚染事故の場合の過料の大幅な引き上げ（83

条)、共同訴訟の場合の代理訴訟 (88条) など、被害者に有利な条項が盛り込まれている。しかし、裁判官は鑑定結果に依存しすぎ、挙証責任転換の採用は半分程度にとどまっているとの指摘もある[40]。

結局、侵権責任法は、挙証責任に関して、「環境汚染により発生した紛争については、汚染者が法律に規定された責任を負わないか、責任軽減の事情の存在および行為と損害の間の因果関係がないことを汚染者が立証しなければならない」と規定し、訴訟の場合の原告の挙証責任の完全な転換がはかられた (66条)。ただし、損害の発生、加害行為の存在に関しては依然として原告側が挙証責任を負うと解されているが、裁判実務ではこの強力な効果のため加害者側と被害者側のバランスを考え挙証責任の転換に踏み切れていないといわれている[41]。さらに、同法は複数の汚染源が存在する場合について、汚染者の責任の大小は汚染物の種類と排出量等により確定される (67条)。さらに、第三者の過失により環境が汚染され損害が生じた場合は、汚染者、第三者の不真正連帯責任とされ、被害者はいずれに対しても損害賠償を請求できることとされた。汚染者は賠償した後、第三者に追徴することができる (68条)。

3　環境公益訴訟

環境汚染や破壊は被害者の財産や健康に負の影響を与えるが、同時に生態環境を破壊し、国や一般の民衆にとっても大きな社会的損失である。しかし、このような場合に公的機関や住民が加害者を相手に損害賠償訴訟を提起できるかということについては、原告の具体的な利害関係が要求され必ずしも肯定されてこなかった。中国においてもこの原告資格をどうするかということが最も大きな問題である。

中国では、環境公益を保護し開発行為の侵害を受けないため、各地で地方立法と人民法院に設置された環境法廷 (原文「環保法廷」) の場で、環境公益訴訟が試行的に行なわれている。1989年に武漢市中級人民法院が礄口区人民法院に環境法廷を設けたことに始まるが、環境保護部門の行政決定を円滑に執行することを目的としたため、司法と行政の混淆として最高人民法院は取り消すよう建議した。しかし現在までに15省、77の人民法院に環境法廷が設

立され、貴州、海南、江蘇、雲南、重慶で環境公益訴訟の受理が可能となっている。そして、公開されているだけでも既に23件の環境公益訴訟がおこなわれている[42]。

現在、中国の環境法廷は、環境保護合議廷（高級法院が主）、環境保護審判廷（中級法院が主）、環境保護法廷と環境巡回法廷（基層法院を主）の4種からなる。これらの法廷では、刑事、民事、行政の三審合一（三合一）方式を実施している[43]。

しかし、現行行政訴訟法と民事訴訟法は、原告の資格に厳しい制限を設けているため、法的根拠がない状態となっている。行政訴訟法41条は、原告は具体的な行政行為によりその合法権益が侵害された公民、法人または組織とされ、1999年11月の最高人民法院の解釈[44]も具体的な行政行為と法律上の利害関係のある公民、法人またはその他組織は行政訴訟を提起できると定める。また、民事訴訟法108条も、原告の資格を本案と直接の利害関係を有する公民、法人、その他の組織としていた。このような中で、2010年に最高人民法院から「経済発展方式の転換を加速し司法保障とサービスを提供するための若干の意見」に関する通知が公布され、環境保護法廷の設置と環境保護部門による環境公益訴訟の受理の必要性が謳われた。

なお、中国では自然資源が国家所有とされていることから、検察官や環境保護部門が環境公益訴訟を提起することは是認できるが、一般の公衆が提起できるかについては理論上疑問が呈されていた[45]。しかし、8月31日に全国人大常務委は、民事訴訟法の改正を決定し、改正法55条において、「環境を汚染し多くの消費者の合法権益等を侵害し社会の公共利益を損なう行為については、法律に規定する機関と関連組織は人民法院に訴訟を提起できる」と規定し、立法的に解決が図られた[46]。これによりまず、個人の提訴は排除された。次に、「法律に規定する」関連組織に、環境NGO・環境関連団体は含まれるかどうかということについて、社団登記管理条例や民弁非企業登記管理暫行法は行政法規であるため基本的に排除されることとなる[47]。しかし、既に中華環境保護連合会が原告となった公益訴訟は6件受理され勝訴判決[48]も出されており、今後の裁判での動向を見守る必要がある。

おわりに

　30年に亘り整備されてきた中国の環境法体系は、当初は計画経済体制の色彩を色濃く残す行政主導型のものであったが、市場経済体制の導入・本格化とともに、次第に社会の様々な主体の役割が認識され、多様な政策の導入により環境問題の解決を図るべく模索されている。本稿で取り上げた環境保護法の改正議論は、その根幹となる基本法をめぐって行われており、中国環境法の到達点と限界を探るのに格好の材料である。中国の環境保護法は、日本の環境基本法のように環境政策推進にあたっての基本理念を定めるのみならず、具体的な政策や法律責任を定めるところに特色がある。今回の改正における中心の論点は、政策の実効性の確保のための罰則強化（日罰制など）、行政監督の強化および公衆参加（環境公益訴訟）の推進であったといえる。日罰制は企業への足かせになること、環境公益訴訟の拡大については濫訴に対する警戒感から立法者からは慎重な態度が示されており、最終の改正案には盛り込まれていない。その背景には、企業への厳しい制裁や原告適格の拡大による経済活動への影響に対する懸念や環境NGOに対する警戒感があるものと思われる。

　一方、環境紛争の解決については、信訪などにより共産党・政府による解決を求める傾向が依然強いが解決率は極めて低く、必ずしも有効に機能していないことが明らかとなった。ただ、日常的な公害苦情については、近年はネットや電話を通じた情報伝達機能や解決機能を一定程度果たしており、地方政府の政策と矛盾しないケースについてはある程度機能していることを確認できた。司法については、侵権責任法の制定により、無過失責任が確立されたと解されている[49]。挙証責任の転換も含め、被害者救済に有利な条項が制定されたものの、今後はこれをどのように裁判実務で適用していくかが課題である。また、環境公益訴訟については、原告適格をどう認めていくかという視点で注目され、今般の民事訴訟法改正において「法律に規定する機関と関連団体」が認められたのは評価できるが、運用により狭く解されるおそれは依然残されている。

近年、以上に述べたような制度の改善がはかられているが、中国環境法が抱える問題は法設計もさることながら、経済発展志向の下で共産党や行政の裁量にゆだねられる部分が多いため、法政策の執行とガバナンスをどう改善していくかがより肝要である[50]。その意味で、深刻化する環境問題解決のためには、環境保護を前提とした行財政執行に対する監督システムの確立、幹部人事制度や地方財政制度の改革、実質的公衆参加の拡大など、政治制度や行政体制にまで踏み込んだ大胆な改革が必要なように思われる。

(1)　北京大学・汪勁教授報告（「中国の環境法政策と環境ガバナンスに関する日中国際シンポジウム」2010年 9 月）。
(2)　本節の記述は、汪勁『環境法学（第二版）』北京大学出版社、2011年、46頁以下および北川秀樹編著『中国の環境問題と法政策―東アジアの持続可能な発展に向けて―』法律文化社、2008年、 8 頁以下による。
(3)　「規劃」は長期の計画をさす。
(4)　汪勁「中国『環境保護法』の効果的な一部改正に関する考察」『龍谷政策学論集』 1 巻 2 号、2011年、51頁。
(5)　王樹義「関於中華人民共和国修改問題的幾点思考」『法学評論』2004年 6 期、103頁。
(6)　汪勁「論我国環境保護法的現状和修改定位」『法制與管理』2003年 6 期、 8 頁。
(7)　王曦、陳維春「浅論環境基本法的立法目的」『法学論壇』2004年 5 期、28頁。
(8)　王曦「論我国環境法的修改與政府環境保護公共職能的統一性」王曦主編『国際環境法與比較環境法評論』上海交通大学出版社、2008年、201頁。
(9)　竺効「環境保護法修改中的法律目的条款探究」『河南大学学報』45巻 3 期・42頁、 4 期・71頁。
(10)　王燦発・伝学良「論我国環境保護法的修改」『中国地質大学学報』11巻 3 期、2011年、29頁。伝学良・王燦発「〈環境保護法〉修改之我見」中華環保連合会主弁『中国環境法治2011年巻（下）』法律出版社、2012年、 7 頁。
(11)　王曦「環保法修訂応為環保事業主体的有効互動村干部奠定法律基礎」『環境保護』2011年11期、38頁。
(12)　汪勁・前掲2011年、52頁。
(13)　「訳注」：「三定方案」（国務院部門三定規定）は国務院部門の主要職責、内部設置機構、人員編制規定の略称、法律効力を持つ規範性文書であり、国務院部門が職能を履行する重要な根拠で

ある。主に職責調整、主要職責、内部設置機構、人員編制、その他事項、付則の六部分がある。(「中央編弁負責人就国務院部門三定工作答人民日報、新華社記者問」http://www.scopsr.gov.cn/gwysd/wj/201002/t20100202_12109.htm、2012年1月6日閲覧) による。

(14) 最高人民法院「関於為加快経済発展方式転変提供司法保障和服務的若干意見」2010年6月29日。

(15) 「中華環保連合会関於〈中華人民共和国環境保護法修正案〉草案的建議」中華環保連合会主弁『中国環境法治2011年巻(下)』2012年、55頁。

(16) 全国人民代表大会ウェッブページ (http://www.npc.gov.cn/npc/xinwen/lfgz/flca/2012-08/31/content_1735713.htm、2012年9月26日閲覧) より。

(17) 日罰制をめぐる議論については、林燕梅、成功 ""按日計罰" 条款未能進入環境保護法修正案 (送審稿) 的法律分析」中華環保連合会・前掲11頁参照。

(18) 改正案 (草案) 公表に先立ち、中華環境保護連合会が主催して、2012年2月に行われた「環境保護法改正テーマ研究討論会」において、全国人大環境資源委員会の汪光燾主任委員は、「民事訴訟法では関連内容の追加を議論している」が、「いくつかの地方政府と関連部門は公益訴訟は限定的であるとともに広範性を備えておらず、環境保護法に専門規定を設けるかどうかについてはなお一層の検討を要する」と発言している。(「環境法修改専題研討会専家意見摘録」中華環保連合会・前掲204頁。)

(19) 裁判外の調停としては、ほかに民事訴訟法89条3項による法院調停、相隣関係の紛争解決のための人民調停 (2010年に「人民調解法」制定) があるがここでは言及しない。

(20) 奥田進一「中国の環境汚染侵害責任法制に関する一考察」新美育文・松村弓彦・大塚直編『環境法体系』商事法務、2012年、1103頁。

(21) 「信訪」は、来信と来訪の合成語であり、日本語の陳情以外に直訴や請願も含むものである。このため、本稿では原語のまま用いた。

(22) 但見亮「陳情への法的視点—制度の沿革および規定上の問題点」毛利和子・松戸庸子編著『陳情』東方書店、2012年、4章109頁。

(23) 天児慧他編『岩波現代中国辞典』岩波書店、1999年、578頁。

(24) 但見・前掲127頁。

(25) 毛利和子「陳情政治—圧力型政治体系論から」毛利・松戸前掲書、序章20頁。

(26) 松戸庸子「陳情制度のパラドクスと政治社会科学的意味」毛利・松戸前掲書、8章228頁。

(27) 「包」は明代の清廉な裁判官・包拯のことで、「青天」は問題が一気に解決されることを指す。指導者の公平な解決のことをいう。

(28) 2012年8月27日、於西北大学。西安市環境保護局副局長、法規処長をはじめ6名の職員が参加した。

(29) インターネットを通じた苦情処理と回答が行われている。西安市環境保護局ウェッブページ (http://www.xaepb.gov.cn/ptl/def/def/index_982_2522_ci_type_complain.html 2012年9月26日閲覧) より。

(30) 日本民法の「過失」とほぼ同一概念のものとして理解する説と故意を包摂した独自の概念として理解する説がある。(奥田・前掲書、1090頁)

(31) 汪勁『環境法学 (第2版)』北京大学出版社、2011年、281頁。

(32) 櫻井次郎「中国における環境法の執行と司法の役割」北川秀樹編著『中国の環境法政策とガバナンス』第3章、晃洋書房、2012年、81頁。
(33) 文元春「中国における環境民事責任の現状と今後の課題」環境法政策学会編『環境法政策学会誌第16号　原発事故の環境法への影響』2013年7月刊行予定。
(34) 王成「環境侵権行為構成的解釈論及立法論之考察」『法学評論』2008年第6期、89頁。
(35) 文・前掲。
(36) 呂忠梅『環境法学』法律出版社、2004年、181頁。
(37) 北村喜宣『環境法』弘文堂、2011年、201-202頁。
(38) 汪・前掲286頁。
(39) 文・前掲。
(40) 呂忠梅・張忠民・熊暁青「中国環境司法の現状調査―判決文をもとに―」『龍谷法学』43巻3号、2011年、1263頁。
(41) 文・前掲。
(42) 北京大学座談会（2012年9月21日）における中華環境保護連合会・馬勇督査訴訟部長報告。
(43) 汪勁・前掲309頁。なお、これに執行部門が加わった「四合一」という方式もある。
(44) 最高人民法院「関於執行〈中華人民共和国行政訴訟法〉若干問題的解釈」12条。
(45) もっとも、汪勁は、環境保護部門の職責履行と不法行政行為の改善のための環境行政訴訟のほかに、国家に代わって公衆が環境民事賠償訴訟を提起することができるとする。（汪勁・前掲書、313頁）
(46) 全国人民代表大会ウェッブページ（http://www.npc.gov.cn/npc/xinwen/2012-09/01/content_1735841.htm 2012年9月26日閲覧）より。
(47) ただし、2年以内に出される最高人民法院の解釈により容認される可能性は残されている。（北京大学座談会（2012年9月21日）における北京大学法学院・劉哲瑋講師談）。
(48) 2010年に、貴州省定扒造紙工場を被告に提起した環境公益訴訟において、生産停止を命ずる判決がなされている。（前掲北京大学座談会での馬勇部長報告）
(49) 王利明・周友軍・高聖平『侵権責任法疑難問題研究』中国法制出版社、2012年、522頁。
(50) 北川秀樹編著『中国の環境法政策とガバナンス』晃洋書房、2012年、序章27頁以下参照。

本章は、科学研究費補助金（基盤研究（A））「中国の地方政府における環境ガバナンスと環境紛争解決機能の向上に関する研究（研究代表者：北川秀樹、平成23～26年度）の成果である。

西村幸次郎先生 略歴・主要研究業績

西村幸次郎先生　略歴

1942年5月1日　　秋田県雄勝郡（現湯沢市）横堀町に出生

I　学歴

1949年4月	秋田県雄勝郡横堀町立小学校入学
1955年3月	同校卒業
1955年4月	秋田県雄勝郡横堀町立中学校入学
1958年3月	同校卒業
1958年4月	秋田県立横手高等学校入学
1961年3月	同校卒業
1961年4月	早稲田大学第一法学部入学
1965年3月	同大学卒業　法学士
1965年4月	早稲田大学大学院法学研究科公法学専攻修士課程入学
1967年3月	同大学大学院修了　法学修士
1967年4月	早稲田大学大学院法学研究科公法学専攻博士課程入学
1970年3月	同大学大学院単位修得退学
1992年1月	大阪大学より博士（法学）を取得

II　職歴

1970年4月	早稲田大学比較法研究所助手（～1973年3月）
1973年4月	同大学専任講師（～1975年3月）
1975年4月	同大学助教授（～1980年3月）
1980年4月	同大学教授（～1990年3月）
1990年4月	大阪大学法学部教授（～1999年3月）
1998年4月	一橋大学法学部併任教授（～1999年3月）
1999年4月	同大学大学院法学研究科教授（～2006年3月）
2006年4月	同大学名誉教授
2006年4月	山梨学院大学法学部教授（～2007年3月）
2007年4月	同大学大学院法務研究科（法科大学院）教授（～2013年3月）
2013年4月	同大学大学院客員教授（～現在）

学外兼担講師（就任順及び年度）
立教大学法学部（1974、1976、1978、1983、1985各年度）
和歌山大学教育学部（1978年度）
名古屋大学大学院法学研究科（1978年度）
一橋大学法学部（1989年度～1997年度）
早稲田大学大学院法学研究科（1990年度～1992年度）
愛媛大学法文学部・大学院法学研究科（1990年度）
関西学院大学法学部（1992、1994、1996各年度）
立命館大学法学部（1993年度～1998年度）
大阪国際大学政経学部（1995年度～1998年度）
甲南大学法学部（1996年度～1998年度）
金沢大学大学院法学研究科（1999年度）
亜細亜大学法学部（1999年度～2012年度）
中央大学法学部（2001年度～2005年度）
山梨学院大学大学院法務研究科（2005年度）
一橋大学法学部・大学院法学研究科（2006年度～2007年度）

客員教授
2003年9月　　中央民族大学法学客員教授（～2006年9月）

Ⅲ　学会および社会における活動

　日本現代中国学会、比較法学会、「社会体制と法」研究会（旧社会主義法研究会）、民主主義科学者協会法律部会、中国現代史研究会、現代中国法研究会、憲法・政治学研究会等に所属

1978年10月	日本現代中国学会理事（～2002年10月、事務局長（1982年10月～1985年12月）、常任理事（2000年10月～2002年10月）、顧問（2012年10月～現在））
1991年6月	「社会体制と法」研究会（旧社会主義法研究会）運営委員（～2004年6月）
1975年6月	早稲田大学教員組合書記次長（～1976年6月）
1981年10月	早稲田大学憲法懇話会事務局長（～1987年9月）
1994年6月	日中人文社会科学交流協会評議員（～2000年6月）
1997年12月	関西日中経済協会「政治経済動向研究会」研究員（～1998年3月）
2000年4月	大学基準協会相互評価委員会専門評価分科会委員（～2001年3月）
2003年4月	「中国民族法制の総合的研究」（日本学術振興会科学研究費補助金（基盤

	研究（B））（海外学術調査））の研究代表者（〜2006年3月）
2004年8月	東京大学社会科学研究所業績評価者（〜同年10月）
2006年8月	日本学術振興会特別研究員審査員および国際事業書面審査員（〜2008年7月）
2007年8月	サイバー大学ピア・レビュー

IV 海外留学、視察、交流

　1979年3月29日、早稲田大学在外研究員制度によりロンドン大学東洋アフリカ研究学院（SOAS）にて研究に従事。この間、ヨーロッパ諸国、香港を訪問（〜1980年3月31日）。

　1981年10月29日、日中人文社会科学交流協会第2次学術交流訪中団に参加し、上海市社会科学院法学研究所、中国社会科学院法学研究所を訪問・交流（〜同年11月3日）。

　1986年7月23日、第5次関西日中法律交流協会代表団に参加し、上海、南昌、大連、北京を訪問。上海市対外経済律師事務所、中国社会科学院法学研究所、中国政法大学において交流。大連市労働教養処を視察（〜同年8月1日）。

　1987年9月7日、早稲田大学・復旦大学間の交換研究員として復旦大学において研究に従事。同大学法学部、上海市社会科学院法学研究所、北京大学において交流。上海市監獄を視察。北京、蘇州、杭州、海南島、広州、桂林、揚州を訪問（〜1988年3月7日）。

　1990年12月21日、文部省科学研究費補助金による研究課題「アジア諸国における諸民族の家族慣習と法政策」（国際学術研究）に参加し、海南大学において交流。通什市の黎族村、三亜市の回族村、臨高県の臨高人集落を視察（〜同年同月30日）。

　1991年10月27日、同上プロジェクトに参加し、海南島の黎族・苗族の集落を視察。広州市民族委員会・民族研究所、中山大学、深圳大学において交流（〜同年11月10日）。

　1994年7月17日、大阪大学法学部創立30周年記念基金により、北京、内蒙古自治区に出張。中国社会科学院法学研究所を中心に、内蒙古社会科学院、内蒙古大学において交流。オルドスの草原を視察（〜同年8月20日）。

　1998年1月5日、関西日中経済協会中国事情研究訪中団に参加し、上海、瀋陽、北京を訪問。経済体制改革委員会、労働局、中央党校において交流。宝山・鞍山製鉄所を視察（〜同年同月11日）。

　1998年11月3日、中央民族大学および中国司法部を訪問・交流（〜同年同月7日）。

　2000年7月23日、一橋大学後援会教官海外派遣奨学金により、内蒙古自治区を中心に青海省、甘粛省、寧夏回族自治区、陝西省、雲南省、四川省を訪問。内蒙古大学、蘭州大学、青海民族学院、雲南大学等において交流（〜同年9月24日）。

　2003年9月10日、日本学術振興会科学研究費補助金による研究課題「中国民族法制の総合的研究」により、中国人民大学、中央民族大学、青海民族学院、内蒙古大学、内蒙古財経学院において交流。青海省黄南蔵族自治州を視察（〜同年9月20日）。

　2003年10月30日、同上プロジェクトにより、西南民族大学、四川省民族委員会、四川大

学、復旦大学において交流（〜同年11月4日）。
　2004年8月14日、同上プロジェクトにより、貴州民族学院、道真コーラオ族ミャオ族自治県において交流（〜同年8月22日）。
　2005年3月25日、同上プロジェクトにより、雲南大学において交流。西双版納のダイ族の村を視察（〜同年同月31日）。
　2005年8月22日、同上プロジェクトにより、新疆大学、ホルンベルン学院、内蒙古民族大学、内蒙古大学、内蒙古警察職業学院において交流。カシュガル、大青溝（沙漠緑洲）等を視察（〜同年9月5日）。
　2005年10月22日、同上プロジェクトにより、広東省南沙自動車産業団地と深圳経済特別区を視察。広西法学会、広西大学、広西師範大学において交流・懇談。南丹の白褲瑶族の集落を視察（〜同年11月5日）。

西村幸次郎先生　主要研究業績

I　著書

i　単著
① 『中国における企業の国有化―政策と法―』成文堂、1984年
② 『中国憲法の基本問題』成文堂、1989年
③ 『現代中国の法と社会』法律文化社、1995年

ii　編著
① 『現代中国憲法論』（王叔文、畑中和夫、山下健次と共編）法律文化社、1994年
② 『福島正夫著作集：第5巻社会主義法』（藤田勇と共編）勁草書房、1994年
③ 『現代中国法講義』法律文化社、2001年（初版）、2005年（第2版）、2008年（第3版）
④ 『グローバル化のなかの現代中国法』成文堂、2003年（初版）、2004年（補正版）、2009年（第2版）
⑤ 『中国少数民族の自治と慣習法』成文堂、2007年

iii　翻訳書
① 『中国における法の継承性論争』（編訳）早稲田大学比較法研究所叢書12、1983年
② 『中国憲法概論』（董成美著）（監訳）成文堂、1984年
③ 『中国の家族法』（陳明侠著）（塩谷弘康と共訳）敬文堂、1991年
④ 『中国民族法概論』（呉宗金編著）（監訳）成文堂、1998年

iv　刊行協力
① 小野梓稿『國憲論綱・羅瑪律要』（福島正夫、中村吉三郎、佐藤篤士編・解説）早稲田大学比較法研究所叢書6、1974年の刊行作業に協力

II　論文

① 「中国における旧法不継承の原則」『法研論集』第4号、1969年
② 「官僚資本の没収法令について」『法研論集』第5号、1970年
③ 「民族資本家の生産手段所有権について」（幼方直吉編『現代中国法の基本構造』アジア経済研究所、1973年）
④ 「中国民族資本の保護育成と社会主義的改造」『比較法学』第8巻第2号、1973年
⑤ 「官僚資本国有化の法的構成」『現代中国』第48・49号、1974年
⑥ 「中国新憲法の若干の特徴―旧憲法との対比において―」『法律のひろば』第28巻第5号、1975年

⑦「在華外国資本の国有化」『社会主義法研究年報』第 3 号、法律文化社、1975年
⑧「中国における外国資本の国有化」(井上清、儀我壮一郎編『転換期の「多国籍企業」』ミネルヴァ書房、1977年)
⑨「中国における外国資本の国有化」『比較法研究』第39号、1977年
⑩「現代中国における国有化問題」(儀我壮一郎編『現代企業と国有化問題』世界書院、1978年)
⑪「中国革命と法」(『マルクス主義法学講座』第 4 巻、日本評論社、1978年)
⑫「中国78年憲法の論点—54年、75年両憲法との対比を通じて—」『比較法学』第13巻第 2 号、1979年
⑬「私と外国法研究—中国法研究の課題を考える—」(早稲田大学比較法研究所『比較法と外国法』、1979年)
⑭「中国新憲法の基本問題」『現代中国学会報』、1979年
⑮「中国における国有化」『比較法学』第15巻第 1 号、1981年
⑯「中国社会主義企業の特質」(儀我壮一郎編『公企業の国際比較』青木書店、1982年(同書は、韓国語に翻訳・出版された))
⑰「中国・新憲法草案の基本問題」『日中経済協会会報』第109号、1982年
⑱「中国における憲法改正の論点」『共産主義と国際政治』第 6 巻第 4 号、1982年
⑲「憲法改正の論点」『現代中国』第56号、1982年
⑳「中国における法の継承性」『比較法研究』第44号、1982年
㉑「中国憲法と「党政不分」」『比較法学』第16巻第 2 号、1982年
㉒「中国新憲法と「党政分工」」『日中経済協会会報』第115号、1983年
㉓「中国公民の基本的権利・義務—中国憲法史上の論点を中心に—」『比較法学』第17巻第 2 号、1983年
㉔「中国における法制度改革の現状と課題」『現代中国』第57号、1983年
㉕「中国公民の個人的所有権」『比較法学』第18巻第 1 号、1984年
㉖「中国経済特区の若干の問題」『社会主義経営学会研究年報』第10号、1985年
㉗「中国の憲法監督」『比較法学』第20巻第 2 号、1986年
㉘「中国の国家の性質—憲法的考察—」『比較法学』第21巻第 1 号、1987年
㉙「中国現行憲法の制定—「構成」・「序文」・「総綱」を中心に—」『比較法学』第22巻第 1 号、1988年
㉚「日中関係の若干の問題—国交回復15周年に思う—」『早大憲法懇話会ニューズ』第42号、1988年((中国語訳)「日中関係的若干問題—恢復邦交15周年的思考—」『国外法学』(北京大学)1988年第 2 期)
㉛「法の継承性」『社会主義法研究年報』第10号、法律文化社、1991年
㉜「追悼:福島正夫先生の研究と学風にふれて」『社会主義法研究年報』第10号、法律文化社、1991年
㉝「海南島の家族慣行と法」『阪大法学』第41巻第 1 号、1991年(同論文は、黒木三郎先

生古稀記念論文集刊行委員会編『アジア社会の民族慣習と近代化政策―黒木三郎先生古稀記念論文集―』敬文堂、1992年に再録された）
㉞「上海の社会と法」『阪大法学』第41巻第２・３号、1991年
㉟「日中不再戦―日中国交回復20周年に寄せて―」（田畑忍編『非戦・平和の論理』法律文化社、1992年）
㊱「中国における少数民族政策と家族法」（国際シンポジウム『アジアの伝統的慣習法と近代化政策』報告集、1992年）
㊲「中国少数民族の婚姻慣習と法」『阪大法学』第42巻第２・３号、1992年
㊳「1991年秋の海南島・広州・深圳―少数民族地域の社会経済事情を中心に―」『阪大法学』第43巻第１号、1993年
㊴「中国憲法の今日的問題」『阪大法学』第43巻第２・３号、1993年
㊵「日中合弁企業の現状と問題点―ルミエール社長・塚本俊彦氏に聞く―」『阪大法学』第43巻第４号、1994年
㊶「中国法の課題」『華夏』第３号、1995年
㊷「中国少数民族の自治権―1994年夏の北京・内蒙古紀行―」『阪大法学』第45巻第３・４号、1995年
㊸「日中関係の歩みと将来」（大阪大学編『21世紀に向けての法と政治』大阪大学放送講座、1995年）
㊹「中国と香港―“一国家二制度”を中心に―」（『1997年の政治と経済―日本・APEC・EU―』第29回大阪大学開放講座、1997年）
㊺「第15回党大会と中国の政治展望」（日中経済協会『21世紀中国―成功と危機の狭間で―』、1998年）
㊻「法制から見る中国の少数民族問題―『中国民族法概論』の翻訳と中央民族大学における交流を中心に―」『現代中國研究』第５号、1999年
㊼「中国民族法の現況―〝中西部〟小紀行―」『東方』第244号、2001年
㊽「海南島調査と中国民族法研究」（黒木三郎先生傘寿記念集刊行委員会編『旅する法社会学者：80年の軌跡―黒木三郎先生傘寿記念集―』東京紙工所、2002年）
㊾「グローバル化のなかの現代中国法」（獨協インターナショナル・フォーラム「東アジアにおける企業活動と法秩序」基調講演）『獨協国際交流年報』第18号、2005年
㊿「中国の憲法」（杉原泰雄編『憲法事典』青林書院、2008年）
(51)「中国民族法制の問題状況―動向と課題―」『山梨学院ロー・ジャーナル』第２号、2007年
(52)「中国の社会・法制事情と日中交流」『山梨学院ロー・ジャーナル』第７号、2012年
(53)「1970年代から80年代」（シンポジウム：日本現代中国学会60年を振り返る）『現代中国』第86号、2012年

III　その他

i　翻訳

① 「井岡山土地法」『アジア経済旬報』第732号、1968年
② 「法律の階級性と継承性」（楊兆龍著）『比較法学』第7巻第1号、1971年
③ 「法学理論戦線の戦闘的任務」（鉄光著）『比較法学』第9巻第2号、1974年
④ 「中国におけるブルジョア的権利論争」『比較法学』第12巻第1号、1977年、第13巻第1号、1978年
⑤ 「最近の中国における法の継承性論争」（杉中俊文、土岐茂、国谷知史と共訳）『比較法学』第15巻第2号、1981年、第16巻第2号、1982年
⑥ 「中国における法の階級性論争」（野沢秀樹と共訳）『比較法学』第16巻第1号、1982年
⑦ 「中国の法制と法学」（呉擷英講演）『比較法学』第17巻第2号、1983年
⑧ 「中国憲法の基本問題―「82年憲法」と「54年憲法」との比較―」（斉乃寛講演）『比較法学』第18巻第1号、1984年
⑨ 「中国の個人的所有権論争（1962年～3年）」（編訳）『比較法学』第18巻第2号、1984年
⑩ 「現代中国法の基本問題―法体系論を中心に―」（斉乃寛講演）『比較法学』第18巻第2号、1984年
⑪ 「中国経済特区の若干の問題について」（董成美著）『比較法学』第19巻第1号、1985年
⑫ 「中国公民の合法的収入試論」（唐慧敏著）（早稲田大学産業経営研究所『社会主義労働経済論』、1985年）
⑬ 「中国憲法学の今日的問題」（董成美講演）（通山昭治と共訳）『比較法学』第21巻第2号、1988年
⑭ 「中国郷政権建設における諸問題」（董成美講演）（通山昭治と共訳）『比較法学』第21巻第2号、1988年
⑮ 「各国憲法の保障制度および監督組織の比較研究」（于浩成著）『比較法学』第22巻第1号、1988年（早稲田大学比較法研究所30周年記念論文集に収録）
⑯ 「海南経済特別区の開発建設の初歩的成果と法律対策についての研究」（劉隆亨著）（周剣龍と共訳）（黒木三郎先生古稀記念論文集刊行委員会編『アジア社会の民族慣習と近代化政策―黒木三郎先生古稀記念論文集―』敬文堂、1992年）
⑰ 「中国少数民族の婚姻法「弾力規定」」（中島優子と共訳）『阪大法学』第44巻第1号、1994年
⑱ 「香港返還後の法的諸問題」（李昌道著）『阪大法学』第44巻第4号、1995年
⑲ 「憲政と中国」（李歩雲著）（永井美佐子と共訳）『阪大法学』第46巻第3号、1996年
⑳ 「中国憲法学の動向と課題」（韓大元講演）『一橋法学』第1巻第2号、2002年
㉑ 「新草原法講義」（施文正著）（廣江倫子と共訳）『一橋法学』第4巻第2号、2005年
㉒ 「中国都市住宅立退問題に関する法律的経済的分析」（馮玉軍著）（格日楽と共訳）『山

梨学院ロー・ジャーナル』第3号、2008年
ii　書評、資料、その他
① 「書評：針生誠吉『中国の国家と法』」『日本読書新聞』1971年3月15日
② 「資料：現代中国法令目録」（幼方直吉編『現代中国法の基本構造』アジア経済研究所、1973年）
③ 「書評：稲子恒夫『現代中国の法と政治』」『法律時報』第49巻第2号、1977年
④ 「将棋事始」（早稲田大学印刷所報『えんじ』第66号、1978年）
⑤ 「イギリスの将棋」（匿名）『将棋世界』1979年12月号
⑥ 「イギリスにおける中国法研究の現状」『早稲田大学広報号外』第926号、1980年
⑦ 「中国公民の権利・義務について」『日中人文社会科学交流協会交流簡報』第30号、1983年
⑧ 「将棋の心」『法学セミナー』1984年6月号
⑨ 「現代の良心と憲法」（早稲田大学憲法懇話会『私にとっての日本国憲法―早稲田大学憲法懇話会20周年記念―』、1984年）
⑩ 「学会回顧：社会主義法」『法律時報』第56巻第13号、1984年
⑪ 「資料：中国経済特区理論問題資料」『比較法学』第20巻第2号、1986年
⑫ 「法学交流の一端―法学研究所と政法大学を訪ねて―」（関西日中法律交流協会「法律交流」1987年3月号）
⑬ 「日中不再戦」（早稲田大学憲法懇話会『憲法と私たち』、1987年）
⑭ 「復旦大学の図書館」『ふみくら』第15号、1988年
⑮ 「中国憲法史研究」『早稲田大学広報号外』第2035号、1989年
⑯ 「教育とアジアの国際化」『教育時報』（秋田県教育委員会）第323号、1995年
⑰ 「事典項目執筆：中国の婚姻慣習と法、六礼」（比較家族史学会編『事典・家族』弘文堂、1996年）
⑱ 「中国で重要性増す少数民族の慣習法」『朝日新聞』1999年2月8日
⑲ 「現代的問題を提起する中国法文献」『東方』第224号、1999年
⑳ 「中国法の担当者として」『国立学報』第4号、1999年
㉑ 「法治建設十人談」（馬天山『中国的法治和法治的中国』中国人民公安大学出版社、2004年）
㉒ 「中国の少数民族の慣習法を現地調査」『秋田魁新報』（あきた人）2005年3月13日
㉓ 「賀衛方報告「中国の裁判所改革と司法独立」に対するコメント」（山梨学院大学法科大学院・行政研究センター編『中国、法治社会への転換』2005年）
㉔ 「桃源郷に赴任して」『ハムラビ会報』第11号、2007年
㉕ 「甲斐賛歌」『ハムラビ会報』第12号、2008年
㉖ 「中国との経済交流」『読売新聞』（山梨版）2009年4月28日
㉗ 「授業参観ノート」『山梨学院ロー・ジャーナル』第4号、2009年
㉘ 「悠久の大地を想う」『ハムラビ会報』第13号、2009年

㉙「山学春秋―句歌に寄せて―」『ハムラビ会報』第14号、2010年
㉚「花粉症歴50年」『ハムラビ会報』第15号、2011年
㉛「震災を詠む」『ハムラビ会報』第16号、2012年
㉜「甲斐の四季」『ハムラビ会報』第17号、2013年

編集委員・執筆者

西島　和彦	（NISHIJIMA Kazuhiko）	関西大学法学研究所委嘱研究員
周　　剣龍	（ZHOU Jianlong）	獨協大学大学院法務研究科教授
王　　雲海	（WANG Yunhai）	一橋大学大学院法学研究科教授
＊三村　光弘	（MIMURA Mitsuhiro）	公益財団法人環日本海経済研究所 調査研究部長・主任研究員
通山　昭治	（TORIYAMA Shoji）	中央大学法学部教授
＊石塚　　迅	（ISHIZUKA Jin）	山梨大学生命環境学部准教授
＊廣江　倫子	（HIROE Noriko）	大東文化大学国際関係学部准教授
格日楽	（GERILE）	一橋大学大学院法学研究科博士後期課程修了　中国弁護士（律師）
小林　正典	（KOBAYASHI Masanori）	和光大学現代人間学部教授
佐々木信彰	（SASAKI Nobuaki）	関西大学経済学部教授
奥田　進一	（OKUDA Shinichi）	拓殖大学政経学部教授
＊北川　秀樹	（KITAGAWA Hideki）	龍谷大学政策学部教授

（執筆順・＊は編集委員）

現代中国法の発展と変容
　　西村幸次郎先生古稀記念論文集

2013年7月1日　初版第1刷発行

編集委員	樹迅弘子一　川塚秀光倫　北石三廣村江

発行者　阿部耕一

〒162-0041　東京都新宿区早稲田鶴巻町514
発行所　株式会社　成文堂
電話 03(3203)9201(代) Fax 03(3203)9206
http://www.seibundoh.co.jp

製版・印刷　シナノ印刷　　　製本　佐抜製本
©2013 北川・石塚・三村・廣江　　Printed in Japan
☆乱丁・落丁本はおとりかえいたします☆
ISBN978-4-7923-3312-6　C3032　　検印省略

定価（本体8000円＋税）